Mutterschaft und Wissenschaft

Sarah Czerney • Lena Eckert
Silke Martin
Hrsg.

Mutterschaft und Wissenschaft

Die (Un-)Vereinbarkeit von
Mutterbild und wissenschaftlicher
Tätigkeit

Hrsg.
Sarah Czerney
Leibniz-Institut für Neurobiologie
Magdeburg, Deutschland

Lena Eckert
Martin Luther Universität Halle-Wittenberg
Halle, Deutschland

Silke Martin
Universität Erfurt
Erfurt, Deutschland

ISBN 978-3-658-30931-2   ISBN 978-3-658-30932-9 (eBook)
https://doi.org/10.1007/978-3-658-30932-9

Die Deutsche Nationalbibliothek verzeichnet diese Publikation in der Deutschen Nationalbibliografie; detaillierte bibliografische Daten sind im Internet über http://dnb.d-nb.de abrufbar.

Springer
© Springer Fachmedien Wiesbaden GmbH, ein Teil von Springer Nature 2020
Das Werk einschließlich aller seiner Teile ist urheberrechtlich geschützt. Jede Verwertung, die nicht ausdrücklich vom Urheberrechtsgesetz zugelassen ist, bedarf der vorherigen Zustimmung des Verlags. Das gilt insbesondere für Vervielfältigungen, Bearbeitungen, Übersetzungen, Mikroverfilmungen und die Einspeicherung und Verarbeitung in elektronischen Systemen.
Die Wiedergabe von allgemein beschreibenden Bezeichnungen, Marken, Unternehmensnamen etc. in diesem Werk bedeutet nicht, dass diese frei durch jedermann benutzt werden dürfen. Die Berechtigung zur Benutzung unterliegt, auch ohne gesonderten Hinweis hierzu, den Regeln des Markenrechts. Die Rechte des jeweiligen Zeicheninhabers sind zu beachten.
Der Verlag, die Autoren und die Herausgeber gehen davon aus, dass die Angaben und Informationen in diesem Werk zum Zeitpunkt der Veröffentlichung vollständig und korrekt sind. Weder der Verlag, noch die Autoren oder die Herausgeber übernehmen, ausdrücklich oder implizit, Gewähr für den Inhalt des Werkes, etwaige Fehler oder Äußerungen. Der Verlag bleibt im Hinblick auf geografische Zuordnungen und Gebietsbezeichnungen in veröffentlichten Karten und Institutionsadressen neutral.

Springer ist ein Imprint der eingetragenen Gesellschaft Springer Fachmedien Wiesbaden GmbH und ist ein Teil von Springer Nature.
Die Anschrift der Gesellschaft ist: Abraham-Lincoln-Str. 46, 65189 Wiesbaden, Germany

Für
Paul und Hans
Juri und Lukas
Emma und Franz

Mutter-Wissenschaft (frau das?)

Ein Geleitwort von Paula-Irene Villa Braslavsky

„Amazonen sind auch auf geistigem Gebiet naturwidrig. Bei einzelnen praktischen Aufgaben, z. B. der Frauenheilkunde mögen die Verhältnisse vielleicht anders liegen. Im allgemeinen aber kann man nicht stark genug betonen, dass die Natur selbst der Frau ihren Beruf als Mutter und Hausfrau vorgeschrieben hat (…)." (Planck 1897 nach von Braun 2000, S. 1)

Sie schmunzeln? Sie finden das altmodisch und so was von gestrig? Fair enough, und durchaus sympathisch. Aber wenn Sie da mal nicht zu früh lachen. Denn die Mär von der natürlichen Bestimmung der Frau zur Mutter und Hausfrau prägt unser Hier-und-Jetzt, unser Deutschland im Jahr 2020 immer noch. Und zwar in kaum zu überschätzender Weise. Dieser Mythos von der Weiblichkeit als im Kern Mütterlichkeit ist eine Realfiktion. Das bedeutet, er entspricht keineswegs der empirischen Normalität, in der Frauen und Mütter ‚immer schon' erwerbstätig waren, auch ‚damals', etwa im späten 19. Jahrhundert, als Arbeiterinnen in Fabriken und Manufakturen, als Näherinnen und Wäscherinnen in Heimarbeit. Noch entspricht er unserer anekdotischen Erfahrung. Aber als Norm entfaltet die Idee der Mütterlichkeit als Weiblichkeitseigentlichkeit eine enorme Wirkmächtigkeit. Diese Norm strukturiert in der Moderne, also seit dem späten 18. Jahrhundert, nachhaltig Recht, Ökonomie, Kultur und Politik, und das Alltagsleben aller Menschen. An dieser Eigentlichkeitsfiktion haben sich alle zu orientieren, und alle werden daran gemessen, auch und gerade die, die das nicht können oder wollen. Kinderlose Frauen müssen sich rechtfertigen, erklären, werden nicht ernst genommen, gar pathologisiert. Erwerbstätige Frauen und Mütter müssen sich unterstellen lassen, ihren Kindern, der Gesellschaft, sich selbst massiv zu schaden. Warum aber war und ist diese Idee so hartnäckig und so wirksam? Wider besseres Wissen aus der Empirie, die doch zeigt, wie vielseitig, variabel und verschieden Frauen und Mütter tatsächlich – ‚in echt' also – sind?

‚Nature' does the trick. Wer die Natur der Dinge, die Natürlichkeit der Geschlechterdifferenztatsachen also für sich beansprucht, wie es Max Planck im obigen Zitat tut, als er das Für und Wider der Zulassung von Frauen zur höheren Bildung abwägt, wer sich also auf die Natur beruft, der oder die sagt: ‚so und nicht anders ist es, eigentlich, immer schon und auf ewig, da könnt ihr kämpfen, demonstrieren und machen, was ihr wollt'. Die Behauptung, Mutterschaft und Hausfraulichkeit seien von Natur aus „vorgeschrieben", sagt in der Moderne nämlich, wir können alles Mögliche gestalten, unser Leben selbst in die Hand nehmen (Kant) und als Menschen unsere Geschichte gewissermaßen – wenn auch nicht aus freien Stücken – selber machen (Marx), wir können gleiche und allgemeine Menschenrechte ausrufen (Französische Revolution) und die Demokratie darauf gründen. Wir können über die Selbstgestaltung des Menschen, der Gesellschaft und des Politischen gut und gern debattieren, ja wir sollten das auch. Aber irgendwo ist Schluss, und dieses Ende ist erreicht, wenn es um die Natur der Dinge geht. Widernatürlich sollten wir also in unserer Freiheit nicht werden. Denn, so geht das Narrativ der Moderne als Ontologie, mit der Natur lässt sich letztlich nicht diskutieren (vgl. Villa 2013). Die macht, was sie will und was sie soll. Komme man ihr nicht ins Gehege (frau erst recht nicht), denn das kann nur schiefgehen! Dann geraten wir auf die schiefe Bahn des Widernatürlichen, Perversen, Anormalen. Diese Warnung funktioniert – wiederum idealtypischerweise – als Immunisierung gegen sozialen Wandel und Reflexivierung:

„[…] man kann nicht stark genug betonen, dass die Natur selbst der Frau ihren Beruf als Mutter und als Hausfrau vorgeschrieben hat und dass Naturgesetze unter keinen Umständen ohne schwere Schädigungen, welche sich im vorliegenden Falle besonders an dem nachwachsenden Geschlecht zeigen würden, ignoriert werden können." (Planck 1897 nach von Braun 2000, S. 1)

Kommt Ihnen das nicht vertraut vor? Die Unterstellungen, die faktenbefreite Gewissheit, dass z. B. Kinder missraten und traumatisiert sind, wenn Mama zu viel, zu früh, zu lang arbeitet? Ein zeitgenössischer Kollege sieht das auch hier und heute so:

„Jede Emanzipation hat bekanntlich ihren Preis. Den Preis für die Emanzipation der Frauen zahlen die Kinder." (Bolz 2006, S. 47)

Sie kennen das. Wir alle kennen das. Und davon handelt dieses Buch. Die einzelnen Beiträge kreisen in ganz unterschiedlicher Weise um Mutterschaft und Elternschaft als besonders eigentümliche „Idealisierung und Ideologisierung", wie die Herausgeberinnen in ihrer Einleitung genial formulieren. Mutterschaft als Form und Zumutung, als Sehnsucht und Bedürfnis, die sich einerseits immer noch als natürliche Zwangs-Tatsache präsentiert – für Frauen: beispielsweise Kinder haben wollen müssen, oder als angeblich zwingend spezifische körperleibliche Erfahrung –, die andererseits aber doch gestaltbar, offen, vielseitig, umkämpft und radikal subjektiv erlebt wird. Auch davon erzählen einige Beiträge in sehr anregender Weise; von WGs, in denen Elternschaft verteilt wird, vom körperleiblichen Affiziertwerden durch Mutterschaft bei Nicht-Müttern, von Ost/West-Unterschieden in diesen Dingen und vielem mehr.

In diesem Lichte greifen die Beiträge in ihrer Gesamtheit und jeweils das auf, manche lösen auch das ein, was Hedwig Dohm, die spitzeste Feder der ersten Frauenbewegung, einst formulierte: „Der Mütterlichkeit muss die Speckschicht der Idealität, die man ihr angeredet hat, genommen werden" (Dohm 1977, S. 75). Die Idealität, also die romantisch-bürgerliche Idealisierung (kurz: die Ideologie), ist für Dohm das veränderbare Resultat historischer Prozesse. Nicht die Eierstöcke sind das Eigentliche der Weiblichkeit, wie von Virchow noch postulierte, sondern die gesellschaftliche Formung machen Menschen zu Frauen – wie de Beauvoir Jahrzehnte später formulieren sollte.

Dass sich nun Weiblichkeit als Mütterlichkeit besonders schlecht mit Wissenschaft vertrage, das sollte sich andeuten. So sehr Mutterschaft als Natur ideologisiert wird, so wird Wissenschaft in der Moderne als Transzendenz von Natur durch Vernunft, Rationalität, Anti-Subjektivismus charakterisiert. Wissenschaft ist das Andere der Natur, ein Mittel gar, diese zu beherrschen. Das darf im Fall der ‚Wissenschaft vom Weib' (Honegger 1991) durchaus wörtlich genommen werden; die Liste der rein ‚wissenschaftlichen, objektiven Erkenntnisse' über ‚Naturtatsachen,' wie die mindere Intelligenz von Frauen, deren Unfähigkeit zu allen möglichen Tätigkeiten und Berufen u.v.m. ist lang, und sie wird auch heute noch, auch in der Wissenschaft fortgeschrieben. So ist die ideologische Entgegensetzung zwischen Weiblichkeit-als-Mutterschaft und Wissenschaft keineswegs eine museale Annahme, die wir uns heute belustigt und froh um den Fortschritt in der Vitrine historischer Obskuritäten anschauen könnten. Zwar hat sich in rechtlicher, praktischer und auch politischer Hinsicht Vieles getan, was die formale Gleichstellung der (aller!) Geschlechter betrifft – und, im Übrigen sollten wir die Wissenschaftlerinnen nicht übersehen, die Max Planck und allen Hindernissen zum Trotz hervorragende, wichtige wissenschaftliche Arbeit geleistet haben –, aber weiterhin sind insbesondere Dimensionen von Wissenschaft wie Karrierewege, Personalrekrutierung, Zitationen, Publikationserfolge und Drittmitteleinwerbung, aber auch Inhalte und Methoden von einem impliziten gender-bias geprägt. Dieser gender-bias hat sicherlich eine Fülle von Aspekten, zentral ist aber weiterhin die beschriebene Unterstellung, Frauen seien im Kern Mütter(lich), und daher weniger geeignet für die Wissenschaft. Anders und kurz gesagt: Es gibt Kollegen und es gibt Frauen.

Ob das so bleiben wird, wie es sich anfühlt, was dagegen getan werden kann, wie anders sich die Praxis gestalten lässt, davon handeln die wunderbaren Beiträge in diesem Buch. Es verdient größtmögliche Aufmerksamkeit!

Literatur

Bolz N (2006) Die Helden der Familie. Wilhelm Fink, München
von Braun C (2000) Frauen im Spiegel der Medien. http://www.christina-vonbraun.de/_pdf/medien. Zugegriffen am 06.05.2020

Dohm H (1977, Orig. 1872) Was die Pastoren denken. Zürich: Ala. Nachdruck der Ausgabe Berlin 1872

Honegger C (1991) Die Ordnung der Geschlechter. Die Wissenschaften vom Menschen und das Weib. Campus, Frankfurt am Main

Villa P-I (2013) Rohstoffisierung. Zur De-Ontologisierung des Geschlechtskörpers. In: John, René/Rückert-John, Jana/Esposito, Elena (Hrsg) Ontologien der Moderne. VS Springer, Wiesbaden, S 225–240

Mutter, etym.
Maja Linke

Mutter kommt meistens ohne *I/_„"
und trägt auch keine Klammer
Ein nie fertiges Ausstellungsstück
und Knotenpunkt für Normierung Verneigung Schuld
Gabe Selbstverständlichkeit und Kult

Etym.: messen müssen

Wahnwitzige Verletzlichkeit berührt beschenkt
Fügt meine und deine Körper Seelen Taten ineinander
So was von der Widerfahrnis ausgesetzt
und das nicht nur als Theorie

Etym.: Magie

An mehreren Orten zugleich
privilegiert diskriminiert
In Bewegung andere festgefroren

XIV　　Mutter, etym.

Laufen Springen Straucheln Hüpfen
Als umwölkte Dauersequenz
den Projektionsraum entrastern

Etym.: multipel müde

Welches Wissen schaffen wenn Unverfügbarkeit
von Bild und Text auf Körper überspringt
und Institutionen Schwerkraft ausgesetzt bleiben
In jede Kommission setzen sich ab jetzt die Nachkommenden dazu
Wissen wessen Wissen was wichtig wird

Etym.: Möglichkeit Mut machen

Inhaltsverzeichnis

1 **Mutterschaft und Wissenschaft – eine Einführung**   1
Sarah Czerney, Lena Eckert und Silke Martin
Literatur   22

2 **Mutter_Wissen_schaftler*in – ein paradoxes Phänomen?**   25
Lena Eckert
2.1 Zwei Existenzweisen   26
2.2 Mutterschaft als Bestimmung   27
2.3 Die Unvereinbarkeit von Mutterbild und wissenschaftlicher Tätigkeit?   32
2.4 Väter, *gender bias* und ‚gut-genug-sein'   36
2.5 ‚Professor Mommy' und ihre mächtige Ohnmacht   40
Literatur   42

Teil I Mutterschaft, Körperlichkeit und Sorgearbeit

3 **CARE-Theorie aus der Küche**   51
Christine Braunersreuther
3.1 Prolog: Zwischen Wachen und Träumen   52
3.2 Sand im Getriebe und Text in der Küche   54

3.3	Die unvollendete feministische Revolution	57
3.4	Der Feminismus und die Wut	59
3.5	Counter-Planning mit Borretsch	62
3.6	Vom Säen und Warten	62
	Literatur	64

4 Wie ich ein Körper wurde: Mutter werden als Wissenschaftlerin und Feministin — 67
Sarah Czerney

4.1	Frauensauna	68
4.2	Körper werden	69
4.3	Feministin werden	71
4.4	Mutter werden	73
4.5	Wünsche: Was kann feministische Wissenschaft vom Mutterwerden und Muttersein lernen?	76
	Literatur	78

5 „Das hat ja nichts mit mir zu tun" — 79
Christiane Lewe

5.1	Einleitung	80
5.2	Ableismus in der wissenschaftlichen Karriere	82
5.3	Die Marginalisierung von Sorge- und Reproduktionsarbeit	84
5.4	Das hat mit uns allen zu tun	86
	Literatur	87

Teil II Entmystifizierung von Mutter- und Schwangerschaft: Langeweile, Erschöpfung und Behinderung

6 Oh, Baby, Baby, it's a Boring World — 91
Madita Pims

6.1	Fehlende Unterhaltung	93
6.2	Fehlende Kraft	94

6.3	Fehlende Räume	95
6.4	Fehlende Menschen	97

7 Die Repräsentation von Erschöpfung und Überforderung in der Mutterschaft: Ein Vergleich von Printmagazinen und ‚Mommy Blogs'   99
Angelika Pratl

7.1	Erwartungen an Mutterschaft und mein Weg zur Forschungsarbeit	100
7.2	Mutterschaftsideologien	102
7.3	Zusätzliche Arbeitsbelastungen im Mutterdasein	103
7.4	Der Umgang mit Mütterbildern in Elternmagazinen	104
7.5	Der Umgang mit Mütterideologien in ‚Mommy Blogs'	105
7.6	Vergleich der Repräsentation von Erschöpfung und Überforderung in der Mutterschaft in Elternmagazinen und ‚Mommy Blogs'	106
7.7	Conclusio und persönliche Reflexion	109
Literatur		110

8 Ich, Mutter?!   115
Franziska Appel

8.1	Brief an meine Kinder	118
8.2	(Glücks-)Spiel der Gene	120

Teil III Kinderwunsch, (gewollte) Kinderfreiheit und Abtreibung

9 „Willst du eigentlich Kinder?" Warum ich mir wünsche, diese Frage gestellt zu bekommen   125
Christin Sirtl

9.1	Einführung	125
9.2	Ich und/mit Kind – how to write a text about it?	126
9.3	Frau und/mit Kind – a Match made in Heaven?	128
9.4	Mutter sein und werden – no thanks?	130
9.5	Mutterschaft als Option – and now what?	132

10 Mutterschaft – Freundschaft – Wissenschaft 133
Nicole Baron
10.1 Einführung 134
10.2 Teil 1 – (Nicht-)Mutterschaft 136
10.3 Teil 2 – Freundschaft 139
10.4 Teil 3 – Wissenschaft 141
10.5 Erkenntnisse und offene Fragen 145
Literatur 146

11 (Auch) die Sprache ist das Problem: Zum öffentlichen Diskurs über Schwangerschaft und Mutterschaft 149
Daniela Ringkamp
11.1 Im Alltag: Die Grenzen zwischen öffentlicher und privater Kommunikation verschwinden 150
11.2 Paternalismus innerhalb und außerhalb des Rechts 152
11.3 Infantilisierung und verniedlichende Sprache 156
11.4 Ausblick: Sprache und Welt 161
Literatur 162

Teil IV Deutschland Ost-West und europäische Perspektiven

12 Mutterschaft oder Wissenschaft 167
Antonia Ehrenburg und Kathi Geiger
12.1 Gesellschaftlicher Rückblick 168
12.2 Persönliche Rückblicke 169
12.3 Kathi und Antonia – Wissenschaftlerinnen und Mütter: ein Dialog 171
Literatur 187

13 Gestohlene Zeit 189
Anne Lequy
Literatur 202

14 Die Unvereinbarkeit von Mutterschaft und Wissenschaft als notwendiges biografisches Projekt 203
Silke Kassebaum und Magdalena Granell
Literatur 220

Teil V Intergenerationelle Gespräche von Wissenschaftler*innen mit kleinen und großen Kindern

15 „Man hat nicht nur *einen* wackeligen Boden unter sich, sondern zwei. Auf diesen Böden steht man im Spagat." 225
Rose Marie Beck und Lena Eckert

16 „Wie war das für dich als Wissenschaftlerin und Mutter?" Ein intergenerationales Gespräch über das wissenschaftliche Arbeiten als Mutter 247
Johanna Hess und Doris Hess-Diebäcker
Literatur 261

17 Das Scheitern an der feministischen Realität 263
Verena Renneke und Jolanda Spirig

Teil VI Mutterschaft als Retraditionalisierungsbewegung, Armutsrisiko und Ausschlusskriterium aus der Wissenschaft

18 Ambivalente Suchbewegungen – Feminismus, Wissenschaftsalltag und Muttersein 279
Anne-Dorothee Warmuth
18.1 Einführung 280
18.2 (Un-)Vereinbar? Wissenschaft und Mutterschaft aus geschlechterkritischer Perspektive 282
18.3 Ausblick 292
Literatur 294

19	**Geschichten einer Studentin mit Kind aus dem Epizentrum von *Blümchenthemen* und *Gedöns***	**297**
	Louisa Kamrath	
	19.1 Geld: BAföG ist ein Arschloch	302
	19.2 Arbeit: Expertin für Windelfragen	304
	19.3 Leistung oder Gesundheit: Kompetenz kommt von kompetent!	305
	19.4 Entscheidungen: Man überlasse Smalltalk denen, die ihn beherrschen	307
	19.5 Prioritäten: Nach Hause kommen	307
20	**Die Uni, vier Kinder und ein Abschied**	**309**
	Eva-Maria Obermann	
	Literatur	316
21	**Mutter werden (können)**	**317**
	Matthäa Ritter-Wurnig	
	21.1 Drei Thesen zum Ausschluss von Frauen	321
	21.2 Der oder die Architektur?	326
	21.3 Frauenkarrieren lassen sich nicht planen	331
	21.4 Wie eine Veränderung möglich ist	333
	Literatur	342

„Alle" Gründe für und gegen das Mutterdasein als Wissenschaftler*in   **345**

Verzeichnis der Autor*innen

Franziska Appel wurde 1986 in Herzberg (Elster) geboren und lebt seit 2005 in Halle (Saale), wo sie an der Martin-Luther-Universität Halle-Wittenberg Agrarwissenschaften studierte. Seit 2009 arbeitet sie am Leibniz-Institut für Agrarentwicklung in Transformationsökonomien und promovierte 2018 zu verhaltensbasierten Pfadabhängigkeiten im Agrarstrukturwandel. Die zweifache Mutter ist zudem als Künstlerin tätig und als Illustratorin und Autorin an verschiedenen literarischen Werken beteiligt. Für ihr barrierefreies Ausstellungskonzept wurde sie 2016 mit dem Inklusionspreis Mosaik aus Mitteldeutschland ausgezeichnet.

Nicole Baron ist Jahrgang 1983. Als Architektin betreute sie in Addis Abeba und Basel Wohnbauprojekte. Inzwischen lebt und arbeitet sie als wissenschaftliche Mitarbeiterin in Weimar. Nicole Baron forscht und lehrt zu Stadtresilienz, postkolonialen Stadtdiskursen, qualitativer Sozialforschung und Nachhaltigkeit im Bauwesen. Darüber hinaus beschäftigt sie sich derzeit mit feministischen Wissenschaftsdiskursen und engagiert sich in einem Wohnprojekt, um sich die Utopie einer freundschaftszentrierten Lebensweise zu erfüllen.

Verzeichnis der Autor*innen

Rose Marie Beck ist Professorin für Afrikanistik (afrikanische Sprachen und Literaturen). Sie versteht sich als linguistische Anthropologin und Soziologin mit besonderen Interessen in postkolonialer Linguistik, Soziologie der Linguistik, und Wissenschaftssoziologie. Ihre Forschungsprojekte greifen über posthumanistische und techniksoziologische Zugänge empirisch auf diese Fragen zu, aktuell mit einem Projekt über Stadt als Praxis (Sansibar und Bobo Dioulasso). Sie hat in Kenia, Tansania, Namibia und Südafrika geforscht.

Christine Braunersreuther Dipl. Mus. (FH) Christine Braunersreuther, Kuratorin, Lokalpolitikerin, Museologin, Journalistin, Lehrende und nicht zuletzt Mutter. Arbeitet an der Schnittstelle zwischen Kunst und Kulturwissenschaft. Beendet derzeit ihre Dissertation zum marginalisierungsarmen Kuratieren von Ausstellungen am Beispiel der (Re)präsentation transnationaler Care-Arbeit am Labor kritische Migrations- und Grenzregimeforschung der Universität Göttingen und schreibt für feministische Medien. Lebt in Graz, Österreich.

Sarah Czerney ist 1984 geboren und hat zwei Söhne. Sie ist wissenschaftliche Mitarbeiterin im Gleichstellungsprojekt FEM Power am Leibniz-Institut für Neurobiologie in Magdeburg. Nach ihrem Studium der Europäischen Medienkultur in Weimar, Lyon und Krakau hat sie 2018 in Frankfurt (Main) promoviert. Ihre Dissertation zur Europäisierung nationaler Geschichtsmuseen ist unter dem Titel „Zwischen Nation und Europa. Nationalmuseen als Europamedien" im Verlag de Gruyter erschienen. Neben der praktischen Gleichstellungsarbeit umfassen ihre Forschungsinteressen feministische Theorie und Wissenschaftskritik, Medientheorie, Inszenierungen kollektiver Identitäten und European Studies. Darüber hinaus hat Sarah Czerney in Magdeburg eine feministische Müttergruppe gegründet und denkt gerade viel über gängige Muttermythen, gleichberechtigte Elternschaft und feministisches Muttersein nach. Außerdem gibt sie Workshops zu kreativen Schreibmethoden in der Wissenschaft.

Lena Eckert ist promovierte Genderwissenschaftler*in und Mutter zweier Kinder. Die Herausgabe dieses Buches hat ihr Leben sehr bereichert. Sie pendelt zwischen Halle und Berlin und arbeitet derzeit als wissenschaftliche Mitarbeiter*in an einem Projekt zu gender*bildet an der MLU Halle. Sie forscht und lehrt zu Genderthemen in der Bildungsforschung, der Medientheorie, anarchistischer Theorie, der Schreibforschung und der Wissenschaftskritik.

Antonia Ehrenburg Dr., Politikwissenschaftlerin, Dozentin an einer pädagogischen Hochschule, Schwerpunkte: feministische und politische Theorie, Bildung für nachhaltige Entwicklung, Klima- und Nachhaltigkeitspolitik, Ostdeutschlandforschung, Digitalisierung. Sie ist freiberufliche Mediatorin, systemischer Coach, Gruppenpsychoanalytikerin i. A. (SGAZ) und Mutter eines Kindes.

Kathi Geiger Dipl.-Pol., Politikwissenschaftlerin, ist in einem Berliner Rechtsanwaltsbüro tätig. Lebt mit zwei Kindern in einer Patchworkfamilie in Berlin Wilmersdorf. Sie engagiert sich ehrenamtlich als „gesetzliche Betreuerin" für ihren beeinträchtigten Bruder und im Bezirkselternausschuss.

Magdalena Granell arbeitet als Forschungsassistentin an der Hochschule West (Högskolan Väst) in Trollhättan, Schweden, für den Fachbereich Psychologie, Pädagogik und Soziologie von Individuum und Gesellschaft. Sie betreut eine Pilotstudie über Gleichstellungsaspekte der Doktorand*innenausbildung im MINT-Sektor.

Johanna Hess Dipl.-Soz., promoviert an der Fakultät für Soziale Arbeit der Brandenburgisch Technischen Universität Cottbus zu dem Thema „Sorge und Selbstsorge. Erfahrungen pädagogischer Fachkräfte bei sexualisierter Gewalt gegen Kinder und Jugendliche". Ihre Forschungsinteressen liegen in den Bereichen der Geschlechter- und Gewaltforschung, Care/Sorge-Theorien und Methoden qualitativer Sozialforschung, insbesondere narrationsbasierter Verfahren.

Doris Hess-Diebäcker hat Erziehungswissenschaften studiert und war ab 1977 in Lehre und Forschung an den Universitäten Münster, Bielefeld und Emden tätig; Forschungsschwerpunkte: Partnerschaftskonzepte von Eltern mit Kindern, Arbeit mit sozialen Netzwerken in der psychiatrischen Versorgung. Ab 1991 freiberufliche Tätigkeit in eigener Praxis als systemische Familientherapeutin und in Weiterbildungen für psychosoziale Berufe.

Louisa Kamrath Jahrgang 1990, studierte Politik-, Sozial- und Kulturwissenschaften in Erlangen, São Paulo, Frankfurt (Oder) und Lissabon. Ihr Schwerpunkt liegt im Bereich Politische Theorie. Außerdem ist sie in feministischen Kontexten aktiv und schreibt für den queerfeministischen Elternblog umstandslos. Sie ist Mutter zweier Kinder, wobei dieser Text und der Abschluss des Studiums in die Schwangerschaft mit dem zweiten Kind fielen. Dass die abschließenden Korrekturen des Textes just im Frühwochenbett abzugeben waren, spiegelt das Thema dieses Buches wohl exemplarisch wider. Im Anschluss an die Elternzeit plant sie eine Promotion.

Silke Kassebaum ist Doktorandin an der Otto-von-Guericke-Universität Magdeburg, Deutschland. Sie ist Soziologin und Bildungswissenschaftlerin mit den Arbeitsschwerpunkten qualitative Biografieforschung, Gewalt im Geschlechterverhältnis und Professionalisierung von Gleichstellungsarbeit. Als bekennende Feministin hat sie langjährige Erfahrungen in der ehrenamtlichen und beruflichen Gleichstellungsarbeit. Mit ihrer deutsch-schwedischen Familie lebt sie aktuell in Schweden.

Anne Lequy 1971 in Frankreich geboren, 1999 deutsch-französische Promotion (doctorat en cotutelle) an den Universitäten Metz und Leipzig. Von 1998 bis 2006 arbeitete sie als Lektorin für Französisch an der Friedrich-Schiller-Universität Jena und an der Universität Duisburg-Essen. Sie war viele Jahre nebenberuflich als allgemein beeidigte Dolmetscherin und Übersetzerin (fr/en) tätig. Seit 2006 ist sie Professorin für Fachübersetzen an der Hochschule Magdeburg-Stendal. 2010 wurde sie Prorektorin für Studium und Lehre. 2014 wurde sie zur Rektorin gewählt, 2018 wiedergewählt.

Christiane Lewe ist Medienwissenschaftlerin und als wissenschaftliche Mitarbeiterin und Koordinatorin eines Drittmittelprojekts an der Bauhaus-Universität Weimar tätig. In ihrer Forschung befasst sie sich schwerpunktmäßig mit digitaler Kultur und der Medien- und Kulturgeschichte des Gesichts. Daneben gilt ihr Interesse u. a. alternativen Formen des Zusammenlebens, der *Care Revolution* und dem Aufbau eines Wohnprojekts.

Maja Linke Ph.D., ist Künstlerin, außerdem Lektorin und Leitung der künstlerischen Fachpraxis am Institut für Kunstwissenschaft-Filmwissenschaft-Kunstpädagogik (IKFK) der Universität Bremen. Schwerpunkte: Künstlerisches Forschen, Wirkungsmacht von Text-Bild-Verbindungen und die Entwicklung einer „aisthetischen Unfügsamkeit". Zahlreiche Einzel- und Gruppenausstellungen sowie Artists-in-Residencies im In- und Ausland.

Silke Martin Dr. phil., Film- und Medienwissenschaftlerin, ist derzeit wissenschaftliche Mitarbeiterin an der Universität Erfurt. Ihre Forschungsschwerpunkte sind die Theorie, Ästhetik und Geschichte des Films, Gender/Ageing Studies sowie Hochschulbildung und Schreibforschung.

Eva-Maria Obermann stammt aus einem Arbeiterhaushalt, ihre Mutter war alleinerziehend. Neben Bachelor- und Master-Studium in Germanistik, Medien- und Kulturwissenschaften hat sie eine Familie gegründet. Mittlerweile ist sie Mutter von vier Kindern und steht kurz vor Abschluss ihrer Promotion zum Thema Mutterfigur, für die sie von der FES gefördert wird. Sie bloggt über Literatur und Feminismus und veröffentlicht auch belletristische Bücher. 2019 initiierte sie #wirlesenfrauen.

Madita Pims lebt mit Kind und Partner in einer Wohngemeinschaft in Berlin. Sie ist studierte Historikerin und Literaturwissenschaftlerin, sowie ausgebildete Seminarleiterin. Derzeit arbeitet sie an der TU Berlin und studiert Interdisziplinäre Antisemitismusforschung im Master. Seit 2018 hält sie Vorträge zum Themenkomplex Elternschaft und Feminismus.

Angelika Pratl Während ihres ersten Studiums (Marketing) an der Fachhochschule Campus02 begann Angelika Pratl im Tourismus zu arbeiten. 2011/2012 verbrachte sie ein Studienjahr in Brisbane, Australien.

Nach Rückkehr erfolgten ein Wiedereinstieg in den Tourismus und der Beginn des zweiten Studiums (Lehramt für Englisch und Geschichte), welches sie berufsbegleitend durchführte. 2013 übernahm Angelika Pratl die Position als Hoteldirektorin im Schlossberghotel – Das Kunsthotel in Graz und führte diese bis zur Geburt ihres Sohnes im Jahr 2017 aus. Danach folgte eine zweijährige Karenzzeit, in der sie jedoch weiterhin im Schlossberghotel – Das Kunsthotel in einer unterstützenden Position (Buchhaltung und Personalschulung) tätig war. Seit Herbst 2020 ist Angelika Pratl an der MS Mureck als Lehrerin tätig und plant den Abschluss ihres Studiums für Ende 2020.

Verena Renneke Die gebürtige Österreicherin Verena Renneke, Jahrgang 1987, lebt zurzeit mit ihrem Mann und Sohn in Paderborn. Ihren Master-Abschluss in Friedenspädagogik absolvierte Verena Renneke an der Alpen-Adria-Universität Klagenfurt (AT). Dabei untersuchte sie Europäische Identität/en und deren Weiterentwicklung durch den pädagogischen Ansatz von Global Citizenship Education. Anschließend war sie Internationale Koordinatorin an der Fachhochschule Kärnten. Heute ist Verena Renneke an der Universität Paderborn als wissenschaftliche Mitarbeiterin am Zentrum für Bildungsforschung und Lehrerbildung tätig.

Dr. Daniela Ringkamp Studium der Philosophie, der neuen deutschen Literaturwissenschaft und Medienwissenschaften an der Universität Paderborn, 2008–2015 wissenschaftliche Mitarbeiterin im Fach Philosophie an der Universität Paderborn, 2015–2020 wissenschaftliche Mitarbeiterin am Lehrstuhl für Praktische Philosophie der Universität Magdeburg. Forschungsschwerpunkte: Politische Philosophie, Philosophie der Menschenrechte, Medizinethik. Seit 2020 Referentin beim Diözesan-Caritasverband für das Bistum Magdeburg.

Matthäa Ritter-Wurnig hat Architektur in Wien und Berlin studiert. Gemeinsam mit drei Partnerinnen gründete sie das Architekturbüro „miss_vdr architektur". Je nach Lebensumständen und privaten wie beruflichen Veränderungen hat sie in abwechselnden Teamkonstellationen das Büro über fünf Jahre geführt. Wie viele Praktikerinnen kam sie zur Theorie zurück. Seit 2015 ist sie als wissenschaftliche Mitarbeiterin an der Technischen Universität Berlin tätig, wo sie Architektur lehrt und forscht und die Position der Frauenbeauftragten der Fakultät 6 Planen Bauen Umwelt innehat.

Christin Sirtl arbeitet seit Anfang 2014 als wissenschaftliche Mitarbeiterin in Lehre und Forschung an der Bauhaus-Universität Weimar. Ihre Schwerpunkte liegen im Glas- und Stahlbau. In einem Fernstudienkurs hat sie sich zudem mit dem Thema „Theologie geschlechterbewusst – Kontexte neu denken" beschäftigt und sieht sich als feministische Bauingenieurin und Theologin. Als Gleichstellungsbeauftrage der Fakultät Bauingenieurwesen (seit Oktober 2019) und als Beirätin im Gleichstellungsbeirat der Ev. Landeskirche Mitteldeutschland e.V. (seit September 2018) versucht sie aktiv an Strukturen zu rütteln, aus denen das Patriarchat noch vertrieben werden muss.

Jolanda Spirig ist eine Schweizer Autorin. Sie ist zweifache Mutter und vierfache Großmutter, war Übersetzerin, Redakteurin und selbständige PR-Beraterin. Ihr feministisches Engagement wurde 2006 mit dem internationalen Prix Wasserfrau gewürdigt. Für ihre eindrücklichen Frauenbiografien, die sie seit 1995 publiziert hat, wurde sie 2012 mit dem Rheintaler Kulturpreis ausgezeichnet. Ihr neues Buch, „Hinter dem Ladentisch – Eine Familie zwischen Kolonialwaren und geistlichen Herren" erschien im März 2020 im Zürcher Chronos-Verlag. www.jolandaspirig.ch.

Anne-Dorothee Warmuth hat Germanistik, Sozialwissenschaften, Erziehungswissenschaft und Literaturwissenschaft an der Universität Bielefeld studiert. Bis 2019 war sie wissenschaftliche Mitarbeiterin im Zentrum für Geschlechterstudien/Gender Studies und der AG Schulpädagogik mit Schwerpunkt Geschlechterforschung an der Universität Paderborn Seit 2020 ist sie beim Polizeipräsidium Bielefeld im Bereich Kriminalprävention und Opferschutz mit Schwerpunkt Gewaltprävention tätig. Außerdem ist sie mittlerweile zweifache Mutter.

1

Mutterschaft und Wissenschaft – eine Einführung

Sarah Czerney, Lena Eckert und Silke Martin

Zusammenfassung In diesem Beitrag berichten die Herausgeberinnen, wie das vorliegende Buch entstanden ist. Sie legen dar, worum es ihnen mit diesem Buch geht und verorten es im bereits existierenden wissenschaftlichen und gesellschaftlichen Diskurs zu Mutterschaft und Wissenschaft. Im Anschluss geben sie einen Überblick über die einzelnen Beiträge.

Wie ist dieses Buch entstanden?
Im Sommer 2018 rief Lena Eckert bei Sarah Czerney an und sagte: „Ich war heute ausnahmsweise einmal vor den Kindern wach und hatte auf

---

S. Czerney (✉)
Leibniz-Institut für Neurobiologie, Magdeburg, Deutschland
E-Mail: sarah.czerney@gmail.com

L. Eckert
Martin-Luther-Universität Halle-Wittenberg, Berlin, Deutschland
E-Mail: lena.eckert@googlemail.com

S. Martin
Universität Erfurt, Erfurt, Deutschland
E-Mail: mail@silkemartin.com

© Springer Fachmedien Wiesbaden GmbH, ein Teil von Springer Nature 2020
S. Czerney et al. (Hrsg.), *Mutterschaft und Wissenschaft*,
https://doi.org/10.1007/978-3-658-30932-9_1

einmal diesen Gedanken im Kopf: Ich möchte ein Buch mit Silke und dir machen, und es soll um Mutterschaft und Wissenschaft und Feminismus gehen!" Wir waren sofort Feuer und Flamme und fingen an, Ideen zu sammeln. Auf keinen Fall wollten wir bei der Frage nach der ‚Vereinbarkeit' von Kindern und (wissenschaftlicher) Karriere stehen bleiben, die leider oft den Diskurs bestimmt und ihn individualisiert. Es sollte um mehr gehen. Doch worum genau? Es gab ein erstes Treffen in Magdeburg bei Sarah zur Besprechung unserer Idee. „Ich möchte genauer darüber nachdenken, was das Mutterwerden mit mir als akademisch geprägter Feministin gemacht hat", sagte Sarah. „Denn ich habe den Eindruck, dass es da einen Bruch gab, zwischen der Zeit vor den Kindern und danach." „Ja", sagte Silke, „und ich möchte ehrliche Berichte von allen möglichen Arten von Müttern, von Alleinerziehenden, Co-Eltern, Adoptivmüttern und Nicht-Müttern." Lena fügte hinzu: „Ich habe Lust auf Erfahrungsberichte von Wissenschaftler*innen, die den gesellschaftlichen Diskurs um die wissenschaftliche Perspektive bereichern." So wurde die Idee für dieses Buch geboren. Nun, zweieinhalb Jahre später, halten wir es in unseren Händen.

Während der Herausgabe dieses Buches haben wir in Europa die Corona-Krise erlebt. Die Auswirkungen werden vor allem die Schwächsten, Ärmsten, Ältesten und Jüngsten und auch ganz besonders Mütter betreffen. Während wir dieses Buch an den Verlag zum Druck geben, ist die Krise in vollem Gange. Diesen Absatz schreiben wir während beschlossen wird, dass die Kitas und Schulen in Deutschland bis August geschlossen bleiben, aber das Leben sonst relativ normal weiter laufen soll. Das daraus resultierende Mehr an Sorgearbeit wird überwiegend von Frauen und vor allem Müttern übernommen. Die Krise wird demnach auf den Schultern von Müttern ausgetragen, die sich freistellen lassen müssen, unbezahlten Urlaub nehmen oder sogar ihre Jobs verlieren, weil sie ihre Kinder betreuen müssen, und dadurch (wieder) finanziell abhängig von ihren Partner*innen oder finanziell prekär werden. Bei dieser Entscheidung wird davon ausgegangen, dass Homeoffice mit Kindern möglich ist. Nein! Ist es nicht, vor allem nicht mit Kindern unter 6 Jahren. Auch Homeschooling erfordert Zeit und Energie. Wann soll frau* arbeiten, neben dem ‚bisschen Haushalt', das sich vervielfältigt, wenn alle zu Hause sind? Es ist nicht der Platz hier, alle Aspekte dieser Krise und ihrer Auswirkungen auf Mütter aufzuzählen, aber der Mutter_Wissen_schaftler*in wird schmerzlich bewusst, dass es keine Geschlechtergerechtigkeit gibt.[1] Weder in der politischen Wirklichkeit ‚da draußen' noch innerhalb des wissenschaftlichen Betriebes.

Worum geht es uns?
In diesem Buch geht es um eine gemeinsame Auslotung unserer verschiedenen Erfahrungen und die Offenlegung von privaten und professionellen Aspekten unserer Leben. Denn das ist es, was uns als Wissenschaftler*innen, die zugleich Mütter sind, auszeichnet: die sich gegenseitig ausschließenden Idealisierungen und Ideologisierungen beider Positionen. Nicht die Unvereinbarkeit der Tätigkeiten, sondern die Unvereinbarkeit der zwei sehr unterschiedlichen materiell-diskursiven Choreografien ist es, die Mutterschaft und Wissenschaft gegeneinander ausspielt. Diese Unvereinbarkeit ist den symbolischen, psychischen, historischen, ökonomischen und politischen Koordinaten geschuldet, die uns bei der Rolle als Mutter wie als Wissenschaftler*in dirigieren, verwalten, ver- und anerkennen sowie ausbremsen, anschieben und verorten.

Deshalb braucht es mehr Solidarität unter Müttern und unter Wissenschaftler*innen und zugleich mehr Abgrenzung von lebensfeindlichen, neoliberalen Arbeitsbedingungen und übermenschlichen Ansprüchen an Mütter. Mütter machen nicht nur Karriere, weil sie es schaffen, sich optimal zu organisieren, ihre Partner*innen in die Care-Arbeit miteinzubeziehen, oder weil sie genug Geld haben, um Haushaltshilfen und Babysitter zu bezahlen. Das Spannungsfeld, in dem Wissenschaftler*innen leben, die auch Mütter sind, ist wesentlich komplexer.

Dieses Buch will diejenigen Bücher, die es zum Thema bereits gibt und die hauptsächlich Held*innengeschichten erzählen – wie „Ich bin Mutter

---
[1] Einer der wenigen Beiträge, die sich mit der „female academic" beschäftigen ist hier zu finden: https://www.nature.com/articles/d41586-020-01135-9?fbclid=IwAR2Syyv1e0WCyUnkbgIm_yHSnASZsGbRQtxWIvvLKBDo1h7_BeO6ngJJnl8. Zugegriffen am 21.04.2020. Um das Argument glaubhafter zu machen, wird hier ein männlicher Wissenschaftlers zitiert, der aufs Kind aufpasst, weil die Mutter einen systemrelevanten Job hat und auch nicht so wirklich wissenschaftlich arbeiten kann.

und Professorin und schaffe es trotzdem (mehr oder weniger spielend)" –, um ein paar kritische Aspekte bereichern. Es geht uns darum, das Korpus an wissenschaftlichen Auseinandersetzungen zum Thema um eine etwas unkonventionellere und damit auch facettenreichere Verhandlung zu ergänzen, unter anderem mit Hilfe verschiedener Textsorten wie Gedichten, Listen und Erfahrungsberichten.

Wissenschaftler*in und Mutter sein?
Es ist für eine Wissenschaftler*in nicht verwunderlich, sich dem eigenen (Nicht-)Muttersein auch wissenschaftlich anzunähern. Es war jedoch nicht unser Wunsch, eine rein wissenschaftliche Annäherung an das Thema zu realisieren. Vielmehr wollten wir diese um persönliche Erfahrungen bereichern. Das vorliegende Buch ist deshalb auch weniger ein Sammel-, sondern vielmehr ein Erfahrungsband. Er stellt keine weitere Studie zur Unvereinbarkeit, zur Doppelbelastung und zur doppelten Vergesellschaftung von Frauen und Müttern dar (z. B. Becker-Schmidt 1983; Aulenbacher 2010; Bock und Duden 1977). Wenngleich all diese Studien unersetzbar wichtig sind, geht es uns dennoch eher darum, das spezifisch Ambivalente darzustellen, was eine Wissenschaftler*in, die gleichzeitig Mutter ist, und eine Mutter, die gleichzeitig Wissenschaftler*in ist, in unserer Gesellschaft erlebt, erfährt, fühlt, verhandelt, wünscht, verflucht. Es geht uns auch darum, den Hochschulbetrieb so darzustellen, wie Mütter ihn erleben. Denn dieser gestaltet sich einerseits flexibel und relativ familienfreundlich, produziert aber andererseits auch intrinsische Ausschlussmechanismen gegenüber Müttern. Diese Mechanismen und Strukturen werden auch unter dem Begriff der *maternal wall* (vgl. Williams 2000) gefasst.

Insofern geht es uns auch darum, zu zeigen, wie diese genuin geistig-intellektuell (und immer noch männlich) konnotierte Tätigkeit und Identität der Wissenschaftler*in in Spannung steht mit einer vermeintlich emotional-körperlichen (und immer noch weiblich konnotierten) Existenzweise, Daseinsform, Beziehungsbezeichnung und -position als Mutter (aber auch einfach als Privatperson an sich) (siehe Lewe in diesem Buch). Diese ganz spezifische Spannung, die zwischen den sich nahezu diametral gegenüberstehenden Tätigkeits- und Identitätsfeldern besteht, begründet unser Interesse am Thema Mutterschaft/Wissenschaft. In unseren, diesem Buch vorausgegangenen Diskussionen hat sich vor allem das Interesse an den in diesem Gefüge vorhandenen Grenzen und Möglichkeiten und den damit einhergehenden Praxiserfahrungen herauskristallisiert. Wir wollen nicht nur etwas über die Anstrengung, das Leiden und den Stress, die Herausforderungen und das Scheitern, die Erfolge, die Freude und die Erleichterung erfahren. Wir wollen auch etwas über die unterschiedlichen (un)möglichen Verhandlungen all dessen wissen und auch darüber, wie sich diese Verhandlungen in Bezug auf die beiden konfligierenden Identitätspositionen als Wissenschaflter*in und Mutter ausgestalten.

Mutter ohne Sternchen?
In den letzten Jahren hat sich das Gender-Sternchen als gendersensible Schreibweise etabliert. Auch wir verwenden das Sternchen, um zu signalisieren, dass wir alle Geschlechter mitdenken wollen. Das Wort Mutter jedoch steht ohne Sternchen, da wir dieses Konzept als historisch und kulturell spezifisches Phänomen und nicht als Identität verstehen. Mutter ist eine medial-historisch-politisch-kulturelle Imagination, in der die patriarchalen und sexistischen Auswüchse einer Gesellschaft erblühen. Es geht uns darum, genau dies zu thematisieren. Trotz aller Bestrebungen, Muttersein individuell auszugestalten, geht es immer um das gesellschaftliche Bild der Mutter, das verhandelt werden muss (siehe z. B. Alizade 2006; Dolderer et al. 2018; Krüger-Kirn und Wolf 2019). Deswegen hat Mutter in unserem Buch kein Sternchen. Wir hoffen, dass sich mit dieser Erklärung unseres Mutter-Begriffes alle*, die sich als Mutter identifizieren, eingeschlossen fühlen können.

Es ist nicht so, dass ausschließlich Cis-Frauen Kinder gebären können – dennoch wird an dieser Konstruktion festgehalten. Dies wird daran deutlich, dass Transmänner vom medizinischen System als Frauen klassifiziert werden, wenn sie gebären (Janssen 2016). Die Fragilität der Bedeutung von biologischer Mutterschaft, wie sie immer wieder diskursiv verschattet wird, erblüht in vielerlei Hinsicht, etwa im Kontext von Leihmutterschaft: Ist es die Eizelle oder die Gebärmutter, die die biologische Mutter bestimmt?

Gleichzeitig können wir fragen, ob die Denaturalisierung nicht bereits mit dem Begriff der sozialen Mutterschaft beginnt. Was passiert mit Mutterschaft, wenn sie von der Gebärfähigkeit, dem Generalverdacht gegenüber Frauen*, also der Ineinssetzung von Frau-Sein und Kinderwunsch, entkoppelt wird? Als Frau*[2] in dieser Gesellschaft zu leben, heißt, sich damit auseinanderzusetzen, ob frau* Kinder haben will oder nicht. Als Mann* lebend muss man* das auch, aber es scheint eine weniger nachgefragte, reflektierte und folgenreiche Entscheidung zu sein als für Frauen*, in vielerlei Hinsicht. Wir möchten jedoch nochmals betonen, dass sich unter dem Label Mutter sehr unterschiedliche Positionen und Identitäten finden, die von Transelternschaft über Invitro-Fertilisation und Adoption bis hin zur Konzeption von Nicht-Mutter (vgl. Diehl 2014) und Kinderfreiheit reichen.

Shelley Park schreibt in ihrem Buch über *Mothering Queerly, Queering Motherhood* (2013), dass sie überrascht davon war, wie selten wissenschaftliche Beiträge über Mutterschaft die heteronormativen Grenzen von Verwandtschaft und mütterlicher Praxis in Frage stellen (Park 2013, S. 1). Sie sieht den Ursprung dessen vor allem in einem Phänomen, das sie „Monomaternalism" (Park 2013, S. 3) nennt. Es ist die Annahme, dass ein Kind eine und nur eine Mutter haben muss, soll und darf. Heteronormative Macht kann nicht mit polymaternalen Familien umgehen, meint Park und sieht hier die Möglichkeit, Mutterschaft zu queeren. „Die Mutter" gäbe es dann nicht mehr, sondern „nur" noch Mütter*.

Einerseits tragen wir mit diesem Buch zur Reinszenierung des Phänomens Mutter bei. Das heißt, indem wir solch ein Buch zusammenstellen, werden wir Kompliz*innen des Diskurses, der „die Mutter" mystifiziert, der ihr einen besonderen Status gibt und der sie als Phänomen herstellt. Aber wir tragen mit diesem Buch ebenso zum Diskurs des Auseinanderdividierens von Mutter- und Wissenschaft bei.

Was uns jedoch sehr am Herzen liegt und womit wir nicht alleine dastehen (siehe Dolderer et al. 2018): dass wir den Begriff der Mutter, so wie er hier in vielen Beiträgen verwendet wird, als feministischen Kampf-

---

[2] Wir verwenden das Sternchen hinter Frau*, um zu signalisieren, dass wir alle Personen meinen, die sich selbst als Frau bezeichnen. Frau* stellt für uns eine Position dar, die mit Ausnahme von Cis-Männern von allen Menschen dieser Welt bezogen werden kann.

begriff und im Sinne einer emanzipativen und empowernden Aneignung verstehen. Eine Sammlung der Vielfalt an Mütterlichkeiten und Positionen, die wir als Wissenschaftler*innen und als Mütter einnehmen, so unser Wunsch, kann Freiheiten entfalten – natürlich auch Zwänge – mit ungeahnter gemeinsamer Schlagkraft. Eine kollektive Sammlung unterschiedlicher Erfahrungen, die neue Energien und vielleicht auf längere Sicht auch neue Politiken freisetzen kann.

In diesem Buch deuten wir einen kleinen Ausschnitt aus dieser Vielfalt und ihrer essayistischen, poetischen, prosaischen sowie wissenschaftlichen Bearbeitung an. Dieses Buch erzählt aus unterschiedlichen Perspektiven davon, welche Auswirkungen die Entscheidung, Kinder zu umsorgen (oder nicht), haben kann, vor allem dann, wenn frau* im Wissenschaftsbetrieb tätig ist.

Muttersein: Mythos und Realität, Praxis und Theorie?
Barbara Vinkens (1960) kultur- und literaturwissenschaftliche Untersuchung der „deutschen Mutter" beschreibt, dass es vor und während der Renaissance weder „die Mutter" noch „das Kind" gab. Das Konzept Kind, wie wir es heute kennen, existiert erst seit dem 18. Jahrhundert (Badinter 1988; Mierau 2019). Das Konzept Mutter, wie wir es heute kennen, ist nicht wesentlich älter. Sylka Scholz, Karl Lenz und Sabine Dreßler schreiben, dass die Idealisierung der Figuren Kind und Mutter gleichzeitig stattfand (Scholz et al. 2013). Ammen wurden bis dahin von Arbeiter*innen genauso selbstverständlich in Anspruch genommen wie von adligen Frauen. Die Kindersterblichkeit war bis in das letzte Jahrhundert hoch und Babys überlebten oftmals die ersten Monate und Jahre nicht. Eine emotionale Bindung zu einem Säugling aufzubauen, stellte ein emotionales Risiko dar. Der mütterliche Körper war zu dieser Zeit noch nicht mit der alleinigen Verantwortung betraut, den Säugling am Leben zu erhalten. Es waren vielmehr mehrere Körper und ein kollektives Gefüge, das dem Kind Sorge zuteilwerden ließ. Das Individuum Mutter hatte noch nicht dieses Alleinstellungsmerkmal, dieses universelle Charakteristikum und die allumfassende Aura des Ersten, Wichtigsten, Ausschließlichen und Ausschließenden, die es heute hat: nämlich die Mutter, die nur Mutter ist, weil es ein Kind gibt. Die Mutter, die es ohne Kind

vermeintlich nicht gibt, und die ohne Kind (und somit auch generell) nicht interessant ist. Es gibt Mütter, deren Kind gestorben ist oder deren Kind nie geboren wurde, oder auch Mütter, die keinen Kontakt zu ihrem Kind haben. Wir meinen hier die Tatsache, dass das Kind oftmals so sehr im Vordergrund steht, dass die Mutter nur den Hintergrund zu diesem Kind bildet und nicht als Person existiert. Die Mutter ist eher ein Phantom als eine konkrete Person. Und die Mutter als Phänomen kann dabei einen Weg der Annäherung bereitstellen.

Beverly Birns und Dale Hay schreiben im Jahr 1988, dass es kaum Wissen über Mütter gibt. Wissen über Kinder gibt es durchaus, nicht aber Wissen über Mütter unabhängig von ihren Kindern. So befragten sie ihre Autor*innen nicht zu einfacher Reflexion der Entwicklung ihrer Kinder. Vielmehr untersuchten sie Mütter in ihrem weiteren Umfeld und in ihrer generellen Lebenserfahrung. Es ging ihnen um eine Phänomenologie von Muttersein.

Das vorliegende Buch versammelt Beschreibungen des individuellen Erlebens des Phänomens des Mutterseins, allerdings heute, im Deutschland der 2020er-Jahre. Dieses Phänomen beeinflusst das Gefühl, wie wir uns selbst erfahren, wie wir uns entscheiden, welches Verhältnis wir zu uns selbst und zu unseren Kindern, aber auch zu(m) anderen Elternteil(en) haben. Das Phänomen beeinflusst, wie andere an uns herantreten. Welche Erwartungen sie an uns haben, welche Diskurse im Umlauf sind, wogegen wir uns wehren und wie wir uns ansprechen lassen müssen. Was uns zugetraut wird und was nicht. Ob wir uns überhaupt entscheiden, Mutter zu werden oder nicht.

Es geht uns nicht darum, eine Ideologie der Mutter(schaft) zu entlarven, oder darum, eine bessere Idee von Mutter(schaft) zu entwickeln. Es geht uns um die Erfahrungen, die Mütter in unserer Gesellschaft machen, in der sie auch Wissenschaftler*innen sind. Viele der Autor*innen rahmen und erklären sich selbst und ihre Erfahrungen und Gefühle durch wissenschaftliche Analysen, Einbettungen und Abgrenzungen. Manche erzählen aus ihrem Alltag oder befragen andere Wissenschaftler*innen nach den Spannungen und Herausforderungen, die sie in ihrem Leben erfahren. Dabei widerfährt ihnen einiges, was sie als Mütter in der Wissenschaft erleben. Meistens ohne dass sie es erwartet hätten.

Mit diesem Buch soll die große Vielfalt dargestellt werden, die unter wissenschaftlich tätigen Müttern besteht. Es zeigt eine große Bandbreite an Erfahrungen. Dafür stehen nicht nur die sehr unterschiedlichen Genres, die die Autor*innen gewählt haben, sondern auch die unterschiedlichen Perspektiven, die sie einnehmen, und die Art und Weise, wie sie über sich selbst und über andere Mütter sprechen.

Wer sind die Herausgeber*innen und Autor*innen?
Wir drei Herausgeber*innen sind alle Wissenschaftler*in und Mutter. Wir haben jeweils zwei Kinder zwischen 5 Monaten und 14 Jahren. Wir haben zum Teil vor und zum Teil nach der Geburt unserer Kinder promoviert. Das letzte Kind wurde während der Arbeit zu diesem Buch im Oktober 2019 geboren. Wie wir im Laufe unserer Arbeit an diesem Buch erfahren haben, haben drei weitere Autor*innen während der Arbeit an diesem Band ein Kind bekommen. Wir hoffen, dass die Autor*innen es in der Kommunikation ebenso leicht empfunden haben, uns über verspätete Einreichungen zu benachrichtigen – zum Beispiel aufgrund von Geburten –, ebenso wie wir es selbstverständlich fanden, mehr Zeit für die Abgaben zu gewähren. Es tut gut, mit anderen Müttern wissenschaftlich zusammenzuarbeiten. Es tut gut, zu denken, die anderen könnten nachvollziehen, wie es einer* gerade geht und was eine* gerade wirklich am Arbeiten hindert. Welche Erschöpfung und welche Kraft, welche Ressourcen und welche Notwendigkeiten hinter einer Mail stecken können. Mit diesem Buch wollen wir dazu beitragen, dass eine Solidarität unter Müttern, die gleichzeitig Wissenschaftler*innen sind, entstehen kann – dass wir voneinander wissen und lernen können, uns aber auch voneinander abgrenzen können, ohne die Verbindung miteinander und das Verständnis füreinander zu verlieren. Wir brauchen (Nicht-)Mütter-Solidarität im Wissenschaftsbetrieb!

Im Wissenschaftsbetrieb, wie er derzeit aufgestellt ist, mit all den Prekarisierungen (die vor allem Frauen* betreffen), der neoliberalen Vereinnahmung unserer Personen, unserer Wünsche, unserer Selbstsorge, ist dieses Buch auch für alle, die bisher das Phänomen Mutter als weit entfernt von einer Verschränkung mit wissenschaftlicher Tätigkeit gesehen haben. Es ist möglich, wie ihr seht. Die Autor*innen, die wir hier versammeln, arbeiten (fast) alle bis heute wissenschaftlich, und sie tun es als Studierende, als wissenschaftliche Mitarbeiter*innen, als Professor*innen und als Hochschulrektor*innen, als Schreibende, Wissen-Schaffende und Lehrende, innerhalb wie außerhalb der Institution.

Auch versammeln sich hier Wissenschaftler*innen aus den unterschiedlichsten Fachdisziplinen. Wir haben Beiträge von Medien-, Politik-, Afrikanistik-, Sozial-, und Genderwissenschaftler*innen, von Theolog*innen, Historiker*innen, Bauingenieur*innen, Psycholog*innen, von Landwirtschaftswissenschaftler*innen, Architekt*innen, aber auch von Künstler*innen, Schriftsteller*innen und Journalist*innen sowie von einer (ehemaligen) Hoteldirektor*in, Dolmetscher*innen, Rechtsanwaltshelfer*innen und Lehrer*innen. Wir freuen uns, eine solche Bandbreite an Professionen innerhalb und außerhalb des Wissenschaftsbetriebes versammeln und Positionen, Reflexionen, Perspektiven, Gewichtungen, Selbstpositionierungen und -bezeichnungen, Schreibweisen und Abgrenzungen so heterogen präsentieren zu können.

Welche Textsorten finden sich in diesem Buch?
Das Schreiben über die Erfahrung des Mutterseins als Wissenschaftler*in scheint sich in sehr unterschiedlicher Weise anzubieten. In diesem Buch versammeln wir Essays, Interviews, Gedichte, wissenschaftliche Abhandlungen, Listen, Tagebucheinträge und einige Mischgenres. Die Herausforderungen, denen wir durch die Unvereinbarkeit dieser beiden Identitätspositionen ausgesetzt sind, rühren an das Selbstverständnis, an das Selbstgefühl, an das Selbst-Bewusstsein, an das Selbst. Karin Struck schreibt in ihrem Roman „Die Mutter" von 1975 über Nora, die als Mutter versucht, trotz des Mutterseins schreibend (wieder) ein ganzer Mensch zu werden. Das Schreiben über das Muttersein wird hier als Möglichkeit dargestellt, Ambivalenzen, Anforderungen und den Wunsch nach Subversion oder nach Distanzierung anzugehen. Es hat sich auch für uns, die Herausgeber*innen, ergeben, dass wir es als sehr produktiv empfinden, uns schreibend mit unserer Rolle als Mutter und Wissenschaftler*in und den Bildern davon auseinanderzusetzen. Die Erfahrungen, die wir machen, sind Spiegel unserer Selbstverortung, unserer Abgrenzungen von

1 Mutterschaft und Wissenschaft – eine Einführung

und unserer Identifizierungen mit anderen Müttern und anderen Wissenschaftler*innen.

Die Beiträge in diesem Buch
Eine Einführung in den Zusammenhang von Mutterschaft und Wissenschaft gibt Lena Eckert in ihrem Text „Mutter_Wissen_schaftler*in – ein paradoxes Phänomen?". In dieser ersten thematischen Einkreisung folgt Eckert der These der zwei Existenzweisen, deren gleichzeitige Verwirklichung sie als Spagat bezeichnet. Dabei geht es ihr nicht mehr nur um die Erkenntnis, strukturelle (Vereinbarkeits-)Probleme von Mutter- und Wissenschaft als vermeintlich individuelle Defizite aufzudecken. Vielmehr ist es nun an der Zeit, so Eckert, gegen diese strukturellen Probleme anzugehen und sich gemeinsam zu wehren. Diesem Text und dieser Einleitung geht ein Gedicht von Maja Linke zur Bedeutungsproduktion des Wortes Mutter voraus. Linke beschreibt unterschiedliche Bedeutungen und Herkünfte des Wortes Mutter. Von Messen müssen, Magie über multipel möglich müde bis hin zu Mut führt uns die Autorin durch ihre Assoziationen und Gedanken zum Wort Mutter.

Im Anschluss folgen sechs Teile mit jeweils mehreren Texten, die die verschiedenen Facetten des Themas zeigen:

(1) Mutterschaft, Körperlichkeit und Sorgearbeit
(2) Entmystifizierung von Mutter- und Schwangerschaft: Langeweile, Erschöpfung und Behinderung
(3) Kinderwunsch, (gewollte) Kinderfreiheit und Abtreibung
(4) Deutschland Ost-West und europäische Perspektiven
(5) Intergenerationelle Gespräche von Wissenschaftler*innen mit kleinen und großen Kindern
(6) Mutterschaft als Retraditionalisierungsbewegung, Armutsrisiko und Ausschlusskriterium aus der Wissenschaft

Den Abschluss bildet eine Pro-und-Kontra-Liste zum Thema Mutterschaft, in der sich zahlreiche Argumente für und gegen Mutterschaft finden. Diese hat Lena Eckert von den Autor*innen des Buches und anderen (Nicht-)Müttern eingesammelt und zusammengestellt.

Mutterschaft, Körperlichkeit und Sorgearbeit

In ihrem autoethnografischen Text „CARE-Theorie aus der Küche. Oder: Das Verdampfen feministischer Utopien und die Borretsch-Revolution" beschreibt Christine Braunersreuther die Kluft zwischen feministischer Theorie zu Sorgearbeit und ihrem Alltag als alleinerziehende Mutter in einer Gesellschaft, die von konservativen Frauen- und Familienbildern geprägt ist. Wütend über die derzeitige gesellschaftliche Situation, an der sich seit den Forderungen der Zweiten Frauenbewegung zur Umverteilung von Sorgearbeit wenig getan hat, denkt die Autorin darüber nach, wie eine feministische Revolution der Care-Arbeit aussehen könnte.

Sarah Czerney beschreibt die Geburt ihres ersten Kindes als radikalen Bruch und Übergang vom Dasein als reflektierte Feministin und Wissenschaftlerin hin zur Mutter, die überwiegend über ihren Körper definiert wird. Der Titel „Wie ich ein Körper wurde: Mutter werden als Wissenschaftlerin und Feministin" ist nicht nur im metaphorischen, sondern auch im ganz konkreten Wortsinn gemeint. Das Gefühl des Bruchs zwischen Nichtmutter- und Muttersein äußert sich nach Czerney in der Veränderung von Beziehungen zu Freundinnen, Familie, Partner, Tagesabläufen, Gefühlen, aber auch des Körpers. Den Ursachen dieses klaren Vorhers und Nachhers spürt die Autorin in genauen Beschreibungen ihres Alltags als Wissenschaftlerin mit strukturellen Hindernissen nach. In ihre Beschreibungen webt sie feministische Reflexionen und Kritik am patriarchalen Wissenschaftssystem ein. Die Autorin wünscht sich ein feministisches Konzept des Mutterseins, verstanden als individuelles, alltägliches Tun und körperliche Erfahrung, die nicht in Opposition zur feministischen Emanzipation und zur wissenschaftlichen Tätigkeit steht, sondern Teil von dieser ist.

Der Beitrag von Christiane Lewe ist aus der Perspektive einer, wie sie sich selbst bezeichnet, „kinder(wunsch)losglücklichen" Wissenschaftlerin geschrieben. Der Text mit dem Titel „Das hat ja nichts mit mir zu tun. Warum auch Nicht-Mütter über körperliche Grenzen, Abhängigkeiten und Sorgegemeinschaften nachdenken sollten" ist inspiriert vom vorangehenden Text in diesem Buch. Der Text von Sarah Czerney hat Christiane Lewe dazu angeregt, über das Verhältnis von Körper, Fürsorge und Karriere in der Wissenschaft nachzudenken. Denn nicht nur eine Geburt, so Lewes Argumentation, kann als brachialer Einbruch des Körpers in ihr zuvor vom Verstand gelenktes Leben erfahren werden, sondern auch andere Ereignisse können sich plötzlich und brutal in den Vordergrund drängen. Dann ist die Frage relevant, wer für wen die Fürsorge übernimmt, auch außerhalb von familiären Strukturen wie Mutter- oder Elternschaft. Lewe plädiert dafür, sich als Wissenschaftler*in ohne Kinder mit Müttern bzw. Eltern zu solidarisieren und von ihren Erfahrungen zu lernen. Ihr geht es um den Zusammenhang von strukturellem Ableismus, der Marginalisierung von Sorge- und Reproduktionsarbeit und der Benachteiligung von Kinderlosen in der Wissenschaft.

Entmystifizierung von Mutter- und Schwangerschaft: Langeweile, Erschöpfung und Behinderung
Die Autorin Madita Pims beschreibt in ihrem Artikel „Oh, Baby, Baby, it's a Boring World. Mutterschaft und Langeweile" die fehlende Inspiration und das Ausgezehrtsein, die die Pflege eines Babys mit sich bringen. Da es in Deutschland überwiegend Mütter sind, die ihre Kinder in der ersten Zeit nach der Geburt betreuen, geht es ihr auch explizit um diese. Sie thematisiert die mentale Unterforderung, die Isolation und den fehlenden Austausch in der ersten Zeit der Betreuung, die oftmals ein Jahr oder länger dauert. Der Text beschreibt Aspekte von Mutterschaft, die überwiegend ausgeblendet oder sogar tabuisiert werden und die sich von den stereotypen Bildern glücklicher, junger Mütter distanzieren. Es geht um das Fehlen von Kraft, Unterhaltung, Räumen und Menschen sowie persönlichen Strategien gegen diesen Mangel. Die Autorin verbindet die gesellschaftliche Analyse mit ihren persönlichen Erfahrungen als Mutter eines neugeborenen Kindes. Es geht um sogenannte gleichberechtigte Paare, die mit der Geburt in konservative Rollenmuster zurückfallen, dies aber nicht reflektieren, es geht um patriarchale Strukturen, um Mutterliebe, um (nicht erreichte) „Zuckerwattezustände" von Frauen nach der Geburt ihres ersten Kindes und um andere Mythen. Es geht um die Kraft, die ein Baby kostet, und um die Erschöpfung, die sich durch die Pflege eines Kleinkindes einstellt. Und es geht um die gesellschaftliche Sanktionierung von Müttern, die Gegenstrategien entwickeln, indem sie sich während der Kinderbetreuung mit Hilfe von Smartphones, Fernsehen und nicht kindgerechter Musik beschäftigen. Es geht um den Ausschluss von stillenden Müttern aus der Öffentlichkeit, um Kinderfeind-

lichkeit, um die Sexualisierung von stillenden Brüsten, um Kindercafés und Babyschwimmkurse. Dem setzt die Autorin ein Gegenmodell geteilter Elternschaft entgegen, das sie mit dem Vater des Kindes lebt, und eine Wohngemeinschaft, deren Bewohner*innen an der Herausforderung mit einem Kind teilhaben wollten. Sie berichtet von Strategien wie Milchabpumpen, der Mitnahme ihres Kindes in Lehrveranstaltungen oder der Betreuung des Säuglings durch andere Personen, um der Langeweile und Isolation zu entfliehen.

Angelika Pratl verbindet in ihrem Artikel „Die Repräsentation von Erschöpfung und Überforderung in der Mutterschaft: Ein Vergleich von Printmagazinen und ‚Mommy Blogs'" die Erfahrungen nach der Geburt ihres ersten Kindes, das trotz mentaler Vorbereitung ihre Welt komplett aus den Angeln hob, mit den Erfahrungen, die sie beim Verfassen ihrer Abschlussarbeit im Lehramtsstudium über Mutterschaftsbilder gemacht hat. Die Abschlussarbeit fokussiert die Darstellung von Erschöpfung und Überforderung in Mommy Blogs und Elternmagazinen. Im vorliegenden Beitrag werden die Ergebnisse der Forschungsarbeit, die sich um Mutterbilder und -ideologien drehen, von ihren eigenen Erschöpfungserfahrungen als Mutter begleitet. Dennoch gab die Arbeit zum Thema Mutterschaft der Autorin Zeit. Zeit für sich und Zeit für ihr Interesse am Thema, Zeit, in der ihre Kinder fremdbetreut wurden. Diese Zeit hat ihr vor allem dazu verholfen, ein eigenes Bild von sich als Mutter zu gestalten und ihre Identität nicht durch ihre Mutterschaft zu verlieren, um so ihren Kindern auch später ein realistischeres Mutterbild vermitteln zu können.

Franziska Appel nähert sich in ihrem Beitrag „Ich, Mutter?!" der Frage, was es heißt, Mutter und Wissenschaftler*in zu sein. In zwei kleineren Texten beschreibt sie das Unbehagen, das sie befällt, wenn sie über die ihr zugedachte Rolle als Mutter nachdenkt. Deshalb entscheidet sie sich für den Begriff der Elternschaft, da es dabei eher um Gemeinschaft und gegenseitige Verantwortung geht. In ihrem ersten Text, der den Titel „Brief an meine Kinder" trägt, thematisiert sie, wie wenig vorbereitet sie auf die Aufgabe als Mutter war. In ihrem zweiten Text „Glücksspiel der Gene" beschreibt sie ihre unterschiedlichen Gefühle in der Schwangerschaft, die sie beim Lesen eines Gutachtens über das 50%ige Mutationsrisiko ihres ungeborenen Kindes durchlebt. Zwischen Enttäuschung und Angst schwankend denkt sie über den Umgang der Gesellschaft mit dem Thema

Behinderung und Schwangerschaft sowie die individuelle Alltagsbewältigung nach. Dennoch trifft sie die Entscheidung, das „Glücksspiel der Gene" weiter zu spielen.

Kinderwunsch, (gewollte) Kinderfreiheit und Abtreibung
Christin Sirtl beschreibt in ihrem Beitrag „Willst du eigentlich Kinder? Warum ich mir wünsche, diese Frage gestellt zu bekommen" die komplexe Situation, die sich ihr stellt, wenn sie darüber nachdenkt, ob sie Kinder haben will, oder nicht. Dabei reflektiert sie ihre Position als Wissenschaftlerin im Bauingenieurwesen, die überwiegend von Männern mit (patriarchaler) Vorstellung von Mutterschaft und Familiengründung umgeben ist. Die Frage nach Kindern ist für Christin Sirtl unweigerlich mit zahlreichen anderen Fragen verbunden, die von Lebens- und Wohnmodellen jenseits heteronormativer Strukturen bis hin zu geteilter Elternschaft, biologischer und sozialer Elternschaft, dem Klimawandel und anderen, persönlichen Einschränkungen durch Kinder reichen. Dabei reflektiert sie ihre persönliche, christliche Prägung und das ihr in diesen Glaubenskontexten vermittelte Mutter- und Rollenbild als Frau.

Nicole Baron, Doktorandin im Bereich Architektur, untersucht das Unbehagen, das sie als Nichtmutter befällt, wenn ihr eine Freundin erzählt, dass sie schwanger ist. In ihrem Text „Mutterschaft – Freundschaft – Wissenschaft" verknüpft sie die individuell-psychologische Ebene ihres eigenen, noch ungeklärten Kinderwunsches mit der strukturell-gesellschaftlichen Ebene. Diese besteht ihr zufolge einerseits in der sozialen Erwartung einer gewünschten und damit zumindest potenziell vorhandenen Mutterschaft und andererseits in der Wissenschaft als patriarchalem System. Ausgehend von eigenen Erfahrungen erkundet Nicole Baron, wie die Gefühlslagen von Neid, Trauer und Wut angesichts des Kinderkriegens um sie herum in diese vielschichtigen Gemenge eingewoben sind.

In ihrem Text „(Auch) die Sprache ist das Problem: Zum öffentlichen Diskurs über Schwangerschaft und Mutterschaft" von Daniela Ringkamp geht es um das Verhältnis von Sprache, Gestus und Einschränkung von Schwangeren und Müttern. Ringkamp unterzieht zunächst den Abtreibungsparagrafen § 219 einer Prüfung. Das Ergebnis ist, dass sich dieser moralisierend, paternalistisch und interpretationswürdig darstellt. Denn er fordert zur Opferbereitschaft von Frauen auf und stellt das Recht von ungeborenem Leben über das Recht von Frauen, frei entscheiden zu können, ob sie ihr Kind austragen wollen oder nicht. Dieser paternalistische Gestus findet sich auch in anderen Bereichen (öffentlicher) Sprache, wie die Autorin ausführt, zum Beispiel in Zufallsbegegnungen, bei denen wildfremde Menschen Schwangeren und Müttern von Säuglingen Ratschläge geben, oftmals gepaart mit ungefragten Geschichten über die eigene Schwanger- und Elternschaft. Auch im öffentlichen Diskurs sind paternalistische Haltungen zu finden, zum Beispiel in der Zeitschrift Spiegel, in der 2015 das Nicht-Stillen als Körperverletzung bezeichnet wurde. Ringkamp stellt eine Überpräsenz des Physischen im Diskurs über Schwanger- und Mutterschaft fest, gerade im Hinblick zum Beispiel auf das Stillen, wobei diese Allgegenwart des Leiblichen mit einem Verlust an Autonomie einhergeht. Paternalistische Sprache bedient sich dabei oftmals eines Vertraulichkeitsgestus bzw. einer infantilen Rhetorik, die emotionalisiert statt versachlicht, duzt statt siezt, anweist statt erklärt. Mit Überlegungen, was Wissenschaftler*innen dieser sprachlichen Bevormundungshaltung entgegensetzen können, schließt der Text.

Deutschland Ost-West und europäische Perspektiven
Die beiden Autorinnen Antonia Ehrenburg und Kathi Geiger beschreiben in ihrem Text „Mutterschaft oder Wissenschaft" ihre Erfahrungen mit Mutterschaft in Ost- und Westdeutschland aus biografischer Perspektive. Dabei setzen sie sich mit ihrem Selbstbild als Wissenschaftlerinnen und Mütter auseinander. Die beiden Feministinnen und Wissenschaftlerinnen thematisieren sowohl die Unterschiedlichkeit ihrer sozialen Herkunft (class) und ihre Ost- bzw. Westberliner Sozialisation – vor allem in Bezug auf die Analogiethese der Ostdeutschen als Migrantinnen – als auch die historische Perspektive auf Kaiserreich, Mutterbild im Nationalsozialismus, Familienbild der Wirtschaftswunderjahre und Zweite Frauenbewegung sowie sozialistisches Familienbild. Sie spüren diesen Themen aus biografischer Perspektive nach und führen so eine Auseinandersetzung mit ihrem Selbstbild als Mutter.

1 Mutterschaft und Wissenschaft – eine Einführung

Anne Lequy erzählt in ihren privaten Aufzeichnungen „Gestohlene Zeit" die Geschichte ihrer Familie und Ehe sowie ihrer Karriere als Professorin und derzeitige Hochschulrektorin über einen Zeitraum von 15 Jahren. In Tagebucheintragungen, Mails und Notizen zu Telefonaten und Vorlesungen reflektiert sie ihre Rolle als Mutter zweier Kinder und die Unterstützung durch ihren Mann, der ihr durch die Übernahme von Familienaufgaben und Sorgearbeit und mehrfache Anstellungs- und Ortswechsel das Ausbalancieren zwischen Mutterschaft und Wissenschaft ermöglicht. Dazu tragen auch ihre französische Herkunft und Sozialisation als Frau und Mutter bei. Der Umzug der Familie von Westdeutschland nach Ostdeutschland mit jeweils unterschiedlichen kulturellen Rollenbildern und Selbstverständnissen von Frauen, aber auch die aus DDR-Zeiten stammenden Unterstützungsangebote durch Kinderbetreuung stärken sie in ihrer Tätigkeit als Vollzeitwissenschaftlerin und Führungskraft. In ihrem Text wechseln sich deutsche und französische Passagen ab, es werden Gedichte und andere Textsorten eingewebt und auch die deutsche Bundeskanzlerin Angela Merkel wird adressiert.

Silke Kassebaum schreibt basierend auf dem Austausch mit ihrer schwedischen Kollegin Magdalena Granell über das strukturell verankerte Vereinbarkeitsproblem von Sorge- und Erwerbsarbeit, das Wissenschaftlerinnen vornehmlich bei sich selbst verorten und zu ihrer privaten Sache machen. In dem deutsch-schwedischen Kooperationstext mit dem Titel „Die Unvereinbarkeit von Mutterschaft und Wissenschaft als notwendiges biografisches Projekt" geht es um biografische Herausforderungen, die sich auf Rollenambiguität, Doppelbelastung, Vereinbarkeitsprobleme und Aushandlungsprozesse innerhalb von Partnerschaften beziehen. Die ungleiche Verteilung von Erwerbsarbeit und Sorgearbeit bei Frauen und Männern führt für Wissenschaftlerinnen zu Karrierehemmnissen struktureller Natur. So adressieren beispielsweise Mentoring-Programme für Wissenschaftlerinnen die Vereinbarkeitsproblematik, wohingegen die Anrufung und Indienstnahme von Wissenschaftlern für Vereinbarkeit durch die Orientierung an männlich geprägten Wissenschaftskarrieren fehlen. Strukturelle Rahmenbedingungen für eine wissenschaftliche Karriere bei gleichzeitiger Familiengründung setzen die Unterstützung durch den Partner voraus und erschweren gleichzeitig die

Verhandlungsbasis für partnerschaftliche Aushandlungsprozesse, weil von den Frauen weder finanzielle noch zeitliche Ressourcen in Verteilungskämpfe eingebracht werden können. Die biografische Arbeit zu diesem paradoxen, weil nicht lösbaren, aber strukturell verursachten Problem kann insofern nur darin liegen, so die Autorin, eine innere Haltung zum Umgang mit diesem Problem zu entwickeln. Dabei fragt sie sich als Biografie-Forscherin, wie sich ein Kultur- bzw. Systemwechsel – etwa in das schwedische Wissenschaftssystem – auf die Prozesse der biografischen Arbeit auswirken. Trotz feministischer Regierung lassen sich paradoxerweise in der schwedischen Gleichstellung statistisch kaum Unterschiede zum deutschen Wissenschaftssystem feststellen. Auch hier wird das strukturelle Vereinbarkeitsproblem privatisiert und ausschließlich an Frauen adressiert, was dazu führt, dass Geschlechterstereotype zementiert werden und Entsolidarisierung zwischen Frauen stattfindet.

Intergenerationelle Gespräche von Wissenschaftler*innen mit kleinen und großen Kindern
In dem Interview von Lena Eckert mit Rose Marie Beck geht es um Herausforderungen, Notwendigkeiten, Möglichkeiten und Unmöglichkeiten als Mutter und Wissenschaftlerin. Lena Eckert befragt Rose Marie Beck zu ihrem Weg als Wissenschaftlerin, die in der Qualifizierungsphase zwei Kinder bekommen hat und die inzwischen Professorin für Afrikanistik ist. Es geht um die Vereinbarkeit von Beruf und Familie, um Gesundheit, Partnerschaft, Pendeln, aber auch um die Frage, welche Beziehung sie heute zu ihren erwachsenen Kindern hat, und was es heißt, mit einem Mann verheiratet zu sein, der ebenfalls eine Professur innehat. Es geht um die Studien- und Berufswahl von zwei erwachsenen Professor*innenkindern und um den guten Kontakt, den Rose Marie Beck zu ihren erwachsenen Kindern bis heute hat. Es geht um Krisen, Zusammenbrüche und Überforderung, aber auch um Zufriedenheit und Erfülltheit, um geteilte Elternschaft, um *mental load* und um die emotionale Arbeit als Mutter. Dabei spielen Schwierigkeiten mit kleinen Kindern, mit Kindern in der Pubertät und mit erwachsenen Kindern ebenso eine Rolle wie die Erwartungen, die sie an sich als Wissenschaftlerin stellt.

Johanna Hess interviewt ihre Mutter Doris Hess-Diebäcker zu deren wissenschaftlicher Tätigkeit in der Zeit, als sie Mutter von zwei Töchtern wurde. Sie zieht aus feministischer Perspektive Parallelen zu ihrer eigenen Karriere als Wissenschaftlerin, die kurz vor der Einreichung ihrer Dissertation steht, und als Mutter einer zweijährigen Tochter. Die biografische Verortung beider Frauen als Mutter in der Wissenschaft verwebt Johanna Hess mit ihrer Forschung zu beruflichen Karrieren von Wissenschaftlerinnen, insbesondere der Situation von Frauen nach der Geburt ihres ersten Kindes. Es geht um Themen wie Pendeln, Konflikte mit Vorgesetzten, Fehlgeburten und die Benachteiligung von Frauen im Wissenschaftsbetrieb, die Teilung der Sorgearbeit mit dem Vater des Kindes. Zentral ist dabei, so Johanna Hess, aus welcher Perspektive die Frage nach der Vereinbarkeit beider Bereiche gestellt wird, ob es also vorrangig um die Realisierung der Karriere mit – oder trotz – Familiengründung geht, oder darum, ob eine wissenschaftliche Tätigkeit in familiäre Pläne integriert werden kann. Beides ist nur möglich, wie sich in dem Gespräch herauskristallisiert, wenn es neben der wissenschaftlichen Qualifikationsarbeit und der Rolle als Mutter keine weitere berufliche Verpflichtung gibt wie etwa andere Projekte bzw. Tätigkeiten oder das Pendeln zwischen zwei Orten. Mutter und Tochter gehen in ihrem intergenerationellen Gespräch verschiedenen Fragen nach, zum Beispiel wie sich das Alter der Kinder in der wissenschaftlichen Arbeit auswirkt, wie sich das Forschen mit Kindern von dem ohne Kinder unterscheidet, und wie es zur Entscheidung kommen kann, aus der Wissenschaft auszusteigen.

Verena Renneke entfaltet in einem Gespräch mit Jolanda Spirig ihre Erfahrungen als Promovendin und Mutter eines Kleinkindes. Jolanda Spirig ist Wissenschaffende, Netzwerkerin und Autorin, hat zwei Kinder und ist doppelt so alt wie Verena Renneke. In dem Gespräch mit dem Titel „Das Scheitern an der feministischen Realität" geht es um die Kollision von feministischen Ansprüchen und der Realität als Mutter, um den (körperlichen) Schock einer zwar geplanten, aber zu schnell eingetretenen und körperlich belastenden Schwangerschaft, die schlechte Behandlung durch Vorgesetzte während der Schwangerschaft, den Umzug von Österreich nach Deutschland, die Eingewöhnung in ein neues rechtliches System im Hinblick auf Elterngeld, Mutterschutz, Staatsbürgerschaft etc., um eine Sturzgeburt, geteilte Pflegearbeit, Teilzeitstellen, um das „Halbe-halbe-Prinzip", um Frauen-Netzwerke und Solidarität sowie um ihre wissenschaftliche Tätigkeit an einer deutschen Hochschule. Andere Themen, die angeschnitten werden, sind Erwerbsarbeit, Weiterbildung, Mutterschaft, Partnerschaft, Ehrenamt, Freizeit und Alltagsverpflichtungen.

Mutterschaft als Retraditionalisierungsbewegung, Armutsrisiko und Ausschlusskriterium aus der Wissenschaft
Die (Un-)Vereinbarkeit von Mutterschaft und Wissenschaft wird in dem Text von Anne-Dorothee Warmuth aus feministischer Perspektive im Hinblick auf Retraditionalisierungsbewegungen in der Familiengründungsphase beleuchtet. Es geht um erhöhte Betreuungsanforderungen und -wünsche, die mit den Leistungsansprüchen in der wissenschaftlichen Karriere kollidieren, und die durch Inkorporierung vermeintlich weiblicher Sorgearbeit letztendlich von Müttern stabilisiert werden. Diese Überlegungen bindet die Autorin an das zeitliche und örtliche Flexibilisierungsmodell, das in weiten Teilen der Wissenschaft vorherrschend ist, und das einer herkömmlichen Beschäftigung mit festen Bürozeiten diametral entgegensteht. Dies verstärkt sich, wenn die Frau wissenschaftlich und der Mann außerhalb der Wissenschaft tätig ist und es sich nahezu selbstverständlich ergibt, dass die wissenschaftlich tätige Mutter bei Krankheit und Terminen einspringt. Diese kritische Sicht auf das Wissenschaftssystem und herrschende Geschlechterstereotype im Hinblick auf Elternschaft mit der Konsequenz der Geschlechterungleichheit werden gekoppelt an eigene Erfahrungen der Autorin als Mutter, Feministin und Geschlechterforscherin. Die fachliche Position verstärkt ihre Haltung zu Retraditionalisierungsbewegungen von Paarkonstellationen denn solch traditionelle Arrangements will sie durch ihre disziplinäre Verortung reflektieren und ihnen entgegenwirken. Eine Lösungsmöglichkeit könnte, so das Fazit der Autorin, die Freistellung von universitären Verpflichtungen für wissenschaftlich tätige Eltern sein, um forschen zu können.

Louisa Kamrath beschreibt in ihrem Text „Geschichten einer Studentin mit Kind aus dem Epizentrum von Blümchenthemen und Gedöns" eindringlich ihre Erfahrungen als Mutter und Studentin. Die politische

1 Mutterschaft und Wissenschaft – eine Einführung

Situation in Deutschland stellt sich für Studierende mit Kind als tragisch bis gesundheitsgefährdend dar. Dies äußert sich hinsichtlich der finanziellen Situation für eine junge Mutter, die neben dem Muttersein studieren und ihren Abschluss zu Ende bringen will, und die ihr Studium nicht selbst finanzieren kann, aber auch keine Ressourcen im Hintergrund hat. Der Gang durch die Institutionen des Sozialstaates stellt sich als kafkaesk dar. Für Kamrath wird die studentische Schwanger- und Mutterschaft zum ‚neoliberalen Albtraum', der sich an dem Prinzip Gesundheit und Leistung entfaltet.

Eva-Maria Obermann schreibt über ihre alltäglichen Erfahrungen als Mutter an der Universität. Die 32-jährige Promovendin hat vier Kinder zwischen einem und elf Jahren. Sie lehrt und forscht, ist Autorin und macht ihre Arbeit nicht nur sehr gut, wie sie betont, sondern auch sehr gerne. Dennoch weiß sie bereits jetzt, dass der Traum der Wissenschaft für sie mit Abschluss der Promotion ausgeträumt ist. Denn in der Nähe ihres Lebensmittelpunktes gibt es keine andere Universität, an der sie habilitieren kann, ebenso wenig wie es ausreichend Postdoc-Stellen gibt, vor allem nicht für vierfache Mütter. Sie schreibt von der Unüberwindbarkeit der gläsernen Decke zwischen Mittelbau und Professor*innen und von den Vorurteilen, die ihr als Mutter entgegenschlagen (z. B.: sie werde nur wegen der Kinder gefördert, eigentlich schaffe sie das alles sowieso nicht etc.). Sie schreibt von ihrem Mann, mit dem sie für ihre Familie ein Haus gebaut hat, und dem sozialen Netzwerk, das bei Krankheit oder Zugverspätung einspringt. Und sie schreibt von der vergeschlechtlichten Teilzeit- und Vollzeitbeschäftigung von Wissenschaftler*innen, sowie von den geringen Prozentzahlen von Professorinnen mit Kindern im Vergleich zu Professoren mit Kindern.

Die Vereinbarkeit von Mutterschaft und Beruf im Bereich der Architektur steht im Fokus der Ausführungen von Matthäa Ritter-Wurnig. In detaillierten Beschreibungen der Architekturszene zeigt Ritter-Wurnig, wie schwierig es ist, als Architektin mit Care-Verpflichtung tätig zu sein. Sie spricht von der Architektur als inszenierter Lebenswelt, die weit über einen Beruf hinausgeht und ausfernd in den privaten Bereich greift. Dieses Selbstverständnis der Szene, Architektur nicht nur als Erwerbsarbeit, sondern als Lebensphilosophie zu sehen, passt jedoch nicht, so die Autorin, zu Schwangerschaft, Geburt und Mutter- bzw. Elternschaft, weder in der Architekturpraxis noch in der Architekturwissenschaft. Ihre Ausführungen säumt die Autorin mit eigenen Erfahrungen als Architektin und Mutter mit jahrelanger Berufspraxis in der universitären Gleichstellungsarbeit. Schließlich stellt sie drei Thesen zum Ausschluss von Frauen aus der Architektur auf.

Seit der Idee für dieses Buch sind über zwei Jahre vergangen. Viele Menschen haben dazu beigetragen, dass sie realisiert werden konnte. Wir bedanken uns für die tatkräftige Unterstützung bei der Erstellung dieses Buches bei Peter Viereck, Carolin Orth, Lena-Maria Schröter, Sophia Wohlfarth und Laura Gdowzok.

Literatur

Alizade A (2006) Motherhood in the twenty-first century. Karnac, London
Aulenbacher B (2010) Arbeit und Geschlecht – Perspektiven der Geschlechterforschung. In: Aulenbacher B, Meuser M, Riegraf B (Hrsg) Soziologische Geschlechterforschung. Eine Einführung. VS Verlag für Sozialwissenschaften, Wiesbaden, S 141–155
Badinter E (1988) Die Mutterliebe. Geschichte eines Gefühls vom 17. Jh. bis heute. Deutscher Taschenbuch, München
Becker-Schmidt R (1983) Entfremdete Aneignung, gestörte Anerkennung, Lernprozesse: Über die Bedeutung von Erwerbsarbeit für Frauen. In: Joachim M (Hrsg) Krise der Arbeitsgesellschaft? Verhandlungen des 21. Deutschen Soziologentages in Bamberg 1982. Campus, Frankfurt am Main/New York, S 412–426
Birns B, Hay D (1988) The different faces of motherhood. Springer Science + Business Media, New York
Bock G, Duden B (1977) Arbeit aus Liebe – Liebe als Arbeit. Zur Entstehung der Hausarbeit im Kapitalismus. In: Gruppe Berliner Dozentinnen (Hrsg) Frauen und Wissenschaft. Beiträge zur Berliner Sommeruniversität für Frauen, Juli 1976. Courage, Berlin, S 118–199
Diehl S (2014) Die Uhr, die nicht tickt: Kinderlos glücklich. Eine Streitschrift. Arche Literatur, Zürich

Dolderer M, Holme H, Jerzak C, Tietge A (2018) O Mother, Where Art Thou? (Queer-)feministische Perspektiven auf Mutterschaft und Mütterlichkeit. Westfälisches Dampfboot, Münster

Janssen J (2016) In meinem Namen. Eine trans*/queere Perspektive auf Elternschaft. In: Dolderer M, Holme H, Jerzak C, Tietge A (Hrsg) O Mother, Where Art Thou? (Queer-)feministische Perspektiven auf Mutterschaft und Mütterlichkeit. Westfälisches Dampfboot, Münster, S 142–159

Krüger-Kirn H, Wolf L (2019) Mutterschaft zwischen Konstruktion und Erfahrung. Aktuelle Studien und Standpunkte. Barbara Budrich, Opladen

Mierau S (2019) Mutter. Sein.: Von der Last eines Ideals und dem Glück des eigenen Wegs. Beltz, Weinheim/Basel

Park S (2013) Mothering queerly, queering motherhood. Resisting monomaternalism in adaptive, Lesbian, blended and polygamous families. Suny Press, New York

Scholz S, Lenz K, Dreßler S (2013) In Liebe verbunden. Zweierbeziehungen und Elternschaft in populären Ratgebern von den 1950er bis heute. transcript, Bielefeld

Struck K (1975) Die Mutter. Roman. Suhrkamp, Frankfurt am Main

Vinken B (1960) Die deutsche Mutter. Der lange Schatten eines Mythos. Fischer Taschenbuch, Frankfurt am Main

Williams J (2000) Unbending gender: why family and work conflict and what to do about it. Oxford University Press, Oxford/New York

2

Mutter_Wissen_schaftler*in – ein paradoxes Phänomen?

Lena Eckert

Zusammenfassung Dieser Beitrag beschäftigt sich mit den zwei materiell-diskursiv choreografierten Existenzweisen, die die Mutter_Wissen_schaftler*in vereinen muss. Die lange Geschichte der Ideologisierung von Mutterschaft steht der sehr jungen Existenz der Wissenschaftler*in gegenüber. Es ist immer noch „der Wissenschaftler", der traditionellerweise den Ursprungsmythos intellektueller Wissengenerierung besetzt, und „die Mutter", die die nicht entlohnte, reproduktive Sorgearbeit leistet. Der Beitrag geht diesen beiden diskursiven Strängen nach und verwebt sie miteinander, um zu zeigen, dass sich die beiden Existenzweisen der Mutter_Wissen_schaftler*in diametral gegenüber stehen. Die Mutter_Wissen_schaftlerin wird als Grenzgänger*in an den ambivalent besetzten Diskursen von Autonomie und Bindung beschrieben.

> … it is impossible to actually do mothering as if it did not matter. (Lewis 2001, **S. 68**)

L. Eckert (✉)
Martin-Luther-Universität Halle-Wittenberg, Berlin, Deutschland
E-Mail: lena.eckert@googlemail.com

© Springer Fachmedien Wiesbaden GmbH, ein Teil von Springer Nature 2020
S. Czerney et al. (Hrsg.), *Mutterschaft und Wissenschaft*,
https://doi.org/10.1007/978-3-658-30932-9_2

2.1 Zwei Existenzweisen

Um eine (an-)erkannte Existenzweise als (gute) Mutter zu erlangen, ist die Orientierung an gesellschaftlichen Erwartungen zentral. Wenn wir als Wissenschaftler*in und Mutter anerkannt werden wollen, dann müssen wir zwei verschiedene materiell-diskursiv choreografierte Existenzweisen vereinen. In diesem Beitrag möchte ich diesen Limbo, den die Mutter_Wissen_schaftler*in in der Verschränkung dieser beiden Existenzweisen tanzt, zeigen und dabei ein paar der unvereinbaren Normen und Ideale, an denen wir uns messen (lassen müssen), sichtbar werden lassen. Der Widerspruch von wissenschaftlicher und mütterlicher Tätigkeit ist gleichzeitig der gesellschaftlich tief verankerten Mystifizierungen des Phänomens Mutter und der Mystifizierung einer Berufung als Professor(in?) geschuldet. Es ist Zeit, von dieser symbolischen Überlast sowie der Individualisierung struktureller Probleme (siehe auch Ward und Wolf-Wendel 2004) hin zu einem kollektiven Wehren gegen die sinnbildlichen und ganz praktischen Verunmöglichungen gleichzeitigen Mutterseins und intellektuell anspruchsvoller Tätigkeit im Wissenschaftsbetrieb zu kommen.[1] Die Mutter_Wissen_schaftler*in – diejenige, die den genuin männlich konnotierten Bereich der Wissensgenerierung mit dem genuin weiblich konnotierten Bereich des Kinderkriegens und -versorgens verbindet, stellt eine Gefahr für das Patriarchat dar. Der „Gebärneid" von Männern kann ab hier mit nichts mehr kompensiert werden. Die Frau, die gleichzeitig Kinder und Bücher gebären kann (was während der Entstehung dieses Buches mehrfach geschehen ist), stellt in einer patriarchalen Kultur etwas Monströses dar – sie ist nicht nur Grenzgängerin und -überschreiterin, sie ist die Auflösung fundamentaler Gegensätze, anhand derer patriarchale, zweigeschlechtliche und heteronormative Gesellschaften nicht nur symbolisch, sondern auch wirtschaftlich und politisch organisiert sind.

---

[1] Ich verweise an dieser Stelle auf ein Kollektiv mit dem Namen mutterschaftlerin.org. Hier formiert sich derzeit eine Gruppe von Wirtschaftswissenschaftler*innen, die gemeinsam Strategien entwickeln, wie frau* als Wissenschaftler*in und Mutter zufrieden sein kann. Neben den notwendigen politischen und strukturellen Änderungen in Gesellschaft und Wissenschaft ist die Solidarität unter Mutter_Wissenschaftler*innen ein zentraler Aspekt für Veränderung.

2.2 Mutterschaft als Bestimmung

Mutterschaft als soziale Institution unterliegt oftmals einem besonderen Schutz, aber auch zahlreichen Sanktionen (vgl. Rich 1986). Immer jedoch fungiert sie als sozialer Platzanweiser. Mit der Mutter werden verschiedenste Emotionen und Verhaltensweisen assoziiert. Diese können kulturell sehr unterschiedlich gelagert sein. Die Frage, was (Mutter-)Liebe, Fürsorglichkeit oder auch „körperliche Verfügbarkeit" (Tolasch 2016, S. 218) sein könnte, kommt immer wieder auf, denn die Liebe der Mutter – die Mutterliebe – ist ein zutiefst vergeschlechtlichtes und vergeschlechtlichendes Konstrukt. Es impliziert zum Beispiel, dass Mütter moralischen, psychologischen oder evolutionären Diskursen zu Folge besonders gut bemuttern können. Im Englischen tritt dies noch deutlicher hervor: „'Mothering' a child still means something very different from ,fathering' a child" (Apter 1985, S x). „Fathering a child" bezeichnet ein momentanes Ereignis und hatte lange, zumindest in patriarchal organisierten Gesellschaften, überspitzt formuliert, kaum mehr Konsequenzen, als dass man nun endlich einen Erben hat oder dummerweise Alimente zahlen muss. „Mothering a child" impliziert hingegen eine Daueraufgabe mit Bestimmungscharakter. Dies ist ebenfalls überspitzt ausgedrückt, bezeichnet aber das Erbe an kulturellen Unterschieden, die es (immer noch) zwischen männlicher und weiblicher Elternschaft gibt. Mutterschaft dient als Einfallstor für frauenfeindliche und Ungleichheit verstärkende Rhetoriken und Politiken (vgl. Reusch 2018) und stellt einen Fluchtpunkt in der Konstruktion von Zweigeschlechtlichkeit dar: Muttersein ist, als vermeintliche „Natur der Frau" und damit zentrale Dimension von Weiblichkeit, eine wichtige Analysekategorie in der Dekonstruktion von Weiblichkeitsmustern (u. a. Beauvoir 1951; Herwartz-Emden 1995; Tolasch und Seehaus 2017).

Mutterschaft wurde und wird durchaus von der feministischen Forschung als einer ihrer wichtigen Gegenstände behandelt. Dennoch scheint sie eine Herausforderung zu bleiben. Mutterschaft als soziales Phänomen zu untersuchen lässt uns gesellschaftliche Funktionen, Vorstellungen, Praktiken, Bedingungen und Erfahrungen analysieren und kann helfen, die Konstruktion von normativer Zweigeschlechtlichkeit und die Macht patriarchaler Strukturen aufzuzeigen. Die Institutionalisierung von Mutterschaft lässt wichtige Rückschlüsse auf Geschlechterverhältnisse aller Art und in vielen Bereichen zu (u. a. Becker-Schmidt et al. 1984; Notz 1991; Tazi-Preve 2013). Auch die Vergeschlechtlichung der Reproduktionsarbeit und von generationellen Beziehungen zeigt, wie zentral „die Mutter" für das Geschlechtergefüge ist, und wie sie aus den unterschiedlichsten Perspektiven zur Analyse von Geschlechtergrenzen und -ordnungen herangezogen werden kann. So können anhand von Mutterschaft und Care-Soziologien Unvereinbarkeits-, Doppelbelastungs- oder doppelte Vergesellschaftungsthesen beschrieben werden (z. B. Becker-Schmidt 1983, 1987; Aulenbacher 2010; Bock und Duden 1977; Scheele und Wöhl 2018; Guitérrez-Rodrigues 2010).

Die feministische Philosophin Luce Irigaray (1979) war eine der ersten, die die gesellschaftliche Wahrnehmung der Arbeit der Mütter als vermeintlich nicht-produktiv thematisierte und damit aufzeigte, dass sich fundamentale ökonomische und symbolische Muster der westlichen Gesellschaft in „der Mutter" kreuzen. Gerade die Trennung von privater und öffentlicher Sphäre ist immer wieder Neuverhandlungen und Definitionen ausgesetzt. Hierbei spielt die bereits länger diskutierte „Erosion des Ernährermodells" (z. B. Meuser 2001) eine Rolle, sowie die Doppelbelastung auch von Vätern (Tolasch 2016, S. 186 ff.). Gesellschaftlich wird Sorgearbeit, egal ob es um Kinder geht oder andere pflegebedürftige Menschen, nicht als Arbeit gesehen.

Die Mutter als Figur oder vielleicht eher als jeweils spezifisches Phänomen kann auch herangezogen werden, um Kulturen, Gesellschaften, Religionen und ihre Einstellungen zu Geschlecht und Familie umfassend zu analysieren. Weiterhin kann die Gesetzgebung und das Recht darauf hin befragt werden, wie „Frau" generell als autonom, als körperliches Naturwesen oder als „Gebärmaschine" gesehen wird (hier erscheint mir der Verweis auf §218 notwendig). Andere Perspektiven, etwa die der Literaturwissenschaft, Kunstgeschichte oder die auf die Geschichte des Films, bieten den weit verbreiteten Mythos der sich immer über alle Maßen aufopfernden, leidenden oder aber auch grausamen bzw. mordenden Mutter (berühmtestes Beispiel: Medea). Ebenso ist der Topos der Mutter in Deutschland tief verstrickt in nationalistische (z. B. Weyrahter 2015), kolonialistische (z. B. Walgenbach 2005; Dietrich 2007) und biologistische Diskurse. „Die Mutter" ist nicht gefeit vor Extremen. Zumindest können bzw. meinen alle, etwas über „die Mutter" sagen zu können.

Margaret Mead hat bereits in den 1950er Jahren gezeigt, dass das Bild der leiblichen Mutter, die vermeintlich transkulturell, ahistorisch und biologisch motiviert für „ihr" Kind sorgt, eine moderne Konstruktion ist (Mead 1954, 1962). Auch die Idee eines „emotional intimisierten Mutter-Kind-Verhältnisses als Ausdruck einzigartiger [...] Beziehung" (Biermann 2002, S. 132) ist eine Annahme, die im Kontext der „Polarisierung der Geschlechtscharaktere" (Hausen 1976) in europäischen, bürgerlichen Gesellschaften der Neuzeit gesehen werden muss. In Deutschland ist das Mutterbild des 20. Jahrhunderts von zwei unterschiedlichen Diskursen geprägt. Die ehemalige DDR hatte das staatspolitische Ziel, sich durch die institutionalisierte Verbindung von Mutterschaft und Erwerbstätigkeit ideologisch von der in der BRD propagierten „Hausfrauenehe" abzugrenzen (vgl. Gysi und Meyer 1993). Ob es heute, mehr als 30 Jahre nach der Wende, ein spezifisch gemeinsames deutsches Mutterbild in Ost und West gibt, ist jedoch umstritten (vgl. Thiessen und Villa 2008). Sich der eigenen Sozialisation durch die jeweiligen politischen und kulturellen Ideologien bewusst zu werden, ermöglicht eine intensive analytische Bezugnahme auf die Erwartungen, die frau* an sich selbst als Mutter hat, sich jedoch dieser Sozialisation zu entledigen, ermöglicht es nicht.

Mutterschaft ist ein Schauplatz „hoch affektiver, ideologischer und politischer Auseinandersetzungen" (Krüger-Kirn und Wolf 2019) und durch das Aufweichen bzw. die Vervielfältigung generativer Beziehungsstrukturen haben sich durchaus auch unterschiedliche subjektive Erfahrungswelten von Mutterschaft realisiert. Dennoch führt geteilte Elternschaft gerade zu Beginn der Familiengründung bei heterosexuellen Paaren zu einer Retraditionalisierung der Geschlechterverhältnisse (Kortendieck 2010, S. 446). Dazu tragen Diskurse der Naturalisierung von Mutterschaft u. a. über die Notwendigkeit von Stillen (z. B. Williams et al. 2012) oder des *attachment parenting* (siehe Badinter 2010) bei.

Erst Rousseau behauptete ein harmonisches Bündnis zwischen Kind und Mutter. Die damit einhergehende, semantische Aufwertung der Mutter als die Reine, Gute, Schützende und Nährende ist ein Resultat der deutschen, bürgerlichen Kultur des 18. Jahrhundert, der Empfindsamkeit und der Romantik. Nach Barbara Vinkens These (2001) halten wir an diesem Mutterbild fest, das darauf aufgebaut ist, dass Mutterschaft eine Berufung ist und nicht mit der Ausübung eines Berufes – oder gar mit einer parallelen Berufung auf einen Lehrstuhl – vereinbar ist (zumindest solange die Kinder klein sind). Also: „Kinder, Küche, Kirche" als zu besetzender Platz der zum Muttersein bestimmten Frau. Dies ist für Vinken ein spezifisch deutsches Phänomen und nicht in anderen Kulturen zu finden. Vinken sieht darin ideologische Traditionslinien wie die deutsche Reformation, den Pädagogen Pestalozzi und die deutschen Frauenvereine im frühen 20. Jahrhundert. Aber auch Ina Seidels nationalsozialistisches Mutter-Epos „Das Wunschkind" (1930) hat in Deutschland zu einer spezifischen Konstruktion von Mutterschaft beigetragen, mit der wir heute noch zu kämpfen haben. Der deutsche Mutterdiskurs hat eine Vielzahl an beladenen Begriffen zu bieten. So gibt es einen vermeintlichen Mutterinstinkt, eine Übermutter, aber auch eine Rabenmutter, die alleinerziehende Mutter, die perfekte Mutter und die (grimmsche) Stiefmutter.

Im anglofonen Sprachraum finden wir ähnlich beladene Begrifflichkeiten: Auch hier gibt es die *supermother*, die sicherlich *intensive mothering* macht, die vielbeschriene *teenage mom*, den *Momism* des Hollywoodkinos, die feministischen Konzepte des *outlaw mothering* und der *HipMama*, sowie die *mommy wars*, die *MILF* und das *competitive mothering* (vgl. Abetz und Moore 2018). Jedoch ist der Spagat zwischen Rabenmutter und Übermutter im Deutschen mit Freudscher Psychoanalyse unterfüttert und mit referenzlosen aber naturalisierenden Tiermetaphern überfrachtet. Im Englischen finden wir zwar ähnliche Diskurse, aber wie oben beschrieben zumindest in einer Heterogenität, die sich nicht in einen einfachen Dualismus füllen lässt. Das *Intensive Mothering*, das als Helikopter-Mütterlichkeit übersetzt werden kann, und dessen Kritik durch feministische *Social Moms*, die bloggen oder twittern, spielt hier eine zentrale Rolle. Die unterschiedlichen und sich gegenseitig ausschließenden Konzepte von Mutterschaft, insbesondere die Konzepte der *stay-at-home moms* und der *working mothers* kämpfen darum, wer die bessere Feministin oder die bessere Mutter ist, oder wer beides sein kann (vgl. Peskowitz 2005). Also: „Kinder, Krippe, Karriere" als optionslose Begleiterscheinung von Muttersein – oder halt nicht.

Mutterschaft ist mit einer Vielzahl von normativen Aspekten verknüpft. Je informierter und bewusster frau* Mutter geworden ist, desto breiter ist das Wissen, mit dem sie sich als Mutter auseinandersetzen muss. Muttermilch, Familienbett, Schlafenlernen, Biokost, Tragepolitik, zu allem muss frau* eine Meinung haben, am besten die aktuellste, informierteste und/oder die schickste. Für Mütter mit älteren Kindern heißt das, dass sie sich mit Medienerziehung, Schule oder Verhandlungstechniken in der Pubertät auseinandersetzen muss. Die Mutterrolle in modernen Industrienationen (vgl. Smyth 2012) ist ein Feld der Handlungsfähigkeit und Handlungsnotwendigkeit geworden. Sich gegenseitig diametral gegenüberstehende Ideologien, Ratgeber, Erziehungsregeln haben ihre eigene innere Logik. Sich dagegen abzugrenzen oder sich damit anzufreunden, erfordert Energie und Zeit (Smyth 2012, S. 4). Mütter erfahren ständig Rollenkonflikte, die in der Spannung zwischen Familienleben und Erwerbsarbeit am stärksten hervortreten (vgl. Hochschild und Machung 2003). Der alte Slogan „das Private ist politisch" bekommt hier eine neue Aktualität.

Repräsentationen von Müttern sind überall: Fernsehserien lassen Mütter toben, lieben und hassen. Promi-Mütter schieben ihre Babys über Magazincover, Radiosendungen vermitteln uns, wie man die bessere oder beste Mutter sein kann, Zeitungen berichten über Vernachlässigung und Mord durch Mütter. Helikoptermütter lassen uns die Augenbrauen hochziehen. Transmänner, die schwanger werden, irritieren transnational.

Diese inflationären Bilder „der Mutter" transportieren eine exzessive symbolische Last. Es geht um die gute Mutter, mit der jede Mutter individuell zu kämpfen hat. Im anglofonen Raum wird diese Flut an konträren, ambivalenten und provokativen Repräsentationen unter dem Begriff „mommy wars" diskutiert. Diese „mommy wars" lassen Mütter unter der Abhängigkeit oder auch des immensen (Konsum-)Drucks von Expert*innenwissen leidend erscheinen. Unter diesem Label würde ich allerdings auch die derzeit verstärkt auftretenden Abgrenzungsversuche gegen den Druck des Mutterwerdens für Frauen fassen. Angefangen bei Büchern und dazugehörigen Blogs, wie „Die Uhr, die nicht tickt. Kinderlos glücklich" von Sarah Diehl (2014) bis hin zu #regretting motherhood (Donath 2016) gerät Muttersein oder „Besser-nicht-Mutter-Sein" in den Fokus von feministischer als auch anti-feministischer Beschäftigung. Die hochgradig emotionale mediale Aufmerksamkeit, die diesen Beiträgen entgegenschlägt, ist nicht selten von sexistischer Hate-Speech begleitet, bei der sicherlich viele Mütter, wenn sie die Äußerungen ihrer Söhne (und Töchter) hören könnten, erbleichen würden.

Das Phänomen Mutter ist für Frauen ein unkontrollierbarer, mythenumwobener, ideologiegetränkter, medialer, politiko-kultureller Vergeschlechtlichungsmechanismus. Die Macht patriarchaler Strukturen erschöpft sich nicht in der unentlohnten Care-Arbeit, sondern durchtränkt alle diskursiv-materiellen Dimensionen einer weiblich positionierten Existenz.

2.3 Die Unvereinbarkeit von Mutterbild und wissenschaftlicher Tätigkeit?

Die Rolle der Mutter, ihre Gefühle, ihre (Selbst-)Repräsentation, ihre Beziehung zu den Kindern und Partner*innen, ihre Einstellung zu anderen Müttern, ihre gefühlte Unzulänglichkeit und geforderte Aufopferung und ihre von Beginn an von Ideologien unterminierte (Selbst-)Bestimmung unterliegen einem materiell-diskursiven Gefüge, das die Mutter als Phänomen konstituiert. Dieses drängt uns als Wissenschaftler*innen in die Position Frau* – wobei hierbei relevant ist, ob wir als Frau* leben und nicht, ob wir als solche geboren wurden – und somit immer zu einer Selbstbefragung als (mögliche) Mutter. Es geht (fast) immer darum, ob wir Kinder bereits geboren haben, oder noch bekommen werden. Ob wir bald oder später oder nie Mutter werden wollen. Ob wir Kinder pflegen, adoptieren, austragen (lassen), verlassen oder verloren haben. Dies beschäftigt uns* alle immer bzw. genauer: wir* werden damit beschäftigt, ob wir wollen oder nicht. Es ist der Generalverdacht der Gebärfähigkeit und der Gebärwilligkeit gegenüber Frauen*, der ihnen Mutterschaft als Beschäftigungsthematik aufdrängt. Als Wissenschaftler*in sind wir damit in einer spannungsgeladenen Situation gefangen, denn **die** Wissenschaftler*in existiert (noch) nicht. Es ist „der Wissenschaftler", der das Feld besetzt, und der mit ausgeleierter Strickjacke und weißem Rauschebart einen Stapel Bücher unter dem Arm über die Flure des Elfenbeinturms schlurft und geniale Einfälle hat. Ihm wird der Rücken freigehalten, er kommt nach Hause zu einer Familie, die von anderen organisiert wird, weil er sich seiner Forschung widmen muss. Die wirre, konfuse, aber geniale Mutter ist nicht kompatibel mit (den Bedürfnissen von) Kindern und damit ist es auch die Mutter_Wissen_schaftler*innen nicht! Diese hier in erster Linie symbolischen Verunmöglichungen der Vereinbarkeit zweier Existenzweisen, wie ich es nenne, beruhen auf den sich nahezu diametral gegenüber stehenden Mystifizierungen „der Mutter" und „des Wissenschaftlers".

Frauen*, die für Kinder sorgen und gleichzeitig wissenschaftlich arbeiten wollen, sind in einem Limbo gefangen, der fast unauflöslich scheint. Die Soziologin Jutta Allmendinger bemerkt dazu in einem Interview:

> Frauen, die zwei Monate Babypause machen, werden im Vergleich zu Frauen, die zehn Monate nehmen, stark stigmatisiert. Wer eine kurze Pause in die Vita schreibt, wird seltener zu Vorstellungsgesprächen eingeladen, weil diese Frauen als unangenehm, unsympathisch, zickig und überambitioniert wahrgenommen werden. Und wer zehn Monate unterbricht, muss sich fragen lassen, ob sie wirklich karriereorientiert sei. (Allmendinger, edition f)

Den Spießrutenlauf zwischen Übermutter und Rabenmutter und die damit einhergehenden sanktionierenden Anrufungen, Bezichtigungen und Reglementierungen erleben vor allem privilegierte Mütter. Trotz der fortschreitenden Prekarisierung des Berufsstandes sind Wissenschaftler*innen privilegiert; zumindest qua kulturellem Kapital. Dabei befinden sie sich jedoch als Mutter und oft gleichzeitig als „wissenschaftlicher Nachwuchs", als der frau* noch gilt, wenn sie selbst (mit Einschränkung) schon zu alt sein könnte, um Nachwuchs zu bekommen, in einer absurden, spannungsgeladenen Position. Auch in den USA gibt es Untersuchungen zu Mutterschaft und der „masculinist culture" der „academy", in der „professors" nicht die „primary caregivers to their children" sind – wobei hier nicht geschlechtlich spezifiziert wird (Connelly und Ghodsee 2011, S. 5). Dennoch wird deutlich, dass die zeitaufwändige Betreuung von Kindern kaum mit der ebenso zeitaufwändigen wissenschaftlichen Tätigkeit zusammen geht. Zumindest sind die andere Verpflichtungen ausschließenden Konzeptionalisierungen der beiden Tätigkeiten in ihren Verfügbarkeits- und Verpflichtungsansprüchen kaum übertroffen.

Wenn das andere Elternteil des Kindes auch in der Wissenschaft tätig ist, ergeben sich daraus besondere Bedingungen, die sich als Ressource (Sonnert 2005, S. 115), aber auch als zusätzliche Belastung darstellen können (insbesondere bei Frauen* in den Natur- und Technikwissenschaften, siehe Hess et al. 2011). In Doppelkarrierepartner*innenschaften (Lukoschat und Walther 2008, S. 13) werden weitaus andere Verletzbarkeiten in der unternehmerischen Hochschule virulent. Stefanie Leinfellner fragt in diesem Kontext, inwieweit eine Überwindung von Geschlechterungleichheiten im Paarkonzept und Familienalltag überhaupt realisiert werden kann (2014, S. 91). Vor allem die Verstricktheit der Diskurse um Ökonomie und Sorge und die damit einhergehende wechselseitige Bedingtheit der Sphären Produktion und Reproduktion verhindern, dass in einem einfachen Schritt die prekären Arbeitsbedingungen oder die Pendelfalle beseitigt werden könnten – gerade in der neoliberalen Universität (vgl. Kleikamp 2017; Leinfellner 2014, S. 91).

Hier entsteht der *Clash*, der mir so fundamental erscheint: der *Clash*, der zwischen den zahlreichen Ansprüchen, Erwartungen, Wünschen, Herausforderungen und Problemen im gleichzeitigen Mutter- und Wissenschaftler*in-Sein entsteht. Es gibt jedoch noch weitere Ebenen, auf denen sich *Clashs* abspielen. Die Geburt eines Kindes – und damit das Mutter/Eltern-Werden/Sein – rührt grundsätzlich an das Leben und seine Vergänglichkeit. Es geht immerhin um die Geburt eines Kindes – und das erinnert uns natürlich auch daran, dass wir, Hannah Arendt zufolge, als Menschen „die Sterblichen" schlechthin sind. Tiere sind unvergänglich, da sie nicht als Individuen, sondern in erster Linie als Angehörige einer Gattung existieren. Jeanne Burgart schreibt dazu: „Es gibt einen wesentlichen Zusammenhang zwischen dem Kinderwunsch und dem Drama der menschlichen Endlichkeit: Das bringen verschiedene Mythen und Fantasievorstellungen zum Ausdruck: die vom Golem, von Frankenstein, vom Klonen …. In all diesen Fiktionen ist das zur Welt gebrachte „Kind" zugleich ein Werk und ein Spiegel seines Elternteils" (Philosophie Magazin 2018). Jedoch sind diese Kinder, von denen Burgart hier schreibt, Kinder, die nicht aus dem Mutterleib/der Gebärmutter kommen, sondern das Ergebnis von (männlichen) Kulturleistungen. Die Essenz der Re-produktion wird hier aus dem weiblichen Körper ausgelagert – der männliche Geist ist der Schaffende, der darunter leidet, dass sich das Wesen, das er geschaffen hat, als unverfügbar herausstellt. Simone de Beauvoir beschreibt in „Das andere Geschlecht" (1951) den Unterschied zwischen diesen zwei Schaffensprozessen, die symbolisch und kulturell auseinanderdividiert werden/wurden: „Der Transzendenz des Künstlers, des Mannes. Dieser Tätigkeit wohnt eine Subjektivität inne: Bei der werdenden Mutter jedoch verschwindet der Gegensatz Subjekt-Objekt. Sie bildet mit diesem Kind, das sie aufbläht, ein zweifelhaftes Paar, das vom Leben überflutet wird. Von der Natur umgarnt, ist sie nichts weiter als Pflanze, als Tier, eine Kolloidreserve, eine Brutglucke, ein Ei" (de Beauvoir 1951, S. 482). Diese harsche Analyse trifft leider immer noch zu und ist der springende Punkt, der es unmöglich macht, als Mutter – besser: als Frau, die Mutter sein oder werden könnte, – gleichzeitig konfliktfrei den Subjektstatus denkender, transzendenter Schaffenskraft zu behausen. De Beauvoirs Analyse ist bestechend in ihrer Präzision: Die Mutter ist kein Subjekt mehr, „das sich über seine Freiheit ängstigt, sie ist jene zwiespältige Wirklichkeit, die sich Leben nennt" (ebd.). Dieses Unfassbare, nicht Fassbare, nicht Begreifbare – das Leben – als Resultat und gleichzeitig Voraussetzung der Mutter gibt ihr keinen Subjektstatus: „Denn sie schafft nicht eigentlich das Kind: Es bildet sich in ihr. Ihr Körper bringt nur Körperliches hervor" (ebd.). Folglich: Wir gehören unseren (möglichen) Kindern mehr als sie uns – als Mutter bin ich weniger Subjekt denn Subjekt-Objekt. Das bestätigt nicht nur die Beharrlichkeit des § 218, sondern das gesamte kulturelle Gefüge, innerhalb dessen wir immensen Reibungsverlusten als Wissenschaffende – und damit regelbrechende – Mütter ausgesetzt sind. Die Mutter_Wissen_schaftler*in ist in dieser Logik nicht nur Subjekt, sondern gleichzeitig Subjekt-Objekt. Ein weiteres Spannungsgefüge, das eine kohärente Gleichzeitigkeit dieser zwei Existenzweisen verunmöglicht. Dieses Spannungsfeld tut sich auf neben den ersten beiden Spannungsfeldern: dem des Bücher-und-gleichzeitig-Kinder-Kriegens und dem des gute-Mutter-sein-versus-gute-Wissenschaftler*in-sein (hier im Sinne von ständiger Verfügbarkeit und Aufopferung zu 100 %). Als Mutter-Wissenschaftler*in bin ich Grenzgängerin zwischen diesen Spannungsfeldern und muss eigentlich 200 % von allem sein, um anerkennbar in beiden Existenzweisen zu sein.

2.4 Väter, *gender bias* und ‚gut-genug-sein'

Erst kürzlich hat die Figur „der Mutter" wieder vermehrt wissenschaftliche Aufmerksamkeit erregt. Nun werden normative Vorstellungen „guter Mutterschaft" untersucht (Tolasch 2016), sowie regionale und kulturelle Unterschiede in Praktiken der Mutterschaft beleuchtet (vgl. Baerwolf 2014). Popkulturelle Auseinandersetzungen verbinden die Bewerbung alternativer Lebensweisen mit kritischer Kinderbuchrezension und eindringlichen Analysen zeitgenössischer Muttermythen (Mecklenbrauck und Böckamnn 2013). Auch intersektionale und queere Perspektiven auf Mutterschaft (z. B. Dolderer et al. 2018; Schadler 2013) werden zunehmend gelebt und formuliert. Kinderfreie Frauen* werden in Hinblick auf transnationale (u. a. Parreñas 2001; Lutz 2007) und „bereute" Mutterschaft (vgl. Donath 2016) betrachtet. Zum Kontext neuer Reproduktionstechnologien und der Leih- oder Vertragsmutterschaft werden feministische Studien angefertigt (vgl. u. a. Walker und van Zyl 2017).

Insbesondere im Zeitalter des Internets und des sogenannten *Mommybloggings* (vgl. Eckert 2016) sind kulturelle oder geografische Besonderheiten kaum herauszufiltern. Jedoch lässt sich festhalten, dass nationale Gesetze Auswirkungen auf die Erwerbstätigkeit von Müttern und deren Beurteilung durch andere haben. Die Einführung des Elterngeldes in Deutschland hatte immense Auswirkungen auf die Geburtenrate. Auch die Anti-Baby-Pille war vor fünfzig bis sechzig Jahren in Hinblick auf das Mutterbild in Deutschland sehr wichtig. Jedoch ist auch diese „Freiheit" in ihrer Auswirkung auf Frauen ambivalent zu beurteilen: Die Pille für den Mann gibt es immer noch nicht, dabei wäre es anscheinend gar nicht so schwer sie herzustellen, sie scheint nur nicht wirklich gewollt zu sein (vgl. Zündorf und Dingermann 2012). Einerseits können Frauen sich jetzt entscheiden, wann sie Mutter werden wollen, andererseits ist die Entscheidung, Kinder zu bekommen nun eine Verantwortung, von der sich die Träger*in nicht mehr emanzipieren kann. Du hast (1.) die Entscheidung getroffen (2.) Kinder zu bekommen, nun musst du auch (3.) die Verantwortung dafür übernehmen. Der Vater scheint hier immer noch eine sekundäre Rolle zu spielen.² Dies ist auch einer der Gründe, warum dieses Buch ein Buch über Mütter und nicht über Eltern ist. Der Vater ist eine Figur, die wenig Mystifizierung und damit auch wenig Angriffsfläche erfahren hat. Er ist anwesend, abwesend, streng oder liebevoll, einer der jungen Väter oder ein Vater der alten Riege … sehr viel mehr scheint ein Vater nicht sein zu müssen und auch immer noch nicht wirklich sein zu dürfen. Unseres Wissens nach existiert bisher noch kein Buch im deutschsprachigen Bereich, der sich mit Vaterschaft und wissenschaftlicher Tätigkeit auseinandersetzt. Allein das weist schon daraufhin, dass es wenig Brisanz gibt, und wir noch weit weg sind von der Thematisierung einer Vater_Wissen_schaftler*in.

Mutterschaft und Vaterschaft sind also keine symmetrischen Konzepte. Ihre jeweilig spezifischen Ausprägungen schlagen sich in kulturell variierenden Vorstellungen, Imperativen und Erfahrungen nieder (zu Vaterschaft vgl. u. a. Villa und Thiessen 2009; Possinger 2013). Muttersein ist mit spezifischen nicht-väterlichen Aspekten verbunden. Muttersein ist eine Normativität, die aus einer grundlegenden Mystifizierung von „weiblichen Attributen" entsteht und als Kondensat in der Mutter mündet.

Radikale Feministinnen wie Shulamith Firestone gehen davon aus, dass Gleichberechtigung nur erreicht werden kann, wenn alle Frauen* die reproduktive Rolle verweigern, das heißt keine Kinder mehr bekommen (vgl. Firestone 1970). Sogar in Schweden, das den Ruf hat, die größte derzeit zu verzeichnende Gleichberechtigung in Bezug auf Geschlechtergerechtigkeit aufzuweisen, hat die Geburt eines Kindes immer noch größere Auswirkungen auf die Karriere der Mutter als auf die des Vaters (vgl. Evertsson 2013). In den USA gibt es Untersuchungen dazu, inwiefern Mütter ihre Mutterschaft viel eher als Männer ihre Vaterschaft als primäre Identität sehen (vgl. Greenlee 2014). Die Beaufsichtigung von Kindern in westlichen Industrienationen ist in die häusliche, private Sphäre verlagert, die seit dem 19. Jahrhundert weiblich konnotiert ist (Craig 2007, S. 3). Bis ins 18. oder sogar 19. Jahrhundert waren Kinder in Eu-

---

² Ein emblematisches Beispiel dafür ist, dass Väter nicht in der Weise in die Verantwortung genommen werden wie Mütter. Vgl. dazu die Studie von Kathleen Heft zu „Kindsmord als Phänomen Ostdeutschlands?" (Heft, 2020) in der deutlich wird, dass Väter, wenn ein Kindsmord passiert, weder im medialen Diskurs auftauchen noch von deutschen Gerichten als eventuell mitschuldig gesehen werden.

ropa mit auf dem Feld oder in der Werkstatt bei der Arbeit (und haben zum Teil mitgearbeitet).

Derzeit gibt es mehr als 50 % weibliche Studierende, jedoch immer noch nur 24 % Professorinnen (Statistisches Bundesamt 2017). Früher bezeichnete der Titel „Frau Professor" ausschließlich den Familienstand „verheiratet mit einem Professor". Inzwischen gibt es auch die Bezeichnung „Frau Professorin" und einige Professorinnen, die so angesprochen werden wollen. Ein bisschen *off-topic*, aber wichtig, um diese Zahlen historisch richtig einzubetten: Seit 1919 dürfen Frauen wählen, aber erst seit 1977 in Westdeutschland ohne Zustimmung ihres Ehemannes arbeiten. Die derzeitige Generation von Professorinnen stand vor großen Hürden, was die Vereinbarkeit von Frau*- und Wissenschaftler*in-Sein angeht. Diejenigen, die trotz dieser Hürde ihrer Berufung oder sogar ihrem Ruf nachgingen, waren mit der impliziten Drohung „Mutter werden und den Job riskieren" konfrontiert. Seit es Elterngeld gibt, sieht die Situation für berufstätige Frauen* besser aus. Auch das Wissenschaftszeitvertragsgesetz sieht ein bis zwei Jahre Verlängerung für Sorgende vor. Es gibt Au-Pairs, Tagesmütter, Kitas, Omas, aber es gibt kein Verbot von Sätzen wie: „In dem Jahr haben Sie nur drei Artikel publiziert, aber da haben Sie ja auch ein Kind bekommen" (persönliches Erlebnis der Autor*in).

Als Wissenschaftler*innen müssen wir ständig am Ball bleiben. Wir müssen publizieren, gelesen werden, sichtbar sein. Wir sind in einem ständigen Wettbewerb mit anderen und haben den Druck ein gutes Netzwerk aufzubauen. Wir werden als „Durchlauferhitzer" im Wissenschaftsbetrieb gehandelt solange wir keine Professur haben. Und wenn wir eine ergattert haben, dann unterzeichnen wir Zielvereinbarungen, die die Universitäten mit Prestige und Geld versehen. Eine Wochenarbeitszeit von vierzig Stunden gibt es eigentlich nicht an der Hochschule. Es gibt kaum eine Wissenschaftler*in, die ihre Reisezeit zur Tagung als solche sehen wird, stattdessen wird sie im Zug noch den Vortrag fertig machen oder das Programm studieren. Die ständige Verfügbarkeit über Email und Telefon ist sicherlich ein neues Phänomen, aber die Infiltration des Privaten durch die wissenschaftliche Tätigkeit nicht. Eine Wissenschaftler*in ist nie fertig, nie am Ende eines Gedankens angekommen, alte Projekte müssen manchmal mit Gewalt *ad acta* gelegt werden, neue Projekte schweben immer über eine*r.

Die wissenschaftlich arbeitende Frau* ist dabei immer verdächtig, da sie sich in ein vom Dunst des männlichen Genies besetztes Territorium wagt. Der Professor, den ich oben schon beschrieben habe, der mit weißen Haaren, in der Strickjacke, über die Gänge altehrwürdiger Institutionen läuft oder im weißen Kittel das Labor leitet, besetzt immer noch unser Bild von dem „Wissenschaftler und/oder Professor". Es hilft sicherlich, wenn auf den Werbebroschüren der Uni inzwischen ein bis zwei Frauen* in weißen Kitteln an Mikroskopen sitzen, aber nicht nur die MINT-Fächer sind männlich konnotiert, sondern der ganze Betrieb. Ich werde als weibliche Lehrende von Studierenden anders bewertet als mein männlicher Kollege, meine Aussagen werden schneller in Zweifel gezogen, meine Publikationen schneller kritisiert, meine Argumente kritischer beäugt, ich werde als Frau weniger zitiert, weniger in der Lehre gelesen, schlechter evaluiert (vgl. Mengel et al. 2019) und seltener als Autorität auf meinem Gebiet betrachtet (z. B. Holman et al. 2018; West et al. 2013). Der sogenannte *gender bias* ist in meiner Tätigkeit als wissenschaffende Frau* ständig gegenwärtig.

Die wissenschaftlich tätige Frau* muss oft entscheiden, ihren weiblich sozialisierten Habitus der Verbundenheit gegen einen Habitus einzutauschen, der dem wettbewerbsorientierten und dominanten Verhalten ihrer Kolleg(*inn)en entspricht. Auch wenn frau* gern im Rampenlicht steht, mache ich mir als Frau* meistens mehr Gedanken, was ich anziehe. Ein Lippenstift kann bei der Bewerbung auf die Professur in der Berufungskommission als zu provokativ bezeichnet werden. (Weibliche) Körperlichkeit steht dem (wissenschaftlichen) Denken nach Aufklärungsmanier immer noch diametral gegenüber und da muss es (noch) gar keinen Kinderwunsch geben. Die Atmosphäre des Vergeistigten ist bei einem Vater, der den Knopf am eigenen Hemd und am Strampler seines Babys vergisst, belächelbar bis entzückend – bei der Mutter jedoch ist es ein Hinweis auf einen mittleren bis größeren Makel. Es fängt an bei der „Responsibilisierung der Schwangeren" (Sänger et al. 2013) und endet mit der Bemitleidung der emeritierten Professor*in, die die Kinder ja für die Karriere geopfert haben wird.

Zuwendung und Sorgearbeit werden in der Gesellschaft und auch in der Wissenschaft eher mit Lehre assoziiert, die wiederum (zunehmend) weiblich konnotiert ist. Ich muss Rationalität an den Tag legen, um dem

Anspruch von Objektivität entsprechen zu können. Meine Emotionen (ja, auch nach dem *affective turn*) haben im Tagungs- und Seminarraum oder in meinen Publikationen wenig zu suchen. Gestalte ich als Frau* meine Seminare um, macht sich mein Institut über meine „Kuschelkreise" lustig (obwohl oder vielleicht gerade dann, wenn damit ein Lehrpreis einherging). Forschung ist eher mit Wettbewerb, mit Durchsetzungsvermögen, mit der Generierung harter Fakten und damit mit Männlichkeit assoziiert. Die Dualismen, innerhalb derer wir uns in der Hochschule bewegen, verursachen unterschiedliche Bewertungen, Anstrengungen, Perspektiven und schreiben sich gleichzeitig in den verkörperten Subjekten ein und fort. Die Spannung, mit der wir konfrontiert sind, wenn wir als Wissenschaftler*in Mutter werden, vervielfacht sich bis zur Unerträglichkeit, vor allem dann, wenn wir in beiden Bereichen sehr gut sein wollen und nicht nur „gut genug".

2.5 ‚Professor Mommy' und ihre mächtige Ohnmacht

Rachel Connelly und Kristen Ghodsee schreiben in ihrem Buch *Professor mommy* (2011) über diese interne Spannung der Mutter_Wissen_schaftler*in: „At best, she fears she is destined to be a mediocre scholar and a mediocre mother, never able to fully dedicate herself to either role, constantly trying to find the balance between the two so that one does not overwhelm the other" (S. 6). Dieser innere Balanceakt wird durch die äußeren Bedingungen, denen die Mutter_Wissen_schaftler*in ausgesetzt ist, in ein Vielfaches verschärft: Die Verzahnung von zwei Diskriminierungsformen und zwar der aufgrund von Geschlecht und der aufgrund von Elternsein. Der Begriff der *maternal wall* wurde von Joan Williams als Analogie zur *glass ceiling* geprägt. Die *glass ceiling* ist ein bereits seit längerer Zeit bestehender Begriff für die Benachteiligungen von Frauen auf Karrierewegen (Connelly und Ghodsee 2011, S. 14). Unter *maternal wall* wird verstanden: „bias and stereotyping that affect mothers in particular as opposed to women in general" (Williams 2000, S. 97). Mütter begegnen nicht nur einer gläsernen Decke auf dem Weg nach oben, sondern stehen zudem auch noch vor einer Wand. Joan Williams sieht in der gegenseitigen Bestärkung von Sexismus und *mommyism* und von *glass ceiling* und *maternal wall* die Behinderung für Frauen, auf Professuren zu kommen (siehe auch Mason und Goulden 2002, 2004; Hallstein und O'Reilly 2012). In einer anderen Publikation, die *Mama, PhD* genannt wurde, werden ‚Momifestos' veröffentlicht, in denen die Autor*innen eine neue Universität fordern und entwerfen. Diese beruht auf einer Familienfreundlichkeit, die nicht beim Einrichten von Campus-Kitas stehen bleibt sondern eine grundlegende Umstrukturierung des vor allem auch neoliberalen und individualisierenden wissenschaftlichen Betriebes zum Ziel hat (vgl. Evans und Grant 2008).

Gerade Wissenschaftler*innen stehen oft vor der Entscheidung, einen Job außerhalb ihres Wohnorts bzw. Familienmittelpunkts anzunehmen und somit ein Pendler*innen-Dasein akzeptieren zu müssen. Katharina Wojahn hat herausgearbeitet, inwiefern Pendler*innen diejenigen Mütter sind, die buchstäblich „an den Grenzen der Geschlechterordnung pendeln" (2019, S. 11). Diese Grenze steht natürlich auch in Bezug zum Bild der „guten Mutter", die sich unter anderem durch eine (be)ständige Anwesenheit auszeichnet (Wojahn 2019, S. 14). Räumliche Distanz versus ständige Verfügbarkeit ist in der Unvereinbarkeit von Mutterbild und wissenschaftlicher Tätigkeit ein zentraler Moment und steht emblematisch für die Diskrepanz zwischen der körperlich_mütterlichen und der intellektuell_wissenschaftlichen Tätigkeit. Diese Diskrepanz stellt uns oft auf Zerreißproben. Die Lust an der Abwesenheit, die Lust daran, nicht erreichbar oder abrufbar zu sein, steht der ständigen Verfügbarkeit als zentrales Merkmal einer „idealen Mutter" entgegen. Dabei ist es etwas, das wir uns selten zu benennen trauen, was uns aber befreit und was uns guttut und befriedigt. Die Ohnmacht, die wir oft empfinden, wird auch in der Verschränkung dieser beiden Ansprüche – des körperlich Anwesend-Seins und des intellektuell Unnahbar-Abwesend-Seins, potenziert. Die Ambivalenzen, die sich in dieser Verschränkung choreografieren, sind in der Mutter_Wissen_schaftler*innen verkörpert.

Professionelle Kontexte, die die Mutter als Wissenschaftler*in „bespielt", wie Feldforschung, Labor oder internationale Tagungen, bei denen höchste geistige Konzentration erforderlich ist, stehen dabei im Kontrast zu den Sorgetätigkeiten, die zu Hause an und mit anderen Körpern erbracht werden müssen. Auch die (vernachlässigte) Sorge um sich selbst erfordert Kraft, Zeit und Ressourcen. Ob es der Muse geschuldete Zeit ist, Schönheitsidealen verpflichtete Körperarbeit und andere Selbstoptimierungen, oder lesen, schreiben, denken, sorgen, schlafen und träumen – die Dringlichkeit **aller** Tätigkeiten wächst mit Kindern ins Unermessliche. Nicht nur, weil der (All)Tag nur 24 Stunden hat, sondern eben weil uns die Spannung zwischen Autonomie und Bindung auf allen Ebenen prekär werden lässt – durch die individualisierte Idealisierung und Ideologisierung unsrer beiden sich gegenüberstehenden Existenzweisen.

Literatur

Abetz J, Moore J (2018) „Welcome to the mommy wars, ladies": making sense of the ideology of combative mothering in mommy blogs. Commun Cult Critique 11:265

Apter T (1985) Why woman don't have wives. Professional success and motherhood. Palgrave Macmillan, London

Aulenbacher B (2010) Arbeit und Geschlecht – Perspektiven der Geschlechterforschung. In: Aulenbacher B, Meuser M, Riegraf B (Hrsg) Soziologische Geschlechterforschung. Eine Einführung. VS Verlag für Sozialwissenschaften, Wiesbaden, S 141–155

Badinter E (2010) Der Konflikt. Die Frau und die Mutter. C. H. Beck, München

Baerwolf A (2014) Kinder, Kinder! Mutterschaft und Erwerbstätigkeit in Ostdeutschland. Eine Ethnografie im Generationenvergleich. Wallstein, Göttingen

Beauvoir S (1951) Das andere Geschlecht. Sitte und Sexus der Frau. Rowohlt, Hamburg

Becker-Schmidt R (1983) Entfremdete Aneignung, gestörte Anerkennung, Lernprozesse: Über die Bedeutung von Erwerbsarbeit für Frauen. In: Joachim M (Hrsg) Krise der Arbeitsgesellschaft? Verhandlungen des 21. Deutschen Soziologentages in Bamberg 1982. Campus, Frankfurt am Main/New York, S 412–426

Becker-Schmidt R (1987) Die doppelte Vergesellschaftung – die doppelte Unterdrückung: Besonderheiten der Frauenforschung in den Sozialwissenschaften. In: Unterkirchen L, Wagner I (Hrsg) Die andere Hälfte der Gesellschaft. Österreichischer Soziologentag 1985, Wien, S 10–2.

Becker-Schmidt R, Knapp G, Schmidt B (1984) Eines ist zuwenig, beides ist zuviel. Erfahrungen von Arbeiterfrauen zwischen Familie und Fabrik. Reihe Arbeit, Bd 2. Neue Gesellschaft, Bonn

Biermann I (2002) Die einfühlsame Hälfte. Weiblichkeitsentwürfe des 19. und frühen 20. Jahrhunderts in Familienratgebern und Schriften der Frauenbewegung. Wissenschaftliche Reihe, Bd 140. Kleine, Bielefeld

Bock G, Duden B (1977) Arbeit aus Liebe – Liebe als Arbeit. Zur Entstehung der Hausarbeit im Kapitalismus. In: Gruppe Berliner Dozentinnen (Hrsg) Frauen und Wissenschaft. Beiträge zur Berliner Sommeruniversität für Frauen, Juli 1976. Courage, Berlin, S 118–199

Connelly R, Ghodsee K (2011) Professor mommy: finding work-family balance in academia. Rowman & Littlefield Publisher INC, Lanham/Boulder

Craig L (2007) Contemporary motherhood. The impact of children on adult time. Ashgate Publishing, Farnham

Diehl S (2014) Die Uhr, die nicht tickt: Kinderlos glücklich. Eine Streitschrift. Arche Literatur, Zürich

Dietrich A (2007) Weiße Weiblichkeiten: Konstruktionen von „Rasse" und Geschlecht im deutschen Kolonialismus. transcript, Bielefeld

Dolderer M, Holme H, Jerzak C, Tietge A (2018) O Mother, Where Art Thou? (Queer-)feministische Perspektiven auf Mutterschaft und Mütterlichkeit. Westfälisches Dampfboot, Münster

Donath O (2016) #regretting motherhood. Wenn Mütter bereuen. Albrecht Knaus, München

Eckert L (2016) Atmosphären/Mütter*//social media oder Mamaspheres als transnationale Utopie. Vortrag im Rahmen des Berufungsverfahrens für die W1 Juniorprofessur „Literatur- und medienwissenschaftliche Genderforschung" am Institut für Neuere deutsche Literaturwissenschaft, der FernUniversität Hagen 30.11.16

Edition F (2019) Jutta Allmendinger: „Im Moment gibt es ein kleines Revival der Abhängigkeit vom Ehemann". https://editionf.com/jutta-allmendinger-soziologin-karriere-frauenrollen/. Zugegriffen am 13.11.2019

Evans E, Grant C (2008) Mama, PhD. Woman write about motherhood and academic life. Rutgers University Press, New Brunswick

Evertsson M (2013) The importance of work: changing work commitment following the transition to motherhood. Acta Sociologica 56(2):139–153

Firestone S (1970) The dialectic of sex. The case of feminist revolution. Morrow and Co., New York

Greenlee J (2014) The political consequences of motherhood. The University of Michigan Press, Ann Arbor

Guitérrez-Rodrigues E (2010) Migration, demostic work and affect: a decolonial approach on value and the feminization of labor. Routledge, New York

Gysi J, Meyer D (1993) Leitbild: berufstätige Mutter. DDR-Frauen in Familie, Partnerschaft und Ehe. In: Helwig G, Nickel HM (Hrsg) Frauen in Deutschland 1945 – 1992. Bundeszentrale für politische Bildung, Bonn, S 139–165

Hallstein DL, O'Reilly A (2012) Academic motherhood in a post-second wave context. Challenges, strategies & possibilities. Demeter Press, Toronto

Hausen K (1976) Die Polarisierung der „Geschlechtscharaktere". Eine Spiegelung der Dissoziation von Erwerbs- und Familienleben. In: Conze W (Hrsg) Sozialgeschichte der Familie in der Neuzeit Europas. Neue Forschungen. Industrielle Welt, Bd 21. Ernst Klett, Stuttgart, S 363–393

Herwartz-Emden L (1995) Mutterschaft und weibliches Selbstkonzept. Eine interkulturell vergleichende Untersuchung. Juventa, Weinheim

Hess J, Rusconi A, Solga H (2011) „Wir haben dieselben Ziele …" – Zur Bedeutung von Paarkonstellationen und Disziplinenzugehörigkeit für Karrieren von Frauen in der Wissenschaft. In: Cornelißen W, Rusconi A, Becker R (Hrsg) Berufliche Karrieren von Frauen. Hürdenläufe in Partnerschaft und Arbeitswelt. VS Verlag für Sozialwissenschaften, Wiesbaden, S 65–104

Hochschild AR, Machung A (2003) The second shift. Penguin Books, New York

Holman L, Stuart-Fox D, Hauser CE (2018) The gender gap in science: how long until women are equally represented? PLoS Biol 16(4)

Irigaray L (1979) Das Geschlecht, das nicht eins ist. Merve, Berlin

Kleikamp T (2017) Akademikerpaare werden Eltern – Rollenfindung, Bewältigungsstrategien, Belastungsfaktoren. Barbara Budrich, Opladen

Kortendieck B (2010) Familie. Mutterschaft und Vaterschaft zwischen Traditionalisierung und Modernisierung. In: Becker R, Kortendieck B (Hrsg) Handbuch Frauen- und Geschlechterforschung. Theorie, Methoden, Empirie. VS Verlag für Sozialwissenschaften, Wiesbaden, S 442–453

Krüger-Kirn H, Wolf L (2019) Mutterschaft zwischen Konstruktion und Erfahrung. Aktuelle Studien und Standpunkte. Barbara Budrich, Opladen

Leinfellner S (2014) „Ich hatte ein paar mehr Kämpfe auszustehen als mein Mann." Dual-Career-Couples auf der Suche nach den Faktoren für gutes Leben und Arbeiten in der Wissenschaft. Gender Z Geschlecht Kult Ges 6(3):78–93

Lewis J (2001) The end of marriage? Individualism and intimate relations. Edward Elgar, Cheltenham

Lukoschat H, Walther K (2008) Kinder und Karrieren. Die neuen Paare. Bertelsmann Stiftung, Gütersloh

Lutz H (2007) Vom Weltmarkt in den Privathaushalt. Die neuen Dienstmädchen im Zeitalter der Globalisierung. Barbara Budrich, Opladen

Mason MA, Goulden M (2002) Do babies matter? The effect of family formation on the lifelong careers of academic men and women. Academe 88(6):21–27

Mason MA, Goulden M (2004) Do babies matter (part II)? Closing the baby gap. Academe 90(6):10–15

Mead M (1954) Some theoretical considerations on the problem of mother-child separation. Am J Orthopsychiatry 24(3):471–483

Mead M (1962) A cultural anthropologist's approach to maternal deprivation. Public Health Pap 14:45–62

Mecklenbrauck A, Böckamnn L (2013) The Mamas and the Papas. Reproduktion, Pop & widerspenstige Verhältnisse. Ventil, Mainz

Mengel F, Sauermann J, Zolitz U (2019) Gender bias in teaching evaluations. J Eur Econ Assoc 17(2):535–566

Meuser M (2001) Männerwelten. Zur kollektiven Konstruktion hegemonialer Männlichkeit. Schr Essen Kollegs Geschlechterforsch 1(2):5–32

Notz G (1991) „Du bist als Frau um einiges mehr gebunden als der Mann". Die Auswirkungen der Geburt des ersten Kindes auf die Lebens- und Arbeitsplanung von Müttern und Vätern. J.H.W. Dietz, Bonn

Parreñas RS (2001) Mothering from a distance: emotions, gender, and intergenerational relations in Filipino transnational families. Fem Stud 27(2):361–390

Peskowitz M (2005) The truth behind the mommy wars: who decides what makes a good mother? Seal Press, Emeryville

Philosophie Magazin und Reclam Verlag (Hrsg) (2018) Warum haben wir Kinder?: Kluge Antworten auf eine der drängendsten Lebensfragen. Reclam, Ditzingen

Possinger J (2013) Vaterschaft im Spannungsfeld von Erwerbs- und Familienleben. „Neuen Väter" auf der Spur. Springer Fachmedien, Wiesbaden

Reusch M (2018) Emanzipation undenkbar? Mutterschaft und Feminismus. Westfälisches Dampfboot, Münster

Rich A (1986) Of Woman Born. Motherhood as Experience and Institution. W.W. Norton & Company Ltd, New York/London

Sänger E, Dörr A, Scheunemann J et al (2013) Embodying Schwangerschaft: pränatales Eltern- Werden im Kontext medizinischer Risikodiskurse und Geschlechternormen. Gender Z Geschlecht Kult Ges 5(1):56–71

Schadler C (2013) Vater, Mutter, Kind werden: eine posthumanistische Ethnographie der Schwangerschaft. transcript, Bielefeld

Scheele A, Wöhl S (2018) Feminismus und Marxismus. Beltz Juventa, Weinheim

Seidel I (1930) Das Wunschkind. Deutsche Verlagsanstalt, Stuttgart

Smyth L (2012) The demands of motherhood. Agents, roles and recognition. Palgrave Macmillan, London

Sonnert G (2005) Geteiltes soziales Kapital oder innerpartnerschaftliche Konkurrenz in Dual Career Couples? In: Solga H, Wimbauer C (Hrsg) „Wenn zwei das Gleiche tun …" Ideal und Realität sozialer (Un-)Gleichheit in Dual Career Couples. Barbara Budrich, Opladen, S 101–122

Statistisches Bundesamt, CEWS (2017) Fachserie 11, Reihe 4.4

Tazi-Preve M (2013) Motherhood in patriarchy. Animosity toward mothers in politics and feminist theory – proposals for change. Barbara Budrich, Leverkusen/Opladen

Thiessen B, Villa P (2008) Die „Deutsche Mutter" – ein Auslaufmodell? Überlegungen zu den Codierungen von Mutterschaft als Sozial- und Geschlechterpolitik. In: Brunner J (Hrsg) Mütterliche Macht und väterliche Autorität. Elternbilder im deutschen Diskurs. Wallstein, Göttingen, S 277–292

Tolasch E (2016) Die protokollierte gute Mutter in Kindstötungsakten. Eine diskursanalytische Untersuchung. VS Verlag für Sozialwissenschaften, Wiesbaden

Tolasch E, Seehaus R (2017) Mutterschaften sichtbar machen. Sozial- und kulturwissenschaftliche Beiträge. Geschlechterforschung für die Praxis, Bd 4. Barbara Budrich, Opladen

Villa P, Thiessen B (2009) Mütter – Väter: Diskurse, Medien, Praxen. Forum Frauen- und Geschlechterforschung, Bd 24. Westfälisches Dampfboot, Münster

Vinken B (2001) Die deutsche Mutter. Der lange Schatten eines Mythos. Fischer Taschenbuch, Frankfurt am Main

Walgenbach K (2005) „Die weiße Frau als Trägerin deutscher Kultur. Koloniale Diskurse." Koloniale Diskurse über Geschlecht, „Rasse" und Klasse im Kaiserreich. Campus, Frankfurt am Main

Walker R, van Zyl L (2017) Towards a professional model of surrogate motherhood. Palgrave Macmillan, London

Ward K, Wolf-Wendel L (2004) Academic motherhood: managing complex roles in research universities. Rev High Educ 27(2):233–257

West JD, Jacquet J, King MM, Correll SJ, Bergstrom CT (2013) The role of gender in scholarly authorship. PLoS ONE 8(7)

Weyrahter I (2015) Muttertag und Mutterkreuz. Der Kult um die „deutsche Mutter" im Nationalsozialismus. Fischer Taschenbuch, Frankfurt am Main

Williams J (2000) Unbending gender: why family and work conflict and what to do about it. Oxford University Press, Oxford/New York

Williams K, Kurz T, Summers M et al (2012) Discursive constructions of infant feeding: the dilemma of mothers' ‚guilt'. Fem Psychol 23(3):339–358

Wojahn K (2019) Berufspendelnde Mütter: Ambivalenzen – Grenzen – Kritik. Barbara Budrich, Opladen

Zündorf I, Dingermann T (2012) Kommt bald die Pille für den Mann? Pharm Unserer Zeit 41(6):442–443

Teil I

Mutterschaft, Körperlichkeit und Sorgearbeit

3

CARE-Theorie aus der Küche
Oder: Das Verdampfen feministischer Utopien und die Borretsch-Revolution

Christine Braunersreuther

Zusammenfassung Feministische Theorie zu Care-Arbeit ist immer auch ein wenig Utopie. Denn Care-Arbeit, also nicht produktive Tätigkeiten zur Um- und Versorgung von Menschen, ist als Arbeit gering geschätzt. Im professionellen Bereich wird sie daher prekär entlohnt, familiäre Reproduktionstätigkeiten werden in der Regel unbezahlt und meist von Frauen erledigt. Ausgangspunkte der feministischen Care-Theorie sind daher immer Defizite in der Anerkennung und Gleichberechtigung, doch ihr Ziel ist seit jeher, mit guten Ideen aktiv gegen diese Missstände anzuarbeiten. Einige der Forderungen, die im Rahmen der so genannten zweiten Frauenbewegung entwickelt wurden, sind umgesetzt. Aber insbesondere im Care-Bereich sind derzeit Rückschritte zu erkennen. Sich als Feministin damit wissenschaftlich auseinanderzusetzen, bedeutet daher ein ständiges Schwanken zwischen Faszination, Desillusion und Willen zur Veränderung. Sich als Mutter mit Theorie zur Familienarbeit zu

---

C. Braunersreuther (✉)
Universität Göttingen, Graz, Österreich
E-Mail: Christine.Braunersreuther@gmx.net

© Springer Fachmedien Wiesbaden GmbH, ein Teil von Springer Nature 2020
S. Czerney et al. (Hrsg.), *Mutterschaft und Wissenschaft*,
https://doi.org/10.1007/978-3-658-30932-9_3

beschäftigen, heißt zudem, persönlich im Alltag darüber zu reflektieren. Und es heißt auch zu lernen, mit Wut umzugehen – oder auch nicht. Der Text ist ein autoethnografischer Abgleich zwischen feministischer Theorie zur Care-Arbeit und der Praxis als alleinerziehende Mutter in einer Gesellschaft, die von konservativen Frauen- und Familienbildern und dem Stereotyp der Care-Arbeit als ‚weibliche Arbeit' geprägt ist.

3.1 Prolog: Zwischen Wachen und Träumen

Es ist Abend, endlich Ruhe in der Wohnung. Ich lese konzentriert und fasziniert Frigga Haugs *Die Vier-in-einem-Perspektive* (2009). Spannender Ansatz – endlich einmal einer, der sowohl Familienarbeit behandelt als auch die mir so wichtige politische und/oder Gemeinwesenarbeit mit einbezieht. Ein Ansatz, der die oft vernachlässigte Tatsache berücksichtigt, dass eine solidarische Gesellschaft nicht allein durch den Willen und schon gar nicht durch parteipolitisch formulierte Vorwahl-Absichtsparolen entstehen kann, sondern dass dafür Zeit und Energie aufgewendet werden müssen.[1] Ich notiere Zitate aus dem Buch für meine Dissertation zur (Re)präsentation von Care-Arbeit. 22 Uhr – im Nebenzimmer höre ich das Kind rufen. Ohrenschmerzen. Ich speichere noch schnell und mache Zwiebelsäckchen. Tröste das Kind und bleibe, bis es einschläft. 22:30. „Vier-in-einem" denke ich in dem Versuch, wieder zur Theorie zurück zu finden und mich zu konzentrieren. Aber anstatt weiter zu lesen beginne ich, nun schon ziemlich müde, den Inhalt mit der eigenen Lebensrealität abzugleichen: Sechs Stunden Erwerbsarbeit, wie Frigga Haug vorschlägt, sind mit den Öffnungszeiten der Kinderkrippe kaum zu schaffen. Kaum bedeutet: Ich schaffe es zwar täglich, aber nur unter Missachtung unseres natürlichen Schlaf-Wach-Rhythmus und unter so großem Stress, dass ich mich zu Erwerbsarbeitsbeginn schon sehr auf die Ruhe des Büros freue. Zwar gäbe es eine Kinderkrippe mit längeren Öff-

---

[1] Mit ihren Überlegungen zur „Gerechtigkeit bei der Verteilung von Erwerbsarbeit (1), Familienarbeit – hier auch als reproduktive Tätigkeiten beschrieben (2), Gemeinwesenarbeit (3) und Entwicklungschancen (4)" schaffte Frigga Haug eine Utopie, in der sich all diese Tätigkeiten in einem Frauenleben ohne Aufgabe der Selbstsorge verwirklichen lassen. Ihr Ziel war es, einen perspektivischen Kompass für die realpolitische Umsetzung von deren Verwirklichung bereit zu stellen.

nungszeiten – ein Vorteil der Stadt, der vielen anderen Frauen etwa in ländlichen Gegenden verwehrt ist –, doch für die müsste ich einen ziemlichen Umweg fahren. Zudem wäre diese mit höheren Kosten verbunden, was wiederum mehr notwendige Erwerbsarbeit bedeuten würde. Also mehr als die von Frigga Haug vorgeschlagenen und von mir trotz Verdiensteinbußen praktizierten sechs Stunden, mit denen auch ohne Vier-in-einem mein Alltag gerade noch so zu schaffen ist. Dazu gehört auch die politische Arbeit. Zur politischen Arbeit schleppe ich das Kind meist mit, denn wenn die passiert, hat keine Kinderkrippe mehr geöffnet und für die anderen ist es – politisch korrekt – in Ordnung, dass ich das Kind mitnehme. Aber zum einen würde ich das nicht täglich schaffen und zum anderen frage ich mich, wie lange das Kind das noch mitmachen wird. Denn das Kind findet dieses Mitschleppen viel weniger in Ordnung (sprich: voll langweilig) als die Aktivist*innen. Außerdem passiert Familienarbeit im Kopf ohnehin ganztags – und, puh, wann komme ich endlich einmal dazu auszuschlafen?

Es war diese eine Nacht – das Datum weiß ich nicht mehr genau, aber es war vor etwa fünf Jahren – als ich gerade damit begonnen hatte, für meine Dissertation zu recherchieren – als ich mir vornahm, mein neu erworbenes bzw. nun ernsthaft vertieftes Wissen über Care-Arbeit in den Mittelpunkt meiner politischen und publizistischen Arbeit zu stellen. Damit war es aber auch die Nacht, in der das Scheitern begann. Denn bekanntlich ist auch das Private politisch – was im Umkehrschluss heißt, dass politisch tätig sein zu wollen auch bedeutet, die private Situation und das eigene Verhalten zu reflektieren. Sprich: Bevor ich die Welt verbessern kann, muss ich zunächst meine eigene Situation innerhalb meines Umfeldes stabilisieren. Care-Arbeit als „Gesamtheit der bezahlten wie auch unbezahlten personenorientierten Versorgungsleistungen" (Rerrich 2010, S. 78) umfasst zwar weitaus mehr Tätigkeiten als Familienarbeit. Care-Arbeit umfasst bezahlte wie unbezahlte Sorgetätigkeiten, die sich an den Bedürfnissen anderer Menschen orientieren. Im Mittelpunkt stehen dabei die Arbeitsinhalte und nicht der reine Erhalt der Lebens- und Arbeitsfähigkeit (Winker 2015, S. 16). Familien- bzw. Hausarbeit wird in der feministischen Theorie meist unter dem Begriff der Reproduktionsarbeit diskutiert. Der aus dem Marxismus entlehnte Begriff Reproduktionsarbeit beschreibt Tätigkeiten, die der „Erzeugung von Lebensverhältnissen, Nahrung, Kleidung, Wohnung" und der „Erzeugung von Menschen selbst", der „Fortpflanzung der Gattung" dienen (Engels 1975, S. 28) – dass dies ohne Entlohnung zu geschehen habe, hat Engels nicht explizit erwähnt, aber in ihrer Unterscheidung zur Produktionsarbeit vorausgesetzt. „Der Familie fiel die Aufgabe zu, vielen der ‚Störfaktoren' in der entstehenden bürgerlich-kapitalistischen Industriegesellschaft einen Raum zu geben: Gefühle, Liebe, Körperlichkeit, die Sorge für die Noch-Nicht-Konkurrenzfähigen, die Nicht-Mehr-Konkurrenzfähigen, die Wiederherstellung der Arbeitskraft und die Aufzucht der nächsten Generation von Arbeitskräften. … Salopp gesagt war also die traditionelle Familie eine in hohem Maße praktische Erfindung – eine funktionale Institution, um die Gesellschaft von all jenen Momenten zu ‚reinigen', die ‚Sand im Getriebe' der neuen Welt der Industriekonkurrenz darstellten", so drückt es die Sozialwissenschaftlerin Maria Rerrich (1990, S. 42), die sich seit Mitte der 1970er-Jahre mit dem Thema beschäftigt, in klaren Worten aus.

3.2 Sand im Getriebe und Text in der Küche

Gut, dass ich als Nicht-Industriearbeiterin wenigstens keinen Sand im Getriebe habe, denke ich mir. Der reicht mir am Boden. Da spüre ich ihn, wenn ich vom Rechner aufstehe und barfuß durch die Wohnung gehe. Denn wenn ich schreibe, putze ich nicht oder zumindest weniger, da Putzen meiner Meinung nach sekundär für die Reproduktion ist – die Produktion von Texten, also meine Art der Produktionsarbeit, dagegen ist sehr wohl wichtig. Denn ohne Lohn kein Brot. Brotkrümel, ja, die gibt es durchaus ab und an im Getriebe meiner Produktionsmaschine. Virginia Woolf hat einmal gesagt, jede Frau, die schreibt, brauche einen Raum (Woolf 2012). Völlig unironisch möchte ich dazu anmerken: Den hat sie – nämlich die Küche. Ich konnte bisher keine repräsentativen Umfragen dazu finden, aber aus dem Kreis meiner Freund*innen und Bekannten weiß ich: Sehr viele Menschen, die zu Hause arbeiten (das sind auch Männer, aber hauptsächlich Frauen, von denen laut ILO-Studie (2019) Telearbeit weitaus häufiger in Anspruch genommen wird), tun dies am Küchentisch. Das ist auch sehr praktisch. Kartoffeln etwa kochen sich ja von alleine. Sitzt man aber nicht daneben, sondern arbeitet konzentriert im Nebenzimmer, kann es vorkommen, dass sie so lange kochen, bis kein Wasser mehr im Topf ist. Das ist dann nicht so gut.

Marie Curie, deren Lebensmotto, glaubt man diversen Zitatensammlungen, war: „Träume dir dein Leben schön und mach aus diesen Träumen eine Realität", konnte ihre Arbeit nicht in der Küche erledigen. Chemische Versuche erfordern eine Laborumgebung und können, unbeobachtet und in der Zeit vergessen, vor allen Dingen schlimmere Folgen haben als am Topfboden eingebrannte Kartoffeln. Marie Curie hat es daher umgekehrt gemacht und den Eintopf für ihre Kinder auf einem extra dafür reservierten Bunsenbrenner im Labor köcheln lassen. Davon steht nur selten in den zahlreich erschienenen Biografien über die zweifache Nobelpreisträgerin, noch nicht einmal in der für Mädchen wirklich empfehlenswerten Buchreihe *Kleine Bibliothek Großer Persönlichkeiten*. (Thomas und Weckmann 2018) In der ist aber immerhin ein Auszug aus Curies Tagebuch dokumentiert, in dem sie neben ihren Forschungserkenntnissen auch die ersten Worte ihrer Tochter festgehalten hat. Dabei finde ich, Marie Curie hätte für diese Leistung, nämlich täglich pünktlich ihre Kinder mit Essen zu versorgen und auch mit ihnen zu spielen und zu lernen und selbst in den spannendsten Forschungsphasen die Wochenenden konsequent für Ausflüge ins Grüne zu reservieren, einen dritten Nobelpreis verdient.

Doch für Care-Arbeit gibt es keinen Preis – und das kann im doppelten Wortsinn verstanden werden. Eine Auszeichnung für gut geleistete Care-Arbeit gibt es nicht, zumindest nicht für Frauen. Männer, die in Karenz gehen und damit in Ausnahmefällen das tun, was Frauen Gehaltseinstufungen und Pensionen ruiniert, können schon mal zum *Spitzenvater des Jahres* gewählt werden, wie es etwa beim Ehemann der Astronautin Insa Thiele-Eich der Fall war, der sich ein Jahr Elternzeit nahm, damit sie als erste deutsche Astronautin auf die Raumstation ISS konnte.[2] Care-Arbeit hat aber auch deshalb keinen Preis, weil sie, wenn sie von Familienangehörigen im Privathaushalt verrichtet wird, nicht bezahlt wird. Wäre sie gesellschaftlich gerecht verteilt und mit der Lohnarbeit

---

[2] Der mit 5000 Euro dotierte Titel wurde bereits zum 14. Mal durch die Großbäckerei Meister verliehen, die damit ‚Männeremanzipation' fördern will, doch mit der Vergabe an Daniel Eich 2019 wurde medial darüber erstmals ausführlich im Kontext der Frage, wer Reproduktionsarbeiten macht, diskutiert. Vgl. etwa Miller 2019.

zeitlich wie finanziell vereinbar, würde das kein großes Problem darstellen. Aber nach wie vor wird unbezahlte Care-Arbeit zum Großteil von Frauen übernommen, weshalb sie laut einer aktuellen Studie, durchgeführt in 41 Industriestaaten, wöchentlich 266 Minuten gratis arbeiten. Männer dagegen wenden in der Woche nur 108 Minuten für unbezahlte Care-Tätigkeiten auf. Wird, wie für die ILO-Studie geschehen, die geleistete Care-Arbeit mit der durchschnittlichen Lohnarbeitszeit addiert, kommen Frauen auf 55 Wochenarbeitsstunden, während Männer 49 leisten (vgl. ILO 2019). Bei Müttern liegt der Prozentsatz wesentlich höher, da in Familien mit Kindern der Anteil an männlich konnotierten Haushaltstätigkeiten wie Rasenmähen oder Autowaschen gleichbleibt, während die weiblich konnotierten Anteile wie Waschen, Putzen, Kindererziehung steigen. Konservative Kreise wollen diese Ungleichverteilung durch ein so genanntes Familieneinkommen ausgeglichen sehen, nach wie vor ignorierend, dass Frauen, die dieses Spiel jahrzehntelang mitgespielt haben, im Alter besonders darunter leiden. 2019 war der Equal-Pension-Day, der symbolisch angibt, ab wann Frauen keine Pension mehr bekämen, würden sie so viel erhalten wie Männer, am 29. Juli (in Zahlen bedeutet das, dass sie 42 Prozent weniger Pension erhalten). Und dass Alleinerziehende (die zum Großteil Frauen sind) beim Familieneinkommen oft völlig leer ausgehen, wenn nicht entsprechend Alimente bezahlt werden, ist ebenfalls völlig ausgeblendet.

Aber Wegsehen ist generell eine von Konservativen gern und ziemlich konsequent angewandte Strategie, wenn es um Ungleichverteilung geht. So enthält die oben bereits genannte ILO-Erhebung (2019) keine Daten aus Österreich, da die rechtskonservative Koalition, so wie auch schon alle rechtskonservativen Koalitionen vor ihr (vgl. Hausbichler 2019) die Teilnahme an der Studie ablehnte. Als Begründung dafür gab die Ministerin an, es gebe bereits Studien zu Teilzeit und unbezahlter Arbeit. Bei der Argumentation gegen die zur Erhebung der Arbeitsaufteilung besonders aufschlussreichen Zeiterhebungsstudie, für die Teilnehmer*innen im 15-Minuten-Takt ihre Tätigkeiten festhalten, unterstützte sie ihr FPÖ-Kollege, der fand, es gehe die Öffentlichkeit (und damit auch die Wissenschaft) überhaupt nichts an, was die Frauen zu Hause tun. Wie seine Ehefrau zu Hause auf diesen Spruch reagiert hat, ist ebenfalls nicht dokumentiert.

3.3 Die unvollendete feministische Revolution

All diese politischen Grauseligkeiten waren noch nicht ausgesprochen – vor der Koalition mit der FPÖ war die ÖVP in solchen Dingen viel zurückhaltender – als ich vor einigen Jahren Silvia Federici kennenlernte. Davor hatte ich einige ihrer Texte gelesen und vor allen Dingen bei der damals eben erschienenen Aufsatzsammlung *Aufstand aus der Küche* (2012a) habe ich nicht nur gestaunt, sondern auch ordentlich geflucht. Geflucht vor allen Dingen deshalb, weil der darin abgedruckte und ursprünglich titelgebende Text *Counter-Planning from the Kitchen* bereits 1974 von ihr zusammen mit Nicole Cox verfasst wurde. Und damals war er schon eine Reflektion auf die von den beiden zusammen mit weiteren europäischen kapitalismuskritischen Feministinnen im „Internationalen Feministischen Kollektiv"[3] initiierten Lohn-für-Hausarbeit-Kampagne. Ziel dieser Kampagne war es nicht etwa, wie der Name vielleicht irrtümlich vermuten lässt bzw. den Initiatorinnen durchaus mit Absicht böswillig vorgeworfen wurde, die Frau an Haus und Herd zu fesseln und für diese Tätigkeit zu bezahlen. Ziel war immer die Verwirklichung eines feministischen Sozialismus.[4] Im Unterschied zu den sozialistischen Feministinnen zu Beginn des 20. Jahrhunderts wurde jedoch klar darauf verwiesen, dass Reproduktionsarbeit nicht in vollem Ausmaß nach dem proletarischen Modell der Fabrikarbeit reorganisiert werden kann.[5] Denn die Vergangenheit hatte gezeigt, dass der Wunsch nach ‚Befreiung der Frau' durch Vollbeschäftigung in der Produktionsarbeit unrealistische Utopie ist, da reproduktive Tätigkeiten dabei in der Theorie ausgeblendet

---

[3] Das „Internationale Feministische Kollektiv" wurde im Juli 1972 gegründet von Mariarosa Dalla Costa und Leopoldina Fortunati (Italien), Selma James (England), Silvia Federici (USA) und Brigitte Galtier (Frankreich). Nach: Federici 2012b, S. 38.

[4] Bereits zu Beginn des 20. Jahrhunderts wurde von feministischen Ökonominnen kritisiert, dass im Marxismus die ‚Frauenfrage' zu wenig diskutiert werde. Für den II. Weltkongress der III. Internationale 1920 hatte Clara Zetkind daher „Richtlinien für die kommunistische Frauenbewegung" erarbeitet. Jedoch konnte man „wegen Zeitmangels die Frauenfrage nicht, wie ursprünglich vorgesehen, behandeln." (Zetkin 1977, S. 14).

[5] Silvia Federici und Nicole Cox beschreiben das mit den schönen Worten: „Hausarbeit ist weitaus mehr als Hausreinigung. Sie besteht in der psychischen, emotionalen und sexuellen Wartung der Lohnverdiener." (Federici und Cox 2012, S. 111).

wurden und in der Praxis zu enormer Doppelbelastung der Arbeiterinnen geführt hat. Mit der Lohn-für-Hausarbeit-Kampagne sollte Reproduktionsarbeit sichtbar gemacht und ein Kampfbegriff geschaffen werden. Denn,

> „die Linke hat den Lohn als Kriterium akzeptiert, anhand dessen die Arbeit von Nicht-Arbeit, die Produktion vom Parasitismus und die potentielle Macht von der Machtlosigkeit zu unterscheiden sin [...] Die Frage, warum das Kapital den Fortbestand von so viel unprofitabler und unproduktiver Arbeit zulässt, wird von der Linken nie gestellt, denn die Linke ist überzeugt von der Irrationalität des Kapitals und von dessen Unfähigkeit zur Planung. Ironischerweise hat die Linke aus ihrer Unwissenheit über das spezifische Verhältnis der Frauen zum Kapital eine Theorie weiblicher Rückständigkeit gemacht, die wir nur über den Weg durchs Fabriktor überwinden könnten."

schrieben Silvia Federici und Nicole Cox (2012, S. 107) lesbar wütend. Aber sie schrieben nicht nur. Die Mitglieder des Internationalen Feministischen Kollektivs gingen auch hin zum Fabriktor und in die Geschäfte und Läden und zu den Versammlungen der Gewerkschafter*innen und fanden Gehör bei den Arbeiter*innen und Angestellten, vor allen Dingen bei den weiblichen. Denn ihre Forderungen in Texten festzuhalten, die nur von ohnehin Gleichgesinnten oder akademischen Kritiker*innen gelesen werden, war ihnen zu wenig. Das Kollektiv wollte die Theorie in die Praxis umsetzen und etwas erreichen – und eine Zeit lang sah alles danach aus, als würde ihre Initiative Erfolge erzielen. Für mich jedenfalls wäre das bei diesen guten Ansätzen von so charismatischen Frauen (von Silvia Federici kann ich das persönlich behaupten, die anderen Mitglieder kenne ich nur über ihre Texte) logisch gewesen. Aber mit dem Weiterlesen an den Texten Federicis kam für mich die Enttäuschung.

Dabei hätte ich vorgewarnt sein müssen, denn das Buch von 2012 ist untertitelt mit den Worten: *Reproduktionsarbeit im globalen Kapitalismus und die unvollendete feministische Revolution* (Federici 2012b). Das Wort „unvollendete" hatte ich zunächst wohl überlesen. Aber hätte ich es beachtet, hätte mich das vermutlich noch wütender gemacht, weil ich mittlerweile von so vielen feministischen Ideen und Utopien gelesen hatte, die alle nicht unrealistisch waren, weil sie eigentlich leicht zu verwirklichen gewesen wären – hätte es nur den gesellschaftlichen Willen dazu gegeben. Aber anstatt den Mehrwert des Feminismus für alle Menschen zu erkennen, sind viele feministische Ideen pauschal als tendenziell männerfeindlich und im diskreditierenden Sinne kommunistisch und utopisch abgetan worden. Stattdessen wurde das Ideal der lohnarbeitenden Frau nun auch in konservativen Kreisen propagiert und erfolgreich als eine neoliberale Form des Feminismus verkauft: Das Powerfrauen-Rolemodel, das sich auf dem Titelblatt von Frauenzeitschriften ebenso gut macht wie auf dem von Wirtschaftsmagazinen. Doch auch Powerfrauen besitzen keine geheime Superpower um alles zu schaffen, zumindest über längere Zeitdauer lässt sich voller Einsatz für die Erwerbstätigkeit nicht ohne Hilfe und/oder Abstriche mit Lohnarbeit kombinieren. Dass Federici/Cox recht hatten mit ihrer Doppelbelastungs-These, bestätigt aktuell die Sozialwissenschaftlerin Katrin Menke (2019), die ihr Buch aus gutem Grund mit einem Zitat von Laurie Penny einleitet, da das ihre Studien zu Erwerbs- und Sorgearbeit und den Auswirkungen des Elterngeldes auf den Punkt bringt: „Wir feministisch geprägten Frauen haben Leistungsdruck mit Freiheit verwechselt."

3.4 Der Feminismus und die Wut

Doch dann stand ich da mit Silivia Federici in dieser Küche und es war mir unmöglich, wütend zu sein. Sie selbst als Verfasserin der guten Ideen hätte es sowieso nicht verdient, Ziel meiner Wut zu sein – meine Wut betraf ja auch nicht sie, sondern nur die Tatsache, dass von ihren guten Ideen aus den 1970ern so viele im Status der Idee stecken geblieben und einige, noch schlimmer, in innerfeministischen Streitereien zwischen europäischen und US-amerikanischen Gruppen abgehandelt worden sind (vgl. Federici und Cox 2012).[6]

---

[6] Der Text ist eine Replik auf einen Artikel der amerikanischen Feministin Carol Lopate, in dem die „Lohn für Hausarbeit"-Kampagne als Initiative italienischer Frauen abgetan wird, von denen ein Großteil im Haushalt bleibe, während in den USA mehr als die Hälfte der Frauen „tatsächlich" arbeiteten.

Meine Wut speist sich aber auch daraus, dass gesellschaftlich in konkreten Anlassfällen so wenig Bereitschaft zur uneingeschränkten und egobefreiten Solidarität vorhanden ist. In jeder Situation, in der irgendetwas, wie etwa Ohrenschmerzen beim Kind, den penibel durchgeplanten Alltag ins Wanken bringen, jemanden fragen müssen, ja vielmehr bitten müssen, unterwürfig, sich dabei immer ein wenig schlecht fühlen oder alternativ Gegenleistungen anbieten, die beim Gedanken daran schon den Stress-Schweiß ausbrechen lassen; das scheint das Schicksal von Alleinerziehenden zu sein. **Ich hasse das!**

Dies herauszufinden und es mich sagen zu trauen, hat lange Zeit gedauert. Zu viel Angst hatte ich davor, ich würde damit als unsozial und frustriert gelten – nicht zuletzt deshalb, weil Wut nach wie vor als männliches Privileg gilt (vgl. Schröder 2018). Sind Frauen wütend, wird dies nicht als die gesellschaftspolitische Wut gewertet, die nötig wäre, um Veränderungen herbeizuführen. Zu schnell könnte ja etwas Größeres, Gemeinsames daraus werden. Den schrecklichen Begriff ‚Hysterie', mit dem Sigmund Freud bei nicht wenigen Frauen ihre eigentlich gesellschaftliche Wut in antifeministischer Weise individualisiert, psychologisiert und pathologisiert hat,[7] möchte ich hier eigentlich nur ungern ins Spiel bringen, aber ist er nach wie vor in Gebrauch. Häufiger ist heute aber der mitleidige Blick auf die persönlich Betroffenen, nicht selten begleitet von dem Angebot, bei Überforderung professionelle Hilfe aufsuchen zu können. Im Yoga-für-Alle-Zeitalter beliebt ist auch der Rat, die Wut wegzuatmen – wogegen sich die Zeit-Kolumnistin Ella (2019, o. S.) vehement einer Leserin gegenüber ausspricht, die ihre Empörung über mangelnde Gleichberechtigung beschreibt: „Sich über Missstände zu empören und sich dafür einzusetzen, sie zu überwinden – selbst wenn sie einen nur mittelbar betreffen –, ist menschlich. So geht Solidarität. Deshalb tun Sie mir einen Gefallen: Versuchen Sie nicht, diese Wut wegzuatmen."

Ja, natürlich bin ich persönlich betroffen, möchte ich, Ellas Rat beherzigend, dann herausschreien – so wie alle Menschen persönlich betroffen sind von mangelnder Solidarität und die Menschen mit Betreu-

---

[7] Sigmund Freud verwendete den Begriff Hysterie – nach Hyster = Gebärmutter – für Wutausbrüche von Frauen, die, wie heute bekannt ist, darin ihre Wut über ihre Unterdrückung oder die psychischen Folgen durch Missbrauch kanalisierten. (Vgl. u. a. Strömquist 2017).

ungspflichten halt noch ein wenig mehr. Aber um in dieser persönlichen Betroffenheit völlig zu verzweifeln, habe ich schlichtweg keine Zeit. Denn eigentlich bin ich in meiner Situation ziemlich gut organisiert und diszipliniert – wie allen Vorurteilen zum Trotz erwiesenermaßen die meisten alleinerziehenden Mütter ohne direktfamiliäres Hilfsumfeld (sprich: Großmutter in der Nähe). So betont auch Britta Starke, Kursleiterin beim Verein Goldnetz, der Alleinerziehenden zurück ins Berufsleben hilft: „Es sind alles nur Klischees. Zum Beispiel, dass sie zeitlich nicht so flexibel sind wie andere. Doch meiner Erfahrung nach sind alleinerziehende Mütter viel organisierter, können schneller Prioritäten setzen und sind sehr strukturiert – sie schmeißen das ganze Familienleben ja alleine." (Starke in Ott 2019, o. S.)

Leider sind aber nicht alle alleinerziehenden Mütter so feministisch/politisch engagiert wie ich mir das wünsche. Und ich kann es ihnen nicht verdenken, denn Engagement kostet viel Zeit und Energie. Häufig ist es aber sogar im Gegenteil so, dass aus Angst vor Stigmatisierung als schlechte Mutter nicht nur persönliche Schwierigkeiten selbst im Gespräch mit befreundeten Müttern unausgesprochen bleiben, sondern sogar in der vermeintlichen Konkurrenz um die beste Mutterschaft andere diskreditiert werden. Doch als ich, nicht nur aus persönlichem, sondern auch aus feministisch-wissenschaftlichem Interesse, anfing über diesen Mangel an Solidarität zu sprechen, stellte ich fest, dass es anderen Müttern ähnlich geht, und dass diese Überschreitung der Tabuzone Türen öffnet. So erzählte mir dann etwa die eine Mutter von einer Freundin, die schon vor der Geburt der Kinder wiederholt davon gesprochen hat, wie sehr sie sich auf das Babysitten freue, und die bis heute, die Kinder sind 10 und 8, kein einziges Mal dafür Zeit gefunden habe – und mittlerweile auch nicht mehr wirklich eine Freundin ist. Die Nächste hat es noch schlimmer erwischt, als ihre WG-Kolleg_innen ihr eröffneten, dass sie nun doch fänden, das mit dem Baby passe nicht so wirklich zu ihrem Lebensstil und ob sie sich nicht doch eine andere Wohnung suchen könne – allein, also zu zweit mit Baby. Von den ganz ‚familienfreundlichen' Chefs und Chefinnen habe ich mehrere Geschichten gehört, die sich aber alle ähneln. Zunächst wird betont, dass natürlich die Kinder zur Arbeit mitgebracht werden könnten. Aber wenn das im dringenden Anlassfall, etwa wenn die Tagesmutter krank ist, einmal passiert, dann schauen sie so deutlich genervt, dass das sicher kein zweites Mal in Anspruch genommen wird.

3.5 Counter-Planning mit Borretsch

Und dann steht da Silvia Federici mit leichtem Jetlag neben mir in dieser Küche, weil sie sich wie alle Seminarteilnehmer*innen – also die Teilnehmer*innen an dem von ihr geleiteten Seminar – ganz selbstverständlich zum Kochdienst eingetragen hatte. Eigentlich sollte ich mit ihr und zwei anderen überlegen, was wir aus den vorgekochten Beluga-Linsen zubereiten sollen. Aber es gelang uns nicht so richtig, weil es zu spannend war, mit ihr über ihre Zweifel zu diskutieren, ob sie ihre, wie sie ganz selbstkritisch anmerkte, nicht mehr ganz zeitgemäßen Ideen aus den 1970er wirklich realistisch und glaubwürdig mit queerfeministischen Theorien der Gegenwart abgleichen ließen. Nie werde ich vergessen, wie diese Diskussion davon unterbrochen wurde, als die Kinder, darunter meines, mit einer großen Schüssel voll wunderschöner, leuchtend hellblauer, sternförmiger Borretschblüten in die Küche kamen, von denen sie gelernt hatten, dass sie essbar seien, und sie zu den tiefschwarzen Linsen stellten. Silvia Federici war hellauf vor Begeisterung darüber – die Kinder fast beschämt über so viel Freude. In aller Eile verarbeiteten wir die Blüten mit den tiefschwarzen Linsen zum vermutlich schönsten Linsensalat aller Zeiten und waren dabei so positiv gestimmt, dass ich seither immer an Silvia Federici denken muss, wenn ich Borretsch sehe – und umgekehrt an Borretsch, wenn ich Silvia Federici lese. Wenn es jemals eine feministische Revolution geben wird, die das Leben von Müttern verbessert, dann werde ich sie – zumindest für mich – immer als Borretsch-Revolution bezeichnen.

3.6 Vom Säen und Warten

Der Borretsch, den ich in unseren Garten gesät habe, wird im Warten und Hoffen darauf aber voraussichtlich noch einige Male verblühen, wenn er nicht davor zu hoffnungsgeladenen Linsensalaten verarbeitet worden ist. Denn derzeit sieht es, außerhalb der Federici-Küchenblase, eher so aus, als hätte sich an den mit Care-Arbeit in Verbindung gebrachten Gender-Stereotypen in der Zuschreibung als ‚weibliche Arbeit' wenig verändert. „Seitdem das Thema einer veränderten Arbeitsteilung zwischen den Geschlechtern auf die gesellschaftliche Tagesordnung gesetzt wurde, hat sich vieles verändert. Aber Care-Leistungen, Sorge und Fürsorge im privaten und öffentlichen Bereich, unbezahlt und/oder bezahlt und überwiegend, wenn auch nicht ausschließlich von Frauen erbracht, bleiben nach wie vor weitgehend unsichtbar, werden gesellschaftlich ungenügend thematisiert und anhaltend trivialisiert", so Maria Rerrich (2010, S. 77). Aktuell beobachtet sie, „dass ihre gegenwärtige Umverteilung nicht vor allem zwischen den Geschlechtern stattfindet, sondern in erster Linie zwischen unterschiedlichen Gruppen von Frauen." Auch Ursula Apitzsch und Marianne Schmidbauer (2010, S. 19) meinen, dass „die Persistenz der Ideologie weiblicher Häuslichkeit" den Fortschritt von Frauen blockiere. Helma Lutz (2018), die in der Geschlechterforschung ähnlich lange wie Maria Rerrich zur Verteilung von Care-Arbeit forscht und kürzlich ein umfangreiches Projekt zu Osteuropa abgeschlossen hat, betont den politischen Aspekt der „Festigung des vorhandenen hierarchischen Geschlechterarrangements". Damit einher gehe, ihrer Meinung nach, auch eine „Verschärfung ethnisch geprägter sozialer Differenzen in den Aufnahmeländern mit Auswirkungen weit hinein in die Herkunftsgesellschaften" (Lutz 2018, S. 17). Auch Elisabeth Tuider (2013, S. 71) ist, insbesondere nach Ende ihrer Forschungsarbeit in den mexikanischen Grenzgebieten, skeptisch was den „zum Teil euphorischen Impetus der Transmigrationsdebatte – dass es in der Transmigration zu einer ‚Befreiung' und Emanzipation der Frauen und Mütter aus patriarchalen Familienmustern kommen würde" angeht und vertritt, wie ich, die These einer Refeminisierung von Care. „Am Beispiel der transnationalen Familien und insbesondere in Bezug auf die Konstituierung der globalen Betreuungsketten wird die gegenwärtige Refeminisierung und Ethnisierung von *care-work* offensichtlich", konstatiert sie.

Nicht zu vernachlässigen ist demzufolge der antifeministische Aspekt der „internationalen Arbeitsteilung" – hier in Anführungszeichen, weil es sich in Wirklichkeit um postkoloniale Arbeitsverschiebung handelt – bei Care-Tätigkeiten. Denn statt, wie von der internationalen Frauenbewegung lang gefordert, eine stärkere bzw. gerechte Teilhabe von Männern bei häuslichen, Fürsorge- oder Pflegetätigkeiten gefordert wird, werden diese früher von Ehefrauen, Müttern und Großmüttern unbezahlt geleisteten Reproduktions- und Care-Tätigkeiten nun in den westlichen Ländern zunehmend an prekär beschäftigte Arbeitnehmerinnen ausgelagert. Die arbeitsrechtliche Legalisierung dieser Tätigkeiten, die in Europa zum Teil schon vor der ‚Osterweiterung' der EU vorgenommen wurde, hat nur einmal mehr dazu beigetragen, konservative Geschlechter- und Familienbilder aufrecht zu erhalten. Denn durch die Auslagerungsmöglichkeiten ist der Druck, die sozialpolitischen Rahmenbedingungen zur Neuverteilung von Care-Aufgaben zwischen Frauen und Männern zu verbessern, gesunken. Die berufliche Integration von Frauen basiert demnach weder auf dem Ausbau öffentlicher sozialer Dienstleistungen oder geschlechtergerecht geteilter Reproduktionsarbeit im Privathaushalt, sondern ist Teil und Motor eines neuen antifeministischen Klassismus, in dem Care-Arbeit an inter- oder transnational agierende Frauen ausgelagert wird.

Aber wer weiß, vielleicht trifft ja doch ein, was Ursula Apitzsch und Marianne Schmidbauer (2010, S. 19) als möglichen positiven Aspekt der Feminisierung von Hausarbeit beschreiben: „Auf der anderen Seite schafft sie (die Care-Arbeit, A.V.) Beziehungen zwischen Frauen in Zeiten der Globalisierung und eine mögliche Ausgangsbasis für eine transnationale feministische Solidarität." Borretsch blüht ja auch in Osteuropa. In Rumänien wächst er sogar wild am Bahndamm …

Literatur

Apitzsch U, Schmidbaur M (2010) Care und Reproduktion. In: Apitzsch U, Schmidbaur M (Hrsg) Care und Migration. Die Ent-Sorgung menschlicher Reproduktionsarbeit entlang von Geschlechter- und Armutsgrenzen. Barbara Budrich, Opladen/Farmington Hills, S 11–22

Ella (2019) Obwohl es mir selbst gut geht, ärgere ich mich über mangelnde Gleichberechtigung. Wohin mit meiner Wut? Zeit Online. https://www.zeit.de/2019/30/gleichberechtigung-wut-gerechtigkeit-solidaritaet-mitsprache. Zugegriffen am 07.08.2019

Engels F (1975) Der Ursprung der Familie, des Privateigentums und des Staats. Nachdruck von 1884. Dietz, Berlin (Ost)

Federici S (2012a) Aufstand aus der Küche. Reproduktionsarbeit im globalen Kapitalismus und die unvollendete feministische Revolution. edition assemblage, Münster

Federici S (2012b) Die Reproduktion der Arbeitskraft im globalen Kapitalismus und die unvollendete feministische Revolution. In: Federici S (Hrsg) Aufstand aus der Küche. Reproduktionsarbeit im globalen Kapitalismus und die unvollendete feministische Revolution. edition assemblage, Münster, S 21–86

Federici S, Cox N (2012) Counter-planning from the kitchen. New York 1974. In: Federici S (Hrsg) Aufstand aus der Küche. Reproduktionsarbeit im globalen Kapitalismus und die unvollendete feministische Revolution. edition assemblage, Münster

Haug F (2009) Die Vier-in-einem-Perspektive. Politik von Frauen für eine neue Linke. Argument, Hamburg

Hausbichler B (2019) Warum wir genau wissen müssen, wer die Wäsche aufhängt. derstandarat https://www.derstandarat/story/2000106680690/warum-wir-genau-wissen-muessen-wer-die-waesche-aufhaengt. Zugegriffen am 29.07.2019

ILO (International Labour Organization) (2019) A quantum leap for gender equality: for a better future of work for all. ILO. https://www.ilo.org/global/publications/books/WCMS_674831/lang%2D%2Den/index.htm. Zugegriffen am 29.07.2019

Lutz H (2018) Die Hinterbühne der Care-Arbeit: Transnationale Perspektiven auf Care-Migration im geteilten Europa (Arbeitsgesellschaft im Wandel). Beltz Juventa, Weinheim

Menke K (2019) „Wahlfreiheit" erwerbstätiger Mütter und Väter? Zur Erwerbs- und Sorgearbeit aus intersektionaler Perspektive. Transcript, Bielefeld

Miller T (2019) „Spitzenvater des Jahres". Für Väter ein Preis, für Mütter eine Selbstverständlichkeit. Berliner Zeitung. https://www.berliner-zeitung.de/politik/meinung/-spitzenvater-des-jahres%2D%2Dfuer-vaeter-ein-preis%2D%2Dfuer-muetter-eine-selbstverstaendlichkeit-32201046. Zugegriffen am 27.09.2019

Ott D (2019) „Die gesellschaftliche Wertschätzung der Erziehungsarbeit von Alleinerziehenden fehlt noch immer". Als alleinerziehende Mutter hat man es im Arbeitsleben nicht leicht, unter anderem, weil ihnen viele Unternehmen mit Vorurteilen begegnen. Der Verein Goldnetz coacht Alleinerziehende und möchte ihnen so beim (Wieder-)Einstieg helfen. Ein Interview mit

Kursleiterin Britta Starke. Edition F. https://editionf.com/Goldnetz-Britta-Starke-Alleinerziehend-Mutter-Coachings-Unternehmen-Job?fbclid=IwAR0bPlgY4uc8mhWly2uESNZSU0eZmf9cNwRKB9wU54qKdRSrhGD5lr8FS40 Zugegriffen am 05.08.2019

Rerrich M (1990) Balanceakt Familie. Zwischen alten Leitbildern und neuen Lebensformen. Lambertus, Freiburg im Breisgau

Rerrich M (2010) Care und Gerechtigkeit. Perspektiven der Gestaltbarkeit eines unsichtbaren Arbeitsbereichs. In: Apitzsch U, Schmidbaur M (Hrsg) Care und Migration. Die Ent-Sorgung menschlicher Reproduktionsarbeit entlang von Geschlechter- und Armutsgrenzen. Barbara Budrich, Opladen/Farmington Hills, S 77–93

Schröder A (2018) Wohin mit der weiblichen Wut? Süddeutsche Zeitung Magazin. https://sz-magazin.sueddeutsche.de/leben-und-gesellschaft/wohin-mit-der-weiblichen-wut-86197. Zugegriffen am 02.08.2019

Strömquist L (2017) Der Ursprung der Welt. Avant, Berlin

Thomas I (Text), Weckmann A (Illustrationen) (2018) Marie Curie. Kleine Bibliothek großer Persönlichkeiten. Laurence King, Berlin

Tuider E (2013) Transmigration und Gender – Krise des Patriarchats oder Refeminisierung von *Care*? In: Herz A, Olivier C (Hrsg) Transmigration und Soziale Arbeit. Ein öffnender Blick auf Alltagswelten. Grundlagen der Sozialen Arbeit, Bd 30. Schneider, Hohengehren, S 70–85

Winkler G (2015) Care Revolution. Schritte in eine solidarische Gesellschaft. Transkript, Bielefeld

Woolf V (2012) Ein Zimmer für sich allein. Reclam, Leipzig

Zetkin C (1977) Kunst und Proletariat. Herausgegeben von Hans Koch. Dietz, Berlin (Ost)

4

Wie ich ein Körper wurde: Mutter werden als Wissenschaftlerin und Feministin

Sarah Czerney

Zusammenfassung Nach der Geburt meines ersten Sohnes fühlte ich mich lange Zeit vollkommen entkoppelt von meinem vorherigen Leben. Hatte ich mich vorher vor allem als selbstbestimmte, unabhängige, emanzipierte Wissenschaftlerin und Feministin verstanden, konnte ich das Mutterwerden nicht in dieses Selbstbild integrieren – im Gegenteil: Es erschien als totaler Gegensatz. Woher kommt dieses Gefühl eines radikalen Bruchs, eines klaren Vorher und Nachher? Was hat es mit der Sozialisation als Wissenschaftlerin und akademisch geprägte Feministin zu tun? Und was könnte die Wissenschaft von der Erfahrung des Mutterwerdens lernen?

S. Czerney (✉)
Leibniz-Institut für Neurobiologie, Magdeburg, Deutschland
E-Mail: sarah.czerney@gmail.com

4.1 Frauensauna

Ich liebe Frauensauna. Frauenkörper in allen Größen und Formen, mitsamt ihren Dellen, Rissen, Verfärbungen und Verformungen schwitzen nebeneinander. Ich mag die unverstellte Atmosphäre, das schamlose breitbeinige trocken Rubbeln zwischen den Beinen. Ich mag das alles noch mehr, seit mein erster Sohn geboren wurde, denn seitdem blicke ich an mir herunter und sehe hängende Brüste, Dellen an seltsamen Stellen, lasche Haut am Bauch und breite Hüften. Nicht, dass ich das nicht mag, ich sehe es eher mit interessierter Verwunderung. Aber ich fühle mich den alten Frauen in der Sauna und ihren Körpern näher als vorher. Aus ihren Körpern ist vielleicht, so wie aus meinem, ein anderer Körper herausgekommen, der dann gewachsen und zu einem eigenen Menschen geworden ist. Jeder Mensch, der in der Welt herumläuft, war mal in einem anderen Körper, in so einem wie sie hier in der Sauna nebeneinandersitzen. Selbst der dicke, alte Mann, der gerade laut prahlend vor meinem Fenster telefoniert und damit sehr viel Raum einnimmt. Die Unvorstellbarkeit dieses Gedankens sprengt jedes Mal aufs Neue meine Vorstellungskraft.

In diesem Text möchte ich versuchen zu beschreiben, was das Mutterwerden mit mir als Wissenschaftlerin und Feministin gemacht hat. Ich, das ist eine 35jährige weiße, ablebodied, akademisch ausgebildete und promovierte, ostdeutsch sozialisierte und in einer heterosexuellen Paarbeziehung lebende Cis-Frau. Zu dem Zeitpunkt, da ich diesen Text schreibe, ist mein Sohn zwei Jahre alt und ich bin mit dem zweiten Kind im achten Monat schwanger. Das Folgende sind meine individuellen Erfahrungen. Sie erheben keinen Anspruch auf Allgemeingültigkeit, denn die Erfahrungen von Schwangerwerden, Schwangerschaft, Mutterwerden und Muttersein sind unglaublich divers.

Seit der Geburt meines ersten Sohnes fühle ich mich vollkommen entkoppelt von meinem vorherigen Leben. Erst allmählich habe ich das Gefühl, dass sich alles wieder ein bisschen mehr zurecht ruckelt und sich wieder mehr wie mein eigenes Leben anfühlt. Zu meinem Freund habe ich nach der Geburt oft gesagt, es fühle sich an, als laufe ich in den Kulissen meines alten Lebens herum – alles sieht noch genauso aus und dennoch ist nichts, rein gar nichts mehr wie vorher. Beziehungen zu Freundinnen, Familie, meinem Partner, Tagesabläufe, Gefühle, mein Körper haben sich verändert. Woher kommt dieses starke Gefühl eines Bruchs? Eines ganz klaren Vorher und Nachher? Das möchte ich versuchen, zu erklären.

4.2 Körper werden

In ihrem Memoir „A Life's Work. On becoming a mother" schreibt die britische Autorin Rachel Cusk (2008, S. 13):

> „Birth is not merely that which divides women from men: it also divides women from themselves, so that a woman's understanding of what it is to exist is profoundly changed. Another person has existed in her, and after their birth, they live within the jurisdiction of her consciousness. When she is with them, she is not herself; when she is without them she is not herself; and so it is as difficult to leave your children as it is to stay with them."

Ich würde sogar sagen, die Geburt meines Sohnes hat mich nicht nur von mir selbst getrennt, sondern von meinem ganzen bisherigen Leben und von allem, was es ausgemacht hat. Und ich vermute, das hat mit meinem Selbstverständnis als wissenschaftlich ausgebildete Frau und Feministin zu tun. Deshalb schreibe ich diesen Text für dieses Buch. Es ist die Erfahrung der radikalen Körperlichkeit, die Rachel Cusk beschreibt – jemand anders ist in deinem Körper gewachsen, aus ihm herausgekommen und für ziemlich lange Zeit existenziell abhängig von ihm –, die für mich im Zentrum dieses Bruches steht. Mit der Geburt bin ich zu einem Körper geworden, wo vorher der Geist vorherrschend war – in der Wissenschaft und im akademischen Feminismus.

Natürlich hatte ich auch vorher schon einen Körper. Spätestens als Mädchen in der Pubertät wurde ich damit konfrontiert, als ich die Blicke der Männer auf der Straße bemerkte und anfing, meine Beine zu kurz und zu dick, meine Oberweite hingegen zu klein und meinen Po wiederum viel zu groß zu finden. Mein Vorbild, mit dem ich meinen Körper vor dem Spiegel abglich, war Jennifer Lopez im Musikvideo zu „Love don't cost a thing". Am meisten Kritik erfuhren meine Oberschenkel, die sich – anders als bei Jennifer – berührten und aneinander scheuerten, also zu massig waren. Frauenkörper sind immer irgendwie „zu": zu dick, zu dünn, zu freizügig gekleidet, zu nachlässig angezogen, zu viel oder zu wenig geschminkt, zu viel oder zu wenig behaart – jedenfalls nie richtig und einfach nur da. Ab dem Moment, in dem wir von außen als (werdende) Frauen erkannt werden, werden wir bewertet, bewerten uns selbst und gegenseitig. Dennoch hat mein Körper sich immer meinem Geist, meinem denkenden Verstand, untergeordnet. Er hat immer funktioniert: Ich war nie ernsthaft krank, habe keine körperliche Gewalt erfahren, mein Körper hat mir immer gehört. Auch wenn andere mich manchmal darauf reduzierten – ich *war* nie mein Körper.

Im Vordergrund stand der Geist oder der denkende, rationale Verstand. Ganz im Geist der neoliberalen, spätkapitalistischen Leistungsgesellschaft wurde ich dazu erzogen, mich anzustrengen, gut in der Schule zu sein, Leistung zu bringen. Die Umbruchzeit nach 1989, in der ich eingeschult wurde, tat ihr Übriges dazu. Meine Eltern, selbst DDR-sozialisiert und dadurch in ihren Lebens- und Berufsentscheidungen stark eingeschränkt, gaben meiner Schwester und mir mit auf den Weg, dass uns – anders als ihnen – jetzt in der Freiheit alle Möglichkeiten offen stünden – wenn wir uns anstrengten und eine sehr gute Ausbildung absolvierten. Und das taten wir: Einser-Abi, Auslandsjahr, anspruchsvolle Studienwahl (sie: Psychologie und Medizin, ich: bilinguale Medien- und Kulturwissenschaft), Studium in Regelzeit, zahllose unbezahlte Praktika im In- und Ausland, noch mehr Auslandsaufenthalte und Sprachkurse, Nebenjobs und Praxismodule. Ich bin ein Musterbeispiel dessen, was Soziolog*innen einen „historischen Individualisierungsschub" und den „Lehrplan der selbstentworfenen Biographie" nennen (Beck-Gernsheim 1989, S. 106). Das Credo lautete: Du kannst alles erreichen, wenn du dich anstrengst. Im Zentrum dieses Lebensentwurfs stehen Individualisierung, Eigenverantwortung und Selbstbestimmung, und als Motor der gut ausgebildete, leistungsstarke Verstand.

4.3 Feministin werden

Dass das Versprechen, alles erreichen zu können, nicht gehalten werden kann, merkte ich erstens durch eine Depression gegen Ende des Studiums in Folge der ganzen Anstrengungen der vorherigen Jahre, und zweitens durch strukturelle Hindernisse nach Abschluss des Studiums auf meiner ersten Stelle als wissenschaftliche Mitarbeiterin. Wenn es ausreicht, sich anzustrengen und gut zu sein – warum sitzen dann auf Professuren und Leitungspositionen so überdurchschnittlich oft Männer (selbst in Fächern wie dem meinen, in dem der Studentinnenanteil ca. 90 % ausmacht)? Warum sind die prekärsten Stellen im akademischen Mittelbau meist weiblich besetzt? Warum kommen in Sitzungen jeglicher Art meist lang und breit Männer zu Wort, denen es nichts auszumachen scheint, vor Publikum zu sprechen, während uns „Nachwuchswissenschaftlerinnen" (als die wir bis zur Professur gelten) zahllose Coachings, Workshops und Mentoringprogramme angeboten werden, in denen wir lernen sollen, tiefer zu sprechen und breitbeiniger dazustehen?

Es war eins dieser als Mentoringprogramm benannten Anpassungstrainings, das mich und mehrere Freundinnen schließlich politisierte und mit Feminismus in Kontakt brachte. Ausschlaggebend war eine Coach, die am Ende eines Workshops zum Thema Work-Life-Balance zu uns sagte: „Aber denken Sie daran: eigentlich gehören wir gar nicht hierher." Mit „Wir" meinte sie „wir Frauen" und mit „hierher" die Universität. Auf unsere Irritation über diese Aussage reagierte sie mit dem Argument, Männer hätten von Natur aus den fokussierteren, karriereorientierteren Blick, auf den es in der Wissenschaft ankomme, und Frauen eher einen breiten, sozialeren Blick, weil sie ja auch die Kinder bekämen. Deshalb seien sie qua Biologie nicht gemacht für eine Hochschulkarriere und müssten sich in Workshops wie diesem zusätzliche Skills aneignen. Uns war in diesem Moment klar: so etwas wollten wir nicht stehen lassen. Frauenförderung darf kein individuelles Anpassungstraining an eine männliche Norm sein. Sie muss auf der strukturellen Ebene ansetzen und die Strukturen, in denen Frauen in der Wissenschaft arbeiten, mitverändern. Denn das Problem besteht nicht nur darin, dass es zu wenig Frauen in Führungspositionen und Vorständen gibt, sondern darin „dass es schon viel zu viele Vorstandszimmer gibt und keins von ihnen brennt" wie die britische Feministin Laurie Penny es auf den Punkt bringt (Penny 2014, S. 15).

Wir fingen also an, uns mit strukturellen Ungleichheiten und Diskriminierungen zu beschäftigen, gründeten Lese- und Schreibzirkel, debattierten feministische Wissenschaftskritik, kritische Weißseinsforschung, Männlichkeitsnormen und Wissenschaftssprache als Herrschaftssprache. Wir schrieben Manifeste für eine feministische Schreibpraxis (vgl. Wolfsberger 2017), lasen uns in Queer Theory ein und veranstalteten zwei „Un_konferenzen", um andere Formate der Wissensproduktion auszuprobieren (https://womenknowyourlimits.tumblr.com/). All das empfand ich als unglaublich ermutigend und empowernd – auf einer wissenschaftlichen, theoretischen und abstrakten Ebene. Es half mir enorm auf meinem Weg als feministische Wissenschaftlerin. Um uns Freundinnen als Individuen, um unsere konkreten Lebensentwürfe, unsere Wünsche und Bedürfnisse ging es dabei selten. Der akademische Feminismus, in dem ich feministisch sozialisiert wurde, spielt sich vorwiegend auf der Ebene des Verstandes und des Geistes ab. Er fragt, analysiert, kritisiert mit Mitteln des wissenschaftlich geschulten, eigenständigen Verstandes.

Mutterschaft, die radikale Körperlichkeit und körperliche Abhängigkeit, die sie für mich bedeutet, spielen darin keine Rolle. Im Gegenteil: Ich hatte und habe oft das Gefühl, als sei das einer der Lebensentwürfe, von denen sich akademische Feministinnen abgrenzen. Mutterwerden und Muttersein, so meine Wahrnehmung, gelten in diesen Kreisen oft als Rückfall in konservative Rollenbilder und Familienmodelle, als patriarchales Herrschaftsinstrument über Frauen und als Hindernis auf dem Weg der Emanzipation – und somit als Anti-Emanzipation schlechthin.[1] Marie Reusch, die ein Buch über das emanzipative Potenzial von Mutterschaft im Feminismus geschrieben hat, beschreibt Mutterschaft als „Leer-

---

[1] Das ist auch absolut verständlich: Leben heterosexuelle Paare vor der Geburt von Kindern weitgehend gleichberechtigt oder sehen sich zumindest so, so bedeutet die Geburt des ersten Kindes in den allermeisten Fällen immer noch eine Retraditionalisierung der Rollen und einen Rückfall in die 1950er-Jahre: Die Frau übernimmt den Großteil der Elternzeit und arbeitet danach höchstens in Teilzeit, während der Mann zum Hauptverdiener wird. Den allergrößten Teil der Sorge- und Hausarbeit übernehmen dadurch Frauen.

stelle" (Reusch 2018, S. 19) und „vernachlässigte Kategorie" in aktuellen feministischen Debatten, vor allem in Deutschland (Reusch 2018, S. 17).

„Während der Begriff ‚Care' für politische Kämpfe herangezogen wird, wie das Beispiel der ‚Care-Revolution' zeigt […], scheint ‚Mutterschaft' kein positives politisches Identifikationspotential zu bieten und kein Ort zu sein, von dem aus sich feministische Politik begründen und betreiben ließe, bzw. auf den sich feministische Politik positiv beziehen könnte." (Reusch 2018, S. 20)

Als Folge dieser Leerstelle könne „[d]ie Entscheidung von Frauen, Mutter zu werden und zu sein, […] nur schwer in bisherige feministische Konzepte von individueller und gesellschaftlicher Emanzipation integriert werden." (Reusch 2018)

Diese Einschätzung teile ich vollkommen. In meiner Erfahrung ließ sich die Entscheidung, Mutter zu werden, nicht nur nicht mit meinen individuellen und gesellschaftlichen Emanzipationsbemühungen, sondern auch nicht mit meiner bis dahin so wichtigen wissenschaftlichen Emanzipation in Einklang bringen. Ich bin Mutter geworden an einem Punkt, an dem ich das Gefühl hatte, mich als Wissenschaftlerin – zumindest zum Teil – von männlich geprägten Wissenschaftsnormen gelöst zu haben, z. B. durch feministische Wissenschaftskritik und den Versuchen einer feministischen Schreibpraxis. Feministische Theorien und Analysen haben mir dabei geholfen – doch das Mutterwerden ließ sich in diese feministische Emanzipation nicht integrieren. Im Gegenteil – es stand in krasser Opposition dazu.

4.4 Mutter werden

Mutter werden und Mutter sein, so meine These, sind auch deswegen eine Leerstelle in akademischen feministischen Diskursen, weil sie die Herrschaft des Verstandes und des Geistes über den Körper und die damit proklamierte Unabhängigkeit, Individualität und Selbstbestimmtheit radikal über den Haufen werfen. Während ich die Bewegungen meines Kindes in meinem Bauch staunend bewunderte und schön fand, waren die Erfahrungen der Geburt, des Wochenbetts und des Stillens ein Schock für mich. Hatte ich acht Wochen vor der Geburt noch meine Doktorarbeit abgegeben, mit Freundinnen über Wahlverwandtschaften, soziale Elternschaft und Aufteilung von Care-Arbeit debattiert (rein theoretisch natürlich), so war ich mit Beginn der Geburt von einem auf den anderen Moment nur noch Körper. Und zwar nicht mein eigener; keiner, über den ich die Kontrolle gehabt hätte, sondern einer, aus dem mit allen Mitteln ein anderer Körper herausgeholt werden sollte. Mein Körper wurde überwacht, bewegt, dirigiert, mit Medikamenten gesteuert und am Ende festgehalten, gerüttelt, auseinander gedrückt, gerissen, zerschnitten und wieder zusammengenäht. Der andere, winzig kleine Körper, wurde mit einer Vakuumglocke an seinem Kopf herausgezerrt und mir als blaues Bündel an die Brust gelegt. In diesem Moment wurde mir klar, dass er von nun an vollkommen abhängig von mir sein würde. „So geht Stillen" sagte die Hebamme und ich zuckte zusammen. Es tat weh und wurde trotzdem meine Haupttages- und Nachtbeschäftigung, alle zwei Stunden für jeweils eine Stunde. Ansonsten schrie mein Sohn stundenlang am Stück, vor allem nachts. Auch er war offensichtlich von seinem neuen Leben geschockt.

An diese erste Zeit erinnere ich mich nur noch wie durch einen Nebel, aber ich weiß, dass ich tiefe Verzweiflung, Enttäuschung und Einsamkeit empfand. Ich fand mein Kind nicht schön, ich hatte es nicht auf Knopfdruck lieb, so wie es doch hätte sein sollen – im Gegenteil: Es war mir abgrundtief fremd und ich hatte Angst vor seinen unkontrollierbaren Bewegungen, Bedürfnissen und seinem Schreien. Obwohl ich noch nie so eng mit jemandem zusammen war, habe ich mich noch nie so einsam gefühlt.[2] Einmal hielt ich vollkommen erschöpft und übermüdet das schreiende Baby auf dem Arm und dachte: Wann kommen endlich die Eltern wieder, so dass ich in mein altes Leben zurück kann? Aber das gab

---

[2] Die Soziologin Sabine Flick (2019) zeigt, dass sich aktuell in Deutschland ein Diskurs über traumatische Geburten etabliert, der vor allem von Frauen einer bestimmten sozialen Schicht getragen wird. Insbesondere Frauen mit hoher akademischer Bildung, die bei der Geburt des ersten Kindes etwas älter als der Durchschnitt sind, berichten von gewaltvollen und schlimmen Geburtserfahrungen. Flick zufolge liegt das nicht nur an der zweifellos tatsächlich vorhandenen Gewalt in der Geburtshilfe, sondern auch daran, dass diese Frauen bis dahin daran gewöhnt waren, vor allem denkender, selbst bestimmt handelnder Geist zu sein und nicht ohnmächtiger Körper.

es nicht mehr. Wenn Freundinnen kamen, starrten sie auf das kleine Bündel wie auf einen Fremdkörper, der es für mich auch oft war, und zwischen uns stand eine gläserne Wand, durch die ich sie und ihr Leben zwar sehen, aber meines nicht mehr teilen konnte.

Mittlerweile denke ich, dass im Zentrum dieses Gefühls eines radikalen Bruchs und des Entkoppeltseins von allem, aber vor allem von meinen feministischen Freundinnen, die körperliche Erfahrung des Mutterwerdens stand. War ich aus wissenschaftlichen und feministischen Kreisen daran gewöhnt, vor allem unabhängiger, selbstbestimmter Verstand zu sein, war ich jetzt nur noch Körper – ein wunder, verletzter, vollkommen fremdbestimmter Körper, von dem ein anderer fundamental abhängig war. Es sind diese Erfahrungen der Körperlichkeit, der körperlichen Abhängigkeit und Bindung und der damit einhergehenden Isolation, Beschränkung und Fremdbestimmtheit, die zur Entkopplung von meinem vorherigen Leben, und vor allem von meinen akademisch geprägten, feministischen Freundinnenschaften, geführt haben. Später habe ich im Buch „Stillleben" von Antonia Baum (2018) die folgende Passage gefunden, in der ich mich genau wiedergefunden habe:

> „Meine alten Freunde riefen immer seltener an. Vielleicht dachten sie, dass ich keine Zeit und ganz andere Sorgen hätte. Oder sie dachten, dass ihre Sorgen vergleichsweise unwichtig seien, und wollten deswegen nicht stören. Jedenfalls flossen unsere Leben mit jedem Monat, dass das Baby da war, mehr auseinander. […] Wenn wir uns sprachen, hatte ich das Gefühl, nichts Interessantes erzählen zu können, wofür ich mich entschuldigen wollte, und hin und wieder tat ich es auch. […] Manchmal dachte ich, dass meine Freunde sich nicht mehr meldeten, weil ich ihr Lebenskonzept verraten hatte, indem ich ein Kind bekommen hatte, so, wie ich es auch mal gedacht hatte, als eine Freundin von mir Mutter geworden war." (Baum 2018, S. 169)

Den Gedanken, ein Lebenskonzept verraten zu haben, kenne ich auch gut, und ich denke, das hat etwas mit dem oben beschriebenen akademischen Feminismus zu tun, in dem Mutterschaft als anti-emanzipatorische Negativvorlage gilt. Antonia Baum schreibt weiter, und das ist die Passage, in der ich mich am meisten wiederfinde:

„Ja, es war eine sehr einsame Angelegenheit, und ja, meine alten Freunde kamen nach Hause, wenn ich aufstand. Sie arbeiteten, wenn ich mit dem Baby durch die Wohnung krabbelte. Sie hatten wenig Zeit für Hilfe, selbst wenn sie es gewollt hätten. Es gab keinen Vertrag zwischen uns, keine Verpflichtung zu irgendwas. Hätten sie geholfen, dann nur, weil sie es gewollt hätten. Dass sie dafür nicht besonders viel Zeit fanden, mag damit zu tun haben, dass sie nicht wussten, wie alleine man ist. Und schließlich besteht der Vertrag, den moderne, extrem individualisierte Menschen miteinander eingehen, eben vor allem darin, dass man einander nicht zur Last fällt, dass man die Geschwindigkeit des anderen nicht bremst. Man kann eine gute Zeit miteinander haben, dann aber geht jeder wieder zurück in den riesigen Raum, den er für sich und seine hochentwickelten Bedürfnisse braucht." (Baum 2018, S. 171)

4.5 Wünsche: Was kann feministische Wissenschaft vom Mutterwerden und Muttersein lernen?

Seitdem mein Sohn anderthalb Jahre alt geworden ist, habe ich langsam das Gefühl, dass sich mein Leben wieder zurechtruckelt. Das hat damit zu tun, dass er zu einer Tagesmutter geht und ich wieder arbeite, aber auch damit, dass ich nicht mehr nur Körper, sondern auch wieder denkender Mensch bin, der zumindest über einen Teil seiner Zeit selbst bestimmen kann. Irgendwie hat es sich ergeben, dass meine feministischen Wissenschaftlerinnenfreundinnen und ich angefangen haben, über die Erfahrung des Mutterwerdens, Mutterseins oder die Entscheidung, nicht Mutter zu werden, und damit zusammenhängend über verschiedene Lebensentwürfe zu sprechen. Wir üben, nicht mehr nur theoretisch-abstrakt gesellschaftliche Missstände zu kritisieren, sondern „ich" zu sagen und von uns persönlich zu erzählen, uns verletzlich zu zeigen, Zweifel auszusprechen, Enttäuschungen auszuhalten. Ich empfinde das als tröstend, denn es hilft mir, mein Muttersein in mein Leben als Feministin und Wissenschaftlerin zu integrieren.

Ausgehend von dieser sehr persönlichen Erfahrung möchte ich zum Abschluss Wünsche dafür formulieren, wie Mutterschaft mit der Sozialisation als Wissenschaftlerin und akademischer Feministin zusammengebracht werden kann; wie sie das Denken und Tun in Wissenschaft und Feminismus vielleicht sogar bereichern kann:

Ich wünsche mir mehr ehrliche Erzählungen von Frauen, vor allem von wissenschaftlich geprägten, darüber, was Mutter zu werden mit ihrem Leben gemacht hat. Ein erster Schritt ist dieses Buch.

Ich wünsche mir innerhalb der Wissenschaft oder in wissenschaftlich geprägten Kreisen Gespräche mit Frauen, die aus welchen Gründen auch immer nicht Mutter sind, Gespräche, die über den simplen Dualismus Kind oder Karriere hinausgehen. Ich wünsche mir, konkrete und ehrliche Worte für die unterschiedlichen Erfahrungen zu finden.

Ich wünsche mir Zuhören ohne Bewertung.

Ich wünsche mir, dass das Mutterwerden und -sein einen Platz in akademischen Diskursen bekommt, und zwar nicht nur als theoretische Untersuchungen über Mutterschaft, sondern in Form von konkreten, eigenen körperlichen Erfahrungen.

Ich wünsche mir, dass diese Erfahrungen von Schwangerschaft, Geburt und Wochenbett nicht abgekoppelt werden von den Bewegungen des akademischen Geistes, sondern als einer seiner Motoren eingebunden werden können. Denn eine Geburt ist im wahrsten Sinne des Wortes ein kreativer Moment. Ich wünsche mir, dass dieses schöpferische Potenzial nicht nur in der zurückgezogenen, privaten, in Pastellfarben ausgekleideten Mutter-Baby-Welt wirksam werden kann, sondern auch im öffentlichen akademischen Leben. Ich wünsche mir, dass Mutterwerden und Muttersein nicht getrennt von der wissenschaftlichen Praxis stattfinden und damit unsichtbar gemacht werden, sondern sichtbarer und wirksamer Teil von ihr sein können.[3]

Auch wenn die feministische Kritik an der „Institution Mutterschaft" (Rich 1995), verstanden als gesellschaftliche und damit patriarchale Konstruktion, extrem wichtig und hochaktuell ist, wünsche ich mir ein feministisches Konzept des *Mutterseins*, verstanden als individuelles, alltägliches Tun und vor allem als körperliche Erfahrung.

---

[3] Aleida Assmann (2003) hat dafür das großartige Konzept der „wissenschaftlichen Hausfrau" geprägt: Sie beschreibt damit ihre wissenschaftliche Praxis, die sie in den zwölf Jahren, in denen sie ihre fünf Kinder aufzog, zuhause betrieb, und die sie letztlich zu der erfolgreichen Karriere führte, auf die sie heute zurückblickt.

Das Sprechen über diese körperlichen Erfahrungen hat vielleicht (ganz revolutionär gedacht) das Potenzial, die Wissenschaft zu verändern: Indem sich im Mutterwerden und Muttersein der Körper und die körperliche Abhängigkeit einer jeden von uns (ob Mutter oder nicht) von anderen offenbart, öffnen sie vielleicht den Blick für andere Formen des wissenschaftlichen Arbeitens: nicht das vereinzelte, hochindividualisierte, rationale, selbstbestimmte und unabhängige Genie, sondern denkende Körper, die aufeinander und andere Materialien (wie z. B. Technik) angewiesen und miteinander verbunden sind. Ich wünsche mir darauf aufbauend kollaboratives Denken, Arbeiten und Schreiben, in dem Raum für die verschiedenen Erfahrungen der Körper gelassen wird, die wir als Feministinnen und Wissenschaftlerinnen sind.

Literatur

Assmann A (2003) Karriere – Kinder – Ehe, eine unmögliche Trias? Gegenworte. http://www.gegenworte.org/heft-11/assmann-probe.html. Zugegriffen am 12.09.2019

Baum A (2018) Stillleben. Piper, München

Beck-Gernsheim E (1989) Mutterwerden – der Sprung in ein anderes Leben. Fischer, Frankfurt am Main

Cusk R (2008) A life's work. On becoming a mother. Faber&Faber, London

Flick S (2019) Traumgeburt oder Geburtstrauma? Vortrag in der MONAliesA Leipzig. https://www.mixcloud.com/MONAliesA_Leipzig/traumgeburt-oder-geburtstrauma/?fbclid=IwAR1PhZfCp0tOAkfvdi6GVYRRXPUYiVrgMJAPgRwtEJpuAeCYBqyAPgIphg8. Zugegriffen am 12.09.2019

Penny L (2014) Unsagbare Dinge. Sex, Lügen und Revolution. Edition Nautilus, Hamburg

Reusch M (2018) Mutterschaft und Feminismus: Emanzipation undenkbar? Westfälisches Dampfboot, Münster

Rich A (1995) Of women born. Motherhood as experience and institution. W. W. Norton & Company, New York

Wolfsberger J (2017) Schafft euch Schreibräume! Weibliches Schreiben auf den Spuren Virginia Woolfs. Ein Memoir. Böhlau, Wien/Köln/Weimar

5

„Das hat ja nichts mit mir zu tun"
Warum auch Nicht-Mütter über körperliche Grenzen, Abhängigkeiten und Sorgegemeinschaften nachdenken sollten

Christiane Lewe

Zusammenfassung Für Frauen ist es der wissenschaftlichen Karriere zuträglich, keine Kinder zu bekommen. Klar im Vorteil scheinen also all jene zu sein, die gar keinen Kinderwunsch haben. Die Schwierigkeiten der Vereinbarkeit von Beruf und Familie betreffen sie ja nicht. Somit gibt es nichts, was sie im Voranbringen ihrer Karriere hindert. Dieser Beitrag zeigt auf, dass sich kinderlose Akademiker*innen mit dieser Auffassung einen Bärendienst erweisen, und legt nahe, sich stattdessen mit Eltern zu solidarisieren und von ihren Erfahrungen zu lernen. Grund dafür sind strukturelle Bedingungen des wissenschaftlichen Berufsweges, die nicht nur Eltern, sondern auch Kinderlose früher oder später benachteiligen können: struktureller Ableismus und die Marginalisierung von Sorgearbeit.

C. Lewe (✉)
Bauhaus-Universität Weimar, Weimar, Deutschland
E-Mail: Christiane.Lewe@googlemail.com

5.1 Einleitung

> Wir arbeiten ausufernd, aber mit kurzfristigen Verträgen. Wir arbeiten für den Lebenslauf und oft zum Nulltarif. Wir sind mobil, flexibel, aber nicht naiv genug, um das als Privileg zu verstehen. Wir pendeln zwischen Office-Job und Heimarbeit, zwischen Harvard und Hartz IV […] Der Druck ist hoch, die Aussicht düster und die Konkurrenz so schlaflos wie wir. Ein Leben auf Bewährung. (Figge et al. 2016, S. 137)

Als ich gebeten wurde, für diesen Sammelband einen eigenen Beitrag beizusteuern, fiel mir zunächst nichts dazu ein. Mutterschaft hat nichts mit mir zu tun, einen Kinderwunsch hatte ich nie. Was könnte ich also über diese Abwesenheit berichten? Mehr noch: Bin ich als Kinder(wunsch)-losglückliche in der wissenschaftlichen Karriere nicht vergleichsweise privilegiert und sollte deshalb lieber den Mund halten und zuhören? Dann bekam ich Gelegenheit, vor der Drucklegung den berührenden und anregenden Text aus diesem Band „Wie ich ein Körper wurde" von Sarah Czerney zu lesen, der mich zu einer Antwort inspiriert hat.

In ihrem Beitrag beschreibt Sarah ihr Mutter-Werden als Überschreitung einer Grenze, die ihr Leben vor und nach der Geburt radikal unterscheidet. War sie zuvor als Wissenschaftlerin und akademische Feministin unabhängig, selbstbestimmt und in einer vom Verstand geprägten Welt zuhause, erfährt sie durch eine gewaltvolle und traumatische Geburt und durch die schwierigen ersten Monate mit einem Schreibaby, was es heißt, Körper zu sein, von dem obendrein ein anderer Körper existenziell abhängig ist. Diese Grenze trennte Sarah nicht nur von ihrem alten Leben, sondern auch von ihren kinderlosen Freundinnen. Für die radikal körperliche Erfahrung des Mutter-Werdens und Mutter-Seins gab es keine Worte und sie schien auch unvereinbar mit dem akademischen Feminismus, der sie zuvor verbunden hatte. Sarah schließt ihren Text mit einer Reihe von Wünschen, die zum Ziel haben die erfahrene Grenze zu überbrücken. Statt der Abkopplung der Mutterschaft von der akademischen Sphäre wünscht sie sich „denkende Körper, die aufeinander und andere Materialien (wie z. B. Technik) angewiesen und miteinander verbunden sind" und damit ein anderes wissenschaftliches Arbeiten möglich machen.

Wo Sarah durch die Geburt die Überschreitung einer Grenze erfährt zwischen Verstand und Körper, Karriere und Kind, akademischem Feminismus und Mutterschaft, stehe ich im Lager der kinder- und scheinbar sogar körperlosen Freundinnen. In der akademischen Welt gehöre ich zu einem offenbar privilegierten Typus, der die Voraussetzungen für eine Karriere in der Wissenschaft bestens erfüllt: ledig, kinderlos, ungebunden. Ohne die Ortsgebundenheit von Kindern und Ehepartner*in bin ich in der Lage, den Mobilitätsanforderungen von befristeten Stellen an wechselnden Unis zu folgen. Keine Ausfallzeiten schneiden Lücken in den zielgerichteten Lebenslauf. Keine Sorgeaufgaben verhindern die Teilnahme an Konferenzen und Abendveranstaltungen oder lenken von der anspruchsvollen Denk- und Schreibarbeit ab. Ich bin frei, mich vollends auf die Verstandestätigkeiten zu konzentrieren. So jedenfalls der Anspruch oder die Erwartung an meine Lebensführung im akademischen Kontext. Aber finde ich mich in dieser Positionierung eigentlich wieder? Ist das Fehlen eines Kinderwunsches ein Privileg, das mir den wissenschaftlichen Karriereweg ebnet? Bin ich tatsächlich ungebunden?

Dass Sarah – wie in ihrem Text geschildert – die Geburt ihres ersten Kindes als brachialen Einbruch des Körpers in ihr zuvor vom Verstand gelenktes Leben erfährt, sollte auch Akademiker*innen ohne Kinder- und Familienwunsch aufrütteln und beunruhigen. Der Körper kann sich nämlich auch durch andere Ereignisse plötzlich und brutal in den Vordergrund drängen und „die Herrschaft des Verstandes und des Geistes über den Körper und die damit proklamierte Unabhängigkeit, Individualität und Selbstbestimmtheit radikal über den Haufen werfen" – wie Sarah es formuliert. Im Zuge dessen wird auch die Frage nach Fürsorge – Wer kümmert sich um mich? Wer ist von meiner Fürsorge abhängig? – plötzlich ganz zentral. Ich möchte deshalb anregen, über strukturelle Probleme nachzudenken, die Mütter und Nicht-Mütter gleichermaßen betreffen können und die deshalb eine solidarische Perspektive erfordern. Zugespitzt formuliert: Fragen nach körperlichen Grenzen, Abhängigkeiten und Sorgeverpflichtungen nur im Kontext von Mutterschaft und Familie zu thematisieren, versperrt Nicht-Müttern auf dem wissenschaftlichen Karriereweg womöglich den Blick darauf, dass auch sie von genau diesen Fragen betroffen sind.

Ich möchte im Folgenden auf zwei Bedingungen zu sprechen kommen, die beide die Fiktion der selbstbestimmten, unabhängigen Kopfmenschen auf dem wissenschaftlichen Karriereweg tragen, indem sie die Sphäre des Körperlichen unterordnen, ins Private drängen oder leugnen: 1.) Der Ableismus in der wissenschaftlichen Karriere. 2.) Die Marginalisierung von Sorge- und Reproduktionsarbeit.

5.2 Ableismus in der wissenschaftlichen Karriere

Was hat es mit der vermeintlichen oder performativen Körperlosigkeit in der Academia auf sich? Tatsächlich treffen sich in der Uni keine körperlosen *Gehirne in Tanks*, sondern lebendige Körper, mit Funktionen und Bedürfnissen. Um die Fiktion einer Dominanz des Verstandes aufrecht zu erhalten, müssen sich die Körper disziplinieren, Bedürfnisse ignorieren, Funktionen regulieren, stundenlang still sitzen, aufmerksam sein und nicht einschlafen. Als Karriere ist die wissenschaftliche Laufbahn ein Hochleistungsmetier, dass den Körpern einiges abverlangt. Im kompetitiven Exzellenzstreben müssen sie ausdauernd sein, häufige Reisestrapazen auf sich nehmen, Stress meistern und phasenweise Überlastung aushalten. Nicht jeder Körper lässt das mit sich machen. Nur ein halbwegs gesunder Körper lässt sich ignorieren. Paradoxerweise setzt die körperfeindliche Sphäre nicht nur einen funktionierenden Verstand, sondern auch einen hochfunktionalen Körper voraus. Krankheit und Behinderung haben jedenfalls kaum einen Platz in der neoliberalisierten Wissenschaftskarriere. Aber auch akademisierte Körper kommen an ihre Grenzen. Gelegentlich hört man im Kolleg*innenkreis von Rückenleiden, Bandscheibenvorfällen, Thrombosen, Verletzungen durch Fahrradunfälle und Burn-out. Meist sind das Erzählungen relativ kurzer Leidenswege, die rasch überwunden werden, um an die vorherige Leistungsfähigkeit unmittelbar anzuknüpfen. In vertrauten Gesprächen hört man manchmal aber auch von chronischen Leiden, etwa regelmäßigen Migräneanfälle an freien Tagen, depressiven Phasen in Semesterpausen, Sehbehinderungen, die operativ behandelt werden müssen bis hin zu potenziell schwerwiegenden Dispositionen. Auch diese Widrigkeiten scheinen der wissenschaftlichen Produktivität kaum je ernsthaft im Weg zu stehen oder das Vorankommen auf dem Karriereweg signifikant zu verlangsamen. Fälle schwerwiegender Krankheiten, längere Ausfallzeiten oder sogar Todesfälle von Kolleg*innen infolge schwerer Erkrankungen erzählt man sich wie Gruselgeschichten mit einer Mischung aus Schock und Scham. „Zum Glück ist mir das nicht passiert" scheinen sich alle zu denken. Mich hat manches Mal erschreckt, wie rasch erkrankte Kolleg*innen – hochgeschätzte Wissenschaftler*innen – schulterzuckend abgeschrieben werden, so als seien sie von einem rasant fahrenden Zug gefallen, den niemand stoppen kann. Schnell vergisst man sie wieder und macht weiter in gewohntem Tempo, demonstriert körperliche Gesundheit, Agilität und Resistenz. Denn auch diese Attribute gehören zum Set an Qualifikationen, die man für die wissenschaftliche Laufbahn vorzuweisen hat. Jedenfalls gilt es zu beweisen, dass der Körper nicht den Verstandesleistungen und den Karriereambitionen im Weg stehen wird.

Die Kopf- und Schreibtischarbeit, die ständigen Bewährungsproben unter dem Druck angeblicher Bestenauslese, die Flexibilitäts- und Mobilitätsanforderungen führen zu ganz eigenen Berufskrankheiten. Deshalb sind auch die Kopfarbeiter*innen spätestens mit dem Älterwerden mit Krankheiten und Behinderungen konfrontiert. Trotzdem kenne ich niemanden aus dem näheren Kolleg*innenkreis, die oder der sich anders als gesund, able-bodied und leistungsfähig begreifen würde. Das liegt meiner Ansicht nach nicht daran, dass tatsächlich nur kerngesunde Menschen Wissenschaft als Beruf ausüben. Vielmehr hindert der Ableismus im Berufsfeld daran, sich selbst als krank, körperlich eingeschränkt, neuroatypisch oder behindert zu identifizieren oder sich gar öffentlich zu outen. Dieser Ableismus führt natürlich auch zu ganz handfesten Ausschlüssen all jener, die ihren wissenschaftlichen Karriereweg wieder aufgeben müssen, weil sie den körperlichen Anforderungen nicht gerecht werden können oder aufgrund mangelnder Barrierearmut gar nicht erst eine Chance bekommen.

Auch ohne Kind könnte für jede von uns irgendwann der Moment kommen, da unser Körper unsere Selbstvermarktung als leistungsfähiger, unaufhaltsamer Kopfmensch nicht mehr ohne weiteres mitträgt und sich mit eigenen Bedürfnissen in den Vordergrund schiebt. Eines Tages fallen wir vielleicht vom Zug und schaffen es nicht rechtzeitig wieder aufzuspringen. Dieses Damokles-Schwert hängt über uns allen. Ist das dann – anders als die Entscheidung für ein Kind – einfach nur individuelles Pech? Oder sollten wir nicht ganz grundsätzlich, inklusiv und solidarisch alle viel öfter und ehrlich über die Grenzen unserer körperlichen (und psychischen) Leistungsfähigkeit sprechen, den Zug verlangsamen, so dass es leichter wird wieder aufzuspringen? So wären nicht nur Mütter mit ihren körperlichen Erfahrungen und Sorgeverpflichtungen nicht länger isoliert, sondern auch andere Menschen mitgedacht, die von den ableistischen Anforderungen in der Academia benachteiligt werden.

Damit verbunden ist die Frage nach dem Fürsorgenetzwerk, die im Fall der Fälle auch die vermeintlich ungebundenen Karrierist*innen betrifft.

5.3 Die Marginalisierung von Sorge- und Reproduktionsarbeit

Manchmal versuche ich mir vorzustellen, wie die besonders erfolgreichen, kinderlosen Karrierist*innen in unserem Beruf Wäsche waschen, den Müll rausbringen, die Wohnung putzen. Es fällt mir schwer. Solche marginalen, oder besser: marginalisierten Tätigkeiten scheinen im Leben einiger genialer Köpfe irgendwie nicht hineinzupassen oder gar nicht vorzukommen. Vor nicht allzu langer Zeit bedurfte diese Vorstellung noch keiner Gehirnakrobatik. Da war die Verteilung von Lohnarbeit/Karriere und Sorge-/Reproduktionsarbeit entlang der Geschlechterrollen klar verteilt. Das Modell ist natürlich auch heute noch gängig. In Deutschland ist die akademische Laufbahn nach wie vor eine „Zwei-Personen-Karriere" (Haubner 2017, S. 204), d. h. wer in der Wissenschaft richtig durchstarten will, ist auf reproduktive Hintergrundarbeit durch einen oder eine Lebenspartner*in angewiesen. Traditionell ist Wissenschaft eine Männerdomäne, die von konservativen Rollenverteilungen abhängt: Der Mann verfolgt die akademische Laufbahn. Im Hintergrund entlastet ihn seine Ehefrau von Alltagsanforderungen wie z. B. der Kinderversorgung oder Haushaltstätigkeiten und unterstützt durch emotionale Fürsorge.

Ohne diese Gratisarbeit lässt sich Karriere und Familie nicht vereinbaren. Obwohl heute mehr Frauen die wissenschaftliche Karriere einschlagen, sind sie durch solche Rollenerwartungen nach wie vor eingeschränkt: Sie werden von Ehemännern nicht in gleicher Weise entlastet wie das traditionell die Ehefrauen für ihre Männer getan haben. Wissenschaftlerinnen mit Familie sind verstärkt mit der Fürsorge für ihre Familie beschäftigt. Sie werden nicht ent-lastet, sondern doppelt be-lastet. Abhilfe finden viele nur in der Auslagerung an (häufig migrantisierte) Haushaltshilfen.

Die Auflösung (oder Abschwächung) des Hausfrauenmodells hat in der Academia anscheinend keine Veränderungen nach sich gezogen. Den Maßstab bildet weiterhin der verheiratete und von Sorgearbeit entlastete Mann. Alle anderen haben neben dem übervollen Pensum beruflicher Verpflichtungen und Qualifizierungsbemühungen in prekären Beschäftigungsverhältnissen also auch die (Selbst-)Sorgearbeit und Beziehungspflege vollständig selbst zu tragen. Dies hat bei nicht wenigen den Effekt, dass sich das gesamte Sozial-, Beziehungs- und Liebesleben auf den Kolleg*innenkreis beschränkt. Man spricht von „inzestuösen" Milieus mancher Disziplinen, deren Bewohner*innen offenbar kein Außen ihrer Berufstätigkeit mehr kennen. Oder einfach keine Kapazitäten haben, sich um Beziehungen außerhalb der beruflichen Sphäre zu kümmern. Man stelle sich die Fallhöhe vor, wenn sich plötzlich das Außen in den Vordergrund drängt: Pflegebedürftigkeit von Verwandten, ein Unfall, plötzliche Erkrankungen o. ä.

Es ist nicht verwunderlich, dass Wissenschaftler*innen, die Kinder bekommen, schockartig die Erfahrung machen, was es heißt, sich in einer existenziellen Sorgeverantwortung für einen anderen Menschen wiederzufinden, wenn dies zuvor keinen Raum in ihrem akademischen Leben hatte. Der Schriftsteller und Medienwissenschaftler Leander Scholz, der nach der Geburt seines ersten Kindes für eineinhalb Jahre Elternzeit genommen hat, während seine Frau arbeiten ging, hat dies ebenfalls als fundamentalen Wandel erlebt und in einem Buch verarbeitet. Als Vater in Sorgeverantwortung erfährt er ein Dasein, das seinem vorherigen Leben als Wissenschaftler vollkommen entgegengesetzt ist: Seine Selbstwahrnehmung als selbstbestimmtes Individuum wird radikal herausgefordert. Seine Leistungen als Vater und Hausmann finden keine (öffentliche) Anerkennung. Er fühlt sich in eine unsichtbare Sphäre des

Privaten abgedrängt (vgl. Scholz 2018). Mütter und Hausfrauen kennen diese Erfahrung seit Jahrhunderten. Trotzdem ist er als Mann derjenige, der die Erfahrung in einen philosophischen Diskurs überführt, Schlussfolgerungen für die Gesellschaft und für die „neuen Väter" zieht und damit in der Öffentlichkeit (in zahlreichen Artikeln und Interviews in der Presse) Gehör findet. Relevant wird das Thema offenbar erst aus der männlichen Perspektive. Er plädiert dafür, das Thema des Zusammenlebens und der Fürsorge konterkarierend zum dominanten Selbstverwirklichungs- und Erfolgsstreben ins Zentrum der Gesellschaft zu holen, hat dabei aber in konservative Verengung nur die konventionelle Kleinfamilie im Blick.[1] Dabei geraten aufs Neue all jene aus dem Blick, die außerhalb des traditionellen Beziehungsmodells leben (wollen). Das sind nicht nur sogenannte Singles, die sich auf Selbstverwirklichung und Karriere konzentrieren. Sondern auch diejenigen, die andere Beziehungsmodelle verwirklichen: freundschaftszentrierte Lebensweisen, Mehrfachbeziehungen, Wohngemeinschaften, Patchwork- und andere Wahlfamilien. Auch diese Sorgegemeinschaften gehören öffentlich anerkannt und gefördert.

5.4 Das hat mit uns allen zu tun

Fragen körperlicher Abhängigkeiten und Sorgeverpflichtungen drängen früher oder später auch ins Leben derjenigen, die sich dank eines fehlenden Kinderwunsches und eines halbwegs gesunden Körpers auf die An- und Überforderungen einer wissenschaftlichen Karriere einlassen können. „Wir" sollten aus den Erfahrungen von Eltern lernen und lieber früher als später unser Selbstverständnis als ungebundene Leistungsträger*innen hinterfragen und auch die Anrufung als solche öfter mal zurückweisen. Aus Solidarität mit Eltern, mit kranken und behinderten

---

[1] Progressivere Ansätze, die Utopien einer anderen Organisation von Sorgeverantwortung entwickeln, finden sich zuhauf in der feministischen Literatur, sowohl älteren Datums als auch brandaktuell. Zum Beispiel Piercy (1976) und Schrupp (2019).

Seit 2014 setzt sich das Netzwerk Care Revolution – ein Zusammenschluss aus zahlreichen Gruppen, Initiativen und Einzelpersonen – für Veränderungen im Bereich der Daseinsfürsorge ein. Vgl. Netzwerk Care Revolution (2014).

Menschen, aber auch im eigenen Interesse sollten wir den Karrierezug verlangsamen und Raum und Zeit schaffen für die Pflege von Sorgegemeinschaften. Auch für Wissenschaftler*innen „ohne eigene Familie" muss es möglich sein, sich dauerhaft an einen Wohnort zu binden, Freiräume für Sorgeaufgaben zu bekommen und auf Verständnis zu stoßen, wenn die Karriere ab und an mal zweitrangig ist.

Literatur

Figge M, Kirsten G, Tedjasukmana C, Zutavern J (2016) Exzellenz und Elend. Zu den institutionellen Bedingungen wissenschaftlicher Arbeit. Z Medienwiss (ZfM) 14:137–141

Haubner T (2017) Care-Revolution als Herausforderung für eine öffentliche Soziologie. In: Aulenbacher B, Burowoy M, Dörre K, Sittel J (Hrsg) Öffentliche Soziologie. Wissenschaft im Dialog mit der Gesellschaft. Campus, Frankfurt/New York, S 201–212

Netzwerk Care Revolution (2014) https://care-revolution.org/. Zugegriffen am 14.10.2019

Piercy M (1976) Woman at the edge of time. Alfred A. Knopf, New York

Scholz L (2018) Zusammenleben. Über Kinder und Politik. Hanser, Berlin

Schrupp A (2019) Schwangerwerdenkönnen. Essay über Körper, Geschlecht und Politik. Ulrike Helmer, Roßdorf

Teil II

Entmystifizierung von Mutter- und Schwangerschaft: Langeweile, Erschöpfung und Behinderung

6

Oh, Baby, Baby, it's a Boring World
Mutterschaft und Langeweile

Madita Pims

Zusammenfassung Die Pflege eines Säuglings ist anstrengend und kräftezehrend, jeder Tag eine neue Herausforderung. Sobald diese Aufgaben Routine geworden sind, passiert im Kopf allerdings recht wenig. Mütter, welche das erste Lebensjahr (oder länger) ihres ersten Kindes zu Hause bleiben, fühlen sich teils isoliert und gelangweilt. In diesem Beitrag werden Aspekte der Mutterschaft betrachtet, die üblicherweise lieber ausgespart werden. Es geht um die erste Zeit mit Baby und um Langeweile. Es geht um das Fehlen von Kraft, Unterhaltung, Räumen und Menschen sowie persönlichen Strategien gegen diesen Mangel. Die beschriebenen Phänomene betreffen nicht nur Mütter, sondern alle Menschen, welche die Hauptverantwortung für einen Säugling übernehmen. In Deutschland sind dies noch immer in großer Mehrheit Frauen. Da dieser Beitrag eine Mischung aus gesellschaftlicher Analyse und den ganz persönlichen Erfahrungen als Mutter ist, gibt es einen expliziten Fokus auf Mutterschaft.

M. Pims (✉)
TU Berlin, Berlin, Deutschland
E-Mail: Annica@posteo.de

© Springer Fachmedien Wiesbaden GmbH, ein Teil von Springer Nature 2020
S. Czerney et al. (Hrsg.), *Mutterschaft und Wissenschaft*,
https://doi.org/10.1007/978-3-658-30932-9_6

Schnuffelpuppe und Rasseläffchen. An manchen Tagen sind dies die beiden Worte, die ich am häufigsten benutze. Schnuffelpuppe. Rasseläffchen. Ich erkenne meinen Wortschatz nicht wieder. In dem Moment, wenn mein „willst du nochmal das Rasseläffchen haben?" das Schweigen durchbricht, fällt mir auf, dass ich seit Stunden nicht gesprochen habe. Worüber spricht man eigentlich mit einem Säugling? Ob ich ihm die Funktion der Waschmaschine oder Quantenphysik erkläre, er dürfte ungefähr gleich wenig verstehen. Gerade bin ich jedoch zu müde für Quantenphysik. Also bleibe ich dabei wortkarg das Rasseläffchen zu schütteln und danach die Waschmaschine mit musikalischer Untermalung, statt mit einer Erklärung ihrer Funktion, auszuräumen.

Es ist ein trauriges Phänomen, das sich in dieser Zeit, in der viele behaupten, Gleichberechtigung sei längst erreicht, immer wieder beobachten lässt: Paare, die den Eindruck erwecken, reflektiert und auf Augenhöhe miteinander umzugehen, gar einen feministischen Anspruch hegen, verfallen im Moment der Geburt ihres ersten Kindes in eine Regression und übernehmen ab da eine konservative Rollenverteilung. Kaschiert mit den mittlerweile fast schon üblichen zwei *Vätermonaten* und einer Babytrage, die Papa zum Feierabend gern mal benutzt, um eine Runde mit seinem Nachwuchs spazieren zu gehen, fällt den meisten frischgebackenen Eltern ihr neu eingeschlagener konservativer Lebenspfad lange gar nicht auf. Gleichberechtigte Elternschaft ist zum Scheitern verdammt, wenn gefühlte Wahrheiten nicht radikal in Frage gestellt und bewusst gegen die gesellschaftliche Norm angelaufen wird. Die vorgetrampelten Pfade wurden von einer patriarchalen Gesellschaft gesteckt, auch wenn viele Menschen, die zurzeit darauf wandeln, nichts davon wissen wollen. Viel zu leicht geraten wir auf diese Spuren, wenn wir uns wenig Gedanken um den Weg machen. Hier finden sich darum ein paar Impulse, die in eine andere Richtung weisen. Gleichberechtigte Elternschaft ist außerdem unmöglich, wenn Mythen rund um Mutterschaft weiter so gesponnen werden wie bisher. Dies ist darum auch ein Versuch, den Topos der Mutter von seinem heiligen Sockel zu heben und auf den Boden der Realität zu holen. Wie viele Menschen glauben wohl, ein Kind würde Frauen zu einem glücklicheren, erfüllteren Menschen werden lassen? *Die Mutterschaft steht dir gut*, heißt es oft. „Nur eine Mutter weiß allein, was Lieben heißt und glücklich sein" (Adelbert von Chamisso, „Gedichte",

Leipzig/1831). Mutterliebe wird zu einem heiligen Gral verklärt, der uns Glückseligkeit beschert. Dieser Gral samt seiner reichhaltigen Füllung[1] ist für Väter der ideale Grund, Verantwortung rund um Elternschaft von sich zu weisen – schließlich *können* sie sich ja gar nicht so gut um Kinder kümmern wie Frauen, glauben sie. Gleichzeitig beschert er etlichen Müttern ein furchtbares Gefühl der Unzulänglichkeit, wenn sich für sie nach der Geburt eines Kindes nicht der erhoffte Zuckerwattezustand einstellt und alles von selbst läuft. Dabei ist es völlig normal, wenn ein verschrumpelter, neugeborener Säugling auf den ersten Blick keine Gefühle der Verliebtheit erzeugt oder das Dasein mit Baby nicht als erfüllend, sondern langweilig empfunden wird.

6.1 Fehlende Unterhaltung

Eine bevorstehende erste Geburt wirft viele neue Fragen und Themen auf – von Babybrei bis Windelsysteme, es gibt viel Stoff in den sich werdende Eltern einarbeiten und darin aufgehen können. Was aber, wenn der optimale Kinderwagen gefunden und die Auseinandersetzung mit Tragetuchbindetechniken langweilig wird? Oder das Reden darüber? Darf es mit Baby überhaupt *langweilig* werden, wo doch alle davon sprechen wie aufregend alles sei? Selbstverständlich, und nur indem wir darüber sprechen, können wir uns aus diesem Zustand der selbst verschuldeten[2] Langweiligkeit befreien. Unterhaltung außerhalb der Kinderwelt scheint für Mütter nicht vorgesehen. Dies zeigt sich unter anderem daran wie Mütter sanktioniert werden, die sich nicht von ihrem Kind allein ausreichend unterhalten fühlen, und zum Beispiel ihr Smartphone in der Öffentlichkeit benutzen. *Darf* eine Mutter beim Kinderwagenschieben in ihr Handy starren, statt ihr Kind zu beobachten? *Darf* sie mit Baby lieber vor dem Fernseher sitzen, statt auf den Spielplatz zu gehen? *Darf* sie mit dem Kind Songs hören, deren Texte möglicherweise nicht kindgerecht sind? Die Antwort auf all diese Fragen sollte selbstverständlich

---

[1] Gedacht sei da an Mutterinstinkte, die „besondere" Beziehung zwischen Mutter und Kind, Nestbautrieb und ähnliche Mythen.

[2] Mit dieser Floskel soll nicht die Verantwortung von den Schultern der Gesellschaft genommen, sondern der Fokus auf eigenverantwortliches Handeln gestärkt werden.

sein: ja, wenn es ihr guttut! Da ein großer Teil der Gesellschaft dies allerdings verneinen würde und eine ins Handy starrende Mutter mit Kind breitenwirksam Wut entfachen kann, sei hier mit Nachdruck festgehalten: Eine fesselnde Serie, Hin-und-Her-Schreiben mit Freund*innen, Nachrichtenlesen (und das Gefühl up to date zu bleiben) oder ein guter Song ganz laut – all das kann Balsam für die Seele sein und sei darum ganz ohne Schuldgefühle genossen. Und seien wir ehrlich: Was die Kulturindustrie für Kinder hervorbringt, ist in weiten Teilen richtig ätzend. Das beginnt bei grellbunten Serien, in denen alle mit nervigen Quietsche-Stimmen sprechen, und endet bei poppigen Songs übers Hausaufgaben machen. Für Säuglinge ist das alles selbstverständlich noch nicht so relevant, doch zu diesem Zeitpunkt beginnen viele Eltern schon sich mit einem freudigen Kopfsprung in den Sumpf der Kinderpopkultur zu begeben. Nicht nur Erzieher*innen würden bestätigen, dass eine in Dauerschleife abgespielte Rolf Zuckowski-CD durchaus als Folterinstrument genutzt werden kann. An dieser Stelle darum die Erinnerung: Es ist weder notwendig noch gut, die eigenen medialen/kulturellen Vorlieben komplett gegen „Kindgerechtes" einzutauschen – Babys können auch bei Black Metal schlafen.

6.2 Fehlende Kraft

Säuglinge kosten Kraft und ungeahnte Kapazitäten an Aufmerksamkeit. Da gibt es Tage, an denen es schier unmöglich scheint, einen Geschirrspüler nebenher einzuräumen, geschweige denn ein Buch in die Hand zu nehmen. Es ist nicht leicht, das nachzuvollziehen, ohne selbst in der Situation gewesen zu sein. Bei Paaren, die sich einer klassischen Rollenverteilung hingeben, wird es durch diesen unterschiedlichen Alltag schon zu ersten Gräben kommen, die nur schwer zu überwinden sind. Doch woher Kraft schöpfen? Ein Mittagsschlaf mit Kind tut zwar gut, wirklich viel Energie ist daraus aber nicht unbedingt zu ziehen. Wir alle haben ganz verschiedene Dinge, mit denen wir unsere Akkus aufladen können, z. B. Sport, Wellness oder Freund*innen Treffen. An dieser Stelle sei meine persönliche Erfahrung geteilt, wie für mich und meinen Partner die Balance aus Kinderverantwortung und Krafttanken funktioniert hat, und wir dabei einen guten Draht zu uns behalten haben. Dies ist selbstverständlich nicht universell gültig, aber ja vielleicht Impuls gebend. Wir haben uns die Verantwortung geteilt – ich habe studiert und konnte mir meine Zeit recht bequem einteilen, er ist in Elternteilzeit gegangen und hat hauptsächlich im Homeoffice gearbeitet. Zusätzlich leben wir in einer Wohngemeinschaft mit Freund*innen, die an dieser Herausforderung teilhaben wollten und ebenfalls Verantwortung übernommen haben. Da mein Partner und ich beide den Alltag mit Baby kannten, waren wir uns diesbezüglich immer sehr nahe und konnten uns angeregt über Wickelbindung, Milchpumpen oder kindlichen Nuckelwahn austauschen. Außerdem konnten wir viel gegenseitiges Verständnis für Erschöpfung aufbringen und uns entsprechend Momente der Erholung verschaffen. Meine Energie zog ich nicht zuletzt aus der Zeit an der Universität. Stets neuer Input, tiefgründige Diskussionen, lustige Mensagespräche. Dass andere Menschen das Baby mit abgepumpter Milch aus der Flasche füttern konnten, war für mich der Schlüssel zu vielen Aktivitäten neben der Wissenschaft, die mir Kraft und Selbstliebe gespendet haben. Damit gewappnet lässt sich Langeweile mit Baby nicht nur verkraften, sondern sogar genießen.

6.3 Fehlende Räume

In regelmäßigen Abständen tauchen online wie offline hitzige Diskussionen darüber auf, ob Mütter in der Öffentlichkeit stillen oder ihre Kinder mit ins Restaurant nehmen dürfen. Anhand solcher Debatten zeigt sich nicht nur die tief sitzende Kinderfeindlichkeit, sondern auch Misogynie unserer Gesellschaft, die weder laute Kinder noch die Brüste einer Mutter gut aushalten kann. Als Resultat davon, dass nackte, stillende Brüste sexualisiert und als obszön empfunden werden, sowie das eigene Bedürfnis nach Ruhe höher gewertet wird als kindlicher Bewegungsdrang, ziehen sich viele Mütter ins Private zurück. Was bleibt, sind Räume, die sich explizit an sie richten, wie zum Beispiel Kindercafés oder Babyschwimmkurse. Was die Frauen in solchen Räumen miteinander verbindet ist: nichts, außer dass alle geboren haben. Als seien sie nun ein neuer Menschenschlag geworden, müssen sie sich mit den Orten und Möglichkeiten zurechtfinden, die ihnen ab jetzt zugewiesen werden. Viele Frauen machen die schmerzliche Erfahrung, dass sie implizit aus ihren bisherigen Lebensumfeld heraus gedrängt werden: Der Lesekreis trifft sich erst um 21 Uhr, das Lieblingscafé hat keinen Wickeltisch, der politische Vortrag findet in einem Raucher-Café statt. An etlichen Stellen werden Eltern/Kinder nicht mitgedacht. Am Ende des Tages sind es insbesondere Frauen, die diesen Ausschluss erfahren. Was können wir tun? Meine persönliche Strategie ist eine zweigleisige: Kinder überall mit hinbringen und Kinder häufig abgeben. Erst die Anwesenheit von Kindern führt den Akteur*innen verschiedener Orte vor Augen, dass zu ihren Besucher*innen auch Eltern gehören, und sie werden dadurch vielleicht für diese speziellen Bedürfnisse sensibilisiert. Häufiges Nachfragen, ob Kinder mitgebracht werden können, führt eventuell dazu, dass deren Anwesenheit irgendwann mitgedacht oder eine Kinderbetreuung organisiert wird. Negatives Feedback muss dabei leider ausgehalten werden, das bleibt in einer kinderfeindlichen Gesellschaft nicht aus. Positive Rückmeldung auf Kinder zu geben, kann wiederum ein wertvoller Beitrag für die Befreiung von Müttern aus ihren vorgezeichneten Räumen sein. Ich selbst musste mein Baby einmal mit zu einer Vorlesung nehmen und war sehr verunsichert, ob sich die anderen Anwesenden oder der Dozent gestört fühlten von den Geräuschen, die das Kleine hin und wieder von sich gab. Nach der Veranstaltung kam der Dozent zu mir und sagte sehr herzlich, dass bei ihm „große wie kleine Zuhörer stets willkommen" seien. Solche Ermutigungen tun gut und ich hätte sie mir viel öfter gewünscht. Leider stieß ich an der Universität aber auch genau auf das Gegenteil und erlebte Unverständnis und Benachteiligung wegen der Geburt meines Kindes. Hier gibt es noch einen langen Weg zu gehen. Meine andere Strategie war, das Baby so früh wie möglich abzugeben und von anderen betreuen zu lassen – durch abgepumpte Milch kein Problem. Hätte ich mich schon früher von dem schlechten Gewissen befreit, das Eltern bezüglich künstlicher Milch (z. B. in Geburtsvorbereitungskursen) eingetrichtert wird, dann hätte ich mich damals für eine gemischte Ernährung aus Stillen und Pulvermilch entschieden. Ich habe die Menschen in meinem Umfeld aktiv eingebunden und um Hilfe gebeten. Die Rolle der intuitiven Mutter, die alles besser kann, habe ich nie angenommen und meinem (insbesondere kinderlosen) Freundeskreis immer das Gefühl versucht zu geben, dass wir uns auf Augenhöhe befinden. „Ich mach das auch zum ersten Mal", war ein häufig verwendeter Satz. Und so waren mein Partner und ich schon zwei Monate nach der Geburt zum ersten Mal wieder allein im Kino. Das ist nicht selbstverständlich. Ganz im Gegenteil, viele Mütter erleben nach der Geburt wie die Kontakte zu ihren Freund*innen Stück für Stück abbrechen.

6.4 Fehlende Menschen

Das Herausdrängen aus den zuvor beschriebenen Räumen erschwert selbstverständlich auch den Kontakt zu Menschen, die uns wichtig sind. Hier herrschen zudem viele Unsicherheiten. *Will die frischgebackene Mutter überhaupt noch mit in die Kneipe kommen?* Zudem herrscht oftmals Unverständnis für das veränderte Leben von Eltern. Geburtstage werden weiter ab 20 Uhr gefeiert und bedauert, dass Freund*innen mit Kind nicht mehr kommen. Diese Kombination aus fehlenden Räumen und verständnislosen Menschen führen bei vielen Müttern in eine Isolation. Überwinden lässt sich diese lediglich über den Kontakt zu anderen Eltern (seien wir ehrlich, es sind insbesondere Mütter) und es entsteht eine bedenkliche Dynamik. Nicht verwunderlich ist es, wenn Frauen durch diese Erfahrung dazu übergehen, sich mit ihrer Mutterrolle stark zu identifizieren, und (un-)bewusst andere Facetten ihrer selbst absterben lassen. Nicht zuletzt liegt das auch an fehlenden Vorbildern: Frauen im öffentlichen Raum, die Mütter sind und gleichzeitig viel mehr als das. Menschen, die es schaffen Mutterschaft mit anderen persönlichen Leidenschaften zu vereinen. Wir brauchen entsprechend Veränderungen auf verschiedensten Ebenen: strukturell und personell, politisch und individuell, in Arbeitswelt und Privatleben, von Menschen mit und ohne Kindern. Es braucht Frauen wie Männer und alle anderen auch. So lange Mutterschaft immer wieder wie eine Liebesfackel gegen die Kälte der kapitalistischen Arbeitswelt und Ellenbogengesellschaft gehalten wird (oh ja, Mutterschaft ist für viele Frauen tatsächlich eine Option, kurzfristig ihrer belastenden Arbeit entfliehen zu können, aber das ist ein anderes

Thema), müssen wir gegen diese Wärme anschreiben und deutlich machen: Mutterschaft ist nicht nur Liebe und Glück, sondern oftmals auch Krankheit, Stress und Langeweile. Wer sich darauf einlässt ein Kind zu bekommen, sollte nicht gleichzeitig alle Zelte dort abbrechen (lassen), wo Heilmittel gegen diese Begleiterscheinungen wachsen. Wir müssen Mütter darin unterstützen, mehr sein zu können als das. Wir sollten versuchen, Mütter zu sein, die mehr sind als das. Das kostet Kraft und Reflexion. Ich hoffe, dafür konnte ich mit diesem Text ein paar Impulse setzen.

7

Die Repräsentation von Erschöpfung und Überforderung in der Mutterschaft: Ein Vergleich von Printmagazinen und ‚Mommy Blogs'

Angelika Pratl

Zusammenfassung Mit der Geburt meines Sohnes änderte sich schlagartig mein Leben. Obwohl ich der Meinung war, gut darauf vorbereitet zu sein, hob es meine gesamte Welt aus den Angeln. Meine Gedanken in dieser Zeit des Mutterseins waren grundlegend für die Wahl des Themas meiner Abschlussarbeit zum Lehramtsstudium für die Unterrichtsfächer Englisch und Geschichte. Im Folgenden berichte ich über meine Erwartungen ans Muttersein, die Ergebnisse meiner Abschlussarbeit sowie meine Erfahrungen als Mutter beim Verfassen der Diplomarbeit.

A. Pratl (✉)
MS Mureck, Graz, Österreich
E-Mail: angelika.pratl@gmail.com

7.1 Erwartungen an Mutterschaft und mein Weg zur Forschungsarbeit

Vor zweieinhalb Jahren wurde meine Welt auf den Kopf gestellt. Es war der Tag, an dem mein Sohn zur Welt kam. Ich hatte mich durch Magazine, Bücher, Fernsehserien und Gespräche mit Bekannten bereits mit dem „Muttersein" auseinandergesetzt, ich hatte jedoch noch keine Windel gewechselt oder ein Kind über einen längeren Zeitraum hinweg schreien gehört. Wie Kitzinger schreibt, ist diese Situation heutzutage kein Einzelfall, sondern eine Tatsache, die auf eine Vielzahl von Frauen zutrifft (1995, S. 26, 200, 203). Das romantisierte Bild der Mutter entsprechend der von Douglas und Michael als „new momism" bezeichneten Ideologie, auf die ich später noch zurückkommen werde, war fest in meinem Kopf gespeichert (Douglas und Michaels 2004, S. 319 f.). Ich würde ebenso wie die Mütter in zahlreichen Magazinen oder Fernsehsendungen in Pastellfarben gekleidet im Schaukelstuhl sitzen und meinen kleinen Engel stillen, der nach kurzer Zeit mit einem Lächeln auf den Lippen einschlafen würde. Zwar gab es immer wieder Freund*innen, die mir berichteten, wie schwierig es sei, Kinder zu haben und wie erschöpft sie seien. Doch in meiner Unwissenheit nahm ich das nicht ernst. Ich hatte schon etliche Jahre an Berufserfahrung im Tourismus gesammelt und meine beiden Studien neben einer Vollzeitbeschäftigung absolviert, was sollte denn daran so schwierig sein, sich um ein Kind zu kümmern, das ohnehin viel schläft? Als mein Sohn geboren wurde, war mein Lehramtsstudium für Englisch und Geschichte noch in vollem Gange und ich freute mich schon darauf, endlich Zeit zu haben, um dieses abzuschließen, da ich ja nun nicht mehr „arbeiten", sondern „nur mehr" daheim sein würde, um meinen Sohn zu betreuen.

In den ersten Stunden, Tagen und Wochen mit meinem Sohn erfuhr ich dann am eigenen Leib, wie sehr ich das Muttersein unterschätzt hatte. Massive Stillprobleme und Koliken trugen dazu bei, dass ich mich selbst innerhalb kürzester Zeit nicht wiedererkannte. Aus der starken und selbstbewussten Frau war ein Häufchen Elend geworden. Jeden Tag steckte ich meine Grenze neu, nur um diese einen Tag später wieder zu überschreiten. An einem Tag dachte ich noch, dass ich sechs Stunden Schlaf benötige, um zu funktionieren, nur um am nächsten Tag zu lernen, dass dies auch mit fünf Stunden unterbrochenem Schlaf noch möglich ist. Dachte ich einmal, dass ich nicht noch einen Tag das unvorstellbar schmerzhafte Stillen aushalte, so belehrte mich der nächste Tag eines Besseren, denn irgendwie war es möglich. Die enormen Ansprüche, die dieses kleine Bündel Glück an mich stellte, Tag und Nacht für ihn da sein zu müssen, gepaart mit der ständigen Befürchtung, etwas falsch zu machen, führten zu einer nie da gewesenen Erschöpfung und Überforderung. Immer wieder stellte ich mir die Frage: Wieso hat mir das niemand gesagt? Wieso hat mich niemand darauf vorbereitet? Dass Geburten schmerzhaft sind, ist weitläufig bekannt. Die Steigerung des Arbeitsvolumens nach der Geburt, beispielsweise das Wechseln von Windeln und Baden des Kindes, Stillen bzw. das regelmäßige Zubereiten von Milchersatznahrung – und später gesunden Mahlzeiten –, ein wachsender Wäscheberg, die niemals enden wollende Notwendigkeit den Wohnraum zumindest einigermaßen in Ordnung zu halten, sowie alle Tätigkeiten verbunden mit der Betreuung des Kindes (z. B. Vorlesen, Spielen etc.) und die damit einhergehende Erschöpfung bleiben jedoch weitgehend unerwähnt.

Als mein Sohn drei Monate alt war, begann ich wieder, für wenige Stunden in der Woche in meinem Job zu arbeiten und hatte somit ein wenig „Urlaub" von zuhause. In diesen Stunden konnte ich wieder „Ich" sein und wurde als Person mit eigener Identität, Meinung und Ideen wahrgenommen. Ebenso nahm ich das aktive Studium, wenn auch zunächst nur für wenige Blockveranstaltungen, wieder auf. Kurz vor meinem Abschluss ergab sich nun die Frage nach einem Thema für meine Diplomarbeit. Ich überlegte hin und her, während ich mit der täglichen Erschöpfung und all den Erwartungen an mich kämpfte. Eines Tages kam mir die Idee: Ich wollte mich auf die Spuren der vorherrschenden Mutterschaftsideologien machen und herausfinden, warum Mutterschaft, in meinen Augen, so falsch repräsentiert wird.

7.2 Mutterschaftsideologien

Es ist eingangs zu erwähnen, dass die Diplomarbeit im Rahmen eines Abschlusses im Bereich „American Cultural Studies" durchgeführt wurde und die Ergebnisse sich somit in erster Linie auf den US-amerikanischen Raum beziehen.

Das Mutterbild heute ist ein Mosaik aus verschiedenen historischen Einflüssen. Die Selbstaufopferung, Reinheit und leidende Liebe finden ihren Ursprung bereits im Marienbild des 12. Jahrhunderts (Gillis 1996, S. 28, 156, 160; Carr 1998, S. 273). Die Kindererziehung wurde jedoch für lange Zeit größtenteils nicht von der Mutter, sondern von Geschwistern oder Großeltern übernommen (Gillis 1996, S. 13; Hoffnung 1992, S. 1 f.). Erst mit der Industriellen Revolution kam es zu einer Teilung des Arbeitsplatzes und des Zuhauses, und Frauen gingen von ihrer Rolle als Produzentinnen im heimatlichen Betrieb zu ‚Hüterinnen des Heims' über, deren Hauptaufgabe es war, den Haushalt zu führen und die Kinder großzuziehen (Hays 1996, S. 33; Lockwood Carden 1984, S. 9 f.). Mutter zu werden wurde als ultimative Berufung einer Frau angesehen, in der alleinig sie ihre vollkommene Erfüllung finden konnte (Carr 1998, S. 273; Johnston und Swanson 2003, S. 22; Lockwood Carden 1984, S. 14; Kitzinger 1995, S. 10 f; Samuel 2011, S. xiii).

Seit den 1920er- und 1930er-Jahren entwickelte sich die Ideologie des „Intensive Mothering", des „intensiven Bemutterns", das noch heute als vorherrschende Mutterschaftsideologie gesehen wird. Dabei handelt es sich um ein gender-basiertes Modell, das Mütter dazu auffordert, eine ungemein große Menge an Zeit, Energie und Geld in das Großziehen ihrer Kinder zu investieren. Der Druck, dem ‚perfekten Mutterideal' zu entsprechen, kann dabei so weit gehen, dass Frauen ihre eigenen Bedürfnisse mit gravierenden physischen und psychischen Auswirkungen unterdrücken (Hays 1996, S. x, 9). Das von Douglas und Michaels als „new momism" bezeichnete Phänomen, das seit den 2000ern in den Medien repräsentiert wird, baut auf dieser Ideologie auf. Es handelt sich dabei um ein hochgradig idealisiertes Bild von Mutterschaft. Douglas und Michaels bezeichnen dieses als die „tyrannischste aller kulturellen Ikonen, die

Perfekte Mutter" (2004, S. 3). Sie ist ständig wachsam gegenüber möglichen Gefahren für ihre Kinder, hat immer Expertenrat oder ein Konsumgüterprodukt für jedes möglicherweise auftauchende Problem verfügbar, ist attraktiv, schlank und immer Herrin der Lage. Sie lacht immer und hat ein nicht enden wollendes Repertoire an lustigen und spannenden Spielen und ist jede Minute ihres Daseins mit dem Wohlergehen ihrer Kinder beschäftigt, während ihre eigenen Bedürfnisse in den Hintergrund treten. Ihr Haus ist stets in bester Ordnung und sie hat ein abgestimmtes Farbkonzept für das Kinderzimmer, das mit selbst gemachten Dekorationen ausgestattet ist; sie ist eine wahre ‚Supermutter' (Carr 1998, S. 277 f; Johnston und Swanson 2003, S. 21; Douglas und Michaels 2004, S. 304 f; Luke 1994, S. 290).

7.3 Zusätzliche Arbeitsbelastungen im Mutterdasein

Die Frage „Was machst du eigentlich den ganzen Tag, wenn du daheim bist?" ist eine, die Mütter nicht selten zu hören bekommen. Sie lässt auf den Stellenwert, aber auch auf die tatsächliche Unwissenheit über die Arbeitsbelastung von Haushalt und Kindererziehung in unserer Gesellschaft schließen (Douglas und Michaels 2004, S. 39; Hays 1996, S. 13).

Die American Time Use Survey von 2018 über die Zeitverwendung in Familien in den USA hat ergeben, dass ein Kind unter 6 Jahren im Haushalt eine Steigerung der Arbeitsbelastung von fast 20 Stunden pro Woche bedeutet. Dies entspricht einer tatsächlichen gesamten Wochenarbeitsleistung von ca. 64,5 Stunden von Müttern mit Kindern unter 6 Jahren, im Vergleich zu ca. 45 Stunden von Frauen ohne Kinder. Väter mit Kindern unter 6 Jahren kommen auf eine gesamte Arbeitsleistung von ca. 63 Stunden, und Männer ohne Kinder auf eine gesamte Arbeitsleistung von ca. 43,5 Stunden pro Woche (United States Department of Labor und Bureau of Labor Statistics 2019, S. 17). Betrachtet man die ‚adult leisure time', die Freizeit, die man alleine oder ausschließlich in Begleitung von Erwachsenen verbringt, so hat eine Frau ohne Kinder pro Woche fast 40

Stunden ‚adult leisure time' zur Verfügung, während eine Frau mit einem Kind unter 2 Jahren lediglich 2,5 Stunden pro Woche mit ‚adult leisure time' verbringt (Bittman und Wajcman 2000, S. 181 ff.).

Zur Steigerung der quantitativen Arbeitsbelastung kommt zudem noch eine qualitative Komponente hinzu, da es sich bei den Tätigkeiten zu einem großen Teil um Haushaltsaktivitäten (z. B. kochen, sauber machen, Wäsche waschen, aufräumen etc.) oder um Pflegeaktivitäten (z. B. Windeln wechseln, anziehen, baden etc.) handelt, die stark repetitiv sind, häufig untergeordnet, unausweichlich und unvollendet, isolierend und ermüdend und eine geringe Wertschätzung in der Gesellschaft hervorrufen (Gershuny und Kan 2019, S. 3 f; Giddens und Birdsall 2005, S. 397). Diese starke zusätzliche Belastung kann sich auch auf die Gesundheit der Mutter auswirken. So schilderten 71 % von Müttern 2006 in einer Studie, dass sie das Gefühl hatten, zu wenig Zeit für sich selbst zu haben, während sich 40 % als „ständig gehetzt" bezeichneten (Bianchi et al. 2006, S. 136). Zudem berichteten Mütter von einem erhöhten Stresslevel, der sich auch in Form von Depressionen oder Angstzuständen niederschlagen kann (Saxbe et al. 2018, S. 1190; Vismara et al. 2016, 938/3, 938/7; Anding et al. 2016, S. 306 f.).

7.4 Der Umgang mit Mütterbildern in Elternmagazinen

Magazine an sich können einerseits als Spiegel der Gesellschaft (deskriptiv), andererseits auch als wichtiger Einflussfaktor auf die Gesellschaft (präskriptiv) und als Teil der Kultur selbst gesehen werden (Kitch 2015, S. 10 ff; Francis-Connolly 2003, S. 183). Ähnlich den Mutterschaftsideologien hat sich die Repräsentation von Mutterschaft in Magazinen über die Jahre hinweg verändert.

Seit den 1970er-Jahren werden Mütter in Elternmagazinen als hellhäutige, liebende, lächelnde, schlanke Frauen dargestellt, die niemals die Geduld verlieren oder zornig werden und zumeist Hausfrauen sind. Dies war auch die Zeit, in der begonnen wurde, das Bild der ‚Supermutter', vor allem in Werbeanzeigen zu konstruieren (Douglas und Michaels

2004, S. 57; Lopez 2009, S. 731). Zudem wurde begonnen, Mütter alleinig für jedes etwaige Fehlverhalten ihrer Kinder verantwortlich zu machen (Douglas und Michaels 2004, S. 66 ff). Seit den 1990er-Jahren wird auch ein weiteres Tabu gebrochen und Mütter werden zunehmend mit Sexualität und Lust in Verbindung gebracht. Attraktive, schlanke Frauen in Magazinen leben realen Frauen vor, dass es möglich ist, ‚alles zu haben', inklusive der finanziellen Mittel, um sich die neuesten Baby- und Kindergadgets zu kaufen, und zwar lächelnd und ohne große Anstrengungen (Kitzinger 1995, S. 47; Douglas und Michaels 2004, S. 122; Luke 1994, S. 295; Johnston und Swanson 2003, S. 23). Obwohl ihre Repräsentation seit den 1970ern zunahm, sind berufstätigen Frauen in Magazinen noch immer stark unterrepräsentiert (Douglas und Michaels 2004, S. 70). Eine Studie aus 2003 zeigt, dass Frauen überwiegend zuhause und als glücklich, stolz, nicht gestresst oder verwirrt in Magazinen dargestellt werden. Gefühle wie Müdigkeit, Ärger und Schuld werden größtenteils nicht repräsentiert (Johnston und Swanson 2003, S. 27 f.).

Die genannten Faktoren beeinflussten die Repräsentation von Mutterschaft in Elternmagazinen massiv. Elemente des ‚intensiven Bemutterns' und des ‚new momism' finden sich hier genauso wie ‚yummy mummies' und ‚supermoms'. ‚Alles zu haben' (‚having it all') steht im Vordergrund. Falls schwierige Themen adressiert werden, so wird dies meist möglichst kurz abgehandelt, um sich dann positiven Aspekten und einem positiven Ende zu widmen. Diese Repräsentation hinterlässt eine grobe Diskrepanz zwischen idealen und realen Müttern (Kitzinger 1995, S. 8; Hays 1996, S. 141; Lalancette und Germain 2016; Carr 1998, S. 270).

7.5 Der Umgang mit Mütterideologien in ‚Mommy Blogs'

Als ‚Mommy Blogs' werden Blogs bezeichnet, in denen Mütter, ähnlich einer Chronik, über ihr Leben als Mutter berichten. Die Popularität von ‚Mommy Blogs' hat in den letzten Jahren enorm zugenommen. Mütter, die sich von den Massenmedien falsch repräsentiert fühlen, suchen auf ‚Mommy Blogs' Akzeptanz und Ehrlichkeit (Morrison 2010; Douglas und Michaels 2004, S. 327). ‚Mommy Blogs' können auch in einem sozialkritischen und politischen Licht gesehen werden, da diese das traditionelle, idealisierte Bild von Müttern und Mutterschaft herausfordern und es neu erfinden (Lopez 2009, S. 731; Chen 2013, S. 520; Rogers 2015, S. 249).

‚Mommy Blogs' bieten die Möglichkeit, das Gefühl der Einsamkeit zu überwinden, indem Gedanken, Erfahrungen und Gefühle offen, realistisch und ehrlich mit anderen geteilt werden, ohne diese zu beschönigen. Man profitiert von gegenseitigem Verständnis und dem breiten Spektrum an Meinungen und Erfahrungen (Pettigrew et al. 2015, S. 1027 f; Lopez 2009, S. 742 f; Webb und Lee 2011, S. 242, 246 ff; Samuel 2011, S. xii; Morrison 2010).

7.6 Vergleich der Repräsentation von Erschöpfung und Überforderung in der Mutterschaft in Elternmagazinen und ‚Mommy Blogs'

Für den Vergleich der Repräsentation wurde das Elternmagazin *Parents* einerseits und der ‚Mommy Blog' *Scary Mommy* andererseits herangezogen. Es wurden jeweils die Magazine, bzw. Blogposts aus dem Jahr 2018 analysiert.

In den einzelnen Ausgaben von *Parents* ist ein stark idealisiertes Bild vorherrschend, es werden jedoch immer wieder kleiner Einblicke in den Bereich der Erschöpfung gezeigt. Das Thema findet sich in *Parents* vor allem in zwei unterschiedlichen Bereichen wieder: In knappen humoristischen Kolumnen und als Einleitung zu verschiedensten Artikeln. In Ersteren werden die große Belastung und die Anstrengung in Form kurzer Anekdoten oder humoristischer Kommentare behandelt. In der Septemberausgabe werden beispielsweise klassische Märchen adaptiert. So wird das Märchen ‚Schneewittchen' wie folgt erzählt: Das Baby nahm den Apfel, nahm davon drei Bissen von unterschiedlichen Stellen und verschmierte seine Spucke am ganzen Apfel. Dann gab er ihn Schneewittchen, die gerade so viel Wäsche wusch, dass es sich anfühlte, als ob die Wäsche von sieben Zwergen sei. Tatsächliche Anstrengungen werden hier unter dem Deckmantel des Humors behandelt und sollen Eltern, denen diese Schwierigkeiten mit großer Wahrscheinlichkeit bekannt sind, zum Lachen bringen.

Die zweite Art und Weise, auf die Erschöpfung und Überforderung im Magazin *Parents* einzugehen, ist im ersten Abschnitt eines Artikels, oft nur in einem Satz. Ein Artikel über Mode, beispielsweise, wird eingeleitet mit dem Satz (ins Deutsche übersetzt): „Wir haben Tricks, mit denen du mühelos wie die coole Mutter aussiehst, auch wenn du dich wie die müde Mutter fühlst, die Saft auf ihrem Shirt und ihre Tasche voll mit Lego hat" (Wikiel 2018, S. 108). Hier wird Erschöpfung und Überanstrengung nur beiläufig erwähnt, um dann auf den Inhalt des Titels einzugehen (z. B. Mode, Kindererziehung etc.), jedoch nicht als solche im Kern analysiert.

Im Elternmagazin *Parents* fanden sich auch zahlreiche Hinweise auf das Konzept der ‚yummy mummy'. Im Kontext mit Erschöpfung und Überforderung kann hier die April Ausgabe genannt werden, die als ‚Imperfekte Ausgabe' betitelt war. In dieser Ausgabe wird häufiger darauf hingewiesen, dass Mütter nicht perfekt sein müssen. In derselben Ausgabe findet sich aber im Bereich „Ages & Stages" auch ein Absatz zur Fitness von Müttern. Eingehend wird erwähnt, dass man sich Zeit nehmen soll, um nach einer Geburt abzunehmen. Als Tipp wird vorgeschlagen, bereits zwei bis drei Wochen nach einer komplikationslosen vaginalen Geburt mit einem zunehmend kräftiger werdenden Training zu beginnen und dieses dann mindestens fünf bis sechs Mal die Woche zu je 30 Minuten durchzuführen. Dies steht in starkem Kontrast zu der Idee des Imperfektionismus, da der vorgeschlagene Aufwand um Gewicht zu verlieren eine enorm hohe, zusätzliche Belastung bedeuten würde, nur um dem Idealbild der schlanken Mutter zu entsprechen (Daly 2018, S. 13).

Zudem ist hier stark der Einfluss von Werbeträgern spürbar. In einem Beauty-Artikel, der sich mit der Reduktion des Stresslevels beschäftigt, wird die cremige Konsistenz einer Tagescreme beispielsweise als Motivation angegeben, um morgens unbedingt aufstehen zu wollen (Breakey 2018, S. 35). In einem Artikel darüber, wie man sein Zuhause lieben lernt, finden sich weiters Formulierungen wie, „Seriously, I had no idea of the jolt of joy a broom could give me. [...]" (Fenton 2018, S. 84), zu übersetzen mit „Wirklich, ich hatte keine Ahnung, was für eine große Freude mir ein Besen machen würde."

In allen zwölf Ausgaben gemeinsam fanden sich nur drei Artikel, die sich tiefergehend mit Themen im Bereich der Erschöpfung oder Überforderung beschäftigten. Doch auch bei diesen Artikeln wird die ernste Thematik mit einem eher trivialen Unterton behandelt. So liest sich im Einleitungssatz zum Artikel über postpartale Angstzustände (auf Deutsch übersetzt): „Es ist ganz normal für neue Mütter sich #gesegnet und #gestresst zu fühlen. Aber wenn deine Sorgen außer Kontrolle geraten, hole dir Hilfe." (King Lindley 2018, S. 66) Die alltägliche Erschöpfung oder Überforderung wird auch hier nicht ernsthaft diskutiert.

Es zeigt sich deutlich, dass in den Magazinen die Ideologien des ‚intensiven Bemutterns' und der ‚Supermoms' vorherrschend sind. Frauen werden als hauptverantwortlich für die Kindererziehung und den Haushalt gesehen und es wird erwartet, dass sie genug Zeit haben, um sich voll und ganz den Kindern und dem Haushalt, aber auch ihrem eigenen Äußeren zu widmen.

Im Vergleich dazu beschäftigt sich eine große Anzahl an Blogartikeln auf *Scary Mommy* ausschließlich mit Themen der Erschöpfung und Überforderung. Blogs werden dabei als Plattform für einen ehrlichen, offenen und unverschleierten Austausch von Erfahrungen und Erzählungen über das Mutterdasein verwendet, ohne etwas zu beschönigen. Die tägliche Erschöpfung von Müttern wird dabei so beschrieben: „sich um Kleinkinder zu kümmern ist wirklich, wirklich anstrengend. Nein, ich bin nicht einfach nur sehr müde, ich bin erschöpft. Ich bin emotional, mental, und physisch erschöpft" (Bower 2018).

Ein wichtiger Punkt in Blogartikeln ist das mit Frustration und Ärger verbundene Gefühl, unvorbereitet gewesen zu sein bzw. durch das in Medien kommunizierte romantisierte Mutterbild, falsche Erwartungen gehabt zu haben (Wisner 2018). Shabazz schreibt beispielsweise, dass Mutterschaft zweifellos wunderschön ist, aber dass es eine Schattenseite gibt, die häufig vertuscht oder beschönigt wird und die schmerzhaft, erschöpfend und einsam ist (Shabazz 2018). Team Scary Mommy bezieht sich auf das Bild der ‚perfekten Mutter', das für viele Frauen die Grundlage ihrer Erwartungen ist, jedoch nur für eine ausgesprochen geringe Anzahl von Frauen tatsächlich so zutrifft (Team Scary Mommy 2018).

Eine weitere Autorin nimmt gezielt auf Stereotype Bezug und auf den Umstand, wie leicht es ist, in diese zu verfallen, auch wenn sie nicht fair, gesund oder gleichberechtigt sind. Durch die Erschöpfung, den Zeitdruck und den Fokus, der auf dem Baby liegt, versucht man oft einfach den Tag zu überstehen. Sie verweist auf Genderrollen, Arbeitsrichtlinien und soziale Erwartungen der Gesellschaft, die dazu tendieren, eher gegen die Bedürfnisse von Frauen zu wirken (Freeman 2018).

Die soziale Unterstützung ist bei den Beiträgen von *Scary Mommy* von großer Bedeutung und in direkter persönlicher Ansprache werden Mütter dazu aufgefordert, Hilfe und Unterstützung zu suchen und diese auch anzunehmen. Das bekannte Proverb „Man benötigt ein Dorf, um ein Kind großzuziehen" wird dabei häufig zitiert (Team Scary Mommy 2018; Wisner 2018).

Ein deutlicher Unterschied in der Repräsentation von Erschöpfung und Überforderung in Magazinen und Blogs zeigt sich bei den Abbildungen. In Magazinen finden sich ausschließlich Fotos, die schlanke, attraktive und modisch gekleidete Frauen zeigen, die in ‚stressigen' Situationen dargestellt werden. Diese Bilder sind deutlich konstruiert, oft übertrieben und erwecken nicht das Gefühl einer realistischen Situation. In den Artikeln, die sich mit Überforderung oder negativen Themen wie beispielsweise dem Tod eines Kindes oder postpartaler Depression beschäftigen, werden keine Fotografien, sondern abstrakte Grafiken verwendet.

Auf *Scary Mommy* finden sich hauptsächlich Detailaufnahmen von Händen, Bäuchen, Füßen etc. von Frauen aus Bilddatenbanken. Weiterhin werden Privataufnahmen der Autor*innen des Blogs gezeigt. Im Gegensatz zu den Bildern in *Parents* wird jedoch nicht davor gescheut, schwierige und dramatische Situationen als solche realistisch darzustellen.

7.7 Conclusio und persönliche Reflexion

Ich habe dieses Thema gewählt, da ich selbst eine der Mütter war, die eine große Frustration verspürt hat, als sie ein Kind bekommen hat. Im Zuge meiner Diplomarbeit konnte ich vieles wissenschaftlich bearbeiten und so besser verstehen, wie es zu meinem romantisierten Bild von Mutterschaft gekommen ist.

Für mich hat meine Diplomarbeit jedoch vor allem eines bedeutet: Zeit. Zeit, die ich sonst mit meinem Sohn verbracht hätte. Zeit, die ich mir für meine Ausbildung genommen habe. Zeit, in der ich meinen Sohn zu Verwandten und Bekannten in Betreuung geben musste und selbst weniger Mutter war, um mehr über das Muttersein zu erfahren.

Lässt sich Wissenschaft mit Elternschaft vereinbaren? Ich denke ja, jedoch nicht ohne Preis. In meinem Fall war dies eine Wohnung, die meist im Chaos versank. Tage, an denen auch die beste Tagescreme keine Motivation war aufzustehen. Nächte, in denen ich mich aus der Umarmung meines Sohnes stahl, um mehr über Erschöpfung und Überforderung zu lesen. Verschobene Deadlines, da Kinder eben nicht in einen Terminplan gedrängt werden können. Unzählige „Neins" auf die Frage: „Mama, kommst du mit?".

Dennoch bereue ich meine Entscheidung nicht, denn dies alles waren Erfahrungen, die für mich selbst als Mensch von entscheidender Bedeutung waren, mich geprägt haben und mir dazu verholfen haben, mein eigenes Bild von mir als Mutter zu kreieren. Mehrfach bin ich an meine Grenzen gestoßen und habe Erschöpfung und Überforderung am eigenen Leib erfahren müssen. Deshalb kann ich heute sagen, dass ich stolz darauf bin, es geschafft zu haben, nicht nur Mutter zu sein, sondern auch meine eigene Identität behalten zu haben. Ich habe gelernt, was mir in der Erziehung meiner Kinder wichtig ist, und hoffe, sie so begleiten zu können, dass sie in ihrem späteren Leben auf ein realistischeres Bild von Müttern und auch von Vätern, zurückgreifen können.

Literatur

Anding JE, Röhrle B, Grieshop M, Schücking B, Christiansen H (2016) Couple comorbidity and correlates of postnatal depressive symptoms in mothers and fathers in the first two weeks following. Elsevier in Amsterdam

Bianchi SM, Robinson JP, Milkie MA (2006) Changing rhythms of American family life, American Sociological Association's rose series in sociology. Russell Sage Foundation, New York

Bittman M, Wajcman J (2000) The rush hour: the character of leisure time and gender equity. Soc Forces 79(1):165–189. https://doi.org/10.1093/sf/79.1.165

Bower L (2018) 7 Truths of having 2 kids in 2 years (or less). Scary Mommy. www.scarymommy.com/kids-close-in-age/. Zugegriffen am 09.08.2019

Breakey S (2018) All the feels. Parents (January) 35–37

Carr H (1998) Motherhood and apple pie. Paragraph 21(3):269–289

Chen GM (2013) Don't call me that: a techno-feminist critique of the term mommy blogger. Mass Commun Soc 16(4):510–532

Daly KA (2018) Bounce back into shape. Parents (April) 113

Douglas SJ, Michaels MW (2004) The mommy myth. The idealization of motherhood and how it has undermined women. Free Press, New York

Fenton L (2018) How I came to love the home I have. Parents (April) 81–86

Francis-Connolly E (2003) Constructing parenthood: portrayals of motherhood and fatherhood in popular American magazines. J Mother Initiat Res Commun Involv 5(1):179–185. https://jarm.journals.yorku.ca/index.php/jarm/article/download/1926/1135. Zugegriffen am 07.08.2019

Freeman C (2018) Why every mom needs a POST-birth plan. Scary Mommy. www.scarymommy.com/every-mom-needs-a-post-birth-plan/. Zugegriffen am 07.08.2019

Gershuny J, Kan MY (2019) Half-way to gender equality in work? – Evidence from time use data. University of Oxford, Oxford

Giddens A, Birdsall K (2005) Sociology, 4th ed. (Fully revised and updated). Polity Press, Cambridge

Gillis JR (1996) A world of their own making. BasicBooks, New York

Hays S (1996) The cultural contradictions of motherhood. Yale University Press, New Haven

Hoffnung M (1992) What's a mother to do? Conversations on work & family. Trilogy Books, Pasadena

Johnston DD, Swanson DH (2003) Invisible mothers: a content analysis of motherhood ideologies and myths in magazines. Sex Roles 49(1):S 21–S 33

King Lindley J (2018) Anxiety on board. Parents (March) 66–71

Kitch C (2015) Theory and methods of analysis. Models for understanding magazines. In: Abrahamson D, Prior-Miller M (Hrsg) The Routledge handbook of magazine research. The future of the magazine form, Routledge handbooks. Routledge/Taylor and Francis Group, New York, S 9–21

Kitzinger S (1995) Ourselves as mothers. The universal experience of motherhood. Addison-Wesley, Reading

Lalancette M, Germain P (2016) What it takes to be a good mother. Representations of motherhood in two Canadian parenting magazines. J Mother Stud. https://jourms.wordpress.com/what-it-takes-to-be-a-good-mother-representations-of-motherhood-in-two-canadian-parenting-magazines/. Zugegriffen am 27.06.2019

Lockwood Carden M (1984) The women's movement and the family: a sociohistorical analysis of constraints on social change. In: Hess BB, Sussman MB (Hsrg) Women and the family: two decades of change. Haworth Press, New York, S 7–18

Lopez LK (2009) The radical act of ‚mommy blogging': redefining motherhood through the blogosphere. New Media Soc 11(5):729–747

Luke C (1994) Childhood and parenting in popular culture. Aust N Z J Sociol 30(3):289–302

Morrison A (2010) Autobiography in real time: a genre analysis of personal mommy blogging. Cyberpsychology 4(2). cyberpsychology.eu/article/view/4239/3285. Zugegriffen am 07.07.2019

Pettigrew S, Archer C, Harrigan P (2015) A thematic analysis of mothers' motivations for blogging. Matern Child Health J 20(5):S 1025–S 1031

Rogers M (2015) Beyond blogging: how mothers use creative non-fiction techniques in digital environments to dislodge the mask of motherhood. J Fam Stud 21(3):248–260

Samuel A (2011) Foreword. The truth of motherhood online. In: Moravec M (Hrsg) Motherhood online. Cambridge Scholars, Newcastle upon Tyne, S xi–xiv

Saxbe D, Rossin-Slater M, Goldenberg D (2018) The transition to parenthood as a critical window for adult health. Am Psychol 73(9):1190–1200

Shabazz S (2018) This video captures what life is really like with a newborn. Scary Mommy. www.scarymommy.com/home-security-video-life-with-newborn/. Zugegriffen am 09.08.2019

Team Scary Mommy (2018) Here's 6 ways to make your life easier as a new mom because fed is what counts. Scary Mommy. www.scarymommy.com/bottle-feeding-new-mom/. Zugegriffen am 08.08.2019

United States Department of Labor, Bureau of Labor Statistics (2019) American Time Use Survey – 2018 Results

Vismara L et al (2016) Perinatal parenting stress, anxiety, and depression outcomes in first-time mothers and fathers: a 3- to 6-months postpartum follow-up study. Front Psychol 7:938

Webb LM, Lee BS (2011) Mommy blogs: the centrality of community in the performance of online maternity. In: Moravec M (Hrsg) Motherhood online. Cambridge Scholars, Newcastle upon Tyne, S 242–256

Wikiel Y (2018) Mom fashion solved! Parents (Oktober) 108–116

Wisner W (2018) Why we should ditch baby showers, and throw new moms a postpartum party instead. Scary Mommy. www.scarymommy.com/ditch-babies-showers-postpartum-party/. Zugegriffen am 07.08.2019

8

Ich, Mutter?!

Franziska Appel

Zusammenfassung Franziska Appel ist eine Grenzgängerin mit Leidenschaft, die für sich die Mutterrolle im herkömmlichen Sinn als zu eng empfindet, als Wissenschaftlerin auch Bilder malt und in deren Familie zudem noch etwas mit den Genen nicht passt. Ihr Text ist ein Plädoyer für die Vielfalt und Lebendigkeit und dafür, sich auch hin und wieder auf ein Glücksspiel einzulassen.

Um mich dem Thema „Mutterschaft und Wissenschaft" zu nähern, muss ich wohl ein bisschen weiter ausholen. Denn wer bin ich, dass ich mich dazu äußern kann? Wissenschaftlerin? – Ja, auch … Mutter? – Hm … da gibt es ein paar Missklänge in mir, aber dazu gleich mehr.

Die Frage nach meiner Identität, danach, wie ich mich fühle und sehe, beschäftigt mich schon länger. Und je länger ich mich damit beschäftige,

---

F. Appel (✉)
Leibniz-Institut für Agrarentwicklung in Transformationsökonomien
Halle (Saale), Deutschland
E-Mail: appel@iamo.de

mit desto mehr Fragen und Unklarheiten sehe ich mich konfrontiert. Ein guter Freund hat mir einmal Prechts „Wer bin ich und wenn ja, wie viele?" geschenkt. Dies tat er nicht unbedingt wegen des Inhalts, sondern, weil er meinte, dass der Titel sehr gut zu mir passen würde.

Meine aktuelle Antwort auf die Frage nach meiner Identität wäre wohl, dass ich eine Grenzgängerin mit Leidenschaft bin. Bisher war mir noch jedes: „du solltest das aber so oder so tun!", „als Frau gehört sich das aber nicht!", „als Mutter solltest du dies aber lieber lassen!" eine Einladung, das Gegenteil zu tun oder es zumindest zu versuchen:

- Traktoren sind was für Jungs? – Mein Landwirtschaftsstudium habe ich wegen meiner Faszination für Landtechnik begonnen. Ok, inzwischen sind es Simulationsmodelle und die Technik ist dementsprechend kleiner.
- Wissenschaft hat was mit Ernsthaftigkeit zu tun? – Oh, dann entwickle ich mal ein Spiel und promoviere darüber.
- Eine ernsthafte Beziehung zu einer behinderten Person gehen nur Menschen mit Helferkomplex ein? – Stimmt, ohne seine Hilfe wäre ich manchmal verloren: „Schatz, könntest du mir bitte noch einen Kaffee bringen und weißt zu zufällig, wo meine schwarze Bluse ist?"
- Als kreativ veranlagte Mutter freuen sich deine Kinder doch sicher sehr über deine Bilder. – „Finger weg, das sind meine Pinsel! Geht doch schon mal ins Bett. Das Bild zeige ich euch dann später" (sehr viel später, also so mit 18?!).

Dieses Festschreiben auf die Rollen „Frau", „Mutter" oder auch „Wissenschaftlerin" erzeugen in mir großes Unbehagen. Wie eine Jacke, die zu klein ist und zwickt. Es fühlt sich einfach unpassend an. Ich muss mich diesen Begriffen auf meine Weise nähern und sie für mich umgestalten. Meine Grenzen neu ziehen und sie in die anderen Bereiche meiner Identität einfügen. Wie verschiedene Steine, die zusammen ein buntes Mosaik ergeben. Und dieser Stein „Mutter" ist einer von denen, der noch nicht passt. Hier ist das Umgestalten und Einpassen schwieriger: Die Furchen und Verwerfungen sind schwerwiegender und die Oberfläche zerkratzter und mit einer dicken Staubschicht bedeckt.

Klar, rein biologisch bin ich Mutter. Und das sogar zweifach und zumindest beim zweiten Mal auch mit voller Absicht. Dabei fühle ich mich doch so häufig selber noch wie ein neugieriges Kind, das viel mehr Fragen als Antworten hat. Wohl auch aus diesem Grund hat es mich in die Wissenschaft verschlagen.

Direkt in meinem Job habe ich die Vereinbarkeit als wenig problematisch wahrgenommen, auch wenn die Schwangerschaften vielleicht nicht perfekt auf die Projektlaufzeiten abgestimmt waren und Dienstreisen manchmal sehr ungünstig mit den Krankheiten der Kinder kollidierten. Mit einem verständnisvollen Chef ließ sich das alles ganz gut organisieren. Allerdings ist mir als Mitglied des Sprecherinnenrates der Gleichstellungsbeauftragten der Leibniz-Gemeinschaft sehr bewusst, dass dies keineswegs für alle Wissenschaftler*innen gilt und noch immer weitreichende strukturelle Barrieren bestehen. Meine persönlichen Barrieren liegen diesbezüglich allerdings beim gesellschaftlichen Mutterbild. Darin sehe ich Erwartungen vereint, die ich unmöglich erfüllen kann! Zu Beginn hatte ich angenommen, dass ich da schon reinwachsen und ein entsprechend dickes Fell bekommen werde. Doch dieses Fell ist auch nach sechs Jahren Erfahrung als Wissenschaftlerin mit Kindern an vielen Stellen ziemlich dünn. Auf der einen Seite die wissenschaftliche Karriere, die gerade jetzt nach der Promotion viel Zeit und Flexibilität fordert. Und auf der anderen Seite die Verantwortung für unsere beiden Kinder. Dabei haben sich mein Partner und ich ganz gut arrangiert. Derzeit leben wir sogar – wenn auch nicht ganz freiwillig – ein sehr klassisches Familienmodell, mit einer hauptverdienenden Person und einer, die zu Hause bei den Kindern ist. Nur eben, dass dabei die Geschlechter gegenüber dem klassischen Modell vertauscht sind. In vielfacher Hinsicht würde er dann wohl dem gesellschaftlichen Stereotyp der Mutter viel eher entsprechen als ich.

Die „Mutter" passt für mich (noch) nicht so recht ins Bild. Darf ich mir stattdessen „Elternschaft" aussuchen? Das hört sich für mich stimmiger an. Klingt irgendwie nach Gemeinschaft, nach geteilten Aufgaben und gegenseitiger Verantwortung. Und ist es nicht das, was am Ende eine Familie ausmacht? Für mich fügt es sich jedenfalls ziemlich perfekt in mein buntes Mosaik ein ...

Mit den beiden folgenden Texten möchte ich einige meiner Blickwinkel aus dem Schnittpunkt von Wissenschaft und Elternschaft mit den Leser*innen teilen.

8.1 Brief an meine Kinder

Die Eltern-Kind-Geschichte beginnt als ein Blind-Date, allerdings ohne die Option, sich nach dem ersten Treffen umzuentscheiden. Keiner hat mich darauf vorbereitet, euch eine Mutter zu sein, und das Handbuch wurde bei der Auslieferung schlicht vergessen. Und auch ihr wurdet nie gefragt, ob ihr meine Kinder sein wollt. Wir wussten alle nicht, wer und was da auf uns zukommt. Wir wurden einfach einander zugedacht; die Rollen uns zugeteilt. Ein gegenseitiges Geschenk, das wir nun nach und nach auspacken. Und ich verspreche euch, dass ich versuche, das Beste aus diesem Geschenk zu machen. Ich werde mein Bestes geben, euch eine gute Mutter zu sein.

Und doch weiß ich, dass ich schon jetzt einige Fehler gemacht habe und noch etliche machen werde. Ich bin als Mensch nicht perfekt und dieser Anspruch wäre wohl der größte Fehler, den ich begehen könnte. Liegt nicht in dieser vermeintlichen Schwäche die größte Stärke von uns Menschen?

Aber unsere Gesellschaft strebt nach Fortschritt und Perfektion. Und ja, auch ich als Wissenschaftlerin sehe mich als ein Teil davon, wenn ich mich damit beschäftige, wie die Agenten in meinen Simulationen noch intelligenter werden können.

Die Fortschritte, die im Bereich Deep Learning und in der Medizin auf uns zukommen, werden großartig sein und sehr vielen Menschen helfen. In den nächsten Jahren und Jahrzehnten werden wir schlimme Krankheiten heilen können, über superintelligente Maschinen verfügen und auch auf anderen Gebieten ungeahnte Fortschritte erzielen.

Doch was ist, wenn wir in der Lage sind, unsere DNA zu reparieren? Wann werden wir dazu übergehen, sie zu verbessern? Und wer wird sich das leisten können? Wie wird unsere Gesellschaft aussehen, wenn sie aus verbesserten und nicht verbesserten Menschen besteht? Welche ethischen, sozialen und politischen Probleme werden auf uns zukommen?

Und sind wir nicht schon mitten drin? Gibt nicht unser derzeitiger Umgang mit den genetischen Variationen in unserem Erbgut einen Hinweis darauf, wie wir auch zukünftig mit weniger optimierten Versionen von uns Menschen umgegangen werden? Werden auch diese als weniger wert oder gar als nicht lebenswert betrachtet werden?

Ist dieser Drang nach Perfektion nicht gleichzeitig die stärkste Beschränkung? Wird diese zunehmende Zweckorientierung nicht zu einer Verarmung der heute noch so vielfältigen Gesellschaft führen? In den ganzen optimierenden Bestrebungen – sei es nun in der Programmierung künstlicher Intelligenzen oder direkt im Genom – geht es doch immer darum, überlegene Strategien für einen spezifischen Zweck zu entwickeln, das jeweils leistungsfähigere Individuum oder Programm. Das verengt sich. Da bleibt immer weniger Raum für Vielfalt, immer weniger Raum für Ablenkung.

Aber ist es nicht genau diese Vielfalt und auch dieses vermeintlich Unperfekte, was uns Menschen im Grunde ausmacht? Was uns menschlich macht? Ist es nicht genau das, was uns weinen, verzweifeln, aber eben auch lachen und lieben – kurz: uns leben lässt? Einfach etwas aus purer Lust und Neugier zu tun, ohne, dass es von vornherein einen Zweck geben muss? Ist es nicht das, was uns antreibt, was Forschungsdrang und Kreativität überhaupt ermöglicht?

Ich freue mich darauf, weitere Teile dieses gemeinsamen Geschenks „Leben" mit euch auszupacken und zu erkunden. Bleibt so neugierig wie ihr seid! Seid gespannt auf neue Entwicklungen und Fortschritte. Fragt und vor allem hinterfragt alles! Traut euch und nehmt euch die Freiheit, eigene Wege zu gehen und dabei auch Fehler zu machen! Steht dazu, als Menschen auch mal nicht perfekt zu sein. Und feiert die Vielfalt in der Gesellschaft!

Nachtrag

„Utopien erscheinen realisierbarer als je zuvor. Wir finden uns mit einer neuartigen, besorgniserregenden Frage konfrontiert: Wie sollen wir ihre endgültige Verwirklichung verhindern? Utopien sind verwirklichbar. Das Leben strebt ihnen entgegen. Und vielleicht wird ein neues Jahrhundert kommen, eines, in dem Intellektuelle und die Bildungsschicht darüber nachdenken werden, wie man Utopien verhindern und zu einer nicht-utopischen Gesellschaft zurückkehren kann, weniger perfekt und dafür freier."

Nikolai Berdjajew; Epigraf in Schöne neue Welt von Aldous Huxley (1932)

8.2 (Glücks-)Spiel der Gene

Wenn ich meine beiden Kinder beobachte, wie sie offen, neugierig und oft ziemlich eigensinnig die Welt erkunden, dann scheint der im Folgenden beschriebene Moment so unheimlich weit weg. Und doch haben meine Gefühle auch in der Erinnerung nichts von ihrer Widersprüchlichkeit und Kontrastschärfe verloren:

Ich sitze alleine auf dem Bett im Schlafzimmer und halte diesen Brief in meinen Händen, der die Auswertung eines Bluttests meines Partners enthält. Das Kinderbett haben wir bereits aufgestellt. Als Wissenschaftlerin kenne ich mich mit Genetik aus. Habe beim Programmieren von genetischen Algorithmen mit Mutations- und Selektionsraten herumexperimentiert, bis ich das optimale Ergebnis hatte. Ich öffne den Brief und plötzlich bekommen all diese Fachbegriffe eine völlig neue Bedeutung für mich. Ich merke, wie sich in mir etwas zusammenzieht, wie mir die Tränen in die Augen steigen, als ich auf das Bettchen blicke und dann wieder diesen Satz im Brief lese:

Mein Partner „vererbt die Mutation mit einer Wahrscheinlichkeit von 50 % an seine Nachkommen."

Was habe ich denn erwartet, wenn ich mich mit einem Mann einlasse, der einen Schwerbehindertenausweis hat, auf dem 100 % steht? Warum habe ich es bei ihm nie als eine Einschränkung wahrgenommen und jetzt verursacht dieser Satz in mir so ein Durcheinander? Sind nur die Schwangerschaftshormone Schuld? Oder ist es vielmehr die Überlegung, dass wir da irgendwas in der Hand gehabt hätten? Dass wir uns schuldig machen würden, ein behindertes Kind in die Welt zu setzten?

Sie sagten uns, dass unter diesen Umständen eine Spätabtreibung zu rechtfertigen wäre. Dich töten? Wo ich doch schon deine Tritte spüre? Diese kleine Mutation wäre die Rechtfertigung dafür? Meine Hand fährt über meinen Bauch: Auf gar keinen Fall!

Und dennoch! Warum packt mich diese schmerzliche Enttäuschung, dieser Frust, diese Angst? Was hatte ich denn erwartet? Ein rezessives Gen? Das hätte die Wahrscheinlichkeiten reduziert oder die Sache um eine Generation verschoben.

Du würdest gesund auf die Welt kommen können. Lediglich deine Augen würden womöglich anders funktionieren – mit einer Wahrscheinlichkeit von 50 %.

Wie würdest du dann aufwachsen?

Könnte ich dir in deine visuelle Welt folgen? Verstehen, was du siehst? Würde ich mich bei jeder Sache, die ich dir – meinem Kind – zeigen will, fragen, ob du es überhaupt sehen kannst. Würdest du die Sterne am Nachthimmel sehen können oder ein Flugzeug, das zu fernen Zielen aufbricht? Alles müsste ein bisschen mehr Kontrast haben, größer sein, näher an dir dran. Welche Worte werden dir am besten Farben erklären, die du nicht sehen kannst?

Ok, ich bin mir sicher, dass ich mich darauf einstellen kann. Bei deinem Vater habe ich es auch geschafft. Ich habe vielmehr aufgegeben, zu versuchen zu verstehen, wie und was er sieht. Warum er mich zielsicherer als ein Navi zu einem Ziel führen kann, wo er vor langer Zeit nur einmal gewesen ist, aber mir im Abstand von einem Meter auf der Straße ausweicht, da er mich nicht erkennt. Warum er mir genervt Briefe in die Hand drückt, damit ich sie ihm vorlese, er aber einmal einen kleinen Ohrstecker von mir wiederfand, den ich verloren hatte. Er kann es nicht erklären und ich kann es nicht verstehen, aber es ist am Ende eigentlich auch gar nicht wichtig.

Und ja, genau dieser Vater würde dann deine visuelle Welt mit dir teilen. Er würde wissen, wie du siehst. Er würde dir beibringen können, wie du dich in dieser Welt zurechtfindest. Welche Tricks es gibt. Und dass diese Behinderung dich nie daran hindern wird, deine Ziele zu verfolgen.

Aber warum ergreift mich dennoch diese Traurigkeit? Was macht mir zu schaffen, wenn ich doch weiß, dass wir uns auf dich einstellen können?

Vermutlich ist genau das das Problem: Ich weiß, dass wir uns darauf einstellen können. Aber ich weiß auch ganz genau, welche Herausforderungen von außen auf uns zukommen werden. Was wäre es für ein Aufwand, bis wir deine erste Sonnenbrille von der Krankenkasse bekämen, damit das Tageslicht deine Augen nicht mehr schmerzhaft blenden kann? Wie würden wir einen Kindergarten finden, der bereit wäre ein „schwerbehindertes" Kind aufzunehmen? Zu wie vielen Ärzt*innen und Gutachter*innen müssten wir gehen, bevor du auf eine ganz normale Schule gehen könntest? Wie viele Einsprüche müssten wir schreiben, bevor das Monokular und das Lesegerät bewilligt werden würden?

Und was müssten wir uns von Bekannten, Arbeitskolleg*innen und auch völlig Fremden anhören? „Und? Die Augen? Alles ok?", „Heutzutage muss doch niemand mehr ein behindertes Kind in die Welt setzen." „War es eine ungewollte Schwangerschaft?" „Und für eine Abtreibung war es damals schon zu spät?" „Oh, das tut mir aber leid, dass ihr da so ein Pech habt!" „Nein, wie schade! Ich wünsche euch da jetzt ganz viel Kraft!" „Toll, wie tapfer ihr seid, euch trotzdem für das Kind zu entscheiden!"

Was würde ich antworten? Wie müsste ich mich erklären? Und ab wann würde ich einfach pampig reagieren?

Wie würde ich es schaffen, dass du in einer Gesellschaft, die Behinderungen als Defizit wahrnimmt, mit einer Zuversicht aufwächst, die sich auf deine Potenziale und Leidenschaften konzentriert und dich taub macht für all die Vorurteile, die auf dich zukommen werden? Ich möchte einfach alles daran setzen, dass du mit Neugier aufwächst und die Welt erkundest: offen und tolerant gegenüber anderen Menschen und dennoch im gewissen Maße unempfindlich für verletzende und herabwürdigende Meinungen anderer.

Und wirst du Geschwister haben? Die Chance für zwei Kinder ohne diese Genmutation liegen bei 25 %, für drei bei 12,5 % … Aber hey! Immer noch besser als die Chancen beim Lotto! Und selbst, wenn wir dieses Glücksspiel der Gene verlieren, so haben wir doch ein Kind gewonnen! Unser Kind!

Ich stehe auf, gehe ins Badezimmer und wasche mir mit kaltem Wasser das Gesicht. Ich greife zum Telefonhörer, rufe meinen Partner an und erkläre ihm ganz ruhig sämtliche medizinischen Fachbegriffe des Briefes. Meine zwiespältigen Gefühle behalte ich erst mal für mich. Nichts soll nach einem Vorwurf klingen oder gar verletzend wirken, denn meine Entscheidung, dieses Glückspiel der Gene einzugehen, war eigentlich schon gefallen, als ich mich in ihn verliebt habe.

Literatur

Huxley A (1932) Brave new world. Chatto & Windus, London

Teil III

Kinderwunsch, (gewollte) Kinderfreiheit und Abtreibung

9

„Willst du eigentlich Kinder?" Warum ich mir wünsche, diese Frage gestellt zu bekommen

Christin Sirtl

Zusammenfassung Die Antwort auf die einfache Frage „Willst du eigentlich Kinder?" ist (für mich) keinesfalls einfach. Denn verknüpft mit der Antwort sind zahlreiche Vorstellungen über Lebenskonzepte und gesellschaftliche Normen. Diese mit auszuführen oder auch nur auf genug Zeit zu hoffen, die Hintergründe zu erklären, ist nicht immer möglich. In diesem Beitrag werde ich beschreiben, wie es mir mit der Frage nach eigenen Kindern geht.

9.1 Einführung

„Möchtest du eigentlich Kinder?" Diese Frage würde ich gerne gestellt bekommen – manchmal. Nicht, weil ich eine klare Antwort darauf geben kann oder ich es eine einfache Frage finde, sondern weil ich mir wünschen würde, ehrliche Gespräche zu führen, die ohne ein „Ja" oder „Nein" als Antwort auskommen.

C. Sirtl (✉)
Bauhaus-Universität Weimar, Weimar, Deutschland
E-Mail: christin.sirtl@googlemail.com

© Springer Fachmedien Wiesbaden GmbH, ein Teil von Springer Nature 2020
S. Czerney et al. (Hrsg.), *Mutterschaft und Wissenschaft*,
https://doi.org/10.1007/978-3-658-30932-9_9

Ich arbeite seit fünf Jahren als wissenschaftliche Mitarbeiterin an einer Universität, habe Bauingenieurwesen studiert und bringe u. a. Studierenden den konstruktiven Stahl- und Glasbau näher. Ich bin weiß, für mein Fachgebiet jung, cis-Frau und möchte mit diesem Text beschreiben, wie es mir mit der Frage nach eigenen Kindern bzw. einem Kinderwunsch geht.

9.2 Ich und/mit Kind – how to write a text about it?

Ich habe beim Schreiben dieses Textes versucht, die Gedanken, die in meinem Kopf schwirren, auf Papier zu bringen. Am leichtesten fällt es mir, ein großes Netzwerk an Fragen zu formulieren, die ineinander eingreifen. Meine Gedanken kreisen dabei ziellos von einer Frage zur anderen und ich finde keine einfachen Antworten. An diesen kreisenden Gedankenzügen möchte ich die Leser*innen teilhaben lassen und habe einige Fragen aufgegriffen, die für mich mit der Frage nach meinem Kinderwunsch zu tun haben:

Wie kann ein Leben mit Menschen gelingen, die mich lieben und ich sie?
 Wie würden diese liebenden Beziehungen aussehen?
Wann ist Liebe eigentlich Liebe? Was gehört dazu?
Hat eine Beziehung Priorität, weil ich mit der Person Sex habe? Mit wem will ich eigentlich Sex haben?
Habe ich mit der Person, mit der ich Sex habe, dann auch (ein) Kind(er)?
 Wenn nicht, mit wem habe ich dann Kinder?
Wie viele Stunden pro Woche muss ich langfristig arbeiten und was muss ich verdienen, damit ich, mein(e) Partner*innen, mein(e) Kind(er) davon leben könnten?
Wie will ich mit den Menschen, die ich liebe, wohnen und wo soll das sein?
Welche Bedingungen braucht es, damit ich Kinder bekommen will?
Bin ich bereit, für Kind(er) Dinge aufzugeben?
Kann ich Kinder zu bekommen überhaupt verantworten, wenn ich gerade wenig tue, um den Planeten für weitere Generationen zu erhalten?

Kann ich es aushalten, ein Kind dem Patriarchat auszusetzen?
Möchte ich meinem Körper die Veränderungen einer Schwangerschaft zumuten, wo ich jahrzehntelang gebraucht habe, diesen Körper zu mögen, wie er ist?
Muss ich überhaupt ein Kind austragen, wenn ich eines möchte?
Wo finde ich Menschen, mit denen ich ein Kind großziehen möchte?
Wie kann ich Bedingungen an meine Arbeit formulieren, die mit einem potenziellen Kinderwunsch vereinbar sind?
Wie würde ich ein Kind betreuen/lassen?
Wie will ich arbeiten, damit ich einem Kind die – für mein Empfinden – angemessene elterliche Betreuung zuteilwerden lassen kann?
Habe ich Karrierepläne und wie passen die zu Kindern? Was bin ich bereit aufzugeben und wo kann ich Abstriche machen?
Wie müssten sich meine Arbeitsbedingungen ändern, damit ich keine Abstriche bei der Karriereplanung machen muss?
Kann ich so etwas wie bedingungslose Liebe/Mutterliebe überhaupt empfinden? Habe ich nicht vielleicht zu große Angst, einem Kind nicht die Liebe bieten zu können, die es braucht?
Will ich einem Kind diese Gesellschaft überhaupt antun?
Was ist eigentlich Mutterliebe? Gibt es das oder ist es ein Konstrukt, das vor allem im bürgerlichen Zeitalter der 1950er geprägt wurde, um das Ein-Ernährer-Modell zu rechtfertigen?
Was ist, wenn ich mich entscheide, schwanger werden zu wollen, es aber nicht werden kann? Komme ich mit diesem emotionalen Thema des unerfüllten Kinderwunsches klar? Welche Alternativen gäbe es und würden die für mich und meine dazugehörigen Miteltern in Frage kommen – finanziell, emotional, ethisch?
Würde ich etwas verpassen, wenn ich nicht Elternteil bin? Werde ich es später bereuen, diese Erfahrung nicht gemacht zu haben?
Die Antworten dieser Fragen lassen sich nicht einfach in einer Pro-Contra Liste einordnen, um am Ende zu einem kategorischen „Ja" oder „Nein" zum Thema Kinderwunsch zu kommen. Wie soll ich also auf die Frage zu meinem Kinderwunsch jemals eine Antwort finden können und dann vielleicht auch noch anderen Menschen antworten? Und warum glaube ich, dass die Frage nach Kindern so zentral ist, dass ich eine

Antwort darauf finden muss bzw. eine Haltung zu diesem Thema erwartet wird?

9.3 Frau und/mit Kind – a Match made in Heaven?

Ich überlege, ob es in meinem Leben als Frau[1] eine Zeit gibt, in der das Frau Sein nicht mit Mutter Werden oder Mutter Sein in Verbindung gebracht wird. Es scheint mir immer Augenblicke gegeben zu haben, in denen das Thema eine Rolle gespielt hat oder spielt:

Als Mädchen habe ich Puppen geschenkt bekommen und wurde gelobt, wenn mädchen sich sehr gut um diese gekümmert hat und mädchen damit ja gut vorbereitet sei auf später. Gemeint ist natürlich die Vorbereitung auf die eigenen Kinder, die man auf die Welt bringt. Das halte ich für den größten Unsinn, der mir in meiner Kindheit begegnet ist. Ich glaube nicht, dass mich das dreitätige Spiel mit meiner Puppe, die anschließend für die folgenden drei Wochen achtlos unterm Bett lag, in irgendeiner Weise auf den Alltag mit einem Wesen vorbereitet hat, das in den ersten Jahren vollkommen von mir abhängig ist.

In meinen Teenagerjahren haben meine Eltern das Credo ausgesprochen „Kein Sex, kein Alkohol, keine Drogen!". Diese drei Dinge stellten Gefahren dar, denen ich nicht ausgesetzt werden sollte. Bei Alkohol und Drogen waren mir die Gefahren eines Missbrauches dieser Substanzen einsichtig. In Bezug auf Sex hat sich der Eindruck festgesetzt, die Gefahr bestehe darin, schwanger zu werden. Der Gedanke, dass die Übertragung von Geschlechtskrankheiten und fehlender Konsens Gefahren beim Sex sein könnten, ist mir lange nicht in den Sinn gekommen. Also habe ich Sex lieber sein gelassen, auch aufgrund meiner christlichen Prägung in den Teenagerjahren. Dem elterlichen Credo fügte ich nun auch mein eigenes „Kein Sex vor der Ehe" hinzu. Natürlich war mit „Sex" die Penetration durch einen Mann gemeint, andere sexuelle Vorstellungen hatte ich nicht.

---

[1] Mit der Definition „Frau" bezeichne ich mich als eine Person, die seit der Geburt dem weiblichen Geschlecht zugeordnet wird, die als solche gelesen wird und sich als solche definiert (Cis-Frau).

In diesen Teenagerjahren bis zum Alter von Anfang Zwanzig hätte ich die Frage „Möchtest du eigentlich Kinder?" fast schon lächerlich gefunden, da für mich eine Zukunft mit Familie – bestehend aus Mann, Frau und Kindern – die einzig mögliche Lebensform darstellte. Das hatte mit meiner selbst gewählten christlichen pietistischen Prägung zu tun und mit dem bürgerlichen Weltbild, das darin enthalten ist: die Frau als fürsorgende, warme, schöne und sich aufopfernde Mutter, deren größtes Gottesgeschenk die Kinder sind, die sie in die Welt bringt. Der Mann hingegen ist der starke, geistlich leitende, verantwortungsvolle und versorgende Vater.

Seit ich sexuell mit anderen Menschen aktiv bin, ist die Frage des Erzeugens neuen Lebens wieder eine sehr präsente. Mindestens einmal im Monat wird frau mit Gebärmutter damit konfrontiert: „Hey du könntest Mutter werden – deine Tage sind drei Tage überfällig" oder „Puh, Glück gehabt, war ok, nicht die Pille danach zunehmen nach dem unvorsichtigen ONS letzten Monat."

Hinzu kommt die ständige Überlegung, ob die Pille nicht doch eine gute Verhütungsmethode sein könnte, obwohl ich meinen Körper nicht hormonell verändern möchte. Seit ich meine Menstruation mit einer App verfolge, wird mir zudem immer wieder Werbung für Schwangerschaftstests angezeigt. Mir drängt sich die Frage auf, ob ich meine Menstruation nur verfolgen darf, wenn ich plane, ein Spermium mit einer meiner Eizellen verschmelzen zu lassen.

Auch im Arbeitskontext bleibt die Konfrontation mit der Verknüpfung von Frau als (potenzielle) Mutter nicht aus. Ich bin Bauingenieurin und arbeite an einer Universität. Meine Kolleginnen im Fachbereich des konstruktiven Ingenieurbaus kann ich an einer Hand abzählen. Bei persönlichen Fragen zeigt sich dieses geschlechtliche Missverhältnis sehr deutlich und das Patriarchat winkt mir immer wieder fröhlich und feixend ins Gesicht, wenn es um ein Mitarbeiter*innengespräch oder Fragen unter Kolleg*innen geht. Es kommt vor, dass auf die Frage nach einer möglichen Vertragsverlängerung geantwortet wird: „Naja, wenn du Kinder kriegst, kannst du ja deine sechs Jahre[2] noch mal um zwei Jahre ver-

---

[2] Gemeint ist hierbei die Finanzierung nach Wissenschaftszeitvertragsgesetz [§ 2 Art. (1) WissZeitVG (2007)].

längern." Das ist halb witzig gemeint, wird aber auch als realistische Möglichkeit angesehen. Für meine männlichen Kollegen mag das eine erwägenswerte Möglichkeit sein, da diese i. d. R. ihre zwei Elternzeitmonate nehmen und dann sofort wieder in die Wissenschaft zurückkehren. Ich sehe natürlich, dass auch sie damit kämpfen, für die Familie da zu sein und das mit einem Vollzeitjob in Einklang bringen müssen. Jedoch ist für eine Frau in der Wissenschaft diese Rechnung nicht ganz so einfach möglich. Der Großteil der Care-Arbeit bleibt in den gängigen Familienmodellen an der Mutter hängen. Somit ist eine leidenschaftliche Hingabe an die Wissenschaft, die sich durch unbezahlte Überstunden, unbezahlte Promotionen und dankbar aufgenommene zusätzliche Lehrleistungen ausdrückt, nicht mehr so einfach möglich. Dass die Arbeitsumstände für eine wissenschaftliche Karriere als Frau, die einen Kinderwunsch hat, durchaus schwierig sind, wird häufig nicht gesehen und mit einer Individualisierung der Entscheidung abgetan. Es fallen dann Sätze wie: „Ja, man muss sich eben überlegen und entscheiden, ob man für eine Karriere gemacht ist." Oder der absurde Satz „Ich habe es auch geschafft [Aussage eines Mannes] – wenn Sie [gemeint ist eine Frau] das wollen, können Sie das auch schaffen, Sie müssen sich eben anstrengen". So viele Augen habe ich nicht, die ich bei solchen Sätzen rollen möchte. Eine Diskussion über die Problematik solcher Sätze anzufangen, ist mir aber häufig zu mühselig.

9.4 Mutter sein und werden – no thanks?

Diese Beschreibungen zeigen mir, wie präsent die Frage nach dem Muttersein und -werden in meinem Alltag ist. Hinzu kommen die Nachfragen auf Familienfeiern, Hochzeiten und anlässlich von Geburten im Freundeskreis. Ich freue mich für meine Freundinnen, wenn sie Kinder bekommen, die sie sich gewünscht haben. Dennoch habe ich immer das Gefühl, dass ich mich nicht neutral verhalten kann. Ich sehe Mütter mit ihren Kindern in meiner Umgebung als blinkende Warnleuchten, durch die ich immer wieder erinnert und aufgefordert werde, mich mit meinem Mutterwerden-Wollen zu beschäftigen: „Na, wann ist es bei dir soweit? Komm, so langsam wird es doch Zeit!", sagen mir diese eindringlichen Warnleuchten und verlangen eine Antwort. In meinem Kopf überlagern sich so das Wahrnehmen des Mutterseins anderer und meiner eigenen Frage des Mutterwerden-Wollens. Eine Abgrenzung zwischen diesen zwei Positionen gelingt mir schwer, da die innere Konfrontation mit der Frage nach meinem Muttersein/-werden für mich komplex und nicht trennbar ist von den Umständen eines Außen – also von dem Muttersein anderer.

Diese permanente Konfrontation macht mich müde und ich nehme eine Abwehrhaltung ein. Anstatt eine komplexe Antwort oder meine Unsicherheit zu diesem Thema zu benennen, fällt es mir leichter, der Frage nach dem Kinderwunsch ein kategorisches „Nein" entgegenzusetzen. Dabei sehen meine inneren Gedanken – je nach Tagesform – zu diesem Thema ganz anders aus: Es gibt in mir eine Tendenz, die bedingungslose Mutterliebe für das tollste hält, und ich denke, ich könnte etwas verpassen und diese große Liebe meines Lebens nie kennenlernen, wenn ich kein Kind bekomme. Eine andere Stimme möchte sich nicht in diese normierten Rollenbilder pressen lassen und hat Angst Freund*innen zu verlieren, Dinge nicht mehr tun zu können, wenn ich (ein) Kind(er) habe. Am Ende stehe ich dazwischen und weiß gar nicht mehr, was ich will. Es scheint nicht möglich zu sein, eine individuelle Entscheidung zu treffen, da von außen viele Ansichten zum Thema Kinderwunsch an mich herangetragen werden. Die biologische Familie fände es schön, wenn sie ein kleines Wesen mehr am Geburtstagstisch hätte. Aus umweltaktivistischer Sicht ist es vielleicht nicht ratsam, ein Kind in diese Welt zu setzen, weil wir ihm diese Welt völlig zerstört hinterlassen. Meine christliche Prägung sieht in einem Kind ein Geschenk Gottes. Meine emanzipatorische Seite schreit dieser jedoch entgegen: „Vielleicht will ich dieses Geschenk gar nicht?" An manchen Tagen möchte ich dem Patriarchat und den Rollenbildern, von denen Frauen (und Männer) so überformt werden, eine Schelle verpassen und ihnen entgegen schreien: „Ha, das hast du davon – Kinder werden aus meiner Vagina nicht rauskommen!".

Diese konträren Gedanken machen mich unzufrieden und ich finde keine Antwort auf die anfangs gestellten Fragen. Ich habe keine konkrete Antwort auf die Frage, ob ich Kinder will. Ich versuche daher Situationen, in denen dieses Thema direkt zur Sprache kommt, eher geschickt zu umgehen.

9.5 Mutterschaft als Option – and now what?

Wenn ich mir die Frageliste vom Anfang durchlese, möchte ich den Finger von den Tasten nehmen, aufstehen, irgendwo eine kühle Limonade trinken und an einfachere Dinge des Lebens denken – was ich heute Abend esse z. B.

Doch wie gehe ich mit dem allseits präsenten Thema in meinem Leben um? Wann und wie entscheide ich, ob ich Kinder haben will, und was sage ich, wenn Kollegen von Familie reden und mich erwartungsschwanger (Pun intended!) anschauen?

Ich würde mir von meinem Gegenüber wünschen, dass mit der Frage, ob ich Kinder möchte, nicht sofort andere Dinge als Default gelten: dass also bei der Antwort „Ja" nicht gleich angenommen würde, in einer exklusiven Heterobeziehung zu sein, mit dieser Person zusammen zu wohnen usw. Dass bei der Antwort „Nein" nicht sofort gedacht wird, ich mag keine Kinder, bin frustriert, habe keinen Sex und keine Partner*innen o. ä. Ich wünschte mir, mein Gegenüber wäre bei der Frage des Kinderwunsches an mehr interessiert, als mich den klassischen Rollenbildern, die es für Frauen gibt, einzuordnen. Dann hätte ich Lust, diese Frage viel öfter gestellt zu bekommen.

10

Mutterschaft – Freundschaft – Wissenschaft

Nicole Baron

Zusammenfassung Immer, wenn eine Freundin schwanger wird, möchte ich mich gerne unbändig mit ihr freuen. Doch ich kann nicht. Ich bemühe mich, die Fassade nach außen hin zu wahren, doch innerlich spüre ich Trauer, Verlust und Neid. Das Mutterwerden meiner Freundin ist bedrohlich für mich. Zukünftig werde ich kaum noch Platz in ihrem Leben finden. Stattdessen werden wir uns auseinanderleben. Das geschieht dadurch, dass sich die Ziele, Interessen und Aktivitäten der zukünftigen Mutter so stark verändern, dass wir kaum noch gemeinsame Gesprächsgrundlagen oder gemeinsamen Zeitfenster finden werden.

Im Zentrum dieses Beitrags steht das Unbehagen, das mich befällt, wenn eine gute Freundin schwanger wird; ein Unbehagen, das ich nicht verstehe und nur schwer aushalte. Für dieses Gefühl spielt mein eigenes Nichtmuttersein eine entscheidende Rolle. Ich bin Mitte dreißig und Wissenschaftlerin. Ich fliege um die Welt, kein Tag gleicht dem anderen. Viele Abende verbringe ich mit Arbeit oder Freund*innen. Sie sind meine

---

N. Baron (✉)
Bauhaus-Universität, Weimar, Deutschland
E-Mail: nicole.baron@uni-weimar.de

engsten Vertrauten und treuen Wegbegleiter. Im Kontrast dazu habe ich zu meinen Eltern lediglich ein distanziert freundliches Verhältnis. Ob ich Kinder möchte oder nicht, weiß ich nicht.

Darüber hinaus gibt es noch andere Aspekte, die in das komplexe Gefühl des Unbehagens über Mutterschaft hineinspielen. Was genau macht dieses Unbehagen aus und wo kommt es her? Und wie verstärkt die Wissenschaft als patriarchales System solche emotionalen Verschiebungen? Um diesen Fragen nachzugehen, verbinde ich in diesem Beitrag Beschreibungen von Alltagssituationen mit Introspektiven, die nach Ursachen und Wirkungen forschen.

10.1 Einführung

Ich bekomme eine WhatsApp-Nachricht. Während das Bild noch lädt, schlägt mir das Herz schon bis zum Hals. In der Verschwommenheit des ladenden Bildes erahne ich ein Ultraschallbild. „Oh nein", denke ich, „nicht schon wieder. Nicht noch eine." Eine meiner besten Freundinnen teilt mir ihre Schwangerschaft mit. Ich lege das Handy erst einmal weg. In mir schwappen Verlustängste und Genervtsein hoch. Ich weiß, in diesem Gemütszustand kann ich keine freudestrahlende Antwort auf ihre Nachricht verfassen. Später schaffe ich das vielleicht …

Was diese kurze Szene aus meinem Leben illustriert, ist das Unbehagen, das mich befällt, wenn eine gute Freundin schwanger wird; ein Unbehagen über das Kinderkriegen, das ich nicht verstehe und von dem ich nicht weiß, woher es kommt. Dieses Unbehagen möchte ich hier gerne untersuchen. Für dieses Gefühl spielt mein eigenes Nichtmuttersein vermutlich eine entscheidende Rolle. Ich bin Mitte Dreißig und Wissenschaftlerin. Ich fliege um die Welt, um Feldforschung zu betreiben oder auf Konferenzen zu präsentieren. Kein Tag in meinem Alltag gleicht dem anderen. Viele Abende verbringe ich vor dem Computer, um noch an der Doktorarbeit oder einem Artikel zu arbeiten. Dabei sind meine Freunde meine engsten Vertrauten und treuen Wegbegleiter. Im Kontrast dazu habe ich zu meinen Eltern lediglich ein distanziert freundliches Verhältnis. Ob ich Kinder möchte oder nicht, weiß ich derzeit nicht. Der Partner dafür fehlt mir sowieso.

10 Mutterschaft – Freundschaft – Wissenschaft

Immer wenn eine Freundin schwanger wird, möchte ich mich gerne unbändig mit ihr freuen. Doch ich kann nicht. Ich bemühe mich, die Fassade nach außen hin zu wahren, doch innerlich spüre ich Trauer, Verlust und Neid. Das Mutterwerden meiner Freundin ist bedrohlich für mich. Ich weiß, dass in Zukunft das Kind ihren Alltag und ihre Interessen bestimmen wird; und somit kaum noch Platz für mich und meine Bedürfnisse sein wird. Ich übertreibe? Vielleicht ein bisschen. Aber Fakt ist, dass sich unsere Leben durch diese Veränderung fundamental voneinander wegbewegen werden. Das Auseinanderleben geschieht dabei dadurch, dass sich die Ziele, Interessen und Aktivitäten im Leben durch ein Kind so stark verändern, dass Mütter und Nichtmütter kaum noch gemeinsame Gesprächsgrundlagen finden oder schlicht keine gemeinsamen Zeitfenster.

Das ist die pragmatische Seite des Unbehagens. Aber es gibt noch andere Aspekte, die in das komplexe Gefühl des Unbehagens über das Kinderkriegen im allgemeinen, und das Mutterwerden guter Freundinnen[1] im Besonderen, hineinspielen. Was genau macht dieses Unbehagen aus und woher kommt es? Und, wie verstärkt die Wissenschaft als männlich dominiertes, quasi-feudales System solche emotionalen Verschiebungen? Um diesen Fragen nachzugehen, verbinde ich in diesem Beitrag Beschreibungen von Alltagssituationen mit Introspektiven, die nach Ursachen und Wirkungen forschen.

Im Ergebnis stellt der Beitrag eine sehr persönliche Collage dar, von der ich hoffe, dass sie andere bereichert oder Betroffenen hilft, mit ihren eigenen widersprüchlichen Gefühlen zu Freundschaft, Wissenschaft und Mutterschaft umzugehen.

---

[1] Ich spreche hier ausdrücklich von Freundinnen, da sich das Mutterwerden und Muttersein doch leider immer noch in seiner gesellschaftlichen Rolle vom Vatersein unterscheidet. Auch habe ich keine guten Freunde, die Väter sind, und verhandle daher das Thema hier in der weiblichen Form.

10.2 Teil 1 – (Nicht-)Mutterschaft

Ich sitze mit Freundinnen in einem Café. Eine von ihnen bringt ein Neugeborenes mit. Alle außer mir stürzen sich auf die Mutter und wetteifern darum, das Baby zu halten. Derweil sitze ich daneben und spüre eine innere Abwehrhaltung. Es ist mir unangenehm, wie andere Frauen unbedingt die Kinder anderer Mütter betatschen, halten oder betüdeln wollen. Nicht, dass ich nicht auch mal das Kleine halten würde, wenn Bedarf bestünde. Es ist auch nicht so, als würde ich keine Zuneigung spüren und wollen, dass es dem Kleinen gut geht. Aber das Gefühl, dass ich mich dann aufdrängen würde, überwiegt. Also sitze ich still daneben und beobachte das Geschehen.

Ich selbst bin Single und habe keine Kinder. Stattdessen bin ich Nachwuchswissenschaftlerin aus Leidenschaft. Viele meiner guten Freundinnen und befreundeten Kolleginnen sind ebenfalls kinderlos. Ich habe nie gelernt selbstverständlich mit Babys und Kleinkindern umzugehen. Ich selbst bin Einzelkind. Großgeworden im Ausland sowie in Ostdeutschland, hatte ich nie etwas mit Babys zu tun, nur mit Gleichaltrigen oder Erwachsenen. Meine gleichaltrigen Cousinen haben inzwischen Kinder im Vorschulalter, die ich aufwachsen sehe. Eines davon ist sogar mein Patenkind. Ich habe es sehr lieb und verbringe gerne Zeit mit ihm. Trotzdem weiß ich bis heute nicht, wie man ein Baby hält oder wickelt. Aber muss ich das überhaupt? Ist das etwas, das man als Frau können muss?

In den mir bekannten Mehrheitsgesellschaften, ob in den USA, Äthiopien, der Schweiz, Großbritannien oder Deutschland, wird Mutterschaft nicht nur glorifiziert als das wichtigste Ziel einer Frau, sondern auch zur Norm erklärt.[2] Demnach gehen diese Gesellschaften davon aus, dass einerseits jede Frau Mutter werden möchte (und auch bitteschön sollte). Andererseits gehen diese Gesellschaften davon aus, dass eine Frau automatisch Zuneigung zu Babys empfindet und instinktiv weiß, wie ein Baby oder Kleinkind zu handhaben ist. Da ich dieser Norm nicht ent-

---

[2] Der Klassiker zur gesellschaftlichen Konstruktion der Mutterrolle ist Simone de Beauvoirs (2000) „Das andere Geschlecht". Elisabeth Badinter (2010) wehrt sich gegen die Degradierung von Frauen zu Müttern in „Der Konflikt". Intensiv besprochen in Deutschland ist Orna Donaths (2016) „Bedauern der Mutterschaft", in dem die Autorin zeigt, dass nicht alle Frauen in der Mutterschaft Erfüllung finden.

spreche – dadurch, dass ich weder einen unbändigen Kinderwunsch verspüre, noch Kinder habe oder mich unbedingt mit ihnen umgeben möchte – spüre ich Inadäquatheit, Scham sowie Nichtdazugehörigkeit zu ‚dem wie man sein sollte'. Nun bin ich eine weiße, deutsche Frau, die außer ihrer Weiblichkeit und Nichtmutterschaft große Privilegien genießt. Deshalb soll es hier auch nicht um eine vermeintliche oder tatsächliche Benachteiligung von Nichtmüttern gehen. Was mich mehr interessiert und was ich hier analysieren möchte, ist mein innerer Zwiespalt zwischen der Zufriedenheit mit meinem Leben einerseits und dem Gefühl des Versagens andererseits; Versagen in dem Sinne, dass ich keinen Partner und keine Kinder habe. Darüber hinaus tut sich noch ein zweiter innerer Konflikt auf: ich mag Babys durchaus – vor allem, wenn sie mir nahestehen. Dennoch empfinde ich Scham, wenn Außenstehende übermäßige Zuneigung zu diesen Babys zur Schau stellen. Indem ich mich gerade nicht auf das Baby stürze, wie alle anderen, gehöre ich für einen Moment nicht dazu.

Vielleicht sind dies zwei getrennte Themen, die es hier zu analysieren gilt. Einerseits besteht ein gesellschaftlicher Druck, den insbesondere meine Familie gerne immer wieder betont. Sprüche wie „Deine Eltern würden sich sehr über ein Enkelchen freuen" kann ich mir bei jedem Besuch der Omas oder Tanten anhören. Meine Bedürfnisse scheinen da zweitrangig. Vielleicht ist das ein biologischer Instinkt, der die Verwandtschaft dazu befeuert, mich zur Weitergabe unserer Gene zu ermahnen. Vielleicht ist es auch ein Fehlen an Empathie – mit meiner Job- und Beziehungssituation, mit meinen Bedürfnissen nach Selbstbestimmung und überhaupt: wer weiß denn, ob es überhaupt klappen würde? Wäre ich ungewollt Nichtmutter würde mich doch auch niemand bei jedem Familienbesuch daran erinnern, dass sich meine Eltern ein Enkelchen wünschen. Aber offensichtlich zählt in dieser Gesellschaft ausschließlich der Wille zur Fortpflanzung – Nichtwollen oder Nichtwenigstensprobieren sind keine anerkannten Gründe. Dies ist umso schlimmer, da Männer ab einem bestimmten Alter nicht in gleichem Maß unter Druck gesetzt werden.

Das zweite oben angesprochene Thema ist die Irritation, welche andere bei mir durch Zurschaustellung ihrer Zuneigung zu Babys auslösen. Ist diese – vor allem von Frauen zur Schau gestellte und nach meinem

Empfinden übertriebene – Zuneigung eine Art Bestätigung des gesellschaftlichen Wertes der Mutter? Soll damit suggeriert werden, dass Kinderkriegen ganz großartig ist? Oder, handelt es sich hierbei um eine Form der weiblichen Solidarität, in dem Wissen, dass die junge Mutter derzeit jegliche emotionale und physische Unterstützung gebrauchen kann? Doch die oben beschriebene Café-Situation ist komplexer als es scheinbar gesellschaftlich genormte/erwartete/ einstudierte Verhaltensweisen erklären könnten. Es gibt auch eine psychologische Komponente, die ich hier nicht auslassen möchte. In meiner Herkunftsfamilie habe ich gelernt, keine Gefühle, die verletzlich machen könnten, zu zeigen: Traurigkeit, Zuneigung oder übermäßige Freude waren nicht erwünscht. Nun, da ich vielleicht gerne Zuneigung zeigen möchte, bin ich blockiert. Vor allem, wenn nicht nur ich mit Mutter und Kind alleine bin, sondern ganz besonders, wenn andere Frauen in der Nähe sind. Dann zieht sich meine Zuneigung hinter einer Mauer von Scham vor dem Nichtmuttersein zurück, die mir vorgaukelt, coole Distanziertheit zu sein. Zudem sind Babys wie Schwangere nach meinem Empfinden kein Allgemeingut und gehören nicht ständig betatscht. Trotzdem schließe ich mich durch mein Nichtzurschaustellen meiner Zuneigung aus der Gruppe aus. So erscheint es mir jedenfalls. Dabei würde ich doch so gerne dazugehören. Gerne würde ich auch offen Zuneigung zu dem Kind zeigen, aber vor den anderen ist mir das unangenehm und erscheint unangemessen.

Mutterschaft ist also für mich persönlich ein komplexes Thema, in dem sich psychologische, situative und gesellschaftliche Erwartungen, Erfahrungen und Eindrücke miteinander verweben. Selten kann eine Situation, wie die oben beschriebene, eindeutig erklärt werden. Dennoch kann ich einige Erkenntnisse in die folgenden Kapitel mitnehmen: Mutterschaft bzw. der Umgang mit Kindern hat auch mit Gruppenzugehörigkeit zu tun. Bin ich Nichtmutter, gehöre ich scheinbar nur in die Gruppe der Mütter, wenn ich mich anstrenge und Zuneigung zum Baby zur Schau stelle – mich also als potenzielle Mutter darstelle. Gleichzeitig erzeugen Mütterlichkeit und offen gezeigte Zuneigung zu fremden Babys Scham und Irritation in mir. Also ist nicht nur das Muttersein meiner Freundinnen bedrohlich für unsere Freundschaft, sondern auch meine Scham und Irritation, die eine emotionale Bindung zu meiner Freundin – nun mit Kind – verhindert.

10.3 Teil 2 – Freundschaft

Ich sitze einer guten Freundin gegenüber. Wir schlürfen nach dem Mittagessen in der Universitätsmensa gemeinsam Kaffee. Die Unterhaltung dreht sich um unsere jeweiligen Pläne nach der Promotion. Plötzlich fasst sie sich auf den Bauch und lächelt beseelt. Zuerst freue ich mich. Mir kommen fast die Tränen, die ich mit etwas Mühe unterdrücke. Ich gratuliere ihr und merke aber, dass ich es nicht so ernst meine, wie ich versuche vorzugeben. Sie erzählt mir von der eigentlich ungeplanten, aber doch jetzt gemeinsam mit ihrem Partner beschlossenen Schwangerschaft. Währenddessen nicke ich verständnisvoll, doch in mir arbeitet es. Das spontane Gefühl der Freude ist einem Unbehagen gewichen. Ich habe mich doch gerade mit dieser Freundin so gut angefreundet und nun das!

Meine Freundschaften sind enorm wichtig für mich. Ich pflege sie über Städte, Länder und Kontinente hinweg. Ihnen bin ich emotional und intellektuell näher als meiner Herkunftsfamilie. Ihr gegenüber pflege ich freundliche Distanziertheit. Eine echte Verbundenheit, das Bedürfnis mit ihnen Zeit zu verbringen und Intimes zu teilen, verspüre ich dagegen nur wenig. Das hat einerseits mit einem großen Autonomiebedürfnis auf meiner Seite zu tun und andererseits damit, dass ich mit meinen Familienmitgliedern nur wenige Interessen oder Meinungen teile. In meiner Herkunftsfamilie wird nicht über Intimes gesprochen, nur über Alltägliches und Belangloses. Auch wird gerne kritisiert, was man nicht versteht oder anders lebt. So verliert sich die Intimität. Hinzu kommen Jahre der räumlichen Trennung zu Eltern, Großeltern, Cousinen usw. Meine Freunde dagegen habe ich mir ausgesucht. Sie lieben mich, so wie ich bin, und ich sie. Sie sind mein emotionaler Anker in einem Leben voller beruflicher und privater Unsicherheit.

Bei der Frage, ob Muttersein für mich in Frage kommt, geht es mir ganz persönlich auch um Status. Ich habe mir die letzten Jahre Anerkennung, Netzwerke und Erfolge erkämpft, die ich derzeit nicht aufgeben will, indem ich Mutter werde. Dies hat unter anderem psychologische Gründe. Denn schon von klein auf wurde mir beigebracht, meinen Wert durch Leistung zu messen: gute Noten, ordentliche Wohnung, allen helfen, alles alleine regeln, immer freundlich sein, Abitur, Diplom, Doktortitel… Auch aus diesem Grund räume ich der Arbeit – der Wissenschaft und Lehre – in meinem Leben eine so hohe Priorität ein. Über Umzüge und Auslandsaufenthalte sind schon so oft Beziehungen zerbrochen, dass ich kaum noch zählen kann. Die einzigen Beziehungen, die ich aufrechterhalte, sind die mit einigen nahen Verwandten und vor allem mit einem guten Dutzend Freund*innen. Wenn also eine Freundin ein Kind bekommt, dann bin ich einerseits deswegen neidisch, da mir meine Ambitionen und Prioritätensetzung im Leben diesen Schritt scheinbar nicht erlauben.

Ich bin auch deswegen eifersüchtig, weil in der Zukunft das Kind den Alltag und die Interessen meiner Freundin bestimmen wird. Da habe ich scheinbar nur noch wenig Platz. Kennen Sie den Satz: „Wir haben uns auseinandergelebt."? Das ist eine Erfahrung, die nicht nur auf Paarbeziehungen zutreffen kann, sondern auch auf Freundschaften. Es bedeutet, dass sich die Ziele, Interessen und Aktivitäten im Leben so stark verändern, dass man kaum noch gemeinsame Gesprächsgrundlagen hat, sich nicht mehr mit dem Leben der anderen identifiziert oder aber auch keine gemeinsamen Zeitfenster mehr findet, weil das Kind den Alltag bestimmt. Und der ist bekanntlich anders als der einer alleinstehenden Wissenschaftlerin. Die nächste Ursache meines Unbehagens gegenüber Freundinnen, die zu Müttern werden, scheint also egoistischer Natur zu sein. Ich möchte, dass alles so bleibt wie es ist. Ich möchte mit dieser Freundin weiterhin verbunden bleiben. Doch nun, da sie schwanger ist, ist es zweifelhaft, ob das klappen kann. Das macht mir Angst. Diese Angst ist umso fundamentaler, da meine Freundinnen für mich wichtiger sind als die Familie. Bei jeder Freundin, die schwanger wird, tritt ein Gefühl des Verlustes und der Ablehnung ein. Nein, keine Freude über das Familienglück eines nahen Menschen. Eifersucht auf das Ungeborene, das in den nächsten Jahren das Leben und die Interessen meiner Freundin bestimmen wird. Kein Umzug, kein Jobwechsel, keine Hochzeit oder andere Form der Veränderung von Lebensumständen ist derart beängstigend für mich wie die nahende Geburt eines Kindes. Dabei will ich mich doch mitfreuen!

Hat dieses Gefühl der Angst, des Verlustes und des Neids tatsächlich nur damit zu tun, dass dadurch die Freundschaft, wie sie bisher ist, vermeintlich bedroht ist? Oder hat es vielmehr damit zu tun, dass ich selbst mit dem Mutterwerden hadere; das Gefühl habe, gesellschaftlichen Erwartungen entsprechen zu müssen und gleichzeitig weder in stabilen Beziehungs- noch Arbeitsverhältnissen lebe? Aber vielleicht geht es auch um meine eigenen Ideale – die, die besagen, dass Frauen alles schaffen und genauso gut sind wie Männer – also auch genauso erfolgreich sein sollten. Das hat auch etwas mit meinem selbst erschaffenen professionellen Umfeld zu tun – mit der Wissenschaft als Arbeitsumfeld, das das Entscheiden für die eigene Mutterschaft und die Solidarität, ja die Zuneigung, zu Müttern so schwer macht.

10.4 Teil 3 – Wissenschaft

Eine meiner derzeit liebsten Kolleginnen/Mentorinnen habe ich vor zwei Jahren auf einer Konferenz kennengelernt. Sie ist wie ich Architektin und hat im Bereich Städtebau promoviert. Zusätzlich zu ihrer Tätigkeit als Vertretungsprofessorin, leitet sie ein kleines Büro für nachhaltige Stadtentwicklung und ist zweifache Mutter. Oft berichtet sie mir von ihren vielen Kämpfen; um Anerkennung, Jobs oder die Zeit, allen ihren Rollen gleichermaßen gerecht zu werden. Oft hat sie ein schlechtes Gewissen, weil sie abends zu Hause noch arbeitet und wenig Zeit für die Familie hat. Gleichzeitig ist sie sehr stolz darauf, Kinder zu haben. Auch ihr ist bewusst, dass das selten ist als Professorin. „Wie kriegst du das hin?", frage ich sie. „Ich habe einen Mann, der mir den Rücken freihält", antwortet sie mir mit einem Augenzwinkern. Ich beneide sie. Scheinbar hat sie alles erreicht, was es heutzutage zu erreichen gilt.

Die Wissenschaft ist ein patriarchalisches System ist. Dieses bevorzugt nicht nur systematisch Männer, sondern drängt auch Frauen dazu, sich anzupassen, sollten sie erwägen, eine wissenschaftliche Karriere anzustreben. Durch unstete Einkommensverhältnisse, kurze Vertragslaufzeiten, die Notwendigkeit den Karrieremöglichkeiten hinterher zu reisen, männlich dominierte Netzwerke, lange Arbeitszeiten etc. führt dazu, dass Frauen im Wissenschaftssystem freiwillig unfreiwillig kinderlos bleiben. Kurz will ich erklären, was ich mit der vermeintlichen Freiwilligkeit von weiblichen Karriereentscheidungen meine: Die Universität ist ein patriarchales Hegemonialsystem. Hegemonien zeichnen sich dadurch aus, dass die

Mehrheit der Akteure – auch die weniger privilegierten (in diesem Fall Frauen) – ihre jeweils zugewiesene Rolle sowie die Vorherrschaft eines Akteurs (der Männer) anerkennen. Die Rolle eines Mannes in der Wissenschaft ist es dabei, die Karriereleiter selbstverständlich bis zum Professor, Dekan oder Präsidenten aufzusteigen. Wenn ich also als Frau innerhalb dieses Systems Karriere machen möchte, muss ich – so scheint es – die Männerrolle einnehmen; was auch bedeutet, kinderlos zu bleiben. Das Beispiel meiner Freundin oben zeigt, dass auch sie es nur geschafft hat, Professorin zu werden, weil sie einen Partner hat, der die klassische Frauenrolle einnimmt.[3] Alternative Rollenbilder (z. B. Professorinnen als Mütter) werden in einer Hegemonie systematisch unterdrückt. Gleichzeitig lebt und arbeitet man von Grund auf in diesem System und ist somit blind für dessen Gewalt gegenüber den weniger Privilegierten. Die Akteure erleben dieses System außerdem als alternativlos. Ein Ausbrechen scheint also unmöglich.[4] So entscheiden sich viele ehrgeizige und kluge Wissenschaftlerinnen nach der Mutterschaft dazu, doch Kuratorinnen, Coachinnen, Wissenschaftsmanagerinnen, Unternehmensberaterinnen, u.v.m. zu werden und somit aus der Wissenschaft auszusteigen. Während diese Berufe auch wichtig und spannend sind, so vergrößert dieses Ausweichen auf andere Karrieren jedoch nicht den Anteil an Frauen in universitären Führungspositionen. Und ohne die wird sich auch das Wissenschaftssystem nicht verändern. Natürlich, werden Sie einwenden, ist die deutsche Wissenschaft doch schon weit gekommen. An meiner Universität, bspw., sind im Fachbereich ‚Architektur und Urbanistik' immerhin schon sieben von 29 Professor*innen, Junior- und Honorarprofessor*innen, weiblich.[5]

---

[3] Hier spielt natürlich auch immer die Frage nach den Vätern und ihre Rolle in der Elternschaft eine Rolle. Wie von meiner Kollegin angedeutet, hat sie es nur so weit gebracht, weil ihr Mann die Sorgearbeit übernommen hat. Allzu oft sehe ich diese Arbeitsverteilung jedoch nicht – was mich frustriert und demotiviert. Auch frustriert es mich, dass Frauen sich offensichtlich immer noch zwischen Kindern und Karriere entscheiden müssen.
[4] Ein aufschlussreicher und kurz gefasster Bericht hierzu ist Ingegard Schäuble und Karin Schreifeldt (2007) Bericht „Karrieremuster von Frauen an Universitäten". Barbara Schaeffer-Hegel (1996) erklärt in ihrem Buch „Säulen des Patriarchats", wie patriarchale Machtstrukturen in der Wissenschaft das Rollenbild von Frauen formen.
[5] Einen gewissen ironischen Unterton kann ich an dieser Stelle leider nicht vermeiden. Tatsächlich wünschte ich, es gäbe 50 % Professorinnen; so wie es auch 50 % Studentinnen in der Architektur und Urbanistik gibt (Bauhaus-Universität Weimar 2019, o. S.).

Das zweite Problem, das ich sehe, ist, dass diese aus der Wissenschaft ausscheidenden Frauen hoch qualifiziert sind und mir diese zahlreichen schwer erkämpften Doktortitel und Habilitationen im Herzen weh tun. Was für eine Verschwendung von Ressourcen! Besonders frappierend ist dabei der Kontrast zwischen Höchstqualifizierung und den prekären und/oder inadäquaten Arbeitsverhältnissen, in denen Frauen nach der Mutterschaft vom Wissenschaftssystem ‚abgestellt' werden; als Koordinatorinnen von Forschungsprojekten, als Lehrkräfte für besondere besonderen Aufgaben, als Studiengangleiterinnen, als Vertretungs-Irgendwas … Aber wem kann man da einen Vorwurf machen? Den Wissenschaftlerinnen, die sich auf solche Positionen bewerben, oder den Universitäten, die solche Positionen ausschreiben und sie natürlich gerne mit promovierten Wissenschaftlerinnen besetzen? Irgendwie beiden und doch wieder nicht. Denn letzten Endes sind beide Seiten in einem Wissenschaftssystem verstrickt, das (zumindest in Deutschland) neben der Professur keinerlei dauerhafte Stellen kennt. So werden Wissenschaftler*innen dazu gezwungen, jeden sich anbietenden Strohhalm zu ergreifen, sei er auch noch so fragil, um den eigenen Lebenslauf ‚professoral' werden zu lassen. Eine Karriere in der Wissenschaft wird somit zu einem reinen Glücksspiel. Hier kommen wir wieder auf das patriarchale Hegemonialsystem zurück: denn vor allem Männer werden vom System protegiert, ihr Glück zu versuchen. Man muss keine Hellseherin sein, um zu erahnen, dass hierbei das Kinderlosigkeit, lückenlosen Lebensläufe und männliche Netzwerke eine Rolle spielen.

Ich selbst bin seit meinem Einstieg in die Wissenschaft 2014 als Koordinatorin von Forschungsprojekten und einer internationalen Hochschulkooperation tätig. Parallel dazu promoviere und publiziere ich. Ich lehre, ich habe mich didaktisch weitergebildet, ich habe eine Ausstellung und eine Konferenz veranstaltet. Und nun, zum Ende meiner Promotion sehe ich mich mit der Tatsache konfrontiert, dass ich nicht an meinem Lehrstuhl bleiben kann. Das heißt, ich könnte schon, wenn ich weiter Koordinationsaufgaben übernehmen wollte. Denn inhaltlich hat meine Forschung nichts mit den Inhalten des Lehrstuhls gemein, aber man schätzt mich für meine Aufopferungsbereitschaft und Organisationstalent. Doch um weiterhin Forschungsprojekte zu koordinieren, hätte ich den ganzen Aufwand, den Promotion und Weiterbildungen bedeuten, auch sein lassen können. Gleichzeitig habe ich keine Lust, umzuziehen, mir mit Mitte Dreißig wieder neue Freunde zu suchen, neu anzufangen. Stattdessen will ich ankommen; zur Ruhe kommen. Und dazu gehört eventuell auch ein Kind. Für keines davon war bisher Gelegenheit.

Wo liegt also das Problem? Und was hat die Wissenschaft mit Mutterschaft zu tun? Für mich persönlich sehr viel, denn ohne eine einigermaßen feste Stelle kann ich mir kaum vorstellen, Kinder zu bekommen. Zwar leben wir in einem Wohlfahrtsstaat, in dem man relativ gut für alle Eventualitäten abgesichert ist, und auch meine Eltern würden mich sicher im Falle einer Mutterschaft unterstützen. Doch will ich das mit Mitte Dreißig noch? Für mich persönlich ist der Preis der finanziellen Unabhängigkeit zu groß. Zumindest derzeit. Zumindest jetzt, da ich sowieso keinen Partner habe, mit dem ich die finanzielle, emotionale und organisatorische Belastung (und Freuden) der Elternschaft teilen könnte. Für mich als Frau und Wissenschaftlerin hängt die Entscheidung für ein Kind sowohl von den Bedingungen im Wissenschaftssystem ab, als auch von persönlichen und gesellschaftlichen Rahmenbedingungen. Gegen ein Kind muss ich mich nicht entscheiden. Das tun schon die Bedingungen meines Lebens, für die ich mich bewusst oder unbewusst entschieden habe.

Was hat dabei mein Unbehagen mit dem patriarchalen Wissenschaftssystem zu tun? Einerseits nehme ich im Rahmen meines Karriereziels unbewusst ein männliches Rollenverständnis an. Sei es, um im ‚Löwenkäfig' mithalten zu können oder sei es, weil es fast keine weiblichen Rollenvorbilder in meinem Umfeld gibt. Dadurch wird die Kinderlosigkeit zum Standard. Für das Kinderkriegen müsste ich mich also aktiv entscheiden. Auf einer sehr persönlichen Ebene macht mir dieses patriarchale Arbeitsumfeld schwer, Solidarität mit Kolleginnen, die Mütter sind solidarisch zu sein. Mitzufühlen. Zu unterstützen. Aber mache ich mich hier nicht unnötig zum Opfer? War ich nicht selbst auch schon rücksichtslos, egoistisch und kinderfeindlich? Gleichzeitig weigere ich mich, die Verantwortung nur bei mir selbst und bei uns Frauen zu suchen. Als Feministin will ich Dinge verändern und werde doch immer wieder auf meine eigene Verantwortung zurückgeworfen. Der Zeitdruck ist immer groß, die Anzahl der Projekte im postmodernen Leben überwältigend. Wo also anfangen?

Wenn ich darüber nachdenke, was mich persönlich darin bestärken würde, mich aktiv für ein Kind zu entscheiden, dann wäre es zwei Dinge: Einerseits die Befreiung von Schwangerschaft und Geburt. Eine Utopie, die mich sehr bewegt, ist die, welche Marge Piercy (1986) in „Die Frau am Abgrund der Zeit" entwirft. Dort hat jedes Kind genau drei Eltern, von denen jedoch alle nicht dessen biologische Eltern sind. Gleichzeitig sind Frauen vom Kinderkriegen durch Austragemaschinen befreit. Von dieser Utopie sind wir in Deutschland weit weg. Aber vielleicht muss eine Reform des Systems Wissenschaft nicht bei der Wissenschaft anfangen, sondern in unserer Gesellschaft? Was wäre, wenn wir Elternschaft vom biologistischen Konstrukt der Mutterschaft und von der sozialen Norm der Zweierbeziehung (vgl. Schrupp 2019) befreien? Würden dann nicht alle Menschen die freie Wahl haben, sich in der gewünschten Konstellation um die gewünschte Anzahl an Kinder zu kümmern. Und gäbe es dann nicht vielleicht weniger Diskriminierung gegen Frauen ohne Kinder oder unkonventionelle Eltern-Konstellationen? Andererseits bräuchte ich persönlich auch einen beruflichen Anreiz zum Kinderkriegen – also, z. B., wenn bei der Einstellung eines*er Professor*in nicht nur Punkte für Veröffentlichungen und Lehrveranstaltungen vergeben würden, sondern auch für Zeiträume der Sorgearbeit. Es bleibt also komplex. Sowohl die Problemfelder als auch die Lösungsansätze, welche mein Unbehagen über Mutterschaft betreffen, sind durchaus in der Wissenschaft verortet. Das ist eine wertvolle Erkenntnis, die mich hoffentlich über diesen Beitrag hinaus (beg)leiten wird.

10.5 Erkenntnisse und offene Fragen

Das Ziel dieses Beitrags war es, mein Unbehagen über Mutterschaft sowie den Zwiespalt zwischen dem Nichtmuttersein und den Bedürfnissen nach Zugehörigkeit (Freundschaft) und Erfolg (Wissenschaft) zu erkunden. Dabei hoffe ich, dass ich zeigen konnte, wie sich gesellschaftliche Normen, psychologische Muster und berufliche wie familiäre Strukturen zu einem dichten Geflecht an Bedingungen verweben, welches es mir persönlich schwer macht, mich für die Mutterschaft zu entscheiden. Dass ich daraus folgend mit sehr gemischten Gefühlen auf die Mutterschaft von Freundinnen reagiere, scheint mir nun durchaus nachvollziehbar.

Durch eine Psychotherapie habe ich gelernt, dass es okay ist, nicht allen Ansprüchen und Normen gerecht zu werden, dass ich durchaus die Freiheit habe, meine Prioritäten anders zu setzen und meinen Selbstwert aus anderen Dingen als aus Leistung zu ziehen. Durch ein Wohnprojekt habe ich gelernt, dass Familie auch anders gedacht werden kann als durch Verwandtschaft, und, dass diese Bindungen durchaus eine Partnerschaft und Kinder ersetzen können. Auch sind andere, neue Formen von Familien denkbar, bei dem ich zwar ein Elternteil sein könnte, aber nicht Mutter sein müsste.[6] Die Zukunft ist offen.

Am Ende dieses Beitrags steht die Erleichterung darüber, diese Dinge für mich durchdekliniert zu haben und dadurch Erkenntnisse über die Gründe meiner inneren Zwiespälte erlangt zu haben. Dadurch lassen sie sich natürlich nicht auflösen. Doch die Erkenntnisse können ein Grundstein sein, um an bestimmten Stellschrauben zu drehen. Dadurch können die kleinen und großen Utopien im Leben vielleicht doch erreicht werden oder das immanente Leid über diese Zwiespälte gelindert werden. Der Kampf um ein besseres Wissenschaftssystem kann dabei helfen, innere und äußere Konflikte besser auszuhalten und vielleicht auch zu heilen.

Literatur

Badinter E (2010) Der Konflikt: Die Frau und die Mutter. C.H. Beck, München
Bauhaus-Universität Weimar (2019) Struktur der Fakultät Architektur und Urbanistik: Professuren. www.uni-weimar.de/de/architektur-und-urbanistik/struktur/professuren. Zugegriffen am 13.08.2019
de Beauvoir S (2000) Das andere Geschlecht: Sitte und Sexus der Frau. Rohwolt Taschenbuch, Berlin
Donath O (2016) Regretting Motherhood: Wenn Mütter bereuen. Albrecht Knaus, München

---

[6] Jochen König (2015) schreibt bspw. in „Mama, Papa, Kind?" persönlich und die gesellschaftlichen Verhältnisse reflektierend über seine Co-Elternschaft. Ich habe mir für diesen Sommer vorgenommen „Motherhood" von Sheila Heti (2018) zu lesen. Ihre Protagonistin entscheidet sich dafür, ein Kunstwerk zu schaffen statt ein Kind zu bekommen.

Heti S (2018) Motherhood. Harvill Secker, London
König J (2015) Mama, Papa, Kind? Von Singles, Co-Eltern und anderen Familienverhältnissen. Herder, Freiburg im Breisgau
Piercy M (1986) Die Frau am Abgrund der Zeit. Heyne, München
Schaeffer-Hegel B (1996) Säulen des Patriarchats: Zur Kritik patriarchaler Konzepte von Wissenschaft – Weiblichkeit – Sexualität und Macht. Centaurus, Pfaffenweiler
Schäuble I, Schreifeldt K (2007) Karrieremuster von Frauen an Universitäten: Erschwernisse durch strukturelle und sexualisierte Diskriminierung. (Schäuble Institut für Sozialforschung). https://www.frauenbeauftragte.uni-muenchen.de/frauenbeauftr/berichte/berichte_veranstalt/karrieremuster.pdf. Zugegriffen am 02.08.2019
Schrupp A (2019) Schwangerwerdenkönnen: Essay über Körper, Geschlecht und Politik. Ulrike Helmer, Roßdorf

11

(Auch) die Sprache ist das Problem: Zum öffentlichen Diskurs über Schwangerschaft und Mutterschaft

Daniela Ringkamp

Zusammenfassung Dieser Beitrag analysiert anhand von ausgewählten Beispielen die Art und Weise, wie in der Öffentlichkeit über Schwangerschaft und Mutterschaft gesprochen wird, und stellt fest, dass schwangere Frauen und junge Mütter oft mit paternalistischer und bevormundender Rhetorik konfrontiert sind. Ein bevormundender Sprachgestus ist dabei auch mit infantilisierender Sprache verbunden, die den betroffenen Frauen eine Kommunikation auf Augenhöhe verweigert und ihren Status als rationale Akteurin untergräbt. Zugleich weist der Text darauf hin, dass die Grenzen zwischen öffentlicher und privater Kommunikation bei Themen wie Schwangerschaft und Mutterschaft aufgeweicht werden. Gegen diese Tendenz betont der Beitrag, dass eine Trennung zwischen öffentlichem und privatem Sprachgebrauch gerade bei derartigen Themen (und nicht nur bei diesen) essenziell ist. Darüber hinaus greift der Text den Erlebenshorizont von Frauen auf, die in Wissenschaft und Forschung tätig sind und die Spannung zwischen der öffentlichen Rhetorik über

D. Ringkamp (✉)
Otto-von-Guericke-Universität, Magdeburg, Deutschland
E-Mail: daniela.ringkamp@gmx.de

Schwangerschaft und Mutterschaft und den im Wissenschaftsdiskurs geltenden objektiven Sprachnormen besonders intensiv wahrnehmen.

11.1 Im Alltag: Die Grenzen zwischen öffentlicher und privater Kommunikation verschwinden

Wer mit (Klein-)Kindern verreist und nicht den Inhalt des gesamten Kleiderschrankes mitnehmen möchte, kommt nicht darum herum, während eines zweiwöchigen Urlaubes mindestens einmal zu waschen. Ist in der Ferienwohnung keine Waschmaschine vorhanden, bleibt nur die Möglichkeit, einen Waschsalon aufzusuchen. Da wir uns in unserem letzten Sommerurlaub genau in dieser Situation befanden, begab ich mich an einem Sonntagnachmittag im Juli in einen Waschsalon in einem typischen Touristenort an der schleswig-holsteinischen Nordseeküste. Während mein Mann und unsere große Tochter eine Wattwanderung machten, betrat ich mit einem schreienden Säugling einen feuchtwarmen, halb unter Wasser stehenden Raum, stellte eine Waschmaschine an, machte eine Flasche und fütterte unsere kleine Tochter. Dabei hatte ich zwei bemerkenswerte Begegnungen mit zwei Frauen. Frau Nr. 1 berichtete mir angesichts meiner Lage verständnisvoll von einem Schreianfall, den ihre Tochter im Säuglingsalter im Schwimmbad hatte. Nach erneuten Fütterungs- und Beruhigungsaktionen stellte sich heraus, dass das Kind, das heute im Teenageralter ist und das ich wenig später kennenlernen sollte, einen wunden Po hatte. Während des Gesprächs mit Frau Nr. 2, das nur wenige Minuten dauerte und eher ein Monolog ihrerseits war, erfuhr ich nicht nur, dass sie wie wir auch von West- nach Ostdeutschland gezogen ist und einige Dienstleistungen, die mein Mann und ich sehr schätzen, eher kritisch sieht („Die Kinderbetreuung dort ist ja schon problematisch!"), sondern auch den Namen ihres Kindes, die Anzahl ihrer Fehlgeburten und dass sie ihren Sohn zwei Jahre lang gestillt hat („Es hat ihm wirklich gut getan!"). Bemerkenswert daran ist, dass beide Mütter völlig selbstverständlich private Erfahrungen, die auch ihre Kinder betreffen, einer ihnen fremden Person mitteilten. Die Grenzen zwischen privater

Kommunikation und öffentlichem Diskurs, die in den sozialen Medien ohnehin zunehmend aufgeweicht wird, verschwanden auch hier, und zwar gerade *weil* sich das Gespräch um Schwangerschaft und frühe Mutterschaft drehte. Mein Eindruck, dass die Grenzen zwischen privater Kommunikation und offenem Diskurs bei den Themen Schwangerschaft und Mutterschaft erodieren, verstärkt sich auch in anderen Situationen, etwa bei Spaziergängen oder Einkäufen, wenn völlig unbekannte Personen ungefragt einen Blick in den Kinderwagen werfen, von ihren eigenen Kindern und Enkelkindern erzählen oder das Verhalten der Eltern kommentieren („Die Kleine ist ja viel zu warm angezogen!").

Ein Grund dafür, warum sich so viele Menschen ungefragt zu diesen Themen äußern, ist sicherlich persönliche Verbundenheit. Viele Menschen haben eigene Kinder und erleben Elternschaft als prägend für ihr gesamtes Leben, für jede Frau ist eine Schwangerschaft ein wichtiger emotionaler Einschnitt, der unterschiedlich wahrgenommen wird. Ein weiterer Grund ist aber auch, dass eine Schwangerschaft nicht nur unmittelbar die schwangere Frau, sondern ebenso das ungeborene Kind betrifft, das leiblich an die Mutter gebunden ist. Schwangerschaft, so scheint es, ist nicht nur ein persönliches Ereignis, ein körperlicher Zustand der schwangeren Frau, sondern gleichsam eine öffentliche Angelegenheit, die politischer und juristischer Regulierung bedarf. Gerade weil eine Schwangerschaft das Heranwachsen eines Kindes impliziert und zwei Individuen betrifft, darf Schwangerschaft nicht nur, so zumindest indirekt der Tenor des öffentlichen Diskurses, als Privatangelegenheit der Schwangeren oder der Eltern betrachtet werden. Der nachvollziehbare Wunsch, ungeborene und geborene Kinder zu schützen, manifestiert sich daher gegenwärtig in unterschiedlichsten Debatten wie z. B. der Kontroverse um den § 219a, der teilweise rigoros geführten Debatte um das Stillen („Stillen ist das Beste für Ihr Kind!") oder auch in Versuchen konservativer Politikerinnen und Politiker in den USA, Abtreibungen zu verbieten.

11.2 Paternalismus innerhalb und außerhalb des Rechts

Gerade die US-amerikanische Gesetzgebung hatte 1973 mit dem Fall Roe vs. Wade zu einer Liberalisierung der Abtreibungsfrage beigetragen und damit zugleich für eine Privatisierung der Entscheidung über die Durchführung eines Schwangerschaftsabbruches gesorgt. Die Grenze, ab wann der der Staat im Sinne des Kindeswohls ein Abtreibungsverbot aussprechen darf, wurde auf den Zeitpunkt der Lebensfähigkeit des Fötus außerhalb des Mutterleibes gelegt. Bis zu diesem Zeitpunkt ist es wesentlicher Bestandteil des Selbstbestimmungsrechtes der schwangeren Frau, eigenständig darüber zu entscheiden, ob sie sich einer Abtreibung unterziehen möchte oder nicht (vgl. Walters 1984). Hintergrund dieses Urteils ist die Auffassung, dass der Fötus bis zur Grenze der Lebensfähigkeit außerhalb des Mutterleibes keine Rechtsperson ist und damit im Gegensatz zur Schwangeren nicht in den Gegenstandsbereich des Rechts fällt. Der Staat hat daher das Selbstbestimmungsrecht der Schwangeren als Rechtsperson zu respektieren und kann ihr nicht untersagen, eine Abtreibung durchführen zu lassen (Walters 1984, S. 15).

Eine solche Aufwertung des privaten Entscheidungsbereiches der Frau ist in der deutschen Rechtsprechung nicht gegeben. Grundsätzlich fällt der Schwangerschaftsabbruch in Deutschland unter das Strafrecht: Abtreibungen sind verboten, bleiben unter bestimmten Bedingungen, die das Recht definiert, jedoch straffrei, werden also nicht sanktioniert. Dabei ist die Haltung, die der Gesetzgeber gegenüber der schwangeren Frau einnimmt, nicht von einer Respektierung der privaten Entscheidungsfreiheit gekennzeichnet. Bedingung für die Straffreiheit einer Abtreibung in Deutschland ist bekanntlich, dass sich die schwangere Frau mindestens drei Tage vor dem Eingriff einer Beratung durch eine anerkannte Beratungsstelle unterzogen hat.[1] Im Gesetzestext heißt es dazu:

> „Die Beratung dient dem Schutz des ungeborenen Lebens. Sie hat sich von dem Bemühen leiten zu lassen, die Frau zur Fortsetzung der Schwanger-

---
[1] Siehe § 218a, Abs. 1 des StGB, online einsehbar unter https://dejure.org/gesetze/StGB/218a.html. Zugegriffen am 26.09.2020.

schaft zu ermutigen und ihr Perspektiven für ein Leben mit dem Kind zu eröffnen; sie soll ihr helfen, eine verantwortliche und gewissenhafte Entscheidung zu treffen. Dabei muß der Frau bewußt sein, daß das Ungeborene in jedem Stadium der Schwangerschaft auch ihr gegenüber ein eigenes Recht auf Leben hat und daß deshalb nach der Rechtsordnung ein Schwangerschaftsabbruch nur in Ausnahmesituationen in Betracht kommen kann, wenn der Frau durch das Austragen des Kindes eine Belastung erwächst, die so schwer und außergewöhnlich ist, daß sie die zumutbare Opfergrenze übersteigt."[2]

Diese Ausführungen bergen mindestens zwei problematische Positionen. Zum einen wird deutlich, dass die sogenannte Schwangerschaftskonfliktberatung zumindest *de jure* nicht unmittelbar daran ausgerichtet ist, den Ängsten und Problemen der schwangeren Frau zu begegnen. Ziel ist, die Frau zu einem Fortführen der Schwangerschaft zu motivieren. Natürlich ist es dabei essenziell, auch die Ängste der betroffenen Frau zu diskutieren. Motiviert ist diese Strategie – wiederum *de jure*; das entsprechende Personal in den Beratungsstellen mag dies anders sehen – jedoch nicht durch eine Rücksichtnahme auf die Situation der Frau an sich, sondern primär aus dem Anliegen, dass diese die Schwangerschaft nicht beendet. Ein zumutbares Opfer, so formuliert es das Gesetz und manifestiert damit eine Sichtweise, der zufolge Schwangerschaft mit Aufopferungsbereitschaft einhergeht (und einhergehen soll?), dürfe der Frau auferlegt werden. Zum anderen werden Kontroversen über den Gegenstand des Gesetzes im § 219 übergangen, indem der Frau unmissverständlich mitgeteilt wird, wie eine verantwortungsvolle und gewissenhafte Entscheidung aussieht. Eine verantwortungsvolle Entscheidung besteht darin, den Standpunkt des Gesetzes zu übernehmen, dem zufolge das „Ungeborene in jedem Stadium der Schwangerschaft auch ihr gegenüber ein eigenes Recht auf Leben hat." Die ethisch umstrittene Frage, ob und bis wann ein Schwangerschaftsabbruch legitim ist, wird durch das Recht festgelegt, für die betroffene Frau besteht keine Möglichkeit, sich eigenständig zu den ihr auferlegten Denkmaßstäben zu positionieren. Wer nun einwendet, dass de facto die Aussetzung einer Sanktion indirekt eine

---

[2] Vgl. § 219 Abs. 1 des StGB. unter https://dejure.org/gesetze/StGB/219.html. Zugegriffen am 09.08.2019.

Entscheidungsvielfalt zugunsten von Schwangerschaftsabbrüchen in unterschiedlichen Situationen beinhaltet, übersieht, dass vor allem auch die Wortwahl, die paternalistische Rhetorik, die eine Diskussion über den Inhalt des § 219 unterbindet, ein massives Problem darstellt. Die Autorität des Gesetzes beschränkt sich nicht nur auf Handlungen, sondern greift auch auf Denkinhalte und moralische Einstellungen über, die jedoch mit Blick auf das beginnende menschliche Leben alles andere als eindeutig sind. Denn eine zentrale rechtsethische Frage ist, ob der Embryo als *ungeborenes* menschliches Leben tatsächlich ein eigenständiges Recht auf Leben hat. Gemeinhin wird diese Frage von VertreterInnen konservativer Positionen bejaht, während liberalere Auffassungen den moralischen Schutzstatus des Embryos graduell abstufen, von der Zusprechung eines umfassenden Rechts auf Leben aber zumeist absehen. Ein Kompromiss zwischen diesen Anschauungen, der nicht von einer der beiden Seiten die Aufgabe zentraler moralischer Grundannahmen erfordert, ist nicht absehbar; ebenso ungeklärt bleibt die Frage, ob aus dem Recht auf Leben auch ein absolutes Tötungsverbot erfolgt. Wenn dem so wäre, dann wären Abtreibungen in jeder Hinsicht untersagt. Diese Konsequenz aber geht der Gesetzgeber durch die Konstruktion der Straffreiheit nach erfolgter Beratung letztendlich nicht ein. Das Gesetz ist also hochgradig interpretationsbedürftig (siehe dazu Hoerster 2002), tritt gegenüber der schwangeren Frau aber mit paternalistischer Vehemenz auf, indem ihr vorgeschrieben wird, welchen moralischen Standpunkt sie einzunehmen hat: den des Schutzes des ungeborenen Lebens. Angedeutet wird dabei indirekt auch die Möglichkeit, dass Frauen, die sich für eine Abtreibung entscheiden, ihrem angemessenen ‚Opferstatus' nicht gerecht werden und der Eingriff gegebenenfalls aus oberflächlichen Gründen erfolgt – warum sonst die Verweise auf die zumutbare Opfergrenze und das Lebensrecht des Embryos? In dieser Rhetorik aber zeigt sich, dass das Gesetz mit betroffenen Frauen gerade nicht auf Augenhöhe kommuniziert, sondern moralisierend über sie entscheidet.

Ähnliche paternalistische Haltungen finden sich auch in anderen Facetten des öffentlichen Diskurses über Schwangerschaft und Mutterschaft. So hielt der ehemalige Spiegel-Kolumnist Jan Fleischhauer in einem Beitrag aus dem Jahr 2015 fest, dass es an Körperverletzung grenze, ein Kind nicht zu stillen (vgl. Fleischhauer 2015). Fleischhauers Bemerkung ist nicht deshalb interessant, weil sie in der öffentlichen Debatte über die ‚Notwendigkeit' des Stillens einen klaren Standpunkt markiert. Vielmehr ist die Analogie zur Körperverletzung entscheidend, wodurch Fleischhauer das Nicht-Stillen letztendlich kriminalisiert und an den Bereich des Strafrechts anschließt. Körperverletzung wird im deutschen Strafrecht in den Paragrafen 223 bis 231 verhandelt. Soll mit Fleischhauer nun das Nicht-Stillen wie eine Körperverletzung betrachtet und sanktioniert werden? Es ist zu hoffen, dass Fleischhauer, der mit seiner Kolumne eigentlich und zurecht beabsichtigte, in der Öffentlichkeit stillende Mütter zu unterstützen, diese Konsequenz nicht im Sinne hat. Dennoch zeigen Äußerungen wie diese, dass Fragen, die jede Frau als autonomes Individuum für sich selbst entscheiden kann – wie z. B. die Frage, ob ein Kind gestillt wird oder nicht – durch den öffentlichen Diskurs festgelegt und Frauen dadurch in ihrer Autonomie eingeengt werden. Stillen sei das Beste für das Kind oder aber – und hier zeigt sich der eigentliche Paternalismus in der Debatte über das Stillen – das Beste für Kind und Mutter. Der Begriff des ‚Besten' wird an dieser Stelle definiert durch das medizinisch oder vermeintlich psychologisch Sinnvolle – die Mutter-Kind-Bindung, das geringeres Allergierisiko, eine schnellere Gewichtsreduktion nach der Schwangerschaft usw. Dennoch kann eine Frau mit guten Gründen zurückweisen, dass es das Beste für sie sei, zu stillen, etwa, wenn sie aus medizinischen Gründen nicht stillen kann oder schlicht und einfach nicht stillen möchte. Und ist es tatsächlich das Beste für Mutter und Kind, wenn Mütter zu intimen Handlungen, die sie eigentlich ablehnen, genötigt werden? Auffällig ist hier, dass in der öffentlichen Kommunikation die physische Präsenz der Mutter, ihre ständige Verfügbarkeit, eingefordert werden, die jedoch in einem Spannungsverhältnis zu weiteren Identifikationsmerkmalen der entsprechenden Frau stehen kann. Mutter-sein, so scheint es, ist ein holistischer Zustand, während zusätzliche Rollen und Selbstzuschreibungen wie z. B. das Selbstverständnis einer Frau als Berufstätige, als Wissenschaftlerin, Freundin, Studentin, Familienmitglied, als gesellschaftliche Akteurin im Allgemeinen in den Hintergrund gerät. Wie auch in anderen Bereichen von care-Tätigkeiten geht es um eine Betonung von Körperlichkeit und Leiblichkeit; kognitive Leistungen scheinen in den Hintergrund zu treten. Proponenten einer Aufwertung leiblicher Präsenz warnen vor einer

Aufwertung kognitiver Kompetenzen zu Lasten von Personen, die nicht oder nicht mehr dazu in der Lage sind, umfassende rationale Urteile zu vollziehen. Sie bemerken – zurecht – auch, dass wir als emotionale und soziale Akteure in ein gesellschaftliches und gemeinschaftliches Umfeld eingebettet sind und zahlreiche Handlungen nicht kognitiv-reflektiv erfolgen. Mutter-sein, so scheint es, fällt in diesen Bereich der affektiven Tätigkeiten. Allerdings sollte dies nicht zu dem Eindruck führen, dass sich Mütter trotz ihrer ‚Körperlichkeit' (was auch immer das heißen mag) nicht auch durch andere Merkmale definieren. Für wissenschaftliche Tätigkeiten jeder Art etwa ist analytisches, reflektierendes und differenzierendes Denken und Sprechen zentral. Zugleich sind immer mehr Frauen in Wissenschaft und Forschung tätig, und immer mehr von ihnen werden auch Mütter, die zuweilen mit Befremden auf die allseits eingeforderte physische Dauerpräsenz reagieren. Was aber bedeutet die Überpräsenz des Physischen im Diskurs über Schwanger- und Mutterschaft insbesondere für diese Frauen, und wie können sie auf eine Sprache reagieren, bei der die Allgegenwart des Leiblichen letztendlich mit einem Verlust an Autonomie einhergeht?

11.3 Infantilisierung und verniedlichende Sprache

Denn Fleischhauers Text zeigt deutlich, wie beiläufig zuweilen eine maßregelnde Sprache in den Diskurs über Mutterschaft einfließt. Insbesondere Äußerungen, die auf das Kindeswohl abzielen, sind teilweise unausgewogen und übergehen die Autonomie der Mutter als eine Person, die über sich und das ungeborene Kind urteilen kann. Paternalistische Sprache ist dabei oft verwoben mit einer infantilen Rhetorik, die in der Kommunikation über Schwangerschaft und mit schwangeren Frauen häufig verwendet wird. Infantilisierung meint hier unter anderem: Emotionalisieren statt versachlichen, Duzen statt Siezen, Anweisen statt Erklären. Nicht nur in Internetforen, auch in einigen Zeitschriften und Ratgebern über Schwangerschaft werden Frauen (und gelegentlich auch Männer) grundsätzlich geduzt, die ungeborenen Kinder sind wahlweise ‚Mäuse',

‚Krümel' oder ‚Zwerge'. Texte, von denen die Leserin eine bloße Informationsvermittlung erwartet, sind in einem Vertraulichkeitsgestus geschrieben. So beginnt die Beilage eines Medikamentes gegen Schwangerschaftsübelkeit, auf dessen Packung ein Storch abgebildet ist, mit der Suggestivfrage: „Sie sind schwanger und freuen sich auf ihr Kind?"[3] Direkt im Anschluss heißt es: „Dann wird die Freude umso größer sein, je wohler Sie sich fühlen und Ihr Leben trotz einiger anfänglicher körperlicher und seelischer Umstellungen genießen können."[4] Die Leserin ist hier zum einen unsicher, ob es sich tatsächlich um ein Medikament oder eher um ein Werbeprodukt handelt: Schwangerschaft wird als Wellness-Erlebnis verkauft, dessen unschöne Begleiterscheinungen durch die Einnahme eines Medikamentes aus der Welt geschafft werden können. Zum anderen aber betrachtet der Text schwangere Frauen als Kunden und blendet aus, was Schwangerschaft auch bedeuten kann: monatelanges Arbeitsverbot, Krankenhausaufenthalte, Bewegungseinschränkungen bis hin zur Auflage, das Bett möglichst nicht zu verlassen, psychische Belastungen. Was etwa ist mit Frauen, die schwanger sind und sich nicht oder noch nicht auf ihr Kind freuen? Ist das Medikament für sie ungeeignet? Auch hier wird nicht auf Augenhöhe mit den betroffenen Frauen kommuniziert, Probleme werden kleingeredet und nicht ernstgenommen, und bei dem Packungsdesign stellt sich die Frage, ob der abgebildete Storch erwachsene Frauen oder eher Kinder ansprechen soll.

Ein weiteres Beispiel: Das zum Bundeszentrum für Ernährung (BZfE) gehörende Netzwerk „Gesund ins Leben" erstellte 2013 einen Mutterpass-Aufkleber, den Ärzte, Hebammen und werdende Eltern online erwerben können. Gegenstand des Aufklebers ist eine fiktive Wunschliste des ungeborenen Kindes an die Mutter. Unter dem Titel „Mama, das wünsch ich mir von dir!" enthält der Aufkleber Handlungsanweisungen wie „Wasser marsch! Wasser ist der beste Durstlöscher. Lass süße Getränke stehen", „Runter vom Sofa! Bleib auch mit Bauch aktiv. Das macht uns beide fit", „Alkohol und Qualm – Nein, danke! Alkohol und Tabakrauch sind pures Gift für mich. Auch kleine Mengen schaden mir" oder „Still-

---

[3] Packungsbeilage des Medikamentes Nausema, online einsehbar unter https://www.steripharm.de/produkte/nausema/10/gebrauchsinformation/. Zugegriffen am 27.09.2020.
[4] Packungsbeilage des Medikamentes Nausema, online einsehbar unter https://www.steripharm.de/produkte/nausema/10/gebrauchsinformation/. Zugegriffen am 27.09.2020.

profi gesucht! Stillen ist für uns das Beste. Bereite dich schon jetzt darauf vor."[5] Hier zeigt sich: Sachliche Information wird in einem Kommunikationsstil vermittelt, der an Erziehungskontexte denken lässt: Denn wer sind hier die Gesprächspartner? Sicherlich nicht das ungeborene Kind und die Mutter, sondern Ärzte, Hebammen, Ernährungsberater und weitere Gesundheitsakteure auf der einen und die werdende Mutter auf der anderen Seite, der Informationen über einen adäquaten Lebensstil in der Schwangerschaft vermittelt werden sollen. Doch anstatt neutral und sachlich aufzuklären, wählt der Aufkleber einen gleichzeitig verniedlichenden und bevormundenden Sprachstil, der in medizinischen Kontexten unangemessen ist und die schwangere Frau nicht als rationale, eigenständig denkende Person begreift, sondern sie als ein Individuum betrachtet, dem wie einem Kind Anweisungen gemacht werden können. Eine ausgewogene Gesprächssituation, die das hierarchische Gefälle zwischen dem Gesundheitspersonal als professionellen Akteuren und der schwangeren Frau ausgleichen könnte und die ich von allen beteiligten Personen erwarte, ist hier sicherlich nicht gegeben. Auf die Problematik des Aufklebers angesprochen, erklärte eine Mitarbeiterin des Netzwerkes schriftlich, dass der Aufkleber sich zielgruppenorientiert eher an ein jüngeres und bildungsfernes Publikum sowie an Menschen mit Migrationshintergrund richte, die alle – so hätten externe Evaluierungen des Netzwerkes ergeben – diese Art der Informationsvermittlung ansprechend fänden. Dieser Verweis auf die Wünsche und Vorstellungen des Adressaten ist auf den ersten Blick nachvollziehbar: Ist es nicht gerade so, dass die Autonomie der schwangeren Frau berücksichtigt wird, wenn sie die entsprechende Kommunikationsart begrüßt? Es ist jedoch widersprüchlich zu glauben, dass die Autonomie von Personen durch einen Sprachgestus gestützt werden kann, der sie letztendlich als eigenständige Akteure nicht ernst nimmt und ihre Autonomie untergräbt – ganz zu schweigen von der Tatsache, dass sich eine andere Art der Zwei-Klassen-Medizin etabliert, wenn mit sogenannten bildungsferneren Personen anders kommuniziert wird als mit weniger bildungsfernen.

---

[5] Der Aufkleber ist online einsehbar unter https://www.ble-medienservice.de/3330/mama-das-wuensch-ich-mir-von-dir-mutterpass-aufkleber. Zugegriffen am 27.09.2020.

Zugleich zeigt sich in der Reaktion des Netzwerkes auf den Aufkleber ein weiteres Problem: Verniedlichende Kommunikation steigert offenbar die Attraktivität der zu vermittelnden Information; viele Frauen fühlen sich von einer vertraulichen, privaten und weniger neutralen Wortwahl eher angesprochen als von sachlichen Informationen und nehmen bereitwillig Teil an einem Sprachspiel, das von ungeborenen Kindern als ‚Krümeln' und von Hebammen als ‚Hebis' spricht, in dem der Wohlfühl-Faktor der Schwangerschaft keinesfalls zu kurz kommen darf und das begeistert auf fiktive Erzählsituationen reagiert, in denen sich das ungeborene Kind an die Mutter wendet. Was bedeutet diese Affinität zu verniedlichender Sprache für politische, gesellschaftliche und medizinische Institutionen, die mit schwangeren Frauen kommunizieren? An dieser Stelle sollte berücksichtigt werden, dass verniedlichende Sprache in privateren Kontexten wie Chatforen oder Blogs ein geringeres Problem darstellt als in der institutionellen Öffentlichkeit. Institutionen sollten sich daher gut überlegen, wann sie in welches Sprachspiel einsteigen und dieses mitspielen und wann es eher angemessen ist, sachlich zu informieren. Ratschläge wie „Achten Sie darauf, sich genug zu bewegen" oder „Verzichten Sie auf Alkohol", die in mündlichen Gesprächen erläutert werden, in denen sich die betroffene Frau beteiligen kann, sind schließlich auch zweckdienlich. Nicht immer ist es daher gut, die Grenze zwischen öffentlicher und privater Kommunikation aufzuweichen. Während in den sozialen Medien zunehmend die Tendenz besteht, private Ansichten öffentlich mitzuteilen, ja zu universalisieren und auf andere zu übertragen, so tut (nicht nur) die institutionelle Öffentlichkeit zuweilen gut daran, die Grenze zwischen privat und öffentlich aufrecht zu erhalten und in öffentlichen Kontexten, in denen unterschiedlichste Akteure aufeinandertreffen, keine privaten Kommunikationsformen zu übernehmen. Denn sobald öffentlich nur ein bestimmtes Sprachspiel gespielt wird, wird der Bereich des Öffentlichen exklusiv: Ausgeschlossen sind dann genau diejenigen Personen, die sich nicht dieses Sprachspiels bedienen – zum Beispiel Frauen, die auf eine objektive Wortwahl setzen, weil sie diese besser beherrschen als die Infantilisierungsrhetorik.

Insgesamt zeigen diese Beispiele aber auch: Die Sprache, in der mit Müttern kommuniziert wird, ist einer Sprache, die auf Abstraktion, Präzision und analytische Differenz setzt, diametral entgegengesetzt. Ein differenzierter Sprachgestus aber ist in zahlreichen Tätigkeitsfeldern erforderlich und gerade für Mütter, die wissenschaftlich tätig sind, zentral. Wissenschaftssprache setzt auf Sachlichkeit, Objektivität und Abstraktionsvermögen, und Wissenschaftlerinnen – insbesondere solche, die wie ich aus den Geisteswissenschaften kommen – definieren sich weit über ihre berufliche Tätigkeit hinaus über diese sprachlichen Merkmale, in denen sich letztendlich auch eine Anerkennung derjenigen Personen verdeutlicht, die miteinander kommunizieren. Wie aber können sich Frauen, für die eine objektive, sachliche Kommunikation zentral ist, zu einer Kommunikationsweise verhalten, die auf einfache Wortwahl und verniedlichenden Sprachstil baut und Mutter und Kind gleichsetzt? In diesem Zusammenhang kann es hilfreich sein, an das Differenzierungsvermögen zu appellieren, das Wissenschaftlerinnen im Laufe ihrer beruflichen Tätigkeit entwickeln. Denn Schwangerschaft ist ein Zustand, zu dem sich nicht nur Ärztinnen und Ärzte rational verhalten können, sondern auch die Schwangere selbst. Das heißt nicht, dass eine Schwangerschaft nicht mit Emotionen einhergeht – im Gegenteil: Emotionen wie Freude, Angst, Unsicherheit, Ärger, Zuversicht und weitere sind notwendige Begleiterinnen einer jeden Schwanger- und Mutterschaft. Aber sie sind eben nicht alles. Der Zustand des Schwanger-seins, und vor allem auch der Zustand des Mutter-seins – ein allumfassender Zustand, der nicht einfach so abgelegt oder beendet werden kann – kann ebenso objektiv und reflektiert durchdrungen werden wie jeder andere Gegenstand auch. Ein Beispiel dafür sind die zahlreichen Berichte zum Schlagwort „regretting motherhood": Hier zeigt sich, dass eine Analyse des Seinszustandes der ‚Mutter' differenziert, ja ambivalent sein kann, indem Haltungen wie das Bereuen, Mutter zu sein und dennoch die eigenen Kinder zu lieben, gleichermaßen konstatiert werden. Eine solche Haltung der Selbstreflektion ermöglicht es Frauen, die sich gleichermaßen als Mutter wie Wissenschaftlerin verstehen, unterschiedliche persönliche Identitätsmerkmale zu integrieren: Eine Emotionalität, die nicht in Verniedlichungsrhetorik aufgeht, Distanz zum gegenwärtigen Erleben (was wichtig ist, denn manchmal sind Kinder nur mit gedanklicher Distanz zu ertragen…) sowie Denkweisen, die mit den üblichen Vorstellungen über Schwanger- und Mutterschaft brechen. Wichtig ist aber auch, das Spannungsverhältnis zwischen ‚äußeren' Mütterbildern, externen Erwartungshaltungen und dem persönlichen Erlebenszustand nach außen zu tragen. Dazu genügt es manchmal schon, sich der Marketing-Logik rund um Schwangerschaft und Muttersein zu entziehen und den nächsten Baby-Ratgeber, der einem in der Drogerie entgegengehalten wird, abzulehnen – oder aber in Gesprächen immer wieder darauf hinzuweisen, wie einengend ein rein fürsorgeorientierter Blick auf Mutterschaft ist. Es gibt nicht die eine, perfekte Version einer Mutter, die man verfehlen kann oder auch nicht, sondern viele verschiedene Möglichkeiten, die Rolle einer Mutter auszufüllen. Ein solcher Pluralismus im Denken über Mutterschaft ist letztendlich auch ein Beispiel für einen aufgeklärten, rationalen Diskurs, wie er von Frauen, die beides sind – Mutter und Wissenschaftlerin – vorangebracht werden kann.

11.4 Ausblick: Sprache und Welt

Sprache ist nicht nur ein Kommunikationsmedium, mit dem wir uns untereinander verständigen. Sprache ist zugleich eine Handlungspraxis; sie zeigt, wie wir die Welt wahrnehmen und auf sie einwirken. Diese Relation zwischen Sprache und Handlung verdeutlicht sich aktuell in unterschiedlichen Kontexten, u. a. in der Zunahme von entgrenzenden, enttabuisierenden und brutalisierenden Äußerungen in den sozialen Medien und entsprechenden Handlungsmustern, die auf derartige Hassreden reagieren (vgl. Grünbein 2019). Eine Verbindung von Sprache und Handlung ist aber auch, in gemäßigterer Form, in anderen Zusammenhängen gegeben, wie etwa in Diskursen über Schwangerschaft und Mutterschaft. Normative Vorstellungen darüber, wie schwangere Frauen und junge Mütter sich zu verhalten haben, prägen nicht nur unsere private, sondern auch die öffentliche Sprache und sind in der Gestalt von Gesetzestexten handlungsregulierend. Weil nun aber privater und öffentlicher Bereich nicht dasselbe sind, sondern die Öffentlichkeit mit ihren Institutionen das Aufeinandertreffen unterschiedlichster privater Kontexte reguliert, wäre es auch falsch, ausgewählte ‚Privatsprachen' zur öffentlichen Sprache zu erklären. Für die mediale Öffentlichkeit bedeutet dies, dass sie in ihrer Sprachwahl möglichst neutral und ausgewogen sein muss; politische und juridische Institutionen müssen sich jeweils immer wieder neu fragen, was sie legitimerweise von Bürgerinnen und Bürgern – zu denen natürlich auch schwangere Frauen zählen – erwarten können und was nicht. Und mit Blick auf unser Sprechen über Schwangerschaft und Mutterschaft gilt, dass wir eigene Vorstellungen nicht problemlos auf andere übertragen können. Politik, Recht und Medizin müssen sich immer wieder mit der Frage konfrontieren, wie sie die Autonomie schwangerer Frauen stärken können. Die eigentliche Herausforderung aber betrifft uns alle: Weil Öffentlichkeit die Regulation unterschiedlicher privater Interessen impliziert, müssen wir uns – wie es auch in den Debatten über die Legitimität aktiver Sterbehilfe deutlich wird – vergegenwärtigen, was Lebensschutz in der heutigen Gesellschaft bedeutet, wie das Verhältnis zwischen Autonomie der Frau und dem Schutz des ungeborenen Lebens ausgestaltet werden kann und ob möglicherweise eine Entkriminalisierung von Schwangerschaftsabbrüchen zumindest bis zu einem bestimmten Zeitpunkt der Schwangerschaft eine sinnvolle juristische Option ist. Dass dabei auf paternalistische und bevormundende Sprache verzichtet werden muss, versteht sich von selbst.

Literatur

Fleischhauer J (2015) Brust raus! https://www.spiegel.de/politik/deutschland/stillen-in-der-oeffentlichkeit-kolumne-jan-fleischhauer-a-1040200.html. Zugegriffen am 27.09.2020

Grünbein D (2019) Wie aus Sprache Gewalt wird. Die Zeit. https://www.zeit.de/2019/03/sprachliche-radikalisierung-brutalisierung-gewalt. Zugegriffen am 27.09.2020

Hoerster N (2002) Die Abtreibungsregelung und das Menschenrecht auf Leben. In: Ders Ethik des Embryonenschutzes. Ein rechtsphilosophischer Essay. Reclam, Stuttgart, S 45–64

https://dejure.org/gesetze/StGB/218a.html. Zugegriffen am 27.09.2020

https://dejure.org/gesetze/StGB/219.html. Zugegriffen am 27.09.2020

Internetquellen ohne Nennung des Autors: Aufkleber des Netzwerkes „Gesund ins Leben", https://www.ble-medienservice.de/3330/mama-das-wuensch-ich-mir-von-dir-mutterpass-aufkleber. Zugegriffen am 27.09.2020

Packungsbeilage des Medikamentes Nausema, https://www.steripharm.de/produkte/nausema/10/gebrauchsinformation/. Zugegriffen am 27.09.2020

Walters L (1984) The fetus in ethical and public policy discussion from 1973 to the present. In: Bondeson B, Engelhardt H, Spicker F, Winship D (Hrsg) Abortion and the status of the fetus D. Reidel Publishing Company, Dordrecht, S 15–30

Teil IV

Deutschland Ost-West und
europäische Perspektiven

12

Mutterschaft oder Wissenschaft

Antonia Ehrenburg und Kathi Geiger

Zusammenfassung Der spezifische Blick auf Mutterschaft im Zusammenhang mit einer wissenschaftlichen Karriere oder einem Dasein als Wissenschaftlerin in universitärer/hochschulischer oder Freelancer-Tätigkeit ist sehr spannend. Wir möchten uns diesem Thema aus Sicht unserer persönlichen Lebenserfahrungen als Mütter von einem 9-jährigen Mädchen bzw. einem 7-jährigen Jungen und als Frauen und Feministinnen widmen. Wir haben gemeinsam das Fach Politikwissenschaft studiert und sind danach unterschiedliche berufliche Wege gegangen. Gleichzeitig haben wir die wissenschaftliche Auseinandersetzung mit der Politik(wissenschaft) beibehalten und die Mutterschaft fortlaufend gemeinsam reflektiert.

Wir nehmen als Feministinnen und Wissenschaftlerinnen auch die Unterschiedlichkeit unserer Herkunft in Bezug auf soziale Schicht (Reflexion von „class") und unsere Ost- bzw. Westberliner Sozialisation (Reflexion von Ost-West-Widersprüchen bzw. der These der Ostdeutschen als

A. Ehrenburg (✉) · K. Geiger
Berlin, Deutschland
E-Mail: antike_fontane@yahoo.de

Migrantinnen (vgl. Foroutan et al. 2019)) in den Blick. Bezüglich Mutterschaft möchten wir die historische Perspektive auf Kaiserreich, Mutterbild im Nationalsozialismus, Familienbild der Wirtschaftswunderjahre und zweite Frauenbewegung bzw. sozialistisches Familienbild nicht vergessen. Wir gestalten diesen Text dialogisch. Es geht uns um die spezifische Sichtweise zweier Frauen, die die gleiche Wissenschaft betreiben, dabei Mütter von einem Jungen bzw. einem Mädchen und gleichzeitig Personen sind, die in ihrer Jugend jeweils in Ost- oder Westberlin die Transformation nach der friedlichen Revolution erlebt haben.

12.1 Gesellschaftlicher Rückblick

Es ist bekannt, dass sich die Situation der Frauen nach 1945 in Ost- und Westdeutschland unterschiedlich entwickelt hat. Es gab und gibt immer noch verschiedene Frauen- und Männerbilder (vgl. Dölling 1993), andere Ansichten zur Mutterschaft, unterschiedliche Haltungen zur Erwerbstätigkeit von Frauen (vgl. Heß 2010), ein differierendes Verständnis von Ehe und Familie, im Westen eine Frauenbewegung, im Osten ist man/frau sich in dem Punkt nicht ganz sicher (frühestens seit den 1980er-Jahren, vgl. Nave-Herz 1993), andere (Frauen-)Vorbilder (vgl. Enders 2009) und andere Ansichten zu der Rolle von Frauen in Führungspositionen, ein unterschiedliches Selbstverständnis von Frauen in der Politik (vgl. Hampele 1993). All diese Aspekte sind mehr oder weniger ausführlich diskutiert und untersucht worden (vgl. Helwig und Nickel 1993). Doch was ist mit den Frauen, die zur Zeit der Wiedervereinigung in Deutschland Kinder oder Jugendliche waren? Frauen, die in Ost oder West als Mädchen sozialisiert worden sind, und als junge Frauen im vereinigten Deutschland erste Ausbildungs- und Berufserfahrungen machten. Frauen, die Menschen mit „Ost- oder Westsozialisation" kennen und vielleicht auch lieben lernten, sich an das bundesrepublikanische Frauenbild anpassen oder dem widersprechen lernten? Frauen, die westdeutsche Feministinnen, Vorgesetzte oder andere männliche Autoritäten kennen lernten, und selbst ein eigenes Rollenbild finden mussten? Dies alles vor dem Hintergrund, dass ihnen ihre Mütter ein west- oder ostdeutsches Rollenbild vorgelebt hatten (vgl. Enders 2009), dass ihre Eltern vielleicht in ihren „besten Jahren" von einer starken Verunsicherung, zum Teil von einer Lebenskrise durch die Umbrüche von 1989 ergriffen worden waren, sowie alte Sozial- und Familienmuster und Gesellschaftsstrukturen sich auflösten (vgl. Enders und Schulze 2016). Was zeichnet also die Frauen dieser Generation aus, die die Transformation in der wichtigen Phase der Adoleszenz erlebten, und genau in dieser Lebensphase mit unterschiedlichen Geschlechterbildern und Rollenerwartungen konfrontiert wurden? Wir wollen die Erfahrungen und Vorstellungen von und mit Mütterlichkeit in Ost und West biografisch bearbeiten, und gleichzeitig eine Auseinandersetzung mit unserem Selbstbild als Wissenschaftlerinnen und Mütter führen.

12.2 Persönliche Rückblicke

In diesem Buch geht es um Mutterschaft und Wissenschaft. Wir, die beiden Autorinnen, sind Mütter und Wissenschaftlerinnen und vor allem sind wir Freundinnen. Dies wird ein biografischer Text anhand dessen wir zeigen wollen, welche Ähnlichkeiten und Unterschiede in unseren Entwicklungen darauf hindeuten, was das Zusammenspiel von Mutterschaft und Wissenschaft für die eigene Lebensgestaltung bedeuten kann. Wir sind Freundinnen, wir sind Kolleginnen und wir kennen uns seit unserem gemeinsamen Studienbeginn der Politikwissenschaft an der Freien Universität Berlin. Wir haben jeweils ein Kind, ein Mädchen und einen Jungen, zwei Jahre Altersunterschied trennen die beiden. Antonia kommt aus dem Osten, Kathi kommt aus dem Westen – besser gesagt aus Westberlin – was durchaus eine wichtige Unterscheidung ist. Wir leben seit vielen Jahren im Zentrum der Stadt Berlin, zeitweise auch gemeinsam im Prenzlauer Berg in den 1990er-Jahren. Die Väter unserer Kinder stammen jeweils von der anderen Seite des ehemals geteilten Deutschland. Kathi, West-Berlinerin, war mit einem Ostberliner verheiratet – Antonia, Ostdeutsche ist mit einem Westdeutschen zusammen. Soweit die Gemeinsamkeiten und Unterschiede die uns gleichzeitig verbinden und bereichern. Was uns besonders verbindet ist unsere Leidenschaft für unser Fach Politikwissenschaft, für unser Interesse am Politischen, nicht nur aus wissenschaftlicher, sondern auch aus gesellschaftspolitischer Sicht. Viele, viele Stunden haben wir diskutiert: über gesellschaftspolitische Fragen, über die Friedliche Revolution aus Ost- und Westberliner Perspektive, über die Wiedervereinigung, über Links und Rechts, über Hochschulpolitik, über Missstände in unserer Gesellschaft, über Gleichstellung und Feminismus. Viele, viele Stunden haben wir auch über die wissenschaftliche Auseinandersetzung mit diesen Themen geredet. Nachdem unsere Kinder geboren worden waren, fokussierten sich unsere Gespräche auf unsere familiären Erfahrungen, unsere Biografien, unsere Auseinandersetzungen mit den Partnern aus dem jeweils anderen Teil der Republik (mit dem jeweils unterschiedlichen Familienbild) und auch natürlich auf die Kindererziehung. Manchmal gingen wir es auch wissenschaftlich an: wir reflektierten unsere eigene Erziehung – jeweils unterschiedlich in Ost und West – und die Rolle unserer eigenen Mütter als Vorbilder – sowohl in ihrer Mutterrolle, als auch beruflich. Wir diskutierten die Unterschiedlichkeit unsere Herkunftsmilieus und unserer Prägung durch das Aufwachsen in einer Diktatur bzw. Demokratie, das Aufwachsen in Sozialismus und Kapitalismus. Die wissenschaftlichen Reflektionen über diese grundlegenden biografischen Unterschiede und über die gemeinsamen Auffassungen darüber, welche Form von Elternschaft wir leben wollen, war unser Beitrag zur Verständigung zwischen Ost und West. Uns ist von Anfang an bewusst gewesen, dass unsere Rolle als Mütter auch eine gesellschaftspolitische Verantwortung ist. Wahrscheinlich haben wir deswegen unsere Mutterrolle auch immer als Politikwissenschaftlerin betrachtet und tun das auch fortlaufend. „Das Private ist politisch" – das war das Motto der zweiten Frauenbewegung. Nach unserer gemeinsamen errungenen Auffassung sollte auch das Motto jeder persönlichen Auseinandersetzung damit sein, was im Leben privat und was öffentlich ist, und wie viel Verantwortung wir für unser individuelles Fortkommen, aber auch für das der Gesellschaft tragen.

Im folgenden persönlichen Text wollen wir unsere Geschichte ein wenig genauer aufschreiben und damit den Leser*innen einen Einblick darin geben, was unsere Auseinandersetzung mit dem komplexen Themenfeld Mutterschaft und Wissenschaft ganz konkret für uns bedeutet hat.

Zusammenfassend kann man sagen, dass sich unsere Freundschaft als Wissenschaftlerinnen mit einem gemeinsamen Forschungsgebiet, und als

Frauen, die auch Kinder haben, sehr vertieft hat. Wir würden sogar so weit gehen, dazu anzuregen, anderen zu empfehlen, dies doch uns gleich zu tun. Die biografischen Details haben wir in einen biografischen Dialog abgebildet, diese Dinge sind persönlich und deswegen nicht verallgemeinerbar. Trotzdem sind diese Themen relevant für unsere Auseinandersetzung mit dem Thema Mutterschaft und Wissenschaft bzw. Wissenschaftlerinnen als Mütter. Wir schließen mit einer gesamtgesellschaftlichen Betrachtung was heute Mutterschaft und Wissenschaft miteinander zu tun haben, und was wir uns für die Zukunft wünschen.

12.3 Kathi und Antonia – Wissenschaftlerinnen und Mütter: ein Dialog

Wir sind davon überzeugt, dass sowohl die Gestaltung des beruflichen (Wissenschaftlerinnen-) Lebens, als auch der eigenen Mutter- oder Elternschaft sehr stark von eigenen Kindheitserfahrungen, der Sozialisation und dem Herkunftsmilieu abhängen. In unserem Falle auch vom Aufwachsen auf der jeweils anderen Seite des „Eisernen Vorhangs". Deshalb beginnen wir unseren Dialog mit den eigenen Müttern, da wir überzeugt sind, dass sie wichtige Rollenvorbilder waren, von denen es sich abzugrenzen oder denen es nachzueifern galt.

12.3.1 Die eigene Mutter als Vorbild? – Herkunft und Habitus

KG: Meine Mutter war bei meiner Geburt gerade 19 Jahre alt und in Ausbildung zur Kinderkrankenschwester bei den Diakonissen auf einem Hamburger Internat. Meine Mutter hat 13 Monate nach mir meinen Bruder Daniel auf die Welt gebracht, unglücklicherweise behindert mit einem Hirnschaden, der epileptische Anfälle hervorruft. Im allgemeinen Sprachgebrauch heißt es geistig behindert, im Behördenjargon

„intelligenzgemindert". Meine Mutter hat trotzdem ihre Ausbildung abschließen können und zwei Jahre nach Daniel kam schon meine Schwester Miriam auf die Welt, leider auch mit einer (etwas milder verlaufenden) Epilepsie, für unsere Mutter sollte es ihr letztes Kind sein. Die Folgejahre waren sicherlich für uns alle nicht einfach. Viel später hatte ich das mal ausgerechnet, dass wir statistisch gerechnet aufgrund der epileptischen Anfälle alle zwei Wochen die Feuerwehr rufen mussten. Noch heute spüre ich Aufregung, wenn ich Sirenen der Feuerwehr höre.

AE: Auch meine Mutter hat in einem Diakonissenhaus Krankenschwester gelernt, allerdings in Weimar, in der damaligen DDR. Als sie mich im Alter von drei Wochen adoptierte, war sie 37 Jahre alt. Hätte nicht die Mauer die beiden deutschen Staaten getrennt, wäre sie vielleicht in dem Krankenwagen als Notärztin gewesen, der Kathis Geschwister versorgt hat. Sie wurde nach dem Abitur auf dem zweiten Bildungsweg und dem Medizinstudium Ärztin in einer großen psychiatrischen Klinik, wo auch Menschen mit Epilepsie behandelt wurden. Für mich als Tochter war das ein großartiges Vorbild. Andererseits macht man als Kind von Ärzt*innen oft die Erfahrung, dass die kindlichen Bedürfnisse den Erfordernissen der Behandlung von Patient*innen und Kranken nachgeordnet werden. Ich lebte also nicht nur auf der anderen Seite der Mauer, sondern auch auf der „anderen Seite" der Krankengeschichte der Geschwister von Kathi.

Ein Elternhaus mit wenig Zeit

KG: Meine Eltern arbeiten in einer Fabrik namens Schwarzkopf, meine Mutter als Betriebskrankenschwester, mein Vater als Elektriker. Und wir Kinder wurden mal zusammen bei unterschiedliche Tagesmüttern und auch Tagesvätern betreut. Kindergartenplätze waren in den 1970ern noch rarer gesät als heute. Eingeschult wurde ich 1978 in Neukölln in einer Schule am Körnerpark. Zwei Jahre später zogen wir nach

Friedenau, weil sich meine Eltern – zwei Jahre vor ihrer Trennung – eine Eigentumswohnung auf Kredit kauften, die es natürlich nicht mehr gibt. Der Schulwechsel war für mich ein echter Kulturschock. Allein die Wohnungen mancher meiner Schulfreunde beeindruckten mich sehr. Aus Neukölln kannte ich noch eine Weltkriegsruine und nicht wenige Wohnungen mit Außentoilette. Während meiner gesamten Schulzeit wurde ich – außer am Einschulungssamstag – nicht ein Mal zur Schule gebracht. Ich hatte auch nie einen Schreibtisch, kaum Unterstützung bei Hausaufgaben, eher selten ein Schulbrot dabei und niemals eine Wasserflasche wie das alles heute der Fall ist. Meine Eltern, vor allem meine Mutter, hatten schlicht keine Zeit, sich um „ihr gesundes Kind" zu kümmern. Mein Bruder hatte gar keine Einschulungsfeier, weil zunächst keine Schule bereit war ihn aufzunehmen. Nach einem halben Jahr fand sich eine Sonderschule, die ihn dann doch aufnahm. Da meine Geschwister aufgrund ihrer Behinderung nicht richtig sprechen konnten, hatten sie eine eigene Sprache entwickelt, die nur ich verstand. Ich habe „normal" mit ihnen gesprochen, sie konnten aber nur in „ihrer Sprache" antworten. Als meine Schwester soweit war eingeschult zu werden, hatte meine Mutter eine Schule gefunden, die gerade ein Projekt startete, was man heute Inklusion nennt. Daniel kam in dieselbe Klasse und beide lernten innerhalb von zwei Jahren doch noch verständlich sprechen.

AE: In der DDR war die Betreuung von Kindern berufstätiger Eltern keine Besonderheit, sondern eine Selbstverständlichkeit. Ich kam mit circa einem Jahr in die Kinderkrippe und besuchte danach den Kindergarten bis zur Einschulung. Auch die Ganztagsschule mit Hortbetreuung war in meiner Kindheit selbstverständlich und soweit ich weiß, auch für alle Kinder möglich und kostenfrei. So habe ich sehr viel Zeit mit Pädagog*innen verbracht, habe viele AGs besucht und außerschulische Aktivitäten wahrgenommen. Eigentlich sind in meinen Erinnerungen alle pädagogischen Beschäftigungen außerhalb der Schule vom staatlichen System organisiert gewesen. Ich bin ebenfalls vom ersten Tag an allein zur Schule gegangen und habe meine Nachmittagsaktivitäten selbst organisiert. Meine Eltern waren oft mit Diensten belastet und nahmen ihre Pflichten als Ärzt*innen und die Betreuung ihrer Patient*innen sehr ernst. Da meine schulischen Leistungen immer sehr gut waren, bestand aus ihrer Sicht auch keine eine Notwendigkeit, mich bei Hausaufgaben oder Ähnlichem zu unterstützen. Dies war nach der Schule bzw. Hortbetreuung meist schon erledigt. Im Durchschnitt habe ich mehr Zeit mit Freunden verbracht, als mit meinen beruflich sehr engagierten Eltern.

Kalter Krieg und Mauer als Kindheitsthema

KG: Da meine Eltern nicht viel Zeit für mich hatten, verbrachte ich viel Zeit bei anderen Familien. Bei einer Familie war ich so häufig, dass ich schon Taschengeld bekam. Diese Familie hat mich sehr geprägt. Durch sie kam ich zu der Erfahrung noch zu Mauerzeiten in einem Pionierferienlager am Scharmützelsee zu sein. Das war rückblickend eine Besonderheit, die wohl nur wenige außerhalb der damaligen DDR machen konnten. Mein Vater wollte zwar nicht, dass ich da mitmache, aber ich konnte trotzdem hin, weil meine Eltern so viel arbeiteten, dass sie es gar nicht mitbekamen, wo und mit wem ich meine Freizeit verbrachte. Vielleicht waren sie auch einfach nur froh, mal ein Kind weniger zu Hause zu haben, wo auch noch unser an Demenz erkrankter Uropa lebte. Jedenfalls für mich hörte sich Sozialismus nach etwas Gutem an, denn sozial soll man ja sein, dass wusste ich schon sehr frühzeitig. Und Antifaschismus fand ich gut, denn in der Nazizeit wäre meinen Geschwistern bestimmt schlimmes angetan worden. Das waren so die Parameter, die mich begleitet haben. Entsprechend war ich der DDR gegenüber aufgeschlossen und dachte als Kind, die Mauer stünde, weil die da drüben ihren Sozialismus für sich alleine haben wollten. Bis

Oma mal erzählte wie das damals war, als sie noch in Pankow mit Opa lebte, der – so sagte sie – ein 150 % tiger war und wohl auch am liebsten Hochprozentiges trank, weshalb Oma ihn verließ und zu ihren Eltern nach Steglitz zog. Meine Mutter landete 1953 als Säugling in einem Kinderheim in Oranienburg. Von dort holte sie eine Tante raus, aber erst nach dem sie sich mit Kaffee und anderen Geschenken Vertrauen erschlich, dann eines Tages mit dem Kinderwagen die S-Bahn bestieg und meine Mutter so nach Steglitz verbrachte. Meine Mutter hatte jahrelang Angst, ihr Vater könnte sie zurückholen. Zwar wurde ihr Geburtsname geändert und dann hatte sie ja auch durch die Heirat noch mal einen anderen Namen, trotzdem war sie, wenn wir in den Ferien mit dem Auto raus aus Berlin fuhren und oder wieder zurück kamen bei der Grenzkontrolle ziemlich nervös. Unser Vater lachte sie deshalb aus, wir lachten mit. Es ist ja auch nie was passiert, wahrscheinlich hatte ihr Vater ohnehin kein Interesse sein Kind zurückzuholen.

AE: Meine Eltern standen dem DDR System kritisch gegenüber. Mein Vater mit einer sehr fundierten linken Kritik, meine Mutter engagierte sich seit ihrer Kindheit in der Kirche, was auch ihre evangelische Ausbildung zur Krankenschwester in einem Diakonissenhaus zeigt. Später als Ärztin und Arzt konnten sie in der DDR auch Führungspositionen ausfüllen, ohne Mitglied der SED sein zu müssen. Die kritische Haltung gegenüber dem System und die damit verbundenen unterschiedlichen privaten bzw. öffentlichen Meinungen, prägten meine Kindheit lange. Es musste geheim gehalten werden, wenn Freunde aus dem Westen zu Besuch kamen, es wurde viel politisch diskutiert, aber es war nie eine Frage, ob man aus der DDR ausreisen sollte. Meine kindlichen Erfahrungen mit dem System waren ebenfalls von Ferienlagern und Angeboten der Freizeitbeschäftigung geprägt, es wäre doch sehr lustig gewesen, wenn ich in einem solchen Ferienlager damals schon Kathi kennengelernt hätte.

Auf dem Weg in die Wissenschaft oder: Wie wir Politologinnen wurden

KG: Als ich dann 1992 mit einem mittelmäßigen Abitur die Schule abschloss, war meine Mutter so stolz. Doch was ich werden wollte wusste ich nicht. Ich ließ mir von einem Freund, der Jura studierte die Uni zeigen. Dabei gab es eine merkwürdige Begegnung mit einem Jura-Professor, der meinen Kumpel im Vorbeigehen zurief: „Herr Kaiser wann wollen Sie sich denn endlich mal dem Fachbereich gemäß kleiden?!?". Herr Kaiser hatte einen feldgrauen Parka an, das weiß ich noch als wäre es gestern gewesen. Dieser Vorfall hatte mich so beeindruckt, dass ich wusste, Jura wird es nicht! Mein Kumpel fand es damals offensichtlich nicht so schlimm, ich glaube, er freute sich, dass der Professor überhaupt seinen Namen kannte. Der Fachbereich Politikwissenschaften gefiel mir bei der Uniführung gleich viel besser und ich beschloss Politik zu studieren. Allerdings erst ein Jahr später, als ich das Glück hatte, über das Losverfahren einen Platz zu ergattern. Schon damals gab es einen NC von 1,5 und davon war ich weit entfernt. Meine Mutter jammerte, Politik, das ist doch brotlose Kunst, was willst du denn damit werden? Das wusste ich auch nicht so genau, fing also erst mal an. Die Uni war nicht einfach für mich. Dieser ganze „Akademikersprech", die bürgerliche Bildung, die man haben sollte, die ich aber nie hatte, stürzte mich eigentlich jedes Semester aufs Neue in Selbstzweifel. Als ich 1998 endlich das Grundstudium abgeschlossen hatte, wollte ich ein Jahr später wieder mal alles hinschmeißen.

Da hatte meine Freundin Antonia die Idee, dass ich doch erst mal ein Praktikum machen könne, sie hatte da einen Kontakt zum Wissenschaftszentrum Berlin für Sozialforschung. Weil gerade Sommerferien waren und ich vielleicht auch etwas Glück hatte, bekam ich das Praktikum und hatte anschließend einen Job als studentische Hilfskraft. Das hat mir sehr geholfen mit dem Studium wieder voran zu kommen. Obwohl ich mir auch dort immer wie ein Fremdkörper vorkam und mich meine Selbstzweifel: „passe ich hierher – schaffe ich das immer wieder wissenschaftliche Texte zu produzieren – bin ich überhaupt schlau und gut genug dafür?", dazu führten, dass ich nach Ende des Projekts 2001 eine Weiterbeschäftigung ablehnte. Was aus heutiger (ökonomischer) Sicht wahrscheinlich das Dümmste war was ich tun konnte. Es war vor allem das Wissenschaftsfeld „Die Auswirkungen der Europäisierung und Globalisierung auf Verkehrsunternehmen wie Bahn, Lkw, Flugverkehr", das mir nicht behagte. Ich stürzte mich in meine Diplomarbeit über Rechtsrockmusik, wohlwissend, dass ich damit wohl kaum beruflichen Anschluss finden werde. Nach 20 Semestern, also 2003 hielt ich endlich mein Diplom in den Händen. Der Stolz meiner Mutter hielt sich in Grenzen, es gab keine Party mit Familie und irgendwie waren wohl alle nur froh, dass ich fertig geworden bin.

Rückblickend hat mich meine Mutter mit Blick auf meinen schulischen/studentischen/beruflichen Werdegang nie zu irgendetwas gezwungen. Sie hat nicht gefordert aber auch nicht gefördert. Sie hatte genug zu tun, mit ihrem Zweitjob als Gesangslehrerin, und damit ihre gehandicapten Kinder nach der Sonderschule unterzubringen. Trotzdem hatten beide noch vor mir ihre Berufsausbildungen zu Hauswirtschaftshelfer*innen nach fünf Jahren erfolgreich abgeschlossen und arbeiteten längst, als ich noch studierte und jobbte. Doch warum war mein Studium selten Priorität? Mir kam ständig das Leben dazwischen; ich war mit Anderem beschäftigt. Mit meinen Geschwistern, meinem Freund, der alten Nachbarin, meinem Ehemann, damit, dem alten Vater eine Krankenpflege zu organisieren. Nach meinem Studium habe ich mich bei diversen Stellen beworben, von denen ich annahm, dass mein Wissen irgendwie von Interesse sein könnte – ohne Erfolg. 2004 habe ich dann begonnen Erzählungen meines Schwiegervaters, Jahrgang 1929, zur Nazizeit, Nachkriegszeit und DDR auf gut einhundert Kassetten à 90 Minuten aufzunehmen und zu transkribieren. Das ganze Material ist in Leitzordnern untergebracht.

Eigentlich wollte ich daraus einen biografischen Roman machen. Doch das Material ist so brisant, dass man es eigentlich für eine wissenschaftliche Untersuchung verwenden müsste. Doch das erschien mir damals aufgrund der persönlichen Nähe unmöglich.

AE: Nach dem Abitur 1995 in Ost-Berlin, welches auch bei mir eher mittelmäßig ausfiel, war für mich klar, ich studiere Politikwissenschaft. Meine mittlere Abiturnote war auf die wilden Erlebnisse im Berlin nach dem Mauerfall zurückzuführen, es gab einfach Wichtigeres als sich um das Abitur zu kümmern. Doch dieses Erlebnis der gesellschaftlichen Transformation und des Untergangs meiner sozialistischen Heimat hat für mich eindeutig bewirkt, dass ich diesen friedlichen (!) Zusammenbruch einer Diktatur und den Wandel einer Gesellschaft noch genauer verstehen wollte. Politikwissenschaft als Studienfach stand für mich fest. Ich ging ans OSI nach Westberlin. Die Ostdeutschen-Quote betrug an der FU zu diesem Zeitpunkt 5 % – auch ich habe mich fremd gefühlt. Ich verfügte zwar über den notwendigen bürgerlichen Habitus, aber ich war eine Ostdeutsche und damit anders sozialisiert, mit anderer Sprache, anderer Bildung und anderem Wissen ausgestattet. Nicht aus Gründen der Herkunft aus der Arbeiterschicht, sondern der Herkunft aus einem anderen Land, fühlte ich mich fremd und manchmal auch diskriminiert. In der Lehre wurden die Themen der westlichen Gesellschaft rauf und runter theoretisiert, von friedlicher Revolution, Mauerfall und Transformationsprozessen vor der eigenen Haustür war im abstrakten Wissenschaftsbereich damals eigentlich nie die Rede. Ich lernte viel über Demokratietheorie, über feministische Theorie und über den Nahostkonflikt – über den Untergang der DDR lernte ich nichts. Dafür lernte ich sehr viele Menschen aus verschiedenen Gegenden kennen und erkannte ihre Diversität sowie die Unterschiedlichkeit der Perspektiven auf die Welt. Kathis Perspektive fand ich spannend. Auch ich musste mein Studium selbst finanzieren, da entgegen westlicher Arzthaushalte bei uns das Geld in der Nachwendezeit knapp war. Meine Mutter war nach dem Mauerfall arbeitslos geworden und musste sich mit einer schlechter bezahlten Stelle in Westdeutschland begnügen. Ein echter Karriereknick. So arbeitete auch ich als studentische Hilfskraft und konnte diese positive Erfahrungen der Selbstfinanzierung auch Kathi empfehlen.

Auch meine Eltern interessierten sich eher weniger für meine Studienaktivitäten. Dies ist ein Schicksal, was viele Personen der sogenannten „Dritten Generation Ostdeutschland" teilen (vgl. Enders und Schulze 2015). Die Elterngeneration der 1975–1985 in der DDR Geborenen war durch die biografischen Brüche und die Herausforderungen der Transformationszeit im Osten in den 1990er-Jahren so beschäftigt, dass sie keine Muße und Zeit hatten, sich um die berufliche Entwicklung ihrer Kinder zu sorgen bzw. zu kümmern. Die Motive des schmalen Interesses der Eltern waren zwar andere als bei Kathi, die Auswirkung aber ähnlich. Einerseits viel Autonomie und Freiheit, andererseits wenig soziale Unterstützung und Sicherheit aus dem Elternhaus. Nichts desto trotz schloss ich mein Studium 2001 ab und war mit einer sehr guten Note froh und glücklich. Ich denke meine Eltern waren es auch, aber dass sie sich besonders mit Rat und Tat für meine weitere berufliche Entwicklung engagiert hätten, kann ich eigentlich nicht sagen. Nach dem Studium war nach zwei befristeten Stellen für mich klar: ein Promotionsstipendium muss her. Die akademische Laufbahn war in meinem Kopf fest eingeplant und ich habe diese sehr zielstrebig über Promotion und Postdoc-Phase bis hin zu der Geburt meines Sohnes verfolgt.

Auf dem Weg in die Mutterschaft: Hallo Familie – adé Wissenschaft

KG: Als ich mich entschied mit Ende 30 doch noch Mutter zu werden hatte ich mein Studium zwar längst fertig, arbeitete an meiner Doktorarbeit und dachte, das kriege ich hin, aber schon während der Schwangerschaft, die problemlos verlief, war ich schlicht nicht mehr in der Lage an meiner Doktorarbeit zu schreiben. Entweder war ich zu müde oder mir war zu übel oder beides. Also ließ ich es. Das erste Jahr Mutterschaft verflog sowieso wie im Flug. Ich lernte im Rückbildungskurs, im Still-Café und Krabbelgruppen andere Mütter kennen und war gut beschäftigt bis mein Kind mit zweieinhalb Jahren in den Kindergarten kam. Aber auch dann war ich sehr absorbiert, alleine die Eingewöhnungsphase dauerte gut sechs Wochen, so lange, dass man hinter meinem Rücken schon redete, wann ich denn lerne endlich mein Kind loszulassen. Aber auch als das geschafft war, hatte ich immer noch keine Zeit für mich und meine wissenschaftlichen Überlegungen, denn nach dem Mittagessen musste ich das Kind auch schon wieder abholen, weil ich ja nicht arbeitete. Entsprechend bekamen wir auch nicht die nötige Stundenanzahl für eine längere Betreuungszeit. Andererseits ist mein Kind auch nie wirklich mit großem Hurra in die Kita gegangen.

Ein Jahr später ergab es sich zufällig, dass ich einen Job bei einer Familienanwältin bekam, wo ich letztlich Diktate abtippe. Dies kam dem Vater meines Kindes, der ständig unter Existenzängsten litt, sehr entgegen, endlich wurde von meiner Seite auch mal Geld mit in die Familie gebracht. Doch dieser Job setzte mich noch mehr unter Druck als ich ohnehin stand. Denn da dies nur ein kleiner Job war, bekam ich für die Kita keine Stundenerhöhung. So hetzte ich noch mehr als zuvor zur Kita, um mein Kind pünktlich abzuholen. Und man kennt das ja, wer – außer man arbeitet in einer Fabrik – kann schon immer um Punkt Feierabend machen? Nach einem Jahr war ich so erschöpft, dass ich mir ausrechnete, wenn ich nur auf 450,00 € – Basis arbeiten würde, hätte ich zwar 50,00 € weniger im Monat, aber mehr Zeit. Damit war meine Chefin aber überhaupt nicht einverstanden und kündigte mir. Jetzt war der Moment gekommen, doch die Doktorarbeit wieder aufzunehmen. Doch der nächste ehrenamtliche Job wartete schon auf mich. In der Kita fiel die Küchenfrau aus und man fragte beim

Elternabend, wer da helfen könnte. Mein Mann meldete sich für mich. Im Winter sollten die Kinder zum Schlittschuhlaufen, wer fährt den Bus? Mein Mann meldete sich für mich. Und ich machte auch diesen Job, für den ich am Ende ein paar Blümchen bekam. 2015 im letzten Kita-Halbjahr sprach mich eine Mutter an, sie dachte ich wäre die Tochter reicher Eltern und würde das deshalb alles so machen können. Verwundert rieb ich mir die Augen wie sie darauf kommen würde, fragte ich. Na du wirkst immer so in dir ruhend und gelassen. Das war ein merkwürdiges Kompliment und freute mich kaum.

Da kam auch schon die nächste Katastrophe auf mich zu, die mich weiterhin davon abhielt meine wissenschaftlichen Ideen umzusetzen. Mein Mann, der Vater meines Kindes hatte einen schlimmen Unfall bei einem Radrennen, der ihn monatelang in seinem Beruf ausfallen ließ. Eigentlich hatten wir vereinbart, dass wir das traditionelle Rollenmodell (Mann geht arbeiten, Frau bleibt zu Hause) durchziehen bis unser Kind einigermaßen sattelfest zur Schule geht. Die Zeit am Ende des Jahres 2015 wollten wir nutzen um zu überlegen, was ich beruflich noch reißen könnte. Doch schon im Herbst 2015 zur Einschulung brachten der Druck, die Existenzangst und andere Traumata meinen Mann zum Explodieren. Es war als wenn eine andere Person in ihm plötzlich erwachte und mich anschrie, ich solle endlich und gefälligst arbeiten gehen. Ich hätte so ein schönes Leben, das wolle er auch haben. Wenn ich explodieren schreibe, dann meine ich auch explodieren. Es war so schlimm, dass ich in meiner Verzweiflung zum Arbeitsamt ging und um Hilfe bat, mir irgendeine Maßnahme zu vermitteln, dass ich morgens wohin kann. Ganz egal was, Hauptsache ich bin morgens nicht zu Hause. Die Frau sagte mir, dass sie für so etwas nicht zuständig sei. Und mit meinem Lebenslauf würde sie – trotz abgeschlossenen Studiums – nichts Adäquates für mich haben. Ich solle unterschreiben, dass ich mit einem „Downgrading" einverstanden sei. Ich unterschrieb das und bekam bald daraufhin eine Stelle vermittelt. Ich wurde sogar angerufen, Frau Geiger ich habe eine Stelle für sie, die hundertprozentig zu ihnen passt. Bewerben sie sich, ich wünsche Ihnen viel Erfolg dabei. Aufgeregt lief ich zum Briefkasten, um das Stellenangebot zu lesen, es ging um eine Stelle im Büro der „Jungen Freiheit"! Ich war verwirrt. Als Rechtsextremismusforscherin bei einer rechtsextremen Zeitung. Das einzig Gute an dieser Stelle, sie lag in meinem Wohnbezirk. Ansonsten war Herr N. von der „Jungen Freiheit" auch ziemlich verwundert, als er beim Bewerbungsgespräch – anscheinend erstmalig – meine Unterlagen einsah: Sie haben bei einem Professor der Rechtsextremismusforschung ihr Diplom geschrieben, wie kommen sie darauf sich ausgerechnet bei uns zu bewerben? Ich antwortete, na das Arbeitsamt hat mich vermittelt ... Beim Arbeitsamt habe ich mich dann auch ein wenig echauffiert, wie es zu dieser unsensiblen Vermittlung kam.

Da meine Ehe weiterhin einen ziemlich unguten Verlauf nahm, ging ich zu einem Coach, um alle Anforderungen, frisches Schulkind, Jobsuche und Problemehe zu ordnen. Ich sprach natürlich mit Antonia darüber, die riet mir noch mal das Arbeitsamt aufzusuchen, diesmal in schicken Klamotten. Diesen Rat nahm ich, sprach noch mal vor, fragte wie Antonia mir riet, nach der Teamleitung und plötzlich bekam ich eine Liste mit verschiedenen Umschulungsangeboten, aus der ich mir etwas aussuchen sollte. Eine Umschulung zur Rechtsanwalts- und Notarfachangestellten sollte es werden. Verwundert nahm ich zur Kenntnis, dass ich zuvor aber noch einen Test beim Arbeitsamt machen müsste, ob ich überhaupt geeignet sei. Dass ich in diesem Beruf sogar ein Jahr Berufserfahrung mitbrachte, interessierte nicht. Im Januar 2016 begann ich die Umschulung, für die das Arbeitsamt knapp 15.000,00 € für mich bezahlte. Allerdings meine Familie, mein Mann, mein Bekanntenkreis, alle schlugen sie die Hände vor ihren Kopf, unfassbar, dass ich mit Mitte 40 noch mal eine Ausbildung begann. Aber ich fühlte, ich habe keine andere Wahl, denn ich wollte auch aus dieser Ehe aussteigen und das kostet, Zeit, Nerven, Geld;

ich musste was tun. Mein Noch-Ehemann faselte noch: „setz dich bei Aldi an die Kasse das bringt wenigstens was ein …" Es klingt vielleicht verrückt, aber es war zu diesem Zeitpunkt das Beste, was ich machen konnte. Ich hatte zwar auch anderes versucht, war bei der Senatsverwaltung für Schule und dachte als Quereinsteigerin könnte ich Lehrerin werden, aber Politologie ist kein Fach, das im Schulbetrieb fehlen würde wie Naturwissenschaften. Ich war auf Antonias guten Rat hin zu einem Kongress zum Thema Rechtsextremismus nach Bonn gefahren, um zu networken, aber aus all dem wurde nichts, auch weil ich keine Zeit hatte auf irgendetwas zu warten. Ich wollte ja morgens aus dem Haus sein und das war mit der Umschulung möglich. Dort fiel ich schnell auf, obwohl ich nicht die einzige mit studiertem Hintergrund war, aber ich glaub die einzige, die tatsächlich ein komplettes Studium abgeschlossen hatte. Anderthalb Jahre später – kurz vor der Prüfung – verließ uns mein Mann. Inzwischen habe ich Berufserfahrung gesammelt und arbeite zurzeit für vier Anwälte. Der Job macht mir nichts aus, es ist recht leicht verdientes Geld, bestimmt leichter als bei Aldi an der Kasse. Antonia fragte mich unlängst, ob ich mich nicht unterfordert fühle. Jetzt wo ich mich in meiner neuen Stellung nach einem Vierteljahr selbst eingearbeitet habe, könnte ich mir durchaus vorstellen, dass es mir bald langweilig werden könnte. Doch für diesen Fall würde ich dann doch noch anfangen, die eine oder andere wissenschaftliche Ausarbeitung anzugehen, zu Ende zu bringen oder mir ganz was Neues einfallen zu lassen. Zu Hause jedenfalls komme ich angesichts des Haushalts, der Hausaufgabenbetreuung, den Wäschebergen etc. pp. immer noch kaum dazu, etwas zu schreiben. Ist an all dem jetzt die Gesellschaft schuld? Bin ich selbst schuld? Ist mein Kind schuld? Oder der Ehemann der sich nicht an die Absprache halten konnte oder wollte? Ich denke es ist von allem etwas, strukturell ist man dem ausgeliefert, was die Gesellschaft, die Familie, die Bekannten, die anderen Mütter im Kindergarten und in der Schule verlangen. Seine eigenen Belange zurückstellen ist das A und O,

das ganze Wesen der Mutterschaft. Das lässt sich wohl in tausend Jahren nicht ändern. Ein guter Freund von zu mir, Herr Kaiser der damalige Jurastudent und heutige Volljurist äußerte kürzlich: „Gleichberechtigung zwischen Mann und Frau kann es erst geben, wenn auch Männer Kinder kriegen können".... Stimmt da ist etwas dran, also nie ....
Trotzdem tief in meinem Inneren weiß ich, wird die Welt doch noch was von mir hören und lesen, so lange ich noch was zu sagen habe. In ein paar Jahren ist mein Kind aus dem Haus, vielleicht ist es dann soweit, die Doktorarbeit zu Ende zu bringen. Vielleicht verbinde ich dann alles miteinander, den Nazi-Schwiegervater mit seiner Geschichte und den Auswirkungen auf seinen Sohn (meinen Ex-Mann) und damit auf mich und meine kleine Familie, die Erfahrung wie es ist, wenn man zwar Mutter ist aber trotzdem Zeit hat für die Wissenschaft, in dem man Wissen schafft, letztendlich vielleicht auch nur für sich selbst.

AE: Bis ich 35 war verlief meine berufliche Entwicklung recht geradlinig und ich blieb inhaltlich meiner Leidenschaft für die Politikwissenschaft treu. Einige Ausflüge in die Praxis der Politik im Bundestag, in die Strategieabteilung bei einer Gewerkschaft und bei einem wissenschaftlichen Beratungsgremium führten mich zu einer Postdoc-Stelle in einer außeruniversitären Forschungseinrichtung. Meine Schwangerschaft bereitete hier meiner Wissenschaftskarriere ein abruptes Ende. Bei der letzten wissenschaftlichen Tagung, die ich im achten Schwangerschaftsmonat organisierte, wurde mir für die Mutterschaft und die Geburt alles Gute gewünscht, für meinen wissenschaftlichen Vortrag und mein Engagement war allerdings kein Kommentar übrig. Auch inhaltliche Fragen zu meinen Thesen waren plötzlich obsolet, lediglich die Frage, wie ich denn Wissenschaft und Mutterschaft vereinbaren würde, war aus dem Publikum zu vernehmen. Schon der Babybauch hatte alles verändert. Dies war das erste Schlüsselerlebnis von vielen, bei denen ich eine Unvereinbarkeit von Mutterschaft und Wissenschaft feststellte.

Solange mein Kind klein war, ist die Wissenschaft eigentlich zu so etwas wie einem Hobby geworden. Sicherlich war die Auseinandersetzung mit dem Thema Mutterschaft als Forschungsbereich und mit Fragen der „Bildung für nachhaltige Entwicklung" nicht zufällig. Auch die Hinwendung zu bzw. Rückbesinnung auf feministische Themen haben sicherlich meine Unzufriedenheit mit der gesellschaftlichen Situation von Frauen mit Kindern zum Ausdruck gebracht. Unangemessen schlecht entlohnte Lehraufträge und Publikationen ohne finanzielle Entschädigung machten das wissenschaftliche Arbeiten zu einem idealistischen Vorhaben, wie es viele Mütter kennen. Zunächst absolvierte ich eine Ausbildung zum systemischen Coach und zur Mediatorin. Dies konnte ich ganz gut mit den Aufgaben einer Mutter eines Kindergartenkindes verbinden und mich gleichzeitig noch ehrenamtlich engagieren. Als mein Kind dann in die Schule ging fragte ich mich noch einmal, was ich von der Wissenschaft eigentlich möchte und welche Themen mich noch besonders bewegen. So habe ich mir einen lang gehegten Traum erfüllt und mich entschlossen, auf privater Basis eine Ausbildung zur Gruppenpsychoanalytikerin zu machen. Dies bringt für mich die Themen der Politikwissenschaft, in der es natürlich immer um Gruppen, aber vor allem um Macht geht, mit Themen der sozialwissenschaftlichen orientierten Psychoanalyse, mit Fragen des Unbewussten und der Emotionen zusammen. Dies ist eine private Rückkehr zum wissenschaftlichen Denken aber natürlich auch eine Phase der Selbsterkenntnis bzw. Selbstvergewisserung als Wissenschaftlerin und Mensch. In der Analyse trifft man auf sehr viele wissenschaftlich denkende und dabei therapeutisch arbeitende Menschen, die wissenschaftliche Erkenntnisse über die Brücke von Macht und Psyche sowohl in kleineren individuellen Gruppen, als auch in gesellschaftlichen Großgruppen suchen, und sich gleichzeitig selbst als eigenes Forschungsobjekt erleben. So ist die Wissenschaft für mich so etwas wie ein (politisches und humanistisches) Hobby, gleichzeitig jedoch auch ein Weg der weiteren

Selbsterkenntnis und Selbstermächtigung, sowohl persönlich als auch politisch geworden.

Während des Aufwachsens meines Kindes publiziere ich weiter, allerdings eben nicht im Rahmen einer Qualifizierungsstelle bzw. festen Stelle in der Wissenschaft. Dies wäre auch zeitlich ein Problem, wenn die Rolle als Mutter ernst genommen werden soll. Modelle wie Jobsharing und Teilzeit sind zwar schöne Theorie, aber in der Wissenschaft relativ unauffindbar. Letztendlich hat meine akademische Ausbildung mich zu einer freiberuflichen Tätigkeit mit ihren üblichen Tücken gebracht, wissenschaftliches Arbeiten ist zwar noch möglich, aber ohne staatliche soziale Absicherung und verlässliches Einkommen. Ein Widerspruch, den ich bei einer Freundin, die nach Norwegen auswanderte nicht erkennen kann. Dort gelten bezüglich Elternschaft und Wissenschaft menschlichere Regeln. Hier in Deutschland sind strukturelle Probleme im Wissenschaftssystem noch nicht einmal angegangen. Selbst die Teilnahme an wissenschaftlichen Tagungen und die Nachfrage nach Kinderbetreuung löst häufig Ablehnung bzw. verwundertes Kopfschütteln aus. Seitdem ist es ein privater Kampf, Wissenschaftsinstitution dazu zu bewegen, bei Tagungen Kinderbetreuung sowohl für Teilnehmende als auch Vortragende anzubieten. Hier muss in unserer Gesellschaft noch viel passieren, damit die Potenziale junger Akademikerinnen und Akademiker, die auch Eltern sein wollen, auch für das gesellschaftliche und wissenschaftliche Wohlergehen ausgeschöpft werden können. Hier ist die konservative Haltung der westdeutschen Gesellschaft des letzten Jahrtausends lebendig geblieben. Die DDR hat meiner Mutter mit einer Herkunft aus einer ärmlichen Handwerkerfamilie eine wissenschaftliche Karriere ermöglicht, trotz Mutterschaft und Familie.

Glückliche Mütter, glückliche Kinder, aber keine glücklichen Wissenschaftlerinnen

Wir sehen unsere wissenschaftliche Entwicklung nicht als individuelles Schicksal, sondern als strukturelles Defizit der Wissensgesellschaft an, sowohl was die Herkunft aus einer Arbeiter*innenfamilie, die Herkunft aus einem anderen Land als auch aus finanziell schlechter gestellten Kreisen betrifft. Nach wie vor bewahren Frauenförderung und Gleichstellungspolitik Frauen nicht davor, sich immer noch zwischen Wissenschaft und Mutterschaft entscheiden zu müssen. Auch wenn man heutzutage eine Professur ergattert ist es entweder für Kinder schon recht spät, oder die Arbeitsbelastung so hoch, dass die Kinder entweder vom anderen Elternteil versorgt werden müssen, oder sehr viel Zeit in anderen Betreuungsformen verbringen. Alleinerziehend und Wissenschaftskarriere klingt schon merkwürdig, und ist auch nahezu undenkbar. Warum eigentlich? Hier ist auf jeden Fall noch Luft nach oben.

Die Stolpersteine auf den Weg in die „Wissenschaft als Beruf" sind vielfältig: Bildungschancen, soziale Herkunft, Habitus, Geschlecht, Ethnie, finanzieller Hintergrund oder thematische Forschungsentscheidungen. Mutterschaft manifestiert sich in jedem Falle als eine starke Hürde.

Heute sind wir beide glückliche Mütter, aber keine glücklichen Wissenschaftlerinnen. Unsere Fähigkeiten und Erfahrungen bringen wir in Ehrenamt und Familie zu Geltung. Das Potenzial, was der gesellschaftlichen und wissenschaftlichen Entwicklung verloren geht, ist bedauernswert. Persönlich leisten wir einen Beitrag zur Entwicklung unserer Kinder und unseres privaten oder ehrenamtlichen Umfeldes, da wir (im Gegensatz zu unseren Müttern), unseren beruflichen Erfolg nicht mit dem Aufwachsen unserer Kinder mit eher unerreichbaren Müttern bezahlen wollen. Für die Gesellschaft wäre da mehr drin, wenn die Strukturen dies zuließen (vgl. Enders 2019). Unsere Mütter haben ihre Beiträge zur Gesellschaft geleistet. Wir als Mütter und Wissenschaftlerinnen würden es leichter und entspannter tun können, wenn die Rahmenbedingungen andere wären. Vereinbarkeit von (glücklicher) Familie und (wissenschaftlichem) Beruf bleibt heute ein Drahtseilakt und für viele eine Schimäre.

Literatur

Dölling I (1993) Gespaltenes Bewußtsein – Frauen- und Männerbilder in der DDR. In: Helwig G, Nickel H (Hrsg) Frauen in Deutschland 1945–1992. Schriftenreihe Studien zur Geschichte und Politik. 318. Bundeszentrale für politische Bildung, Bonn, S 23–52

Enders JC (2009) Frauenvorbild der Goldenen Zwanziger – Erika Mann. In: Kremberg B, Stadlober-Degwerth M (Hrsg) Frauenvorbilder für die Wissenschaft. Leske + Budrich, Opladen, S 33–40

Enders JC (2019) Feminismus und Mütterlichkeit – ein Ost-West Thema? Femina politica 28:140

Enders JC, Schulze M (2016) Feministische Mutterbilder? – Eine Verständigung von Feminismus und Mutter-Sein vor dem Hintergrund ost- und westdeutscher Entwicklungen. In: Doldner M, Holme H, Jerzak C, Tietge A (Hrsg) O Mother, Where Are Thou? Westfälisches Dampfboot, Münster, S 47–61

Foroutan N, Kalter F, Canan C, Simon M (2019) Ost-Migrantische Analogien I. Konkurrenz um Anerkennung. Unter Mitarbeit von Daniel Kubiak und Sabrina Zajak. DeZIM-Institut, Berlin

Hampele A (1993) Arbeite mit, plane mit, regiere mit – Zur politischen Partizipation von Frauen in der DDR. In: Helwig G, Nickel H (Hrsg) Frauen in Deutschland 1945–1992, Schriftenreihe Studien zur Geschichte und Politik, Bd 318. Bundeszentrale für Politische Bildung, Bonn, S 281–320

Helwig G, Nickel H (Hrsg) (1993) Frauen in Deutschland 1945–1992. Schriftenreihe Studien zur Geschichte und Politik, Bd 318. Bundeszentrale für politische Bildung, Bonn

Heß P (2010) Noch immer ungeteilt? Einstellungen zu Müttererwerbstätigkeit und praktizierte familiale Arbeitsteilung in den alten und neuen Bundesländern. Fem Stud 28:243–256

Nave-Herz R (1993) Die Geschichte der Frauenbewegung in Deutschland. Bundeszentrale für politische Bildung, Bonn

Enders, JC, Schulze, M (2015) „Transformationsprozesse und Auswirkungen auf Geschlechterarrangements – zur Wertorientierung von Frauen der Dritten Generation Ostdeutschland." In: Thomas, Michael/ Busch, Ulrich: Transformation im 21. Jahrhundert. Theorien – Geschichte – Fallstudien. Abhandlungen der Leibniz-Sozietät der Wissenschaften Band 39 II. Halbband. Berlin: trafo Wissenschaftsverlag: S. 571-586

13

Gestohlene Zeit

Anne Lequy

Zusammenfassung Gestohlene Zeit: Es sind Textfragmente, oft nachts geschrieben, in jeder freien Minute – kostbare Zeit, die dann an einer anderen Stelle fehlt. Dieses Text-Mosaik ist eine deutsch-französische Collage mit Auszügen aus meinem Tagebuch und aus den Gedichten, die ich geschrieben habe, seitdem meine Kinder auf der Welt sind. Das kreative Schreiben hilft mir, etwas innezuhalten und dem ständigen Spagat, dem ich mein Leben als Mutter und Wissenschaftlerin bisher unterworfen habe, nachzuspüren. Ich bin Französin, zweifache Mutter, mit einem ostdeutschen Mann verheiratet, Wissenschaftlerin, Hochschulmanagerin. Aber auch: Klavierspielerin, leidenschaftliche Zeitungsleserin und Kinogängerin, mit einem Faible für Yoga und Ayurveda.

In Frankreich geboren und aufgewachsen, bin ich mit rund 20 Jahren nach (Ost-)Deutschland gekommen. Nach einer Promotion über die ostdeutsche Frauenliteratur in Leipzig habe ich in Stuttgart meine beiden Kinder zur Welt gebracht. Nach einer kurzen Zwischenstation im Ruhr-

A. Lequy (✉)
Hochschule Magdeburg-Stendal, Magdeburg, Deutschland
E-Mail: anne.lequy@h2.de

gebiet arbeite ich jetzt im „Osten". Meine Kinder, in Deutschland großgeworden, sind ein Jahr lang in Frankreich zur Grundschule gegangen.

Diese Textfragmente sind auch der Versuch, diesen Spagat produktiv zu machen. Wie drückt Sprache interkulturelle Unterschiede aus? „Rabenmutter, Schlüsselkinder und Feierabend" – Wörter, die es auf Französisch nicht gibt. Ich gehe auf französische und deutsche Erziehungsstile ein, auf das Frau- und Muttersein in Frankreich und Deutschland, sowie auf Rollenbilder von Müttern in Ost- und Westdeutschland. Es sind vielschichtige Perspektiven, die sich zum Teil überlagern und auch Vergleiche ermöglichen.

Telefonat mit meiner Mutter
Jena, den 05.04.03
Ich erkläre ihr, dass ich im 4. Monat schwanger bin.

Sie ist überrascht, freut sich mit mir. Später vertraut sie mir an, dass sie gedacht hätte, ich würde kinderlos bleiben. Sie hatte eher damit gerechnet, dass meine Geschwister Kinder bekommen würden – nicht ich, ihre älteste Tochter, die schon als Kind sehr freiheitsliebend war.

Journal intime/Tagebuch
Stuttgart, den 29.08.03
Im Juli bin ich von Jena nach Stuttgart gezogen, zu Thomas, dem Vater meines „Vögelchens" (Arbeitstitel). Keine Wochenend-Beziehung mehr, dafür bin ich in Stuttgart ohne Job – arbeitssuchend. Seit Mitte August im Mutterschutz, arbeite fieberhaft an einer letzten Veröffentlichung. Das Gefühl des Endspurts macht sich breit. Nur noch knapp ein Monat bis zum errechneten Geburtstermin. Und noch so viele To-dos im Kopf! Vieles, was ich bis jetzt aufgeschoben hatte, wird nun erledigt. Noch nie war ich in meinem Leben so effizient. Bin unglaublich produktiv, im doppelten Sinne des Wortes: Bauch und Kopf. Die Habil. scheint mir noch weit weg, mich motivieren eher nahe, greifbare Ziele. Schicke einige Bewerbungen raus, sobald eine passende Stelle erscheint. Der Arbeitsmarkt an den Unis sieht düster aus.

Telefonat mit meiner Schwägerin Andrea
Stuttgart, den 16.04.04

Thomas' Schwester heißt Andrea. Sie hat zwei Töchter, die jüngere ist gerade 5 Tage alt. Sie hat sich entschieden, nach der Geburt der Kinder jeweils ein Jahr zu Hause zu bleiben.

Ich erzähle ihr von meinem schlechten Gewissen: Ich bleibe zu Hause und dennoch lasse ich unser kleines Kind für teures Geld halbtags von einer Tagesmutter betreuen. Ich bin zwar zufrieden mit meinem Tagesablauf, weil ich mich schon am frühen Morgen motiviert an meinen Schreibtisch setze. Ich kann aber die Bemerkung eines Arbeitskollegen von Thomas auf einer Geburtstagsparty nicht vergessen: Er war zunächst sehr überrascht, als ich ihm von Thomas' Elternteilzeit ab April erzählte. Thomas hatte seine Kollegen darüber nicht informiert („Der Chef weiß es, das reicht"). Dann sagte der Kollege: „Damit ist es ja klar, dass er sich gegen die Karriere entscheidet." Ich möchte nicht auf dem Gewissen haben, dass ich Thomas' Karriere gebremst hätte.

Andrea: Wenn Thomas eine Frau wie mich hätte, die für längere Zeit zu Hause bleibt, dann wäre er unzufrieden. Du guckst Dich um, Du bist ehrgeizig. Thomas ist ganz froh darüber, er profitiert von Deinem Antrieb.

Ich: Er erzählt mir, dass er die Leerlaufzeiten, die sonst bei einem vollen Arbeitstag anfallen, jetzt auf den späten Nachmittag und den Abend verschiebt, so dass er sich zu Hause mit uns entspannt. Es fallen eben die Kaffee- oder Teepausen weg!

Andrea: Und das sehen die Leute doch auch!

Ich: Aber wenn eine Beförderung in der Abteilung bevorsteht, dann wird dafür bestimmt nicht Thomas ausgewählt.

Andrea: Nicht unbedingt, denn Thomas will doch nicht immer verkürzt arbeiten. Und wenn er dann wieder voll arbeitet, dann werden die Leute sehen, wie arbeitswillig er ist.

Du darfst Dich nicht als Bremsklotz bezeichnen. Wer weiß, wohin das Euch bringt, dass Du Deinem Gefühl folgst, nicht zu Hause zu hocken. Wer weiß, wozu das gut ist. Es bringt Thomas auch menschlich weiter. Wie oft hat er mich früher auf die Palme gebracht, mit seinen großen Sprüchen: dass wir z. B. einen Kinderwagen und kein Tragetuch benutzen (sollten). Letztens war es fast rührend, als er mir erzählte, dass der kleine Théo noch nicht bereit ist, mit dem Löffel zu essen, und dass man wohl seine Entwicklung respektieren soll.

Interkulturelle Vorlesung
Uni Duisburg-Essen, 15.02.06

Zum Wintersemester 2004/2005 nehme ich an der Universität Duisburg-Essen eine Lektorin-Stelle an, die erste unbefristete Stelle in meinem Leben. Ich pendle zunächst zwischen Stuttgart und Ruhrgebiet. Unser zweites Kind, Emma, wird im Juni 2005 geboren. Anfang 2006 ziehen wir als Familie von Stuttgart nach Essen um. Mein Mann kündigt seine Stelle in Stuttgart, er findet als wissenschaftlicher Mitarbeiter im MINT-Bereich eine neue, befristete Anstellung in Oberhausen.

An der Uni versuche ich, die Zerrissenheit zwischen Mutter-Sein und Wissenschaft produktiv zu gestalten, indem ich die Unterschiede zwischen französischen und deutschen Müttern in einer interkulturellen Vorlesung thematisiere.

Einige französische Wörter lassen sich nicht ins Deutsche übersetzen. „Ecole maternelle" zum Beispiel, auch „petite école" genannt. Dort werden die Kinder ab dem Alter von 2,5 Jahren unterrichtet, sobald sie keine Windel mehr brauchen. In Frankreich findet die Einschulung nicht erst zu Beginn der Grundschule, sondern viel früher statt. Sie wird nicht als Bruch oder Ritual im Leben eines Kindes zelebriert, mit Einschulungsfeier und Zuckertütenfest. In Frankreich gibt es kein Wort für „Schultüte".

Zur Geburt meiner Kinder habe ich von den französischen Verwandten viele „jeux éducatifs", also „erzieherische Spiele" als Geschenk erhalten: eine Plastik-Orgie, mit viel elektronischem Schnickschnack und dem erklärten Ziel, das Gehirn des Babys mit möglichst vielen Reizen von außen zum Lernen zu animieren. Théo interessiert diese Materialschlacht nur mäßig. Er spielt am liebsten mit uns, mit Holzspielzeugen und mit einem alten ausrangierten Topf. Er kann sich auch minutenlang mit einer schimmernden und raschelnden Rettungsdecke beschäftigen.

Einige deutsche Wörter lassen sich nicht ins Französische übersetzen: So zum Beispiel die Wörter „Rabenmutter", „Schlüsselkind", „Feierabend". Warum denn auch? In Deutschland wird eine Mutter, die Wert auf ihre Berufstätigkeit legt, manchmal als „Rabenmutter" tituliert. In

Frankreich nennt man sie „femme active". Wenn in Frankreich eine Mutter ihr Kind zu sehr behütet, ist sie eine „mère poule", also eine „Gluckenmutter". Die Balance zwischen Rabenmutter oder Glucke ist schwer zu finden. Zwischen den beiden Extremen muss frau sich immer wieder erfinden und neu austarieren lernen.

Der deutsche Erziehungsstil konzentriert sich stärker auf die Bedürfnisse des Kindes als die „éducation à la française". In Deutschland ist die Erziehung beschützender, besorgter, antiautoritär. Sie versagt es sich, dem Kind zu viele Erwartungen aufzubürden. Die französische Erziehung sieht im Kind schon den zukünftigen Erwachsenen, ohne dabei viel Angst zu verspüren, ihm einen Teil seiner Kindheit zu rauben. Dieser Kontrast lässt sich an vielen Momenten der Kindheit ablesen: Die deutschen Mütter stillen länger, die französischen Eltern geben früher feste Nahrung. Sie lassen ihr Kind auch eher weinen, während die deutschen Eltern eher die Rhythmen des Kindes versuchen zu respektieren. Die deutschen Eltern tragen ihr Baby häufiger, sie tolerieren es auch länger im Elternbett.

Ausnahmen kommen durchaus vor. Sie bestätigen die Regel. Als deutsch-französische Familie suchen wir uns das Beste aus beiden Welten aus. Tragetuch statt Kinderwagen, so konnte Thomas erst Théo und jetzt Emma lange am eigenen Körper tragen. Das ist nicht nur äußerst praktisch im Alltag. Thomas genießt es auch sehr, die Babys so eng an sich zu spüren. Bewegungen, Herzschlag, Gerüche – alles wird geteilt, es ist eine Symbiose auf Zeit. Ich glaube, für Thomas ist das auch so etwas wie ein Schwangerschaft-Ersatz.

„Le meilleur des deux mondes …" Karrierefrau statt Hausfrau, so kann ich meine Berufung ausleben, die mich erfüllt und glücklich macht. Das bedeutet wiederum eine konsequente Logistik im Alltag: Vieles, was outgesourct werden kann, wird in fremde Hände gegeben: Hausarbeit, teilweise auch Kochen, Betreuung der Kinder, auch Kindergeburtstage, Steuererklärung, usw. Daraus ergeben sich manchmal Kollisionen, auch in der Familie, weil die Erwartungen aufeinanderprallen und enttäuscht werden. Kuschelige Kino-Abende zu Hause sind eine absolute Seltenheit, die wir besonders genießen. Der Freundeskreis leidet auch darunter, diese Durststrecke überleben nur die starken freundschaftlichen Beziehungen. Der Preis für Karriere mit Familie kann hoch sein, er muss regelmäßig beim Frühstück oder Abendessen (mindestens einen kleinen Familienhöhepunkt am Tag brauche ich) neu verhandelt werden.

Journal intime/Tagebuch
Magdeburg, den 04.06.06

Kaum sind wir in Essen angekommen und haben uns dort neuorientiert, mit Krippe und Kinderarzt, bekomme ich den Ruf auf eine Fachhochschulprofessur nach Magdeburg. Thomas bleibt mit den Kindern vorerst im Ruhrgebiet. Ich pendle zwischen West und Ost. Théo ist 2,5, Emma gerade 1 Jahr alt. Thomas arbeitet nach wie vor in Teilzeit, auf einer 75 %-Stelle in einer außeruniversitären Forschungseinrichtung. Er genießt relativ flexible Arbeitszeiten, steht aber aufgrund der immer wieder befristeten Arbeitsverträge unter Leistungsdruck. Jedes Mal, wenn sein Arbeitsvertrag droht, nicht verlängert zu werden, denken wir gemeinsam über „Ausstiegsszenarien" nach. Thomas würde dann den Wissenschaftsbereich verlassen, um in den Schuldienst einzutreten oder sich selbstständig zu machen.

Für mich kommt der Ruf an die Hochschule Magdeburg-Stendal wie aus heiterem Himmel. Ich habe nicht habilitiert, sondern bin seit vielen Jahren nebenberuflich als allgemein beeidigte Dolmetscherin und Übersetzerin (französisch/englisch) für Unternehmen, Bundesämter und Landesbehörden tätig. Fachhochschulprofessorin zu werden ist eine logische Fortsetzung, dabei erscheint sie mir erst spät als Option. Wahrscheinlich hat es auch damit zu tun, dass ich das Fachhochschulmodell aus Frankreich nicht kenne. Die Chancen, an einer Fachhochschule Professor*in zu werden, stehen derzeit recht gut. Die hohe Lehrbelastung und die Selbstverwaltung ohne Entlastung durch Mittelbau-Mitarbeiter*innen können abschreckend wirken, aber das „Gesamtpaket" ist unglaublich attraktiv. Ich erkenne die Vorteile erst, nachdem ich mich mit dem Fachhochschulmodell ganz praktisch vertraut gemacht habe: sehr hoher Grad an Selbstbestimmung, vergleichsweise freies Zeitmanagement, Freiheit von Forschung und Lehre, Verbeamtung, ab und zu mal ein Forschungssemester – das sind viele Aspekte, die es einfacher machen, die Balance zwischen Beruf und Familie zu finden.

Dennoch habe ich auch schmerzhafte Erinnerungen an meinen Alltag als Neuberufene, Pendlerin und Mutter von zwei Kleinkindern. Eine Episode

habe ich meinem Tagebuch anvertraut. Mein geliebtes Tagebuch hilft mir, mit der Traurigkeit umzugehen.
Nous avons passé le week-end avec ma belle-sœur, son mari et leurs filles à l'auberge de jeunesse de Thale. Le samedi soir, la cuisinière à laquelle je venais demander un pack de lait pour les enfants au réveil m'a fait cette remarque: „ Je pense que la mère de deux enfants en bas âge doit prévoir ce genre de choses. " J'ai reçu cela en plein face comme si elle me disait que j'étais une mauvaise mère. Alors que je fais tout mon possible pour organiser toutes mes vies en même temps. Que sait-elle de ma vie ? Et des défis que j'ai à relever en permanence ?

Je sens toujours ma capacité d'organisation remise en question quand je vois que j'ai oublié telle ou telle chose dans les bagages des enfants: pas assez de vêtements chauds, de chaussettes pour Théo. Les enfants de ma belle-sœur sont toujours habillés impeccablement, les miens se promènent souvent avec un bonnet trop petit (Emma) ou des collants de 3 jours (Théo). Les cousines ont des peignoirs de bain, c'est à peine si je pense à emporter une serviette pour mes enfants. Les cousines ont des chaussures de randonnée, Théo ses chaussures de sport toutes sales. Je voudrais bien accorder moins d'importance à cette comparaison, mais je ne peux pas.

Cela m'a fendu le cœur de laisser Thomas repartir avec les enfants dans le train. J'envie tous ces gens qui peuvent encore passer ce jour férié avec leurs enfants. Je me sens écartelée entre mon travail et ma famille. Chaque instant est un moment volé, soit à la famille, soit à mon métier. Il faut que je me replonge dans mon travail mais je n'y arrive pas. Je ne me sens pas non plus le courage de jouer avec les enfants de l'amie qui me loge à Magdeburg, car cela me rappellerait trop mes petits à moi qui me manquent.

Il me semble que cela réactive toutes les douleurs passées liées aux adieux, à la séparation. Je repense à ma propre mère qui me dit que la maison de Metz est „ bien vide " après notre départ. Je suis sensible ce soir à la mémoire des lieux, aux souvenirs qui imprègnent les sols, les murs et les meubles.

Vivement que le semestre s'arrête, ces navettes deviennent insupportables. Encore 5 semaines.

Quand j'étais en train de nettoyer la chambre ce matin, je me suis opposée violemment à Théo, en refusant qu'il joue avec le balai avant d'avoir mis ses chaussures. Il a crié, pleuré, m'a regardé avec beaucoup d'incompréhension. J'étais trop prise par ma propre douleur pour faire attention à la sienne. J'ai peur de casser des petites fibres dans la relation qui nous unit. J'ai peur de faire du mal irréparable. J'ai peur de rater définitivement des étapes de leur développement.[1]

Journal intime/Tagebuch
Magdeburg, Frühjahr 2014

Die Suche nach einer Tagesmutter bzw. einem Krippenplatz zunächst in Stuttgart und dann in Essen kam einem Hürdenlauf gleich. Ich habe Bewerbungen angefertigt, persönlich hingebracht, in regelmäßigen Ab-

---

[1] Dt.: Wir haben das Wochenende mit meiner Schwägerin, ihrem Mann und ihren Töchtern in der Jugendherberge in Thale verbracht. Als ich am Samstagabend die Köchin nach etwas Milch für die Kinder für den nächsten Morgen fragte, entgegnete sie: „Ich denke, dass eine Mutter von zwei Kleinkinder so etwas vorhersehen und einkalkulieren sollte." Sie sagte mir das geradezu ins Gesicht, so als sagte sie, ich sei eine schlechte Mutter. Dabei tue ich mein Bestes, um alle meine Leben gleichzeitig unter einen Hut zu bekommen. Was weiß sie denn über mein Leben? Und von den Herausforderungen, denen ich mich ständig stellen muss?

Dass meine Organisationsfähigkeiten in Frage gestellt werden, merke ich immer wenn ich diese oder jene Sache für die Kinder vergesse: nicht genug warme Sachen oder Hausschuhe für Théo. Die Kinder meiner Schwägerin sind immer tadellos angezogen, meine laufen oft mit zu kleinen Mützen (Emma) oder drei Tage in derselben Strumpfhose (Théo) herum. Die Cousinen haben Bademäntel, meine dagegen haben Glück, wenn ich daran denke, ein Handtuch für sie mitzunehmen. Die Cousinen haben Wanderschuhe, Théo seine vollkommen verdreckten Sportschuhe. Ich würde diesen Vergleichen gern weniger Bedeutung beimessen, aber ich kann nicht.

Es hat mir das Herz gebrochen, Thomas mit den Kindern im Zug wegfahren zu lassen. Ich beneide alle Leute, die diesen Feiertag mit ihren Kindern verbringen können. Ich fühle mich zerrissen zwischen meiner Arbeit und meiner Familie. Jeder Moment ist ein gestohlener Moment, sei es der Familie, sei es meinem Beruf. Ich sollte mich wieder an die Arbeit machen, aber ich kann nicht. Ich kann aber auch nicht mehr mit den Kindern meiner Freundin spielen, bei denen ich in Magdeburg wohne – das würde mich zu sehr an meine Kleinen erinnern, die mir so fehlen.

Es scheint mir, als hole das auch jeden vergangenen Abschiedsschmerz wieder hervor. Ich denke an meine eigene Mutter, die mir sagt, dass das Haus in Metz „recht leer" ist, nachdem wir ausgezogen sind. Heute Abend bin ich empfänglich für die Erinnerungen von Orten, für Erinnerungen, die in Böden, Wänden und Möbeln wohnen.

Es wird Zeit, dass das Semester zu Ende ist, diese Pendelei ist unerträglich. Noch 5 Wochen.

Als ich heute Morgen das Zimmer sauber machte, hatte ich eine heftige Auseinandersetzung mit Théo. Ich habe ihm verboten mit dem Besen zu spielen bevor er seine Schuhe anzieht. Er hat geschrien, geweint und mich mit sehr viel Unverständnis angesehen. Ich war zu sehr von meinem eigenen Schmerz eingenommen, um seinen zu sehen. Ich habe Angst, die dünnen Fasern unserer Bindung zu zerstören. Ich habe Angst, irreparablen Schaden anzurichten. Ich habe Angst, ein für alle Mal ihre Entwicklungsschritte zu verpassen. (Übersetzung: Sarah Czerney)

ständen danach angerufen. Die Suche nach einer Betreuungsmöglichkeit für meine Kinder kostete mich Zeit und Energie, ähnlich wie eine Arbeitssuche. Meine westdeutschen Freundinnen staunten: „Du willst doch nicht deine Kinder schon abgeben?" Das Elternsein ist in Westdeutschland eine nicht delegierbare Verantwortung.

Als wir nach Magdeburg als Familie umgezogen sind, fühlte ich mich an Frankreich erinnert: Tagesmütter und KiTas, quasi flächendeckend. Mir tat es gut, die Selbstverständlichkeit zu erleben, mit der berufstätige Frauen ihre Kinder außerhalb der Familie betreuen lassen. Sogar eine deutsch-französische Kindertagesstätte habe ich vorgefunden: Théo und Emma haben *Au Clair de la Lune* mehrere Jahre besucht. Daraus sind Freundschaften zu Erzieher*innen und anderen Familien entstanden, die bis heute andauern.

In Magdeburg freue ich mich über jeden Schritt meiner Kinder in Richtung Selbstständigkeit: sich allein anziehen können, die Schuhe binden, mit dem Fahrrad zur Schule fahren, allein in der Stadt unterwegs sein können. Junge Mütter in meinem Umfeld drücken ihr Bedauern darüber aus, dass aus den kleinen niedlichen Kindern jetzt schon autonome Wesen werden, die immer weniger ihren Schutz und ihre Hilfe brauchen. Ich liebe meine Kinder, spüre aber keine Traurigkeit. Ich denke an das Gedicht „Von den Kindern" von Khalil Gibran und fühle mich „im Lot".

Von den Kindern

… Eure Kinder sind nicht eure Kinder.
Es sind Söhne und Töchter von des Lebens Verlangen nach sich selber.
Sie kommen durch euch, doch nicht von euch;
Und sind sie auch bei euch, so gehören sie euch doch nicht.
Ihr dürft ihnen eure Liebe geben, doch nicht eure Gedanken,
Denn sie haben ihre eigenen Gedanken.
Ihr dürft ihren Leib behausen, doch nicht ihre Seelen.
Denn ihre Seelen wohnen im Hause von morgen, das ihr nicht zu betreten vermögt, selbst nicht in euren Träumen.
Ihr dürft euch bestreben, ihnen gleich zu werden, doch suchet nicht, sie euch gleich zu machen.
Denn das Leben läuft nicht rückwärts, noch verweilet es beim Gestern.

Ihr seid die Bogen, von denen eure Kinder als lebende Pfeile entsandt werden. ...
(Gibran 2003)

Zwischen der 4. und der 5. Klasse verbringt Théo ein Jahr in Frankreich bei meiner Mutter. Zwei Jahre später macht sich Emma auf den Weg. Sie erleben eine interkulturelle Langzeiterfahrung im geschützten Raum, weil sie meine Mutter seit der Geburt kennen. Dieses Auslandsjahr ist ein zusätzliches Schuljahr in ihrer Biografie, denn nach ihrer Rückkehr steigen Théo und Emma ins deutsche Schulsystem da wieder ein, wo sie es verlassen hatten. Beide machen ähnliche Erfahrungen: Wie frontal und wie „verschult" die französische Grundschule sein kann. Eine besondere Situation ist Emma gut in Erinnerung geblieben: In der Schule basteln die Kinder eine Überraschung für ihre Eltern. Die Lehrerin aus CM1 (entspricht 4. Klasse) schneidet selber die „découpages" aus, die die Kinder dann ausmalen sollen: So stellt sie sicher, dass es „sauber ausgeschnitten wird und schön aussieht".

Journal intime/Tagebuch
Magdeburg-Stendal, Herbst 2016
Als Rektorin bin ich die Außenvertretung der Hochschule. Ich absolviere zahlreiche Termine am Abend und am Wochenende – nie in Begleitung meines Mannes. Thomas hat ein Vorbild vor Augen: Joachim Sauer, den Ehemann von Frau Merkel, der sie nur selten in der Öffentlichkeit begleitet. Ich bin anfangs traurig, dass wir schöne Momente wie den Hochschulball als Paar nicht zusammen erleben können, aber ich akzeptiere schließlich Thomas' Entscheidung. Ich merke, wie meine Geschäfts- und Gesprächspartner zuerst verwundert sind, sich aber im Laufe der Jahre an den Anblick einer Frau ohne Begleitung gewöhnen.
Danke, Frau Merkel!
Auf meinem „Dienstschreibtisch" steht kein Familienbild, kein Urlaubsfoto. Die Zeichnungen meiner Kinder, die anfangs mein Büro an der Hochschule zierten, habe ich inzwischen entfernt. Ich trenne ziemlich scharf zwischen Privatem und Beruflichem. An der Hochschule und

in der Stadtgesellschaft ist bekannt, dass ich verheiratet bin und zwei Kinder habe. Dass meine Familie unsichtbar bleibt, wird geduldet oder voll akzeptiert. Ich spüre keine Animosität. Dabei bin ich mir nicht sicher, ob es auch so wäre, wenn ich kinderlos geblieben wäre oder in einer lesbischen Beziehung leben würde. Die gesellschaftlichen, heterosexuellen Zwänge wirken noch stark.

Von: Anne Lequy rektorin@h2.de
Gesendet: Dienstag, 24. April 2018 um 14:42
An: D.
Betreff: Hochschulrektorenkonferenz in Mannheim
Liebe D.,
Entschuldige bitte, dass ich mich in Mannheim sehr rar gemacht habe: Im überfüllten Hörsaal habe ich mich in den hinteren Reihen versteckt, um während der Mitgliederversammlung Mails abarbeiten zu können, habe den Abend mit den Kollegen der HS-Allianz für den Mittelstand verbracht und bin heute sogar frühzeitig abgereist ... Keine Chance. Ich hätte mir gewünscht, dass wir etwas mehr Zeit gehabt hätten. Lass uns unser Wiedersehen das nächste Mal ein bisschen besser planen.

Ich fühle mich zurzeit zwischen meinen HS-politischen Aktivitäten (hauptsächlich LRK, Sprecherkreis, Allianz) und den Aufgaben an der Hochschule (mit drei ganz neuen Prorektoren) hin- und hergerissen. Zu wenig Zeit hier, zu wenig Zeit dort.

Hin- und hergerissen fühle ich mich auch zwischen Job und Familie – es ist nie genug, weder hier, noch dort. Ich hoffe, Du findest eine bessere Balance!

De tout cœur
Anne
Von: D.
Betreff: AW: Hochschulrektorenkonferenz in Mannheim
Datum: 24. April 2018 um 17:31
An: Anne Lequy rektorin@h2.de
Liebe Anne,
Ich freue mich sehr, von Dir zu lesen. Ich kann das sehr gut verstehen, was Du schreibst. Ich hatte einmal eine sehr gute Führungskräftetrainerin, die sagte, dass „man stets eine Seite vernachlässigt, sich schuldig macht". Man muss balancieren lernen, wem gegenüber man sich wie lange schuldig

macht, ihn/sie/es vernachlässigt. Genau das ist unser Job – vielleicht hilft Dir dieser Satz, da er die Frage nach der Balance anders wendet! Ja, lass uns das nächste Mal besser planen. Also, ich denke, die nächste Option wird wieder der HRK-Senat sein. Ich freue mich, auf das nächste Mal, Dich zu sehen.
Beste Grüße aus F.
Deine D.

Sommerferien mit der Familie
Meran, den 05.08.2019

Laptop in den Ferien, Mails im Bett
Wissenschaft Management
Wissenschaftsmanagement
Virginia Angela Ursula
Ich suche nach Vorbildern
A Room of One's Own
Optimieren, selbst im Urlaub
Alle Wege müssen nützlich sein
Einkaufen, kein Genuss
Kochen, Kino, Jazz spielen
Weg-ra-tio-na-li-siert
„Für den nächsten Lebensabschnitt"
Farniente? Ein nicht-Fachbuch lesen?
Nicht an der Tagesordnung
Jeder Tag hat seine Ordnung
Sentiment de culpabilité
Das Gefühl, nie genug zu sein
Il y a toujours quelque chose „en souffrance"
Mentorin für junge Wissenschaftlerinnen
„Professorin ist der coolste Job der Welt,
die größte Freiheit bei größter Sicherheit"
Joie intérieure, satisfaction
Mon métier, ma vocation
Est-ce ça, le bonheur ?
Dankbarkeit (ganz tief in mir)

Zwei gesunde, ausgeglichene Kinder
„Bien dans leurs baskets"
Gratitude envers Thomas
Ist mir gefolgt, quer durch Deutschland
„Du bist mein Schrittmacher"
Faire carrière, fonder une famille
Thomas in Elternteilzeit,
bis beide Kinder 3 werden
Théo et Emma
Geben mir Erdung, Bodenhaftung
Relativiert einiges im Rektorin-Alltag

Skype mit meiner Mutter
Magdeburg, den 15.09.19
Wir sprechen über Boris Cyrulnik. Er ist Psychoanalytiker, in Frankreich sehr bekannt, in Deutschland kaum. Ich habe seine warme, tiefe Stimme neulich im Radio gehört. Er sprach über das Phänomen der „Resilienz" – der psychischen Widerstandsfähigkeit. Um diese Fähigkeit zu entwickeln, muss das Kind in einem Milieu aufwachsen, das ihm Sicherheit vermittelt. Dabei geht es nicht darum, dass die Mutter ständig bei ihm ist. Es geht eher um die Stabilität dieser Beziehung. Neben der Mutter braucht es mehrere erwachsene Personen, zu denen das Kind eine Bindung aufbaut. Diese stabilen Bindungen machen es möglich, dass das Kind sich „secure" fühlt. Es fühlt sich wohl, ist voller Vertrauen, selbst wenn die Bezugsperson nicht da ist. Das Kind kann dann mit großen Veränderungen und Stresssituationen gut umgehen.

„Savoir cela, c'est très déculpabilisant pour les mères. Si la mère n'est jamais là, c'est une catastrophe. Si la mère est toujours là, c'est un engourdissement."

„Wenn sie das wissen, haben die Mütter viel weniger Schuldgefühle. Wenn die Mutter nie da ist, ist es eine Katastrophe. Wenn die Mutter ständig da ist, ist es lähmend."

Merci, Monsieur Cyrulnik.

Literatur

Cyrulnik B (2019) Préparer les petits à la maternelle. Odile Jacob, Paris
Gibran K (2003) Der Prophet. Deutscher Taschenbuch Verlag, München
Woolf V (1957) A room of one's own. Harcourt, Brace & World, New York

14

Die Unvereinbarkeit von Mutterschaft und Wissenschaft als notwendiges biografisches Projekt

Eine persönliche Aufarbeitung zwischen Selbstreflexion, Orientierungssuche und dem Blick über den Tellerrand nach Schweden

Silke Kassebaum und Magdalena Granell

Zusammenfassung Wissenschaftlerinnen mit Kind(ern) stehen vor einer paradoxen Vereinbarkeitsproblematik. Gegensätzliche Erwartungshaltungen und Idealvorstellungen, die strukturell verankert und darum von ihnen nicht aufzulösen sind, werden an sie herangetragen und beeinflussen ihre Karrierewege, ihre Paarbeziehungen und nicht zuletzt ihr Selbstverständnis als Mutter und als Wissenschaftlerin. Um sich an dieser paradoxen Vereinbarkeitsproblematik nicht aufzureiben, gar zu scheitern, müs-

---

S. Kassebaum (✉)
Otto-von-Guericke-Universität Magdeburg, Lund, Schweden
E-Mail: silke.kassebaum@gmx.de

M. Granell
Hochschule West (Högskolan Väst) Trollhättan, Schweden,
Vänersborg, Schweden
E-Mail: magdalena.granell@gmail.com

sen Frauen dazu in biografischen Reflexionsprozessen notwendigerweise eine innere Haltung entwickeln, um ganz selbstverständlich beides leben zu können. Welchen Einfluss ein internationaler Perspektivenwechsel für die Distanzierung von verinnerlichten Erwartungshaltungen und Idealvorstellungen hat und welches Potenzial sich daraus für neue biografische und berufsrelevante Orientierungsfiguren ergeben kann, wird anhand der biografischen Auseinandersetzung zum Vereinbarkeitsparadox einer deutschen Mutter im schwedischen Wissenschaftssystem nachgezeichnet.

Anmerkung der Autorinnen: Der Text hat seinen Ursprung in den biografischen Reflexionen zum Thema Mutterschaft und Wissenschaft der deutschen Forscherin Silke Kassebaum, die maßgeblich durch den fachlichen und persönlichen Austausch mit der schwedischen Wissenschaftlerin Magdalena Granell bereichert wurden. Darum wird aus der Ich-Perspektive erzählt, auch wenn es sich um ein deutsch-schwedisches Kooperationsprojekt handelt.

Bevor ich anfing, mich ganz bewusst mit Mutterschaft auseinanderzusetzen, war sie bereits Teil meines Lebens. Nicht etwa, weil ich selber eine Mutter habe, Tochter bin und Mütter kenne, sondern weil sie zu meiner wissenschaftlichen Karriere gehörte. Damals hatte ich noch nicht verstanden, dass Mutterschaft zur Karriere aller Frauen gehört; unabhängig davon, ob sie in Wissenschaft arbeiten oder nicht und noch viel entscheidender, unabhängig davon, ob sie selber Mutter sind oder nicht! Gespürt habe ich dieses Phänomen erstmals als Teilnehmerin eines Mentoringprogramms für (sogenannte) Nachwuchswissenschaftlerinnen. Mehr oder weniger unterschwellig war das Thema Mutterschaft immer gegenwärtig. Es konnte sich in Workshopangeboten zur Work-Life-Balance oder Dual-Career äußern, wobei es nie als entscheidender Faktor für weibliche, wissenschaftliche Karrieren entschleiert wurde. Es konnte sich aber auch zum Konflikt zwischen einer kinderlosen Karrieretrainerin und einer Mentee entbrennen, die ihr Kind mit zu einem Workshop brachte, weil sie keine Betreuungsmöglichkeit hatte. Der Vorwurf der Trainerin bestand darin, dass die Mentee ihre Karriere nicht ernst nehme, weil sie ihr keinen kinderlosen Raum zugestehe. Die Mentee musste den Workshop verlassen. Wäre ihr hingegen die Karriere wichtig gewesen, so die

Trainerin, hätte sie das Betreuungsproblem gelöst und sich nicht respektlos gegenüber den anderen Mentees verhalten, die in den Augen der Trainerin offensichtlich die richtigen Prioritäten gesetzt hatten. Es geht mir mit diesem Beispiel nicht darum, im Nachhinein eine Lösung des Konfliktes anzubieten, sondern vielmehr darum herauszustellen, wie sich für mich darüber das Gefühl vermittelte, dass ich mich entscheiden müsse. Die Botschaft, die sich durch den Konflikt transportierte, war nämlich deutlich: Mutterschaft oder Wissenschaft! Und wenn Mutterschaft sein muss, dann doch bitte nur zweitrangig. Ich hatte verstanden. Die Karriere kommt an erster Stelle und wenn ich Kinder möchte, dann muss ich nur die richtigen Prioritäten setzen. Gleichzeitig hatte ich aber auch verinnerlicht, ohne dass es mir damals reflexiv bewusst wurde, dass die Vereinbarkeit von Mutterschaft und Wissenschaft meine Verantwortung ist. Wie selbstverständlich hatte ich die Vereinbarkeitsproblematik als meine private Aufgabe übernommen. Erst als ich geraume Zeit später auf einer Netzwerkveranstaltung für Wissenschaftlerinnen einen Karrieretipp von einer Professorin hörte, fielen mir – wie man so schön sagt – die Schuppen von den Augen. Die Professorin hatte einen entscheidenden Rat an die anwesenden Nachwuchswissenschaftlerinnen: Augen auf bei der Partnerwahl! Wie konnte ich so selbstverständlich Mutterschaft nicht als Teil von Partnerschaft denken? Es war einfach nicht Teil meiner Wahrnehmung. Und das, obwohl ich als Genderforscherin und bekennende Feministin doch über theoretisches Vorwissen verfügte.

Natürlich war mir bewusst, dass sich weibliche Karrieren innerhalb eines gesellschaftlichen Systems entfalten, das durch die Einteilung in die Sphäre der männlich zugeschriebenen Produktions- bzw. Erwerbsarbeit und in die Sphäre der weiblich konnotierte Reproduktions- bzw. Sorgearbeit gekennzeichnet ist. Mir war auch klar, dass diese festgeschriebene gesellschaftliche Einteilung besonders für berufstätige Frauen zu Karrierehemmnissen struktureller Natur führt. Weniger gegenwärtig waren mir jedoch die damit verbundenen biografischen Herausforderungen die auf Rollenambiguität, Doppelbelastung, Vereinbarkeitsprobleme und Aushandlungsprozesse innerhalb von Partnerschaften zurückzuführen sind (vgl. Becker-Schmidt 2008, S. 67). Besonders die ungleiche Verteilung von Sorgearbeit in Partnerschaften zu Ungunsten von Frauen beeinflusst weibliche Karrieren negativ. Kommen dann noch Kinder hinzu, potenziert sich dieser Effekt noch einmal, weil der Anteil an Sorgearbeit zunimmt.

„Aufgrund unterschiedlicher normativer Anrufungen und Strukturen gelingt es Männern jedoch leichter, die Erwerbsarbeit der Sorgearbeit überzuordnen und letztere ihren Partnerinnen zu überlassen. Das stellt Frauen in ihrer Erwerbsbiografie vor ein Vereinbarkeitsproblem" (Flöther und Oberkrome 2017, S. 145).

Ebenfalls unklar war mir, dass Mentoringprogramme Nachwuchswissenschaftlerinnen vornehmlich als Vereinbarkeitssubjekte adressieren. Das ist sicherlich nicht beabsichtigt, gilt es doch eigentlich durch diese Förderinstrumente Strukturdefizite für Wissenschaftlerinnen auszugleichen. Es ist aber leider ein Nebeneffekt der Orientierung an männlich geprägten Wissenschaftskarrieren und der fehlenden Anrufung und Indienstnahme von Wissenschaftlern für Vereinbarkeit (vgl. Leinfellner und Bomert 2017, S. 176). Rückblickend war es also nicht verwunderlich, dass ich in einem sozusagen vorreflexiven Stadium der Auseinandersetzung über Mutterschaft und Wissenschaft ganz selbstverständlich das strukturell verankerte Vereinbarkeitsproblem bei mir als Frau sah und zu meinem privaten Problem gemacht hatte.

Dass es nicht nur mir so geht, sondern dass sich offenbar viele Wissenschaftlerinnen automatisch den Schuh der Vereinbarkeitsproblematik überstülpen, zeigen Studienergebnisse. Auch bei Hochqualifizierten findet sich eine Geschlechterdiskrepanz bei der Frage der Kinderbetreuung und es wird die traditionelle Sorgearbeitsverteilung reproduziert. „Sind Kinder vorhanden, wenden die promovierten Frauen somit doppelt so viele Stunden für Sorgearbeit auf wie ihre männlichen Kollegen" (Flöther und Oberkrome 2017, S. 153). Da sich das gleiche Bild auch im Fall von Vollzeitbeschäftigung abzeichnet und Frauen mit Kindern auch in diesem Fall fünfzig Prozent mehr für Sorgearbeit aufwenden als Männer mit Kindern, kann nicht von einem gleichberechtigten Aushandlungsprozess innerhalb der Paarbeziehung ausgegangen werden (vgl. Flöther und Oberkrome 2017, S. 153). Mutterschaft wird für Wissenschaftlerinnen somit zum Wettbewerbsnachteil, den sie zwar nicht abschütteln können, den sie jedoch verringern könnten, wenn sie Sorgearbeitsanteile aktiv abwehren und somit in Verteilungskämpfe mit ihren Partnern gingen. Warum sie dies nicht tun, ist schwer zu beantworten. Die Leiterin eines Frauenzentrums und Beraterin in Coming-Out-Fragen für lesbische Mädchen und Frauen hat mir gegenüber mal die These vertreten, dass viele Feministinnen lesbisch seien, weil sie den politischen Kampf um Gleichberechtigung nicht in ihrem Privatleben in der Partnerschaft mit einem Mann ausleben wollen. Damals war ich Praktikantin während des Studiums und fand ihre Aussage höchst zweifelhaft, weil ich selber in einer heterosexuellen Beziehung lebte und mich gleichzeitig als Feministin verstand. Heute fällt mir diese These jedoch wieder ein, weil sich das darin liegende „Quantum" Wahrheit auf die Vereinbarkeitsproblematik übertragen lässt, deren gesellschaftliche Rahmenbedingungen natürlich partnerschaftliches Konfliktpotenzial haben und Frauen der Konfrontation möglicherweise deshalb ausweichen, um ihre Partnerschaft nicht zu riskieren. Sieht man sich die Lebensbedingungen von Alleinerziehenden an, scheint das auch nicht verwunderlich (vgl. BMfSFJ 2012). Nimmt man sich dann noch die gut gemeinten und sicherlich von der Realität des Wissenschaftssystems abgeleiteten Ratschläge an werdende Eltern zu Herzen – beispielsweise: „Das Mindeste, das Sie während der Elternzeit tun sollten, ist jedoch, den Forschungsstand in ihrem Gebiet weiter zu verfolgen" (Wilde 2016, o. S.) – hat man als Frau verstanden, dass mit dem Ende der Partnerschaft auch das Ende der wissenschaftlichen Karriere droht, weil dann ggf. kein Gegenüber mehr vorhanden ist, mit dem man gemeinsam Elternzeit gestalten und Betreuungs- und Erwerbsarbeitszeiten verteilen kann (vgl. Wilde 2016). Denkbar ist jedoch auch, dass Verteilungskämpfe in Partnerschaften deshalb ausbleiben, weil Frauen sich für gleichberechtigt halten und die Ungleichverteilung der Sorgearbeit einfach nicht wahrnehmen.

„D. h. die Rollen sind zwar rhetorisch aufgebrochen worden, Gleichheitsansprüche existieren im Diskurs, in den Leitbildern aber in der Praxis haben sie sich in keiner Weise durchgesetzt. […] Die Paare reden viel über Gleichheit, das bedeutet aber nicht, dass sie sie auch leben" (Koppetsch 2018, 26:19 Minuten).

Besonders die Gruppe der Hochqualifizierten und Akademiker*innen scheint für diese Verblendung anfällig zu sein, wie Studienergebnisse zeigen. In einer Untersuchung wurden anhand dreier Milieus Auswirkungen auf Paardynamik und Arbeitsteilung untersucht, nachdem die Frau die Hauptverdienerin innerhalb der Familie wurde. Besonders das individualisierte Milieu, zu dem urbane Akademiker*innen gehören, die sich beruflich selbstverwirklichen wollen und gleichzeitig den Anspruch erheben, die Sorgearbeit gleichberechtigt unter Mann und Frau aufzuteilen, ist für die Auseinandersetzung um Mutterschaft und Wissenschaft bedeutsam. Die Studienergebnisse lassen nämlich die Vermutung zu, dass Wissenschaftlerinnen in Bezug auf die Vereinbarkeitsproblematik nicht einfach verblendet sind, sondern sich quasi blind und taub stellen.

> „[E]s wird so inszeniert, als ob die berufliche Selbstverwirklichung das Projekt dieses Paares ist. Die Gleichheit wird über die berufliche Selbstverwirklichung definiert, während die Hausarbeit in den Schatten tritt. Und auch hier gibt es die sogenannte Gleichheitsillusion. D. h. die Paare vollbringen so viele Manöver, bis es irgendwann so aussieht, als ob die Hausarbeit aufgeteilt wird, in Wirklichkeit ist es aber die Hauptverantwortung der Frau" (Koppetsch 2018, 13:12 Minuten).

Sicherlich ist nicht jede Wissenschaftlerin automatisch die Hauptverdienerin in ihrer Paarbeziehung bzw. Familie, trotzdem zeigen die Studienergebnisse, dass es ein deutliches Risiko für Akademikerinnen gibt, eine Illusion anstatt tatsächlicher Gleichheit zu leben. Verstärkt wird dieser Effekt durch die hohe Anzahl von Dual-Career-Partnerschaften, die Frauen in der Wissenschaft eingehen. Sie leben häufiger in Paarbeziehungen mit akademischen Partnern als ihre männlichen Kollegen und können sich im Fall von Kinderbetreuung somit weniger auf die karrierefördernde Unterstützung im Hintergrund verlassen, wie es umgekehrt der Fall ist. „In der Wissenschaft müssen promovierte Frauen demnach häufiger Kind und Karriere mit geringem partnerschaftlichen Rückhalt vereinbaren, wohingegen Männer auf die Unterstützung ihrer Partnerin bauen können" (Flöther und Oberkrome 2017, S. 147).
Blöd!

Blöd ist auch, dass das Wissenschaftssystem eigene Strukturbedingungen vorhält, die nicht nur die Vereinbarkeit von Kind und Karriere für Wissenschaftlerinnen erschweren, sondern ihnen gleichzeitig schlechte Karten für die privaten Verteilungskämpfe innerhalb der Partnerschaft zuspielen. Prekariat, Wissenschaftsethos und die Entgrenztheit wissenschaftlicher Arbeit sind ohnehin schwierige Karrierekontexte (vgl. Leinfellner und Bomert 2017, S. 172). Im Fall von Mutterschaft avancieren sie jedoch zu Ausschlussindikatoren aus dem Wissenschaftssystem und gleichzeitig zu Konfliktpotenzial für Paarbeziehungen. Die Strukturbedingungen des Wissenschaftssystems wirken sich dann in doppelter Weise benachteiligend für Frauen aus. Durch die prekäre Qualifizierungsphase wissenschaftlicher Karrieren, die zeitlich mit der Familiengründungsphase von Frauen zusammenfällt, stellt sich für Wissenschaftlerinnen vermehrt die Frage von Kinder- oder Karriereverzicht (vgl. Flöther und Oberkrome 2017, S. 147). Resultate sind eine, am Durchschnitt gemessene, geringe Kinderzahl von Nachwuchswissenschaftlerinnen, die Häufigkeit von Einzelkinderkonstellationen und das hohe Erstgebärendenalter, was zumeist nach der Qualifikationsphase liegt (vgl. Leinfellner und Bomert 2017, S. 172). Ebenso erklärt sich, warum fast die Hälfte aller Professorinnen in Deutschland (trotz Kinderwunsch) gänzlich kinderlos geblieben sind (vgl. Nave-Herz 2014, S. 730). Den eigenen Kinderwunsch einer unsicheren, häufig teilzeitfinanzierten Promotion unterzuordnen, in der Hoffnung, dass sich diese Investition irgendwann auszahlen wird, ist nicht nur ein individuelles Risiko, sondern muss vom Partner mitgetragen werden. Zum einen muss auch der Partner seinen (potenziellen) Kinderwunsch zurückstellen und zum anderen ergeben sich daraus finanzielle Nachteile für das Paar bzw. für die ggf. bereits gegründete Familie. Auch das Idealbild des Vollblut- und Vollzeitwissenschaftlers, der für seine Forschungen brennt und ihnen alles unterzuordnen vermag, weil es im Hintergrund „Frau Professor" gibt, die ihm den Rücken freihält und die damit verbundene hohe Präsenzpflicht über das 40-Stunden-Wochenmaß hinaus, müssen innerhalb der Paarbeziehung verhandelt werden, denn nach wie vor ist die Entlastung von Sorgearbeit eine der wichtigsten Ressourcen, um dem Berufsbild des 24-Stunden-Wissenschaftlers bzw. der 24-Stunden-Wissenschaftlerin überhaupt entsprechen zu können (vgl. Flöther und Oberkrome 2017,

S. 147). Die zusätzlichen Belastungsmomente, die sich aus der doppelten Benachteiligung ergeben, erhöhen dann den Druck, die Promotion schnellstmöglich abschließen zu müssen, obwohl dies mit den vorhandenen Rahmenbedingungen kollidiert. Hier beißt sich die Katze also sprichwörtlich in den Schwanz. Die strukturellen Rahmenbedingungen für wissenschaftliche Karrieren bei gleichzeitiger Familiengründung setzen die Unterstützung durch den Partner voraus und erschweren gleichzeitig die Verhandlungsbasis für partnerschaftliche Aushandlungsprozesse, weil von den Frauen weder finanzielle noch zeitliche Ressourcen in Verteilungskämpfe eingebracht werden können. Es ist paradox! Und hier beginnt für mich die eigentliche biografische Aufarbeitung. Wenn eine strukturell verursachte Konfliktsituation nicht aufzulösen ist, muss man aus biografischer Perspektive eine innere Haltung dazu entwickeln, um damit umzugehen.

Für mich persönlich war und ist dieser Prozess der biografischen Arbeit mit leidvollen Erkenntnissen verbunden. Zuerst einmal steht die äußerst prekäre Finanzierung meiner Promotion im Raum. Als externe Doktorandin habe ich meine Promotion ausschließlich aus privaten Mitteln über Teilzeitanstellungen größtenteils in den Bereichen Projekt- und Wissenschaftsmanagement finanziert. Ich konnte meinen Lebensunterhalt bestreiten und war, so lange ich nicht in einer seriösen Beziehung lebte, niemandem Rechenschaft schuldig. Erst durch meinen schwedischen Lebensgefährten, mit dem ich eine Familie gegründet habe und der die Finanzierung meiner Promotion von Anfang an fragwürdig fand, war ich gezwungen mich der Kritik am Subventionsmodell meiner wissenschaftlichen Arbeit zu stellen. Ja, ich bezahle dafür, wissenschaftlich arbeiten zu dürfen. Ich nehme Teilzeitanstellungen in Kauf und werde dadurch langfristig große finanzielle Einbußen haben. Und nicht nur das, denn jetzt trägt meine Familie die finanziellen Konsequenzen meiner Entscheidung auch noch mit. Beispielsweise indem sich geringere Elterngeldansprüche und Teilzeitanstellungen auf unser Familieneinkommen auswirken und mein Lebensgefährte letzten Endes sogar zeitweise die Finanzierung unseres Lebensunterhaltes alleine übernommen hat. Zynisch zusammengefasst, finanziere ich meine wissenschaftliche Arbeit gerade über ein Privatstipendium, das mein Lebensgefährte bezahlt. Das heißt, nicht nur ich, sondern mittlerweile wir als Familie investieren – möglicherweise in die Illusion – einer wissenschaftlichen Karriere, von der ich längst nicht mehr weiß, ob ich sie überhaupt noch will. Diese Erkenntnis zuzulassen, ist Teil meiner biografischen Aufarbeitung mit dem Ziel, eine innere Haltung zu paradoxen Anforderungen zu entwickeln, um auch in Zukunft handlungsfähig bleiben zu können, indem Gegensätzlichkeiten ausbalanciert und Ambivalenzen ausgehalten werden. Die Arbeit an diesem Artikel dient dabei als Katalysator, weil mir nämlich zum ersten Mal meine Assoziationen zum Wissenschaftssystem bewusst wurden. Zuvor haben sie zwar untergründig und diffus Entscheidungen beeinflusst, Stimmungen erzeugt und Zweifel geschürt, nunmehr erklären diese Assoziationen jedoch meine lange Zeit unhinterfragte Bereitschaft meine wissenschaftliche Arbeit finanziell zu subventionieren. Ursprünglich habe ich begonnen zu promovieren, weil ich wissenschaftlich arbeiten wollte. Es hat mir Spaß gemacht, zu forschen, und ich war gut darin. Trotzdem war die Wissenschaft in meiner Vorstellung immer mit einem Privileg belegt. Sie war etwas, für das man sich auszeichnen müsse und was mir folglich nicht einfach zustehe, nur, weil ich die Fähigkeit zum wissenschaftlichen Arbeiten mitbringe. Vielmehr ging es für mich unterbewusst immer darum, wissenschaftlich arbeiten zu dürfen und gewissermaßen habe ich mir dieses Privileg erkauft. Mittlerweile ist mir die Legitimation durch das Wissenschaftssystem nicht mehr so wichtig, denn ich habe verstanden, dass es bei Weitem nicht ausreicht, gute wissenschaftliche Arbeit zu leisten, um sich in einem Bereich durchzusetzen, der immer noch am Idealbild des Wissenschaftlers, der für seine Forschungen brennt und die damit verbundenen zeitlich entgrenzten Arbeitsbedingungen ausgerichtet ist. Folglich ist das, was ich einzubringen vermag – zumindest für das deutsche Wissenschaftssystem – nicht ausreichend. Also bin ich nicht länger systemkompatibel, denn Forschen ist nunmehr für mich – auch bedingt durch meine Mutterschaft – nicht mehr länger Leben, sondern Arbeit.

Paradoxe Anforderungen an Wissenschaftlerinnen mit Kind(ern) ergeben sich nicht nur aus dem Spannungsverhältnis der Auswirkungen der Strukturbedingungen des Wissenschaftssystems für partnerschaftliche Verteilungskämpfe um unbezahlte Sorge- und Hausarbeitsanteile, sondern ebenso aus kulturellen Maßstäben. „Zumeist nichterwerbstätige Mütter setzen die kulturellen Maßstäbe für gute Elternschaft und gute

Erziehung, während Kinderlose die Maßstäbe in der Arbeitswelt setzen" (Leinfellner und Bomert 2017, S. 175). Versuchen Wissenschaftlerinnen dennoch, beiden Maßstäben gerecht zu werden, indem sie den Leitbildern der entgrenzten und widerständigen Produktions- und gleichzeitig der Reproduktionssphäre maximal zu entsprechen versuchen (vgl. Leinfellner und Bomert 2017, S. 176 f.), überfordern sie sich unweigerlich. Sie versuchen dann, das Unmögliche möglich zu machen. Trotzdem gelingt es Frauen immer wieder, die Doppelbelastung zumindest über einen gewissen Zeitraum auszutarieren. Aber der Preis ist hoch!

> „In den sieben Jahren nach der Geburt eines Kindes verschlechtert sich das mentale Wohlbefinden von einem Drittel aller Mütter deutlich. Es handelt sich um eine sogenannte substanzielle Verschlechterung […]. Das Unwohlsein der befragten Mütter äußert sich in drei Dimensionen: mentaler Stress, stressbedingter und sozialer Rückzug, depressive Verstimmungen und Angstgefühle." (Kaiser 2018, o. S.)

Obwohl es vielen Müttern ähnlich geht, sie das Gefühl haben, immer hinterherzuhängen, den beruflichen und privaten Anforderungen nicht zu entsprechen und sie ihre eigenen Bedürfnisse vernachlässigen, wird der Zusammenbruch des Vereinbarkeitsspagates häufig als persönliches Scheitern erlebt. Die anschließende Fehlersuche kann dann schnell in Selbstvorwürfen enden, getreu nach dem klassischen Motto: Was hat sie, was ich nicht habe? Oder vielleicht: Warum kann sie, was ich nicht kann? Und mitunter werden die Kinder gleich mit problematisiert. So titelte beispielsweise die ÄrzteZeitung: „Baby belastet Mamas Psyche" (Kaiser 2018, o. S.). Großartig! Und so gar nicht hilfreich. Weder der Vergleich mit anderen Frauen noch die viel zu kurz gefassten Erklärungsversuche, die beim Kind ansetzen, sind entlastend. Denn weder ich bin das Problem, noch ist es mein Kind!

Um langfristig eine Lösung für das Vereinbarkeitsdilemma zwischen Mutterschaft und Wissenschaft finden zu können, bedarf es deshalb auf der einen Seite einer kritischen Auseinandersetzung mit gesellschaftlichverankerten Idealbildern auf der politischen Ebene einschließlich der Etablierung von Kinderbetreuungsmaßnahmen. Leider sind solche Auseinandersetzungen meistens langwierig, kontrovers und nicht immer zielführend. Sie helfen den Frauen, die gegenwärtig in einer neoliberalen Gesellschaftsordnung mit dem Versprechen und der Bürde aufwachsen, sich nur hinreichend anstrengen zu müssen, um alles erreichen zu können und die jetzt als Vereinbarkeitssubjekte adressiert sind und somit für das Wohl ihres Lebensverlaufs verantwortlich gezeichnet werden (vgl. Leinfellner und Bomert 2017, S. 175), nur marginal. Darum müssen Forscherinnen Mutterschaft und Wissenschaft andererseits zum Ausgangspunkt biografischer Aushandlungsprozesse machen, um aushalten zu lernen, dass sie weder dem Idealbild der Mutter noch dem Idealbild der Wissenschaftlerin entsprechen können. Ich gehe sogar so weit, zu behaupten, dass es für Wissenschaftlerinnen mit Kind(ern) zwingend notwendig ist, durch biografische Arbeit und Reflexionsprozesse eine Haltung zu den paradoxen Strukturbedingungen von Mutterschaft und Wissenschaft zu entwickeln, um mehr zu schaffen, als nur geradeso im Alltag zu überleben (vgl. Kaiser 2018, o. S.).[1] Der tägliche „Überlebenskampf" von berufstätigen Müttern ist dabei zumeist unsichtbar oder wird abgewertet, was eine weitere Paradoxie darstellt und meines Erachtens gleichzeitig dazu beiträgt, dass Frauen die Solidarität untereinander und das Mitgefühl mit sich selbst verlieren. Anstatt das, was sie leisten anzuerkennen, wird es als selbstverständlich abgetan. Erst wenn Frauen verstehen und dafür einstehen, dass die Arbeit, die sie leisten – auch die unbezahlte – einen Wert hat, fordern sie möglicherweise selbstbewusster Gegenleistungen von ihrem gesellschaftlichen und privaten Umfeld ein. Durch meinen eigenen Reflektionsprozess konnte ich mich von den Idealbildern von Mutterschaft und Wissenschaft distanzieren. Ich erlebe es als sehr befreiend, mich nicht mehr länger an diesen unerreichbaren Maßstäben zu messen. Der positive Nebeneffekt davon ist der Verlust des Dranges, mich ständig bei meinem Umfeld für meine vermeintlichen Unzulänglichkeiten entschuldigen und für die Ab- bzw. Übernahme selbstverständlicher Sorge- und Betreuungsarbeitsanteile bedanken zu müssen.

Hilfreich für meine persönliche biografische Auseinandersetzung mit Mutterschaft und Wissenschaft war und ist der Austausch mit anderen

---

[1] In Anlehnung an das Zitat: „Es tut mir leid, ich schaffe gerade gar nichts, außer überleben" (Kaiser 2018, o. S.).

Frauen in vergleichbaren Situationen. Ihre Ansichten und ihr gelebter Umgang mit der Unvereinbarkeit von Mutterschaft und Wissenschaft waren mir eine wichtige Reflexionshilfe. Biographische Aushandlungsprozess sind aber nicht nur für mich als Privatperson, sondern auch als Biografieforscherin interessant. Ich frage mich beispielsweise, unter welchen Bedingungen sie sich vollziehen oder wie sie ausgelöst werden? Vor diesem Hintergrund wurde ich hellhörig, als ich folgende Aussage las: „Aber in Deutschland, speziell in Deutschland – in andern Ländern ist das anderes – ist das Geschlechterverhältnis in Kultur und Alltag und eben auch in der Familie sehr beharrlich" (Koppetsch 2018, 26:08 Minuten). Wie sieht es also mit der (Un-)Vereinbarkeit von Mutterschaft und Wissenschaft in anderen Ländern aus? Und welchen Effekt hat ein Kultur- bzw. Systemwechsel auf Prozesse der biografischen Arbeit? Da ich seit einiger Zeit in Schweden, dem sogenannten Vorzeigeland der Gleichberechtigung lebe, bot es sich natürlich an, einerseits eine vergleichende Perspektive auf die jeweils vorherrschenden gesellschaftlichen Konzepte von Mutterschaft und Wissenschaft heranzuziehen, um andererseits meinen eigenen biografischen Aushandlungsprozess – den einer deutschen Mutter und Forscherin im schwedischen Wissenschafts- und Gesellschaftssystem – voranzubringen und transparent zu machen. Dabei ging es mir letzten Endes darum, neue Orientierungen zu entdecken und eine Haltung zu entwickeln, die es mir erlauben, ganz selbstverständlich Wissenschaftlerin und Mutter zu sein.

Obwohl ich mich mittlerweile seit einiger Zeit in Schweden aufhalte und mein Kind in Schweden geboren wurde, bin ich noch nicht so lange Mutter im Land, weil wir als Familie die Elternzeit in Deutschland verbracht haben. Nach dreizehn Monaten zurück nach Schweden zu ziehen, war eine bewusste, wenn auch ursprünglich ungeplante Entscheidung. Plötzlich war ich also nicht mehr Mutter und Wissenschaftlerin in Deutschland, sondern in Schweden. Und wieder stellte sich die komplexe Frage nach der Vereinbarkeit oder möglicherweise immer noch der Unvereinbarkeit von Mutterschaft und Wissenschaft. Da mir die Binnenperspektive auf das schwedische Wissenschaftssystem bisher fehlt, ich aber in Deutschland die Erfahrung gemacht hatte, dass die gleichstellungspolitische Analyse als Blick von außen jedoch nicht ausreicht, um das tatsächliche Erleben von Unvereinbarkeitsdynamiken zwischen Wissenschaft und Mutterschaft nachzuvollziehen, war mir der Austausch mit schwedischen Wissenschaftlerinnen wichtig. Denn auch wenn Schweden über eine feministische Regierung verfügt, ist der erste Blick auf das schwedische Wissenschaftssystem ernüchternd, weil sich statistisch betrachtet in Sachen Gleichstellung kaum Unterschiede zum deutschen Wissenschaftssystem feststellen lassen. Kurz gesagt, verzeichnet auch die schwedische Hochschul- und Universitätslandschaft mit jeder Hierarchiestufe im System einen Frauenschwund. Ist der überwiegende Anteil der Studierenden noch weiblich, liegt die Rate der Professorinnen bei nur zwanzig Prozent, wobei die Geschlechterverteilung in unterschiedlichen Fachbereichen variieren kann (vgl. Delegationen för jämdställhet 2011, S. 43 ff.). Schwedische Wissenschaftlerinnen haben einen geringeren Zugang zu Leitungs- und Forschungsaufträgen, zu Qualifizierungsstellen nach der Promotionsphase sowie zu Dritt- und Exzellenzmitteln teils aufgrund einer generellen Unterrepräsentanz dieser Ressourcen in traditionell weiblich besetzten Forschungsfeldern, teils weil Frauen mehr als ihre männlichen Kollegen durch Lehrtätigkeiten und administrative Aufgaben am eigentlichen Forschen gehindert werden und teils aufgrund formeller und informeller Voraussetzungen (vgl. Delegationen för jämdställhet 2011, S. 46 ff.), wozu beispielsweise der Zugang zu Netzwerken und das Vorhandensein von Vorbildern zählen (vgl. Högskoleverket 2003, S. 67). Soweit gibt es leider nichts Neues! Trotzdem gibt es Unterschiede. Hier ist es nämlich die schwedische Regierung, die Expert*innendelegationen beruft und Institutionen wie beispielsweise den Universitäts- und Hochschulrat (UHR – Universitets- och högskolerådet) beauftragt, Ursachen der Benachteiligung von Wissenschaftlerinnen aufzudecken und Verbesserungsvorschlägen zu erarbeiten. Das lässt zumindest hoffen.

Grundsätzlich hat die schwedische Regierung den Anspruch, dass Frauen und Männer die gleiche Macht haben sollen, die Gesellschaft mit und ihr eigenes Leben zu gestalten, weswegen sie beispielsweise eines der großzügigsten Elternzeitmodelle (in Bezug auf Länge und Flexibilität) vorhält. Trotzdem leisten Frauen weiterhin mehr unbezahlte Arbeit als Männer, sind dadurch doppeltbelastet und haben mehr Verantwortungsbereiche, was sich negativ auf ihre Gesundheit und ihre Integration in den Arbeitsmarkt auswirkt. Letztlich führen Kinder deshalb auch in Schweden für Frauen zu Lebenszeiteinkommenseinbußen (vgl. UHR

2014, S. 9). Darum hat es mich doch etwas verwundert, dass erst das Hinzuziehen internationaler Forschungsergebnisse und Erkenntnisse aus der Gender- und Organisationsforschung den Anstoß gaben, die Familiensituation von Wissenschaftlerinnen in den Blick zu nehmen. Auch international betrachtet, verhindert die Familienverantwortung (vor allem für Kinder) die Karrieren von Frauen im Gegensatz zu Karrieren von Männern (vgl. Delegationen för jämdställhet 2011, S. 102 f.) und Professorinnen sind im Vergleich zu ihren männlichen Kollegen häufiger mit Akademikern verheiratet und kinderlos (vgl. Delegationen för jämdställhet 2011, S. 138). Soweit so bekannt. Durch den Einschlag der Organisationsforschung richten sich die schwedischen Erklärungsversuche jedoch mehr auf die jeweilige Frau, anstatt auf strukturelle Gegebenheiten, obwohl durch die Work-Life-Balance-Perspektive gezeigt werden konnte, dass das Stressniveau der Gruppe von Frauen mit Familienverantwortung konstant bleibt oder steigt, wenn sie von der Arbeit nach Hause kommen, während das Stressniveau von Männern sinkt. Besonders durch die Humankapitaltheorie, die aus den Wirtschaftswissenschaften stammt, wird ein Erklärungsansatz hinzugezogen, der Frauen in erster Linie zu Subjekten der Fehlinvestition erklärt. Frauen investierten innerhalb dieser neoliberalistischen Logik weder hinreichend in ihre Ausbildung noch in das Schaffen geeigneter Referenzen, sondern in ihr Privatleben einschließlich Heirat und Kinderkriegen. Darum seien sie weniger effektiv und engagiert in ihrem jeweiligen Arbeitsbereich. Bleibt die Karriere aus, liege dies folglich an den Frauen selber oder, wie als weitere Möglichkeit eingeräumt wird, an Arbeitgeber*innen, die Ressourcen von Frauen falsch einschätzten (vgl. Delegationen för jämdställhet 2011, S. 90 f.). Mich persönlich macht dieser Erklärungsansatz betroffen, weil er eine Art Schuldzuweisung an jede einzelne Frau ist. Der schwedische „Staatsindividualismus", der jeder Person eine Existenz unabhängig von Familie, Status oder Herkunft aufbauend auf dem Grundsatz der Gleichheit der Individuen garantiert (vgl. Nordische Botschaften 2017), mag zwar eine heiße Spur sein, um nachzuvollziehen, warum trotz bester Absichten so leichtfertig das strukturelle Vereinbarkeitsproblem privatisiert und ausschließlich an Frauen adressiert wird, es tröstet aber nicht über die Tatsache hinweg, dass trotz des ambitionierten Ziels geschlechtsbedingte Diskriminierung von staatlicher Seite abzubauen, durch falsche Schlussfolgerungen Geschlechterstereotype zementiert werden. Verdeckte geschlechtsbedingte Diskriminierung, die sich zumeist unter der Oberfläche abspielt und dadurch schwer zu erfassen ist, verhindert auch in Schweden die Entlastung von Frauen und mehr Geschlechtergerechtigkeit. Stattdessen führt sie mal wieder zur Entsolidarisierung von Frauen, was sich auch in den Eigentheorien von schwedischen Wissenschaftlerinnen wiederfindet.

An der Hochschule West (Högskolan Väst) in Trollhättan wurde eine Pilotstudie initiiert, die im Fachbereich Produktionstechnik die Gleichstellungssituation der Doktorand*innenausbildung untersucht (vgl. Granell 2019), die in Schweden übrigens wesentlich institutionalisierter und weniger prekär ist als in Deutschland. Der Fokus der Studie liegt auf den Abbrecherinnen, weil von den neunundzwanzig abgeschlossenen Promotionen der letzten zehn Jahre nur eine von einer Frau eingereicht wurde, obwohl der Anteil der weiblichen Doktorandinnen jahrgangsbedingt durchaus bei bis zu fünfzig Prozent liegen konnte. Die Pilotstudie ist nicht repräsentativ, weil sich trotz großer Bemühungen nur drei Frauen (allerdings aus unterschiedlichen Jahrgängen, mit und ohne Familienverantwortung) zu einer Befragung bereit erklärten, die Resultate sind aber durchaus aufschlussreich. Obgleich sich alle Frauen innerhalb ihrer Peergruppe nicht benachteiligt, sondern integriert fühlten, erlebten sie auf der informellen Ebene unterschiedliche Anforderungen an weibliche und männliche Doktorandinnen, die in der Zuständigkeit für das schwedische Fika (Kaffee- und Kuchenpause) gipfeln konnte. Alle drei Befragten hatten Probleme mit ihrem Doktorvater, der sich zwar freundlich und hilfsbereit gab, sie aber weder mit notwendigen Informationen noch mit Expertise unterstützte. Ihr zentraler Ansprechpartner trug somit entscheidend zum Scheitern ihrer Forschungsarbeiten bei. Aus der Tatsache, dass es männlichen Doktoranden durchaus gelang, ihre Promotion beim gleichen Doktorvater abzuschließen und im Anschluss eine wissenschaftliche Anstellung an der Hochschule zu bekommen, leiten die Frauen jedoch keine geschlechtsbedingten Vermutungen ab, sondern schließen stattdessen strukturelle Hintergründe kategorisch aus und verorten die Gründe für die missglückte Betreuung ausschließlich auf der Ebene persönlicher Beziehungen. Die Privatisierung des Scheiterns an geschlechtsbedingten, strukturellen Hürden prägt folglich auch die Eigentheorien der Frauen. Die gleiche Deutungslogik prägt gleichzeitig aber auch die unsolidarische Bewertung des Gelingens anderer Frauen. So sieht eine Befragte den Grund für den erfolgreichen Abschluss einer Doktorandin ihres Jahrgangs (vermutlich der Einzigen innerhalb der Zehnjahreskohorte) alleinig in deren Sexualisierung ihrer Person. Weil sie sich an männliche Kollegen „herangemacht" habe, hätten diese für sie die Forschungsarbeit erledigt (vgl. Granell 2019, S. 8 f.). Die Unterstellung ist leider nicht selten, mir durchaus auch im deutschen Wissenschaftssystem und nicht nur innerhalb dieses Kontextes bereits begegnet und geht einher mit dem latenten Vorwurf der Prostitution und dem Aberkennen von Expertise. Das Geschlecht darf also nur dann eine Rolle spielen, wenn es sich eignet, die Leistungen anderen Frauen abzuwerten, ansonsten muss es als strukturell bedingtes Hindernis für weibliche Karrieren unbedingt abgewehrt werden, damit frau nicht in den Verdacht gerät, die Schuld an ihrem „persönlichen Scheitern" durch Strukturen entschuldigen zu wollen (ähnlich beim Quotenfrauen-Stigma). Dabei ist auch der akademische Sektor in Schweden von Normen und Bewertungen geprägt, die das Männliche überordnen und Frauen zum akademischen Anderen machen (vgl. Nationella sekretariatet för genusforskning 2015, S. 34). Potenziert wird diese geschlechtsbedingte Hierarchisierung im schwedischen Wissenschaftssystem durch das gleiche vorherrschende Forscherideal und ein ähnlich festgeschriebenes Mütterideal wie in Deutschland. Schwedische Wissenschaftlerinnen stehen folglich vor dem gleichen Dilemma der Unvereinbarkeit wie ihre deutsche Kolleginnen und müssen ebenso biografische Haltungen zu den paradoxen Strukturbedingungen von Mutterschaft und Wissenschaft entwickeln.

Insgesamt hat der Vergleich der beiden Gesellschaftssysteme, in denen ich bisher gelebt habe bzw. lebe, für mich zu einem Erkenntnisgewinn beigetragen. Trotz ähnlicher Paradoxien, die sich aus der Unvereinbarkeit von Mutterschaft und Wissenschaft ableiten und der gleichen Notwendigkeit eine biografische Haltung dazu zu entwickeln, sind die Rahmenbedingungen für die persönlichen Aushandlungs- und Reflexionsprozess schwedischer Wissenschaftlerinnen anders gewichtet, als die ihrer deutschen Kolleginnen. In erster Linie wird aus den Analysen zur Gleichstellungssituation im akademischen Sektor nämlich der Schluss gezogen, dass Frauen quasi akzeptieren müssten, dass sie für die Wissenschaft ungeeignet seien, wenn sie sich für Mutterschaft entscheiden. Erst in zweiter Linie wird in Erwägung gezogen, dass die akademischen Strukturen (eingebettet in ein entsprechendes Gesellschaftssystem) das Problem sein könnten, weil sie mütter- bzw. frauendiskriminierend sind. Gleichzeitig hat sich im schwedischen Wissenschaftssystem, möglicherweise bedingt durch die flacheren Hierarchien und ohne den Druck des Wissenschaftszeitvertragsgesetzes, das in Deutschland den Konkurrenzkampf unter den Wissenschaftler*innen erhöht und das Arbeitsfeld Wissenschaft dramatisch prekarisiert hat, ein weiteres Forschungsideal parallel zum ursprünglichen etablieren können. Dieses neue Ideal steht für einen Forscher*innentyp, der auf Zusammenarbeit und Netzwerke setzt, weil er/sie das Ziel verfolgt, eine Balance zwischen wissenschaftlicher Karriere und Privat- bzw. Familienleben zu finden. Ein Idealbild, dass zu mehr Gleichstellung im akademischen Sektor insgesamt führen kann (vgl. UHR 2014, S. 9 f.) und für mich eine Orientierungsfigur ist, mit der ich mich identifizieren kann, weil sie meinen Bedürfnissen als Mutter uns Wissenschaftlerin entspricht.

Mein Fazit lautet also, dass sowohl für deutsche als auch für schwedische Wissenschaftlerinnen die Unvereinbarkeit von Mutterschaft und Wissenschaft ein notwendiges biografisches Reflexionsprojekt darstellt, um langfristig selbstverständlich Mutter und Wissenschaftlerin sein zu können. Dazu müssen sie diskriminierende, geschlechtsbedingte Strukturbedingungen erkennen und annehmen können, um Schuldzuweisungen, Abwertungen und die Aberkennung ihrer Leistungen abwehren zu können. Gelingt ihnen dieser Perspektivwechsel entgegen gängiger gesellschaftlicher Deutungen, liegt darin das Potenzial, Forderungen an ihr privates, berufliches und gesellschaftliches Umfeld zu stellen. Damit verbunden ist das infrage stellen vorherrschender Idealbilder von Wissenschaft und Mutterschaft, das Aushalten von partnerschaftlichen Verteilungskämpfen über Sorge- und Hausarbeitsanteile, das aktive Mitgestalten an neuen Orientierungsfiguren, alternativen Familienmodellen und an organisatorischen sowie gesellschaftspolitischen Strukturveränderung.

Der Blick über den Tellerrand lohnt sich also. Viel Erfolg dabei!

Literatur

Becker-Schmidt R (2008) Doppelte Vergesellschaftung von Frauen: Divergenzen und Brückenschläge zwischen Privat- und Erwerbsleben. In: Becker R, Kortendiek B (Hrsg) Handbuch der Frauen- und Geschlechterforschung. Theorie, Methoden, Empirie. VS Verlag für Sozialwissenschaften, Wiesbaden, S 65–74

BMfFSJ – Bundesministerium für Familie, Senioren, Frauen und Jugend (2012) Alleinerziehende in Deutschland – Lebenssituation und Lebenswirklichkeit von Müttern und Kindern. Monitor Familienforschung. Beiträge aus Forschung, Statistik und Familienpolitik. Ausgabe 28. https://www.bmfsfj.de/blob/76232/4abcbfc3b6124fccc2766fd4cc11e87c/monitor-familienforschung-ausgabe-28-data.pdf. Zugegriffen am 25.07.2019

Deligationen för jämställdhet i högskolan (2011) Svart på vitt – om jämställdhet i akademin. In: Statens offentliga utredningar, SOU 2011:1

Flöther C, Oberkrome S (2017) Hochqualifiziert am Herd? Die berufliche Situation von promovierten Frauen und Männern innerhalb und außerhalb der Wissenschaft. In: Alemann A, Beaufays S, Kortendiek B (Hrsg) Alte neue Ungleichheiten? Auflösungen und Neukonfigurationen von Erwerbs- und Familiensphäre. In: GENDER Zeitschfrift für Geschlecht, Kultur und Gesellschaft, Sonderheft 4, S 143–162

Granell M (2019) Jämställdhetsintegrering Pilot FFUN. Unveröffentlicht

Högskoleverket (2003) Jämställdhey inom universitet och högskolor. En bibliografi med kommentarer. Eigenverlag

Kaiser M (2018) Das Unwohlsein der modernen Mutter. Versorgerin, Businesswoman, MILF – Mütter sollen heute alles sein. Dass darunter ihr Wohlbefinden leidet, ist kein Wunder. Ein Essay. https://ze.tt/das-unwohlsein-der-modernen-mutter/?wt_zmc=sm.ext.zettaudev.facebook.ref.zett.article_fbbutton.link.x&utm_medium=sm&utm_source=facebook_zettaudev_ext&utm_campaign=ref&utm_content=zett_article_fbbutton_link_x&fbclid=IwAR3wfUAsXKr-svp58pB01urqJWH8qrni8tIhP9EiuEMnZVTQXjeYxHi6Hzg. Zugegriffen am 04.09.2018

Koppetsch C (2018) Neue Geschlechterkonflikte. Männer am Herd, Frauen im Job. Interview mit dem SWR2 vom 2.9.2018. https://www.swr.de/swr2/programm/sendungen/wissen/aula-neu-geschlechterkonflikte-maenner-am-herd-frauen-im-job/-/id=660374/did=22350658/nid=660374/1qnko08/index.html. Zugegriffen am 24.04.2019

Leinfellner S, Bomert C (2017) Elternschaft und Wissenschaft im Kontext neoliberaler Transformationen: alte oder neue Dilemmata bei der Vereinbarkeit von Reproduktions- und Erwerbsarbeit? In: Von Alemann A, Beaufays S, Kortendiek B (Hrsg) Alte neue Ungleichheiten? Auflösungen und Neukonfigurationen von Erwerbs- und Familiensphäre. GENDER Z Geschlecht, Kult Ges (Sonderheft 4):163–181

Nationella sekretatiatet för genusforskning (2015) Fördelning eller förfördelning? Forskningsfinansiering, jämställdhet och genus – en forskningsöversikt. Eigenverlag Göteborgs Universitet

Nave-Herz R (2014) Universität oder Karriere? Wertorientierung und Entscheidungskonflikte. In: Forschung und Lehre 9/14, S 730–731. https://www.wissenschaftsmanagement-online.de/system/files/downloads-wimoarticle/1409_WIMO_Uni%20oder%20Kinder_Nave-Herz.pdf. Zugegriffen am 12.06.2019

Nordische Botschaften (2017) Freiheit und Gerechtigkeit – Vorbild Schweden. https://www.nordischebotschaften.org/veranstaltungen/freiheit-und-gerechtigkeit-vorbild-schweden. Zugegriffen: 13.08.2019

UHR – Universitets- och Högskolerådet (2014) Jämställdhet i högskolan – ska den nu ordnas en gång för alla? Redovisning av regeringsuppdrag till Universitets- och högskolerådet. Eigenverlag

Wilde A (2016) Mit Kind und Kegel forschen. In: academics. https://www.academics.de/ratgeber/vereinbarkeit-familie-forschung. Zugegriffen am 25.07.2019

Teil V

Intergenerationelle Gespräche von Wissenschaftler*innen mit kleinen und großen Kindern

15

„Man hat nicht nur *einen* wackeligen Boden unter sich, sondern zwei. Auf diesen Böden steht man im Spagat."
Ein Interview mit Rose Marie Beck von Lena Eckert

Rose Marie Beck und Lena Eckert

Zusammenfassung Das Interview dokumentiert ein Gespräch zwischen zwei Wissenschaftler*innen in unterschiedlichen Lebensphasen, die sich über die ständig auszuführenden Balanceakte in ihrem Leben unterhalten. Das Gespräch dreht sich um die Erfahrungen als Mutter während des Aufwachsens der Kinder und um die verschiedenen Stadien, die währenddessen in der Wissenschaft durchlaufen werden. Rose Marie Beck beschreibt ihr Verhältnis zu ihren Kindern, ihrem Partner, ihrer Gesundheit, ihrem Körper und zu anderen Wissenschaftler*innen. Die beiden Gesprächspartner*innen thematisieren zudem ihren Umgang mit Zeit,

---

R. M. Beck
Universität Leipzig, Leipzig, Deutschland
E-Mail: rmbeck@uni-leipzig.de

L. Eckert (✉)
Martin-Luther-Universität Halle-Wittenberg, Berlin, Deutschland
E-Mail: lena.eckert@googlemail.com

© Springer Fachmedien Wiesbaden GmbH, ein Teil von Springer Nature 2020
S. Czerney et al. (Hrsg.), *Mutterschaft und Wissenschaft*,
https://doi.org/10.1007/978-3-658-30932-9_15

mit Interdisziplinarität, mit Verzweiflung und mit Ehrgeiz. Zum Schluss geht es um einen Pragmatismus, den sich feministische Mütter in der Wissenschaft auch manchmal leisten müssen.

(Wir haben dieses Interview schriftlich begonnen ...)

LE: Rose Marie, wir sind uns das erste Mal in Ghana bei einem interdisziplinären wissenschaftspolitischen Workshop begegnet. Wir saßen bereits am ersten Tag nebeneinander im Minibus und haben uns unterhalten. Wir kamen sofort auf die relevanten Sachen zu sprechen: Wir sind beide Wissenschaftlerinnen, in unterschiedlichen Fächern, du bist Professorin für Afrikanistik an der Universität Leipzig und ich bin wissenschaftliche Mitarbeiterin in einem Gender Studies Projekt an der Universität Halle. Wir sind beide westdeutsch-sozialisierte Mütter von zwei Kindern, meine noch klein, deine bereits erwachsen. Unser Leben unterscheidet sich in vielerlei Hinsicht, aber wir haben festgestellt, dass wir zahlreiche Erfahrungen und Gefühle, Zweifel und Überzeugungen teilen.

Ich freue mich sehr, dass du dich bereit erklärt hast, dich von mir zu Mutterschaft und Wissenschaft interviewen zu lassen – das waren die beiden Themen, die wir innerhalb dieser zwei Stunden Minibusfahrt besprochen haben und die während des einwöchigen Workshops immer wieder in unseren Gesprächen auftauchten. Dein Umgang mit den Herausforderungen, Notwendigkeiten, Möglichkeiten und Unmöglichkeiten, die sich dir gestellt haben, hat mich beeindruckt. Darum soll es im folgenden Interview gehen.

Rose Marie, deine Kinder sind inzwischen erwachsen, ausgezogen und studieren. Was erinnerst du als die größte Herausforderung, als sie klein waren?

RMB: Am schwierigsten war für mich die Verantwortung: Verantwortung für zwei kleine Wesen, ihnen gerecht zu werden in ihren Bedürfnissen und gleichzeitig das Bewusstsein zu haben, dass ich das nicht kann. Dass ich weder diese Verantwortung tragen, noch gerecht sein, noch sie schützen kann. Dass sie meine Aufmerksamkeit mit der Wissenschaft teilen müssen. Wie sollte ich dieser Verantwortung gerecht werden? Unmöglich. Deshalb habe ich mir eingeredet, dass ich sie schütze, wenn es wirklich nötig ist. Das habe ich, glaube ich, auch geschafft. Das ist das Minimum, vielleicht, aber das habe ich geschafft. Zum Teil habe ich die Verantwortung delegiert: an die Krippe, den Kindergarten, den Hort, die Schule, meinen Mann. Trotzdem hat es mich oft in die Überforderung geführt: zwei volle Aufmerksamkeiten, eine für die Kinder und eine für die Wissenschaft. Das geht nur auf eigene Kosten, auf Kosten des Raumes für sich selbst. Jahrelang gab es für mich nichts anderes als Familie und Wissenschaft, keine Hobbies, keine Freunde, keine Freizeit. Als ich eine Professur in Leipzig erhielt und wir noch in Mainz wohnten, habe ich von Montagmorgen bis Donnerstagabend 150 % in die Professur gesteckt und von Donnerstagabend bis Montagmorgen 150 % in die Familie. Da bin ich an meine Grenzen gestoßen!

Wie gibt man Kindern Stabilität? Wie gibt man ihnen eine innere Stärke, die sie für ihre Zukunft brauchen? Besonders wenn man denkt, dass man selbst keine habe? Wie gibt man ihnen ein Gefühl für sich selbst, wenn man sich für sich selbst keinen Raum nimmt? Ich bin erstaunt, wie aus diesen Kindern eigenständige Personen werden konnten, die mit den Zumutungen des Alltags zurechtkommen.

LE: Was findest du jetzt im Umgang mit dir selbst als Mutter von erwachsenen Kindern am schwierigsten und wie steht das in Beziehung zu deinem Wissenschaftlerinnen-Dasein?

RMB: Meine Kinder sind in Konstanz und in Peking und ich bin in Leipzig. Das finde ich schwer, sie sind so weit weg, da kann man nicht einfach mal schnell miteinander einen Kaffee trinken. Gottseidank gibt es WhatsApp und Skype, so dass ich sie sehen und hören kann. Es ist mir wichtig, dass der

Kontakt nicht abreißt. Ich bin manchmal so in meiner Arbeit versunken, dass schnell eine Woche vorbei ist und ich habe sie nicht angerufen. Meine Tochter hat mir vor ein paar Monaten gesagt, dass sie mal auf meinen Anruf gewartet hat – zwei, drei Wochen, dann hat sie es aufgegeben und mich wieder angerufen. Weil es IHR wichtig war, mit mir zu reden. Das war schmerzhaft, so will ich doch nicht sein. Ich will zeigen, wie wichtig sie mir sind, dass ich an sie denke, dass ich sie im Blick habe! Letztes Jahr habe ich sogar den Geburtstag meiner Tochter vergessen. Anstatt auf mich sauer zu sein hat sie sich Sorgen gemacht, ob etwas mit mir sei, weil ich nicht anrief. Ich schäme mich so dafür. Aber seit ich ihr auch von mir erzählen kann, wie es mir geht und was mich bewegt und ich nicht mehr nur als Mama ihre Ansprechpartnerin für alle Zumutungen des Lebens bin, rufe ich sie auch öfter an. Wir telefonieren etwa zwei Mal pro Woche. Das ist die wichtigste Lehre. Wenn wir uns (fast) auf Augenhöhe begegnen können, können wir uns gegenseitig anrufen und uns Dinge erzählen. Als sie vor sieben Jahren zum Studium wegzog, habe ich absichtlich nicht viel angerufen. Ich wollte mich nicht aufdrängen! Aber es ist eine Balance, die wir finden mussten. Ganz auf Augenhöhe werden wir nie sein, das kann ich nicht erwarten. Schließlich bin ich eine Mutter. Aber es ist wunderbar, erwachsene Kinder zu haben. Die Gegenseitigkeit hat eine andere Dimension angenommen. Mein Sohn ist jetzt 19 und seit zwei Jahren ausgezogen. Am Anfang hat er fast jeden Tag angerufen. Seit er in Peking ist, muss ich mich bei ihm melden, weil er so mit seinem neuen Leben beschäftigt ist. Das ist wunderbar zu sehen, wie er sich abnabelt. Trotzdem habe ich manchmal Angst, dass ich den Kontakt zu ihm verliere. Klar, ich weiß nicht alles über sein Leben, das muss auch nicht sein. Aber das Loslassen und die Balance zu finden, trotzdem noch genug mitzubekommen, den Kindern die Möglichkeit zu geben, sich mir zu zeigen, das ist eine besondere Herausforderung. Und gleichzeitig nicht zu zeigen, wie schmerzhaft das Leben ohne sie ist. Wie schrecklich es ist, nachts um vier aufzuwachen und körperlich diese Leere zu spüren, dass das Kind nicht in seinem Zimmer, sondern irgendwo in der weiten Welt ist. Ohne dass ich Schutz geben könnte und ohne dass sie meinen Schutz bräuchten. Und gleichzeitig nicht zu zeigen, dass ich es auch genieße, frei von alltäglichen Verpflichtungen zu sein. Dass ich kommen und gehen kann, wann ich will, ohne auf jemanden Rücksicht nehmen zu müssen.

LE: Du hast mir erzählt, dass der Vater deiner Kinder eine Professur hatte. Geteilte Elternschaft, wie sah das aus in Hinblick auf eure wissenschaftliche Tätigkeit?

RMB: Für mich war wichtig, dass der Vater meiner Kinder auch Wissenschaftler war, weil er die besondere Situation von Wissenschaftler*innen zwischen Familie und Karriere kennt. Wir haben uns mit Feldforschungsphasen abgewechselt. In der Zeit waren wir für die Kinder Vater und Mutter gleichzeitig. Das waren schöne Zeiten, das sagen auch die Kinder. Wenn einer von uns auf Feldforschung war, hatten sie den anderen ganz für sich allein. Für ihn bedeutete es aber, dass er wenigstens 10 Jahre lang kaum publiziert hat, weil er viel Zeit des augenscheinlichen Nichtstuns braucht, bis er sich hinsetzen und in drei Tagen ein halbes Buch schreiben kann. Dieser Vorlauf war ihm mit der Familie verwehrt.

LE: Würdest du sagen, der Vater deiner Kinder hat den *mental load* gleichanteilig übernommen? Hat er auch an die Kindergeburtstagsgeschenke, Arztbesuche, neue Gummistiefel gedacht?

RMB: Als ich ungeplant mit dem ersten Kind schwanger war, sagte ich zu ihm: entweder 50-50 oder ich mache es alleine. Wir haben am Anfang einen Stundenplan erstellt, mit einer Feinplanung bis zu 30 Minuten. Kinderdienst nannten wir das. Auch später haben wir uns die Arbeit geteilt, wirklich geteilt. Er hat die Unterwäsche für die Kinder genauso rausgelegt wie ich. Kindergeburtstagsgeschenke hat er genauso organisiert wie ich. Beim Arzt war er mit den Kindern wahrscheinlich öfter als ich. Das ist sicher anders als bei anderen Paaren. Er hat mir nie „geholfen", ich musste nie sagen, er muss jetzt diese oder jene Aufgabe übernehmen. Wir waren diesbezüglich absolut auf Augenhöhe. Das liegt aber nicht an mir, sondern an ihm. So ist er eben. Und das weiß ich bis heute sehr zu schätzen! Mich hat aber belastet, dass mein Mann, so sehr er seine Kinder auch liebt, für emotionale Angelegenheiten kein besonders stabiler Ansprechpartner war. Das hieß für mich, dass ich diesen Anteil der Elternarbeit voll übernehmen musste. Und es war immer irgendetwas los, bei Kindern bricht die Welt schnell zusammen. Und manchmal gab es auch ernstere Probleme in der Schule oder mit anderen Kindern.

LE: Ihr seid nicht mehr zusammen. Gibt es strukturelle Gründe oder andere?

RMB: Wir mussten, wie andere Paare auch, neue Gemeinsamkeiten entdecken, als die Kinder aus dem Haus gingen. Das haben wir nicht geschafft. Wir sind drei Jahre bevor mein Sohn Abitur gemacht hat und fünf Jahre bevor mein Mann pensioniert wurde, nach Leipzig gezogen. Ich hatte große Angst davor, beim Auszug meines Sohns mit meinem Mann allein zu sein und für ihn Verantwortung übernehmen zu müssen. Es fiel ihm schwer, unabhängig von mir Kontakte in Leipzig zu knüpfen. An diesem Übergang von der Elternschaft zum Paar ist die Beziehung zusammengebrochen. Daran hatten wir beide gleichermaßen einen Anteil. Ich befürchtete, dass nach einem vollen Arbeitstag abends jemand zu Hause auf mich wartet und von mir ‚bespielt' werden wollte. Wobei ich nicht einmal glaube, dass er das von mir erwartet hätte. Aber das war meine Angst. Vielleicht nochmals anders. Nach 25 Jahren war von dieser Beziehung nur mehr Elternschaft übrig und ich habe nicht gesehen, wie es weitergehen könnte.

LE: Wie war die Stimmung zu Hause über die Jahre hinweg, als die Kinder klein waren, dann in der Pubertät und jetzt?

RMB: Wir hatten ja diesen Stundenplan mit „Kinderdiensten". Das war am Anfang für mich auch wichtig, um meine

Freiräume nicht ständig verteidigen zu müssen. Aber irgendwann wurde das zu starr und wir haben es dann flexibler gehandhabt, nach Tagen, zum Beispiel. Das war dann einfacher, weil ich von Mainz nach Frankfurt gependelt bin und die tageweise Aufteilung mit Kindergarten einfacher zu regeln war. Aber wir hatten eine Übereinkunft, wer wäscht (mein Mann) und wer einkauft (ich). Wir hatten auch schon bald eine Haushaltshilfe, so konnten wir das Konfliktfeld „Putzen" gut umschiffen. Wer gekocht hatte, musste die Küche nicht aufräumen, usw.

In der Pubertät der Kinder hat sich gezeigt, dass wir versucht haben, möglichst Alltagskonflikten aus dem Weg zu gehen, dafür hatten wir oft keine Kraft neben der Wissenschaft. Es hat den Kindern nicht geholfen, das sehe ich heute. Meine Tochter hat, glaube ich, oft versucht, uns herauszufordern, aber darauf sind wir wenig eingegangen. Vielleicht hatten wir sogar ein bisschen Schiss vor ihr, sie ist sehr redegewandt und willensstark. Mein Sohn hingegen hat sich eher zurückgezogen, wollte uns nicht belasten mit seinen Anliegen. So zauberhaft fürsorglich dies auch ist, es machte mir Sorgen, denn das ist die Aufgabe der Eltern, nicht des Kindes.

Ich sagte oft halb im Spaß, dass es für die Kinder eine Hypothek ist, zwei Professor*inneneltern zu haben. Was für Ansprüche, selbst wenn wir immer versucht haben, sie zu entkräften. Ich wollte zwar, dass meine Kinder Abitur machten, weil sie den Kopf dafür haben und sie dann eine gute Ausgangslage für alles Weitere haben. Aber als mein Sohn in der Pubertät war, kam für mich auch eine Lehre in Frage. Das wäre für ihn sicher auch nicht schlecht gewesen. Im Gegensatz zu seiner Schwester identifiziert er sich sehr mit der Wissenschaft. Er studiert Sinologie und ein Zwischenjahr nach dem Abitur in Taiwan haben sie ihm voll aufs Studium angerechnet. Er hat eine sehr gute Auffassungsgabe, ein oft überraschendes analytisches Verständnis und viele und breite Interessen, liebt chinesische Schriftzeichen und alles was

„alt" ist. Aber ob Wissenschaft wirklich sein Weg ist, wird sich noch entwickeln müssen. Umgekehrt hat meine Tochter „Bildungsprogramme" wie Sport, Musizieren oder ähnliches verweigert. Wir schauten „Germany's Next Topmodel" oder auch „Wissen macht Ah!". Aber sie erklärte, unbedingt einen „normalen" Job haben zu wollen, also mit Arbeitszeiten von acht bis sechzehn Uhr, nicht so wie wir. Heute denkt sie darüber nach in der forensischen Psychologie zu promovieren, und das freut mich deswegen besonders, weil sie sich diesen Weg selbst und nicht in Abgrenzung zu uns findet.

LE: Wie sehr hast du dein Mutterbild, deine Erwartungen an dich selbst als Mutter an dein Leben als Wissenschaftlerin anpassen müssen? Wie sehr hat deine wissenschaftliche Tätigkeit deine Selbstwahrnehmung als Mutter beeinflusst? Wie hat deine wissenschaftliche Tätigkeit deine Erwartungen an dich selbst als Mutter verändert?

RMB: Gerade heute fühlte ich mich sehr in der Defensive, als mir eine junge Wissenschaftlerin sagte, sie fände es schrecklich für kleine Kinder, wenn sie 8 Stunden in der Krippe sein müssten. Und ich fühle mich schlecht, wenn ich daran denke, was ich meinen Kindern vielleicht angetan habe, wenn ich sie gegen ihren Willen in den Hort oder die Ganztagsschule geschickt habe. Denn da wollten sie nicht hin, sie wollten zu Hause sein. Aber das konnte ich nicht leisten. Wenn sie da waren, fühlte ich mich verpflichtet, mit ihnen etwas zu tun – und sei es auch nur zusammen vor der Glotze abzuhängen. Zugleich findet die Arbeit als Wissenschaftlerin nie ein Ende. Wie oft habe ich in meinem Keller gesessen, später in Leipzig in meinem Kabuff neben dem Wohnzimmer, mit offener Tür, ständig ansprechbar, ständig in Arbeit vertieft, zuhörend abwesend, unerreichbar anwesend. Immer diese Ambivalenz, nie genug zu sein, weder als Mutter noch als Wissenschaftlerin. Den Kindern ist irgendwann auf die Nerven gegangen, dass ich Satzeinleitungen nicht mitbekam und nachfragen musste, wenn sie mit mir redeten. Dann waren wir im Urlaub und liefen an einem

Hörgerätegeschäft vorbei, wo kostenlose Hörtests angeboten wurden. Nun habe ich den Nachweis eines sehr guten Gehörs. Aber seither wissen wir alle, dass ich manchmal abwesend bin und erst mitten im Gespräch ankomme.

LE: An welche Grenzen bist du gestoßen während deiner frühen Jahre als Mutter? Bei dir selbst, bei anderen, deinen Eltern, deinem Mann, deinen Kindern? Und wie ist es jetzt?

RMB: Meine Eltern waren entsetzt. Als ich einmal länger auf Feldforschung war, erzählte später die Kindergärtnerin, dass Fritz wissen wollte, ob er eine Mama hat. Ein Kollege sagte, ich hätte doch einen Ehemann, da bräuchte ich mir doch keinen solchen Stress machen. Bei der zweiten Schwangerschaft sagte eine feministische Kollegin, das wäre es ja jetzt mit meiner Karriere gewesen. Als ich eine 25 % Stelle in der Afrikanistik bekam, sagte eine Kollegin, da könnte man mir ja keine Vetternwirtschaft vorwerfen. Eine andere Kollegin unterstellte mir, den wissenschaftlichen Erfolg hätte ich nur meinem Mann zu verdanken.

Ich war oft mit meinen Kindern überfordert. Ich prügelte manchmal mich selbst, explosionsartig, um zu verhindern, dass ich die Kinder prügelte. In Krisen konnte ich sehr standfest sein, brach dann aber danach zusammen. Für meine Kinder gab es aber keinen erkennbaren Zusammenhang zwischen Krise und Zusammenbruch, damit wurde ich für sie unberechenbar. Es beschäftigt sie bis heute, wir reden manchmal darüber. Insgesamt war Krankheit (Migräne, Herzprobleme) der einzige Ausweg aus der Überforderung. Aber erst als die Kinder aus dem Haus waren, konnte ich realisieren, dass dies auch das Muster meiner Mutter war. Ich würde heute sagen, dass mein Körper auf mich aufgepasst hat, wenn ich vor lauter Überforderung nichts mehr fühlen konnte. Heute gehe ich achtsamer mit mir um, merke schneller, wann ich nicht mehr kann und eine Pause brauche. Und die nehme ich mir dann auch, wenigstens manchmal. Seit ein paar

Monaten mache ich jeden Tag Yoga und das hilft mir sehr, ich habe mehr Energie und fühle mich auch besser.
(Ab hier wurde das Interview mündlich geführt.)

LE: Frauen in der Wissenschaft, die keine Kinder haben, keine Kinder wollen und auch keine Kinder planen, müssen sich trotzdem damit auseinandersetzen. Denn sie sind, wenn sie keine Kinder haben, immer die kinderlose Professorin. Es ist verankert in der Wahrnehmung von Weiblichkeit, die von anderen bewertet und in Zusammenhang mit gesellschaftlichen Erwartungen gebracht wird. Eine Professorin ist auch immer eine Person, die Kinder hat oder nicht. Das ist eine immense Beeinträchtigung in ihrer professionellen Wahrnehmung. Wir haben in diesem Band zwei Artikel von jungen Frauen Mitte 30, die gerade mit den Gedanken „schwanger gehen" (was für eine Ironie in dieser Formulierung liegt! Nachtrag L.E.), ob sie Kinder haben wollen oder eher nicht. Unter Anderem auch, weil sie die Gefahr für ihre Tätigkeit in der Wissenschaft sehen.

RMB: Ich habe kürzlich mit einer Doktorandin darüber gesprochen, was es bedeutet, während der Promotion ein Kind zu bekommen. Ich erinnere mich an zwei von meinen Assistentinnen, die Kinder bekommen haben, während sie bei mir Assistentinnen waren, und beide haben sich dafür und für die Elternzeit entschieden. Sie sind wirklich ein Jahr ausgestiegen. Das ist tödlich. Und das habe ich dieser jungen Frau auch gesagt; die Wissenschaft ist brutal. Aber es ist einfach so. Die anderen, die haben dann ein Jahr weitergearbeitet, egal ob sie später mal schwanger werden oder vorher schwanger waren oder gar nicht schwanger werden (wollen) oder Männer sind. Aber dieses eine Jahr ist für die Wissenschaft verloren und wenn man in diesem gnadenlosen Konkurrenzkampf steht, kann man sich dieses Jahr eigentlich nicht leisten.

Das heißt nicht, dass man voll arbeiten muss, aber ich weiß, dass ich bei meinen beiden Kindern sofort wieder gearbeitet habe. Als meine Tochter zwei Wochen auf der Welt war, habe ich wieder unterrichtet. Bei meinem Sohn habe ich mir im ersten halben Jahr ein bisschen mehr Zeit genommen und „nur" einen umfangreichen Artikel geschrieben. Und das ist, glaube ich, eine strukturelle Sache. Man kann sich einfach wirklich nie nur auf sein Kind konzentrieren, weil man sonst raus ist aus der Wissenschaft. Man muss gleichzeitig auf zwei unsicheren Böden stehen können. Der unsichere Boden der Mutterschaft mit allen Ansprüchen und finanziellen, körperlichen, psychischen Abhängigkeiten. Die Wissenschaft ist genauso ein unsicherer Boden, weil man gerade in der Qualifikationsphase nicht sicher sein kann, wie es weitergeht. Das heißt, man hat nicht nur *einen* wackeligen Boden unter sich, sondern zwei. Auf diesen Böden steht man im Spagat. Ich glaube, dass ist eine schwere strukturelle Beeinträchtigung. Und ich bereue bis heute, dass ich mir nie genug Zeit genommen habe, meine Kinder einfach lieb zu haben und nichts anderes zu tun, als sie einfach lieb zu haben und da zu sein. Sondern immer mit dem Kind im Arm zu denken, was muss ich jetzt noch machen. Diese Ruhe hatte ich nie. Und das ist es, was mich heute mit Trauer erfüllt. Und dass meine Kinder so toll geworden sind, das haben sie womöglich – oder zum Glück – gar nicht mir zu verdanken.

LE: Liegt das für dich auf alle Fälle an dieser Tätigkeit als Wissenschaftlerin? Diese Unruhe, dieses Nicht-im-Moment-sein-Können? Sondern immer die Arbeit im Hinterkopf zu haben, wenn man mit den Kindern zusammen ist?

RMB: In welchem beruflichen Kontext könnte das auch noch der Fall sein? Sicherlich als Künstler oder Künstlerin. Oder vielmehr in allen prekären Verhältnisse. Überall da, wo es prekär, beruflich prekär ist. Unabhängig davon, ob man in einem Beruf ist, in dem von Tag zu Tag Kund*innen zufrieden gestellt werden müssen, oder ob man in der Wissenschaft arbeitet. Ich glaube, das ist das Entscheidende: das Prekäre an den Verhältnissen. Und nicht so sehr die Uni.

LE: Aber hat sich etwas geändert für dich, seitdem du die Professur hast? Das war ja dann weniger bzw. gar nicht mehr prekär, oder?

RMB: Das Interessante ist, dass, wenn man eine Professur hat, sich neue Unsicherheiten auftauen, die tatsächlich anderes gelagert sind. Ich möchte nicht selbstmitleidig rüberkommen, aber es ist natürlich so, dass man sich plötzlich gegenüber der Uni bewähren muss. Ich bin eine Professorin, aber ob ich eine gute Professorin bin und viele Drittmittel einwerbe oder ob ich mit den Kolleg*innen gut auskomme und so weiter, das steht dann plötzlich auf dem Spiel und macht eine neue Art von Druck. Das ist dann nicht mehr existenziell. Was ganz sicher klar ist, dass ich in der Familie nochmals ein anderes Standing hatte. Ich bin natürlich abgesichert. Das darf man auf keinen Fall unter den Tisch kehren dabei. Ich weiß, dass ich auch damals an meiner Beziehung schon gezweifelt, aber gedacht habe: nein, wenn ich mich jetzt trenne, dann sind meine Kinder in Mainz und ich bin in Leipzig, das kann ich nicht. Ich habe dann weiter an dieser Beziehung gearbeitet, damit sie möglichst lange hält. Dann, als wir nach Leipzig umgezogen sind – das ist vielleicht gemein, es so zu sagen, aber da haben sich die Verhältnisse zu meinen Gunsten verkehrt. Da war mein Partner plötzlich der Schwache. Wir hatten beide eine Professur, aber ich war dann die, die die Kinder bei sich hatte. Somit war ich in einer stärkeren Position und das ist dann auch der Punkt gewesen, wo es auseinanderging. Und ich war diejenige, die gesagt hat: Es ist Schluss. Hier kann man eine Verschiebung sehen. Aber der Druck des Nicht-Genügen-Könnens ist geblieben. Das ändert sich auch nicht, weil die Arbeitslast unglaublich hoch bleibt auf beiden Seiten. Dennoch stimmt es: Man ist angekommen als Wissenschaftlerin. Da fallen schon viele Unsicherheiten weg.

LE: Trotzdem ist es eben immer dieses Nie-genug-getan-zu-haben-Gefühl, das auch eine Prekarität darstellt, denn ich kann nicht einfach abschalten, ich kann nicht sagen jetzt ist

	es gut, jetzt kümmere ich mich um was anderes, um mich oder die Kinder oder wie auch immer …
RMB:	Ja, ich habe dieses Jahr zwei Wochen Urlaub gemacht und ich habe das Gefühl, ich hätte das erste Mal in meinem Leben Urlaub gemacht. Ich werde 55 dieses Jahr. Und es stimmt nicht, dass ich nicht vorher schon mal Urlaub gemacht hätte. Meine Familie hat mich ja auch dazu gezwungen. Wobei ich ganz oft mit der Familie Urlaub gemacht habe, und alle haben noch geschlafen, nur ich bin morgens um sechs aufgestanden und habe bis um acht gearbeitet, damit ich diesen Druck weghabe, damit ich überhaupt Urlaub machen kann mit meiner Familie. Somit ist die Arbeit aber immer auch präsent. In diesem Urlaub habe ich sicherheitshalber meinen Computer mitgenommen, aber ich habe wirklich nicht gearbeitet! Ich habe fünf Bücher gelesen und bin gewandert. Ich habe nichts gemacht, ich habe gekocht und dann wieder nichts gemacht. Das war gefühlt der erste Urlaub seit vielen Jahren.
	Vielleicht ist das auch diese Abgrenzung, die Wissenschaft und Mutterschaft ähnlich macht: immer die Schwierigkeit sich abzugrenzen. Und wann habe ich Zeit für mich? Denn ich habe nie alles gelesen, nie genug gelesen, nie genug gearbeitet, und war nie genug für meine Kinder da. Diese Abgrenzung zu sagen: Jetzt ist genug, und zwar für mich genug. Ich glaube, das fällt sehr schwer.
LE:	Hast Du es dennoch irgendwann, irgendwie immer mal wieder hinbekommen, dich abzugrenzen? Von beiden Tätigkeitsfeldern? Von beiden Rollen? Um irgendwie nur du zu sein?
RMB:	Ja, es gab eine Möglichkeit zur Abgrenzung für mich: Ich habe jahrelang heimlich geraucht. Ich kann perfekt heimlich rauchen, ohne dass man es riecht. Da muss man viele Bonbons lutschen und mit Handschuhen und Mütze rauchen, auch im Sommer. Ich kenne alle Tricks. Das war für mich immer der Moment, in dem ich mich aus dem Verkehr ziehen konnte. In dem ich wirklich einfach für mich alleine

	sein konnte und das heimlich. Da hatte auch niemand einen Anspruch auf mich, weil es heimlich ist. Meine Tochter war total niedlich: Sie hat sich früher immer aufgeregt, wenn sie mich dann doch erwischt hat. Irgendwann fliegt es ja doch auf. Und sie hat letztens eine Studie zitiert, in der steht, dass alleinerziehende Mütter, die rauchen, gesünder sind als alleinerziehende Mütter, die nicht rauchen. Weil rauchende Mütter auf den Balkon gehen und immer wieder 10 Minuten Pause haben. Dazu gibt es eine Studie!
LE:	Dass überhaupt jemand danach fragt, ist schon interessant. Es wurde eine Frage gestellt, die eine Beziehung herstellt zwischen Gesundheit, Rauchen und alleinerziehender Mutterschaft. Und die Forschenden waren mutig genug, das Ergebnis zu veröffentlichen, das ja eine gewisse Absurdität birgt. Rauchen ist für alleinerziehende Mütter weniger gesundheitsschädlich als nie eine Pause vom Alltag oder nie ein paar Minuten am Tag für sich allein zu haben.
RMB:	Das ist das eine. Das zweite ist, dass meine Tochter mir das sagt. Das war für mich auch ein Moment, in dem ich heulend am Telefon gesessen habe. In dem ich gedacht habe, ja mein Kind kriegt es mit; sie hat es mitgekriegt. Und wir reden eigentlich jetzt nicht mehr so viel darüber. Aber es hat Zeiten gegeben, in denen ich viel darüber geredet habe, wie ich als Mutter war und sie als Kind. Worunter sie gelitten hat. Es ist eigentlich erstaunlich, dass sie nicht so viele Vorwürfe vorgebracht hat. Auch wenn sie manchmal gesagt hat, dass wir, als sie uns richtig gebraucht hätte, nicht für sie da waren.
LE:	Ja, aber sie spricht dich auch frei, indem sie diese Studie zitiert. Das ist interessant, weil ich nach dem Grenzen Ziehen gefragt hatte und du hast mir von deinem Geheimnis erzählt. Es ging darum, etwas nur für sich selbst zu haben. Etwas, das nur dir selbst gehört. Das kann ich gut nachvollziehen. Du hast es natürlich heimlich gemacht, weil der Vorwurf da war, du könntest durch das Rauchen krank werden. Das ist ein interessanter Aspekt: dass die gestressten

Mütter, die rauchen, gesünder sind. Und dass deine Tochter das sieht, dass du deine Gesundheit riskierst, um gesund zu bleiben. Das ist ein Paradox, das sehr viel aussagt, über das Muttersein in dieser Gesellschaft.

RMB: Dieses Paradox kehrt ja immer wieder. Vielleicht ist es auch das, womit man die Rolle von Mutterschaft und Wissenschaft beschreiben kann: Paradox. Voller Widersprüche, voller Unmöglichkeiten. Und immer wieder diese Sorge. Es ist einerseits die Sorge, wie man den Kindern gerecht werden kann. Und in der Wissenschaft ist es die Frage, wem ich gerecht werden soll. Und das ist sehr kompliziert zu beschreiben. Denn es geht ja auch nicht nur darum, in der Wissenschaft jemanden gerecht zu werden. Wobei natürlich, also mein Vater, er ist 92 jetzt. ER spricht natürlich von Selbstverwirklichung der Frau und zweifelt sie damit auch an. Damit hatte ich natürlich auch zu kämpfen. Möchte ich mich einfach nur selbstverwirklichen?

LE: Als Wissenschaftlerin?

RMB: Als Wissenschaftlerin, genau. Warum kann ich nicht einfach Mutter sein? Vor ein paar Jahren hat er noch gesagt, es tue ihm leid, dass er mir und meinen zwei Schwestern erlaubt hätte, aufs Gymnasium zu gehen und zu studieren. Und bei mir ging es noch um die Frage, ob ich überhaupt auf das Gymnasium darf (ich bin das zweitälteste Kind und das älteste Mädchen von sechs Kindern). Mein Vater sagt heute noch, er wünscht sich, wie wären einfach Krankenschwestern geworden und hätten dann geheiratet, um nur noch Mutter zu sein. Denn er sieht diese Doppelbelastung und wie fürchterlich sie ist. Natürlich habe ich das nicht nur von meinem Vater gehört, sondern auch von Kolleg*innen, die gesagt haben: Dein Mann ist doch Prof, warum machst du dir so einen Stress? Du könntest doch einfach forschen und ein schönes Leben haben? Das habe ich mehr als einmal gehört. Dieses Unverständnis, dass wissenschaftlich arbeiten auch etwas Intrinsisches sein kann. Dass man dieses Interesse an

	Wissen und Wissensproduktion und allem, was dazu gehört, einfach hat.
LE:	Eben. Und vielleicht auch am sozialen Status, der dem Muttersein – als vom Ehrgeiz vermeintlich nicht vereinnahmte Daseinsform – diametral gegenübersteht?
RMB:	Dieser Ehrgeiz als Wissenschaftlerin?
LE:	Ja genau.
RMB:	Dieser Ehrgeiz. Das hat man mir schon immer zugeschrieben. Schon seit ich ein kleines Mädchen bin. Durch alle Kontexte hindurch. Letztens habe ich mit meiner Tochter über Ursula von der Leyen gesprochen. Ich habe gesagt: „Die ist ja maximal ehrgeizig. Also, ich bin ja ehrgeizig, aber nicht so." Daraufhin hat meine Tochter gesagt: „Doch, aber du hast nicht die gleichen Möglichkeiten gehabt." Da bin ich erschrocken, weil mit Ursula von der Leyen möchte ich nicht gleichgesetzt werden. (Nachsatz: Bei genauerem Nachdenken kann ich nicht sicher sein, warum ich nicht mit Frau von der Leyen verglichen werden will, unabhängig von ihren politischen Positionen. Denn ich kann nicht abschätzen, unter dem Druck welcher Verantwortlichkeiten das zustande kommt, was in der Öffentlichkeit vermeintlich als Überehrgeiz sichtbar wird.) Mein Doktorvater hat mal, in Bezug auf meinen Ehrgeiz zu mir gesagt, ich hätte wohl (zu) viele männliche Hormone. Das ist ja Frauen nicht erlaubt.
LE:	Ist schon fast wieder witzig: Die einzig mögliche Erklärung – eine Naturalisierung, um nonkonformes Verhalten zu normalisieren.
RMB:	Naturalisierung oder Überehrgeiz oder Charakterfehler – daran sieht man auch diese Doppelbödigkeit. Das fand ich schon immer schwierig. Natürlich habe ich damit auch gekämpft. Auf der anderen Seite muss ich ehrlich sagen, zu Zeiten der Promotion war das schwierig. Einfach alles – ich kann nicht mal sagen was genau – es war einfach alles schwierig. Das Kind war klein, ich hatte keinen Job, ich hatte keine Perspektive, ich hatte ein schwieriges Thema, das zunächst im Fach nicht als promotionswürdig angesehen wurde. Da

	habe ich mir beim Einschlafen immer vorgestellt, wie ich ein Preis gewinnen würde für diese Dissertation. Das hat mich über Wasser gehalten.
LE:	Es war also die Imagination eines Preises, mit dem du dich gestärkt und über Wasser gehalten hast?
RMB:	Ja, und dann kam der große Schlag, dass ich nur ein *cum laude* für meine Dissertation bekommen habe. Was Dir eigentlich das Genick bricht in der Wissenschaft.
LE:	Ja, und dann? War es ertragbar oder war es …
RMB:	Das war der totale Absturz. In dieser Zeit bin ich auch noch nach Mainz gezogen. Ich habe in Köln promoviert und hatte dort ein riesiges Umfeld und viele Freundinnen. Dann komme ich nach Mainz und bin da Professoren-Gattin mit einem Kind. Eine überehrgeizige Professoren-Gattin mit Kind. Und dazu stellt sich noch heraus, dass ich eine inkompetente, überehrgeizige Professoren-Gattin mit Kind bin. Das war grauenvoll. Das war wirklich schrecklich. Ich weiß nicht, wie ich das überstanden habe. Ich weiß auch nicht, warum ich da nicht ausgestiegen bin aus der Wissenschaft. Das hätte ich machen können. Ich denke heute noch manchmal, das hätte ich machen sollen.
LE:	Und weißt Du, was Dich weitergetragen hat? Denn das ist schon eine irre Beschreibung. Du siehst Dich durch die Augen der anderen. Du siehst eine Abwertung. Das ist schon grausam, die Formulierung, die du jetzt gewählt hast. Was hat Dich weitergetragen … und ein Kind war schon da?
RMB:	Mmh, ein Kind war schon da, ja. Ich habe mein erstes Kind zum Magister bekommen und mein zweites Kind zur Promotion. Also tatsächlich drei Monate nach dem Magister-Abschluss kam meine Tochter und ein halbes Jahr nach der Promotion kam mein Sohn. Und ich habe immer gesagt, eine Habilitation gibt's nicht … Die Kinder haben mich weitergetragen. Sie sind da, da muss es irgendwie weitergehen. Aber da war dieses Gefühl, ungerecht behandelt worden zu sein. Ich bin in einem linguistischen Fach groß geworden, habe aber nicht über etwas Linguistisches promoviert.

LE: Die Interdisziplinarität.
RMB: Die Interdisziplinarität, genau. Ich hatte das Gefühl, ich bin deshalb ungerecht behandelt worden. Ich bekomme auch keine Stelle, weil ich mit einem Prof im gleichen Fach verheiratet bin, der aber natürlich das macht, was man macht, Linguistik eben. Das war auch ein Beziehungskampf, zwischen uns. Da war ich auch oft ungerecht ihm gegenüber. Vielleicht hat mich dieser Kampf auch am Leben erhalten. Ich weiß auch, dass ich immer weitergekämpft habe und gekämpft und gekämpft.
LE: Für das Thema?
RMB: Ich meine auch nach der Promotion. Vor der Promotion hat man noch ein bisschen Narrenfreiheit. Da kann man sagen: Na gut, da promoviert sie, da gibt man irgendeine Note. Ich finde bis heute diese Promotion erstens nicht so schlecht, aber zweitens schlecht betreut. Dadurch konnte ich das Potenzial des Themas nicht ausloten. Aber das Signal eines *cum laude* ist, dass man fürs Fach eigentlich nicht karrieretauglich ist. Und jetzt habe ich ein Projekt, in dem ich genau diese Komplexität, die ich in meiner Promotion verfolgt habe, auslote. Finanziert für sieben Jahre mit der Volkswagen-Stiftung, um mit dieser expliziten Idee, dieser speziellen Frage, meine Disziplin neu aufstellen zu können. Verrückt.
LE: Neben der Absurdität deiner Erzählung finde ich die Interdisziplinarität dieses Projekts spannend. Das zieht sich durch sehr viele Narrationen von Frauen in der Wissenschaft. Viele davon sind Mütter, die diese Grenzen in den Disziplinen ausloten und neue Felder, neue Wissensfelder generieren und erforschen.
RMB: Weißt du, das ist vielleicht genau diese Fähigkeit, die man auch gewinnt. Wir stehen auf allen Grenzen. Wir stehen die gesamte Zeit auf den Grenzen. Wir müssen permanent Grenzen ausloten. Unsere eigenen, die der Kinder, die der Wissenschaft, die von Lebensentwürfen. Permanent. Und dann loten wir mal so eine Kleinigkeit wie interdisziplinäre

Grenzen aus, das macht man ja sozusagen mit links. Ja, es kann sein, dass wir Spezialistinnen des Spiels mit den Grenzen sind. Ich weiß von mir selbst, schon seit vielen Jahren, dass ich hüben wie drüben die Grenzübergänge aufspüren muss – und kann. Ich habe oft gesagt, dass ich den Raum zwischen den Stühlen fülle.

LE: Schön, dass du das sagst. Mein *Zwischen*, also das Konzept oder der Begriff, ist ein wichtiger Aspekt in meiner Forschung, in meinem Leben. Ich habe früher, vor der Wissenschaft, viel Lyrik geschrieben, da kam das *Zwischen* immer wieder vor. Meine Dissertation habe ich zur Intersexualität, also zum *Zwischen* den Geschlechtern, geschrieben. Zwischen ist ein Raum, der mich schon immer interessiert hat. Ich habe auch mit den Gender Studies schon immer interdisziplinär und *zwischen* den Stühlen gearbeitet. Und jetzt als Wissenschaftlerin und Mutter bewege ich mich auch schon wieder in diesem mehr-/multi-dimensionalen Raum des *Zwischen*.

RMB: Ja, aber es stellt auch ein Risiko dar. Ich erlebe das ja auch, gerade, wenn man dann auf eine Professur kommt, dann erschrickt man erst. Ich habe interdisziplinär betrachtet vielleicht sieben halb volle Gläser. In jeder Disziplin ein halb volles Glas. Jetzt kann man sagen: Wow, die hat dreieinhalb volle Gläser! Könnte man sagen. Aber man kann auch sagen, da ist ein halb leeres Glas und da ist ein halb leeres Glas. Nein, du kannst hier nicht mitmachen, weil dein Glas nur halb leer ist. Und das ist mir auch passiert. Und das ist dann das, was einer als Professorin passiert. Und was sich auch immer wieder durchzieht. Und ich muss sagen, ich bin jetzt seit neun Jahren Professorin und bin erst jetzt endlich angekommen. Das dauert. Das hat dann auch weniger mit der Doppelrolle Mutter und Wissenschaftlerin zu tun.

LE: Ich habe gerade ein Buch zu pendelnden Müttern gelesen. Darin arbeitet die Autorin diese andere Art der Subjektivierung wunderschön heraus. Pendelnde Mütter sind Grenzgängerinnen an den Geschlechtergrenzen, weil sie ab-

	wesende Mütter sind. *Die* Mutter definiert sich aber eigentlich durch das ständige Dasein und die ständige Verfügbarkeit.
RMB:	Genau. Ganz genau. Ich hatte dann diese Professur in Leipzig, meine Familie wohnte in Mainz, das sind viereinhalb Stunden Fahrt. Das heißt, ich fuhr am Montagmorgen nach Leipzig und kam am Donnerstagabend erschöpft wieder. Ich glaube aber, meinen Kindern und meinem Mann hat das gut getan, weil sie einfach alles selbst machten und sie das auch konnten. Sie haben nicht dagesessen und auf mich gewartet, bis ich komme. So ist es nicht gewesen. Ich glaube, für die war das ganz gut, dass ich mal weg war. Und vielleicht war die Situation mit zwei Eltern, die immer das Gefühl haben, sie sind zu wenig – ich glaube mein Mann hatte das Gefühl auch – ein bisschen anstrengend für Kinder. Und wenn man dann eben nur einen hat, dann hat man vielleicht auch ein bisschen mehr Freiheit. Ich glaube das Pendeln war nicht für die Kinder ein Problem, sondern für mich. Die Kinder gewöhnen sich an die Situation und sie wissen, dass der Papa sie liebt und für sie kocht und für sie da ist, und der war auch alles für sie, ja. Das beschreiben sie auch so. Die Kinder leiden viel weniger drunter als wir selbst mit dieser Doppelrolle.
LE:	Dennoch aber war die Situation ja sehr stressig. Wie hat sich deine Überlastung geäußert?
RMB:	Meine Überforderung hat sich so gezeigt, dass ich manchmal ausgerastet bin. Ich habe richtige Wutanfälle bekommen. Vor allem bin ich erschrocken, als meine Tochter erzählt hat, dass sie das mal gesehen hat. Man ist selbst in seiner Überforderung nicht schuldfrei, obwohl ich überfordert bin und nicht mehr kann. Stattdessen habe ich mich in Krankheiten geflüchtet. Das sind so typisch weibliche Muster, und sie funktionieren gleichermaßen an der Uni als auch in der Familie. Krankheit ist eine Möglichkeit, beide Überforderungen auf einmal zu adressieren.
LE:	Inwiefern funktionieren Uni und Familie gleich?

RMB: Naja, wenn ich nicht an die Uni kann, dann ist die Uni ohne mich und wenn ich krank im Bett liege, ist die Familie ohne mich. Das ist der Moment, wo man jede Verantwortung in jede Richtung abgibt. Krank ist krank. Dann ist man nicht an der Uni und nicht in der Familie. So kann man beide Kontexte, die einen ja überfordern, einfach absagen. Ich habe manchmal Konferenzen kurzfristig abgesagt. Dann wurde ich halt nicht mehr eingeladen. Irgendwann wird man sich dessen bewusst und fängt an zu überlegen und kriecht dann doch auf irgendeine Konferenz. Oder auf einen Elternabend. Wenn ich heute mit jungen Frauen rede, frage ich immer: Haben sie ein stabiles Privatleben? Es geht mich überhaupt nichts an, aber ich will verstehen, in welcher Situation sie sind. Eigentlich bin ich nur dazu da, die jungen Frauen bezüglich der Uni zu mentorieren. Aber ich merke ganz oft, hier geht es auch um Familie, die irgendwie destabilisierend wirkt. Oder auch stabilisierend. Es kann helfen, dass, wenn man Kinder hat, man nicht ewig für einen Artikel rumtrödelt. Da hat man nur die Zeit von neun bis fünf von Montag bis Donnerstag. Wenn man Pech hat, ist das Kind auch noch krank. Das diszipliniert auch. Deswegen will ich immer etwas über die Kontexte wissen. Aber diese Frage, wie man diese Überforderung gut jonglieren kann ... das ist schwierig zu beantworten.

LE: Die Antwort ist natürlich die, wie du sie beschrieben hast: Drei Tage 150 Prozent, die anderen drei Tage noch mal 150 Prozent. Das habe ich vor Kurzen bei Iris Radisch gelesen. Sie sagt, man kann es nicht kombinieren: Karriere und Kinder. Es kommt einfach aufeinander drauf. Es ist nicht kombinierbar. Es ist einfach immer mehr. Es ist mehr Arbeit, es ist mehr Energie, es ist mehr Stress, es ist aber auch mehr Freude, mehr Leben. Von allem einfach mehr.

RMB: Ja, worüber ich mich sicher nicht beklagen kann ist, dass ich ein langweiliges Leben hätte. Mein Leben ist wirklich immer in Bewegung. Da passiert permanent etwas. Auch jetzt noch. Das ist etwas Tolles. Von meinem Persönlichkeitstyp kommt

	mir das entgegen. Aber man darf nicht erwarten, dass man es einfach und leicht hat. Und nicht darüber jammern.
LE:	Du bist ja der Ursprung dessen. Der Ursprung des ganzen Konglomerats an Nicht-Kombinierbaren, nur Anhäufbarem.
RMB:	Das ist auch das, was man jungen Frauen beibringen muss, nämlich sich besser zu disziplinieren, vielleicht. In dem Sinne, dass man auch mal eine Auszeit für sich selbst hat, dass man nicht in die Krankheit schlittert, um eine Auszeit zu haben. Zu arbeiten und zusammenzuklappen und wieder zu arbeiten, ist keine gute Dynamik. Deshalb braucht es mehr Disziplin. Ich finde das auch blöd zu sagen. Aber das ist unsere Welt.
LE:	Es geht ja um Selbstsorge. Um die Disziplinierung gegen die ständige Entgrenzung.
RMB:	Und Grenzen ziehen ist auch eine Disziplinierung. Wir leben in dieser knallharten Welt. Die Mutterschaft ist knallhart. Und die Wissenschaft auch. Wir leben in zwei knallharten Welten. Wir müssen immer kritisch damit umgehen, auf der anderen Seite aber auch pragmatisch. Man gerät als Feministin vielleicht schon in Schwierigkeiten, weil man nicht einfach nur kritisch sein kann. Weil man auch pragmatisch sein muss. Und das zog mich auch in eine Partnerschaft, die ganz klassisch gestrickt ist: Mann, Kleinfamilie. Was ich vielleicht nie wollte. Aber das ist dann der Pragmatismus, den man als Feministin aushalten muss. Und da lernt man auch, dass die Welt nicht schwarz und weiß ist. Sondern alles Mögliche dazwischen. War das ein Schlusswort?
LE:	Ja. Ja, danke! Wunderbar, vielen Dank dafür!

16

„Wie war das für dich als Wissenschaftlerin und Mutter?" Ein intergenerationales Gespräch über das wissenschaftliche Arbeiten als Mutter

Johanna Hess und Doris Hess-Diebäcker

Zusammenfassung Der Beitrag dokumentiert ein intergenerationales Gespräch zwischen einer Tochter und ihrer Mutter über ihre jeweiligen Erfahrungen als Mütter in der Wissenschaft. Das Gespräch ist als dialogische Reflexion angelegt, in der es um die Vereinbarkeit des wissenschaftlichen Arbeitens und Mutterschaft und um Veränderungen im persönlichen Erleben der wissenschaftlichen Tätigkeit als Mutter geht. Die persönlichen Erinnerungen werden von einer inhärent feministischen Perspektive begleitet, sie verweisen auf Unterschiede und Kontinuitäten in den Situationen von Müttern in Wissenschaft und Gesellschaft.

J. Hess (✉)
Brandenburgisch Technische Universität Cottbus, Berlin, Deutschland
E-Mail: hessj@b-tu.de

D. Hess-Diebäcker
Münster, Deutschland
E-Mail: beratung@hess-diebaecker.de

Das Gespräch, das in diesem Beitrag dokumentiert ist, haben wir an zwei Tagen im Sommer 2019 geführt. Während des Gesprächs wunderten wir uns, wie wenig wir über die Erfahrungen der anderen jeweils wussten, und freuten uns, mehr zu erfahren. Wir staunten über Ähnlichkeiten und freuten uns über Differenzen, wenn diese auf Veränderungen im Wissenschaftssystem hinwiesen, die es Müttern leichter machen, als Wissenschaftlerin zu arbeiten.

JH: Wie wäre es, wenn wir unsere Erfahrungen als Wissenschaftlerinnen zunächst biografisch verorten?

Ich arbeite, mit einer längeren Unterbrechung, seit sieben Jahren als Wissenschaftlerin. Das erste Forschungsprojekt, in dem ich nach meinem Studium als wissenschaftliche Mitarbeiterin beschäftigt war, befasste sich mit den beruflichen Karrieren von Wissenschaftlerinnen. Unsere Untersuchung zeigte unter anderem, dass Wissenschaftlerinnen mit kleinen Kindern zumeist hintan stehen, wenn in der Paarbeziehung die Entscheidung getroffen wird, wer im ersten Lebensjahr eines Kindes zu Hause bleibt (vgl. Hess und Rusconi 2010).[1] Ich erinnere mich, dass in einigen qualitativen Interviews deutlich wurde, dass die Belastung für Wissenschaftlerinnen auch nach dem ersten Lebensjahr der Kinder besonders hoch war, wenn sie am gemeinsamen Hauptwohnsitz lebten und ihre Partner beruflich in eine andere Stadt pendelten. In dieser Situation blieb der Großteil der Haushalts- und Familienarbeiten an den Frauen hängen, die dadurch weniger Zeit für ihre wissenschaftliche Arbeit hatten. Das Wissen über den schweren Stand von Müttern in der Wissenschaft hat mir damals Sorgen bereitet, obwohl ich zu dem Zeitpunkt noch keinen konkreten Kinderwunsch hatte. Da ich wusste, dass sich das Wissenschaftssystem

---

[1] Konkret heißt es dazu in einer unserer Veröffentlichungen: „Während bei 80 Prozent der männlichen Wissenschaftler die Betreuung der Kinder im ersten Lebensjahr von ihren Partnerinnen übernommen wurde, galt dies umgekehrt nur bei einem Bruchteil der Wissenschaftlerinnen (weniger als 4 Prozent). Die Mehrheit der männlichen Wissenschaftler bekam demnach den Rücken frei gehalten, während fast drei Viertel der Wissenschaftlerinnen (72,6 Prozent) die Betreuung der Kinder im ersten Lebensjahr selbst übernahmen" (Hess und Rusconi 2010, S. 24).

nicht von heute auf morgen ändern würde, blieb mir nichts anderes übrig, als mir ganz genau zu überlegen, mit wem ich ein Kind bekommen würde. Mir war klar, es muss jemand sein, der mindestens die Hälfte der Haushalts- und Betreuungsarbeit übernehmen wird. Zudem wollte ich mir merken, dass wöchentliches Pendeln eine gute Möglichkeit sein könnte, um wenigstens an einigen Tagen ohne Einschränkung arbeiten zu können und den „mental load", der mit Haus- und Familienarbeit verbunden ist, an den Partner abzugeben. Ich bin später tatsächlich ein paar Jahre beruflich in eine andere Stadt gependelt. Als Entlastung habe ich das nicht empfunden. Ich hatte zu der Zeit aber auch noch kein Kind und daher auch zu Hause viel Raum für meine wissenschaftliche Arbeit. Vielleicht wäre das jetzt als Mutter anders.

Wie war das bei dir? Ich bin ja erst auf die Welt gekommen, als du deine Dissertation bereits abgeschlossen hattest. Wie war dein Einstieg in die Wissenschaft? In welcher Lebenssituation warst du?

DHD: Mein Einstieg in die Wissenschaft war die Doktorarbeit, die ich 1976 begonnen habe. Damals habe ich nicht gezielt eine wissenschaftliche Karriere angestrebt. Vielmehr hatte ich den Wunsch, meine praktische Arbeit, die ich als Sozialpädagogin zuvor in einem Gemeinwesenprojekt in einem ‚sozialen Brennpunkt' gesammelt hatte und die sehr aufregend war, wissenschaftlich zu reflektieren. Am Anfang habe ich meine Doktorarbeit mit dem Arbeitslosengeld finanziert, das ich im Anschluss an meine Stelle als Sozialpädagogin bekommen habe. Erst ein Dreivierteljahr später habe ich eine Stelle als wissenschaftliche Assistentin, so hieß das damals, bekommen. Das war eine sehr privilegierte Stelle. Ich musste nur ein Seminar pro Semester anbieten und hatte neben der Doktorarbeit ansonsten keinerlei Verpflichtungen. Zudem hatte ich damals auch noch keine Kinder und konnte mich ganz auf die Dissertation fokussieren. Obwohl das gute

Voraussetzungen waren, habe ich die Arbeit an der Doktorarbeit oft als schwierig und einsam erlebt. Mein Doktorvater war kaum präsent, und meine Kolleg*innen hatten andere Forschungsinteressen, so dass Möglichkeiten zum Austausch über meine Arbeit kaum vorhanden waren. Trotzdem hatte ich die Vorstellung, dass sich das wissenschaftliche Arbeiten mit Kindern realisieren ließe. Die Arbeit war ja total flexibel. Ich hatte an dem Fachbereich auch eine Kollegin, die hatte Kinder, und die war für mich immer ein Beispiel dafür, dass es gut gehen könnte. Am Ende war der Doktorvater aber mit vielem, was ich erarbeitet hatte, nicht einverstanden und wollte, dass ich kurz vor der Abgabe große Teile umschreibe. Ich habe das nicht eingesehen, nachdem er sich vorher so lange aus meiner Arbeit herausgehalten hatte. Es kam zu einem Konflikt, der für mich direkt mit der Frage des Kindeskriegens verknüpft war. Denn ich war schwanger und hatte fünf Wochen nach Beginn des Konflikts eine Fehlgeburt. Natürlich gibt es keine Beweise, dass die Fehlgeburt tatsächlich durch diese Konfliktsituation bedingt war. Ich habe aber eindeutig einen Zusammenhang gesehen. Für mich hatte das wissenschaftliche Arbeiten damals also direkte Auswirkungen auf meine Möglichkeiten als Mutter. Ich habe die Doktorarbeit schließlich mit einigen, aber nicht allen von meinem Doktorvater gewünschten Veränderungen eingereicht und mich zum Promotionsverfahren angemeldet. Mein Doktorvater hat mir bei der Verteidigung meiner Dissertation mitgeteilt, dass er meine Stelle als Assistentin nicht verlängert. Das hat mich einerseits geärgert und andererseits erleichtert. Die Stelle endete neun Monate nach der Verteidigung der Dissertation. Zu diesem Zeitpunkt war ich mit dir bereits im dritten Monat schwanger, und wir hatten gerade deine Schwester adoptiert. Da war mir klar, dass ich mich mit zwei Babys nicht aktiv um eine Stelle bemühen, sondern erst mal zuhause bleiben würde. In den achtziger Jahren waren die Möglichkeiten der Kinderbetreuung in der BRD noch sehr begrenzt, so dass ich zweieinhalb Jahre mit der Arbeit pausiert habe. Mit der wissenschaftlichen Arbeit sogar sechs Jahre. Zwar hatte ich einen Lehrauftrag an dem Institut, an dem ich auch promoviert hatte, meinen ersten Job nach deiner Geburt hatte ich aber in einem Praxisprojekt im Bereich der psychiatrischen Hilfe.

JH: Für dich ging es also eher darum, wie sich die wissenschaftliche Arbeit bzw. die Bedingungen des wissenschaftlichen Arbeitens auf deine Möglichkeiten der Familiengründung auswirken, und nicht umgekehrt, wie sich deine Mutterschaft auf die Möglichkeiten des wissenschaftlichen Arbeitens auswirken könnte, oder? Mein Eindruck ist nämlich, dass sich junge Wissenschaftlerinnen heute vor allem die Frage stellen, ob sie ihre Karriere auch als Mutter realisieren können und weniger, ob sie – sofern vorhanden – ihre familiären Wünsche auch als Wissenschaftlerinnen realisieren können. Je nachdem, aus welcher Perspektive die Frage gestellt wird, geraten eher individualisierende oder strukturelle Erklärungen in den Blick. Ich habe vor dem Hintergrund meiner wissenschaftlichen Expertise und aufgrund meines persönlichen Erlebens irgendwann entschieden, dass es *den* perfekten Zeitpunkt für die Geburt eines Kindes nicht gibt. Es hängt von vielen Faktoren ab, ob und inwiefern es Müttern gelingt, eine wissenschaftliche Karriere zu verfolgen. Als ich die Arbeit an meiner Doktorarbeit aufnahm, war ich fast fünfunddreißig und arbeitete in einem Forschungsprojekt, für das ich wöchentlich in eine andere Stadt pendelte. Für mich war es in der damaligen Situation unvorstellbar mit zwei Projekten, dem Forschungsprojekt und der Dissertation, inklusive Pendeln ein Kind zu bekommen. Ich wollte mit dem Kinderkriegen aber auch nicht warten bis die Dissertation abgegeben war. Ich wollte beides, wissenschaftlich arbeiten und ein Kind bekommen. Im Anschluss an das Forschungsprojekt habe ich dann ein Stipendium beantragt. Ich wollte mich voll auf die Dissertation konzentrieren. Mit dem Stipendium und den damit einhergehenden veränderten Bedingungen – ich hatte nur noch ein Projekt und musste nicht mehr pendeln –, hatte ich plötzlich das Gefühl, beides schaffen zu können: Promovieren und Mutter werden. Vielleicht war das eine ähnlich privilegierte Situation wie bei dir damals, als du neben der Doktorarbeit kaum weitere berufliche Verpflichtungen hattest. Das Stipendium hat mir in Hinblick auf die Arbeit, aber auch in Hinblick auf die Mutterschaft viel Freiheit gegeben. Das habe ich größtenteils als positiv erlebt. Natürlich war das Arbeiten oft auch sehr einsam. Um dem zumindest partiell zu entgehen, habe ich, zusammen mit anderen Promovierenden, die ich aus unterschiedlichen Arbeitszusammenhängen kannte, eine Forschungswerkstatt gegründet. Das war und ist, neben dem Austausch mit meiner Doktorbetreuerin, enorm hilfreich.

Ich frage mich gerade, ob es in unseren Erfahrungen mit der wissenschaftlichen Arbeit wohl ein großer Unterschied ist, dass du erst wieder angefangen hast, wissenschaftlich zu arbeiten als ich fast sechs Jahre alt war, während ich circa ein halbes Jahr nach der Geburt meiner Tochter die Arbeit an der Dissertation wieder voll aufgenommen habe. Magst du erzählen, wie du das wissenschaftliche Arbeiten als Mutter erlebt hast?

DHD: Ja, gerne. Ich habe zunächst für drei Jahre auf einer halben Stelle in einem Forschungsprojekt an der Universität Bielefeld gearbeitet, im Bereich der Frauenforschung. In dem Projekt ging es um die Frage von geteilter Elternschaft. Meine damalige Chefin war eine Freundin. Ein gutes kollegiales Umfeld zu haben, war mir nach der Erfahrung während der Promotion sehr wichtig. Ich bin damals in der Regel einen, manchmal zwei Tage pro Woche nach Bielefeld gependelt. Ansonsten habe ich zuhause gearbeitet. Das war eine ziemlich große Herausforderung für mich, das ganze Schreiben, die Auswertungen der Interviews, die Theorie … Ich hatte kein eigenes Arbeitszimmer, der Schreibtisch stand im Wohnzimmer. Das hat unheimlich viel Disziplin erfordert. Ich musste mich sofort hinsetzen, wenn ihr in der

Schule wart, bzw. du am Anfang noch in der Kindergruppe warst. Insbesondere die Schultage brachten sehr viele Unregelmäßigkeiten mit sich, da ging der Unterricht manchmal nur von neun Uhr bis elf Uhr. Das hieß immer, ich musste mich sofort hinsetzen und arbeiten. Es war ein schwieriger Lernprozess für mich, Hausarbeit liegen zu lassen, das äußere Chaos, das hier war, zu ignorieren. Und noch schwieriger fand ich das emotionale Umschalten von Familie auf Arbeit, mich auf diese Themen einzustellen. Ich hatte eigentlich gar keine Zeit dafür, weil ich ja sofort losschreiben musste. Mit euch Kindern zusammen war ich emotional auf einer ganz anderen Ebene, als bei meiner Forschungsarbeit, wenn ich theoretische Texte über Arbeitszeitpolitik las oder die Interviews auswertete. Das erforderte eine andere Form der Konzentration. Es war nicht einfach. Meine Zeitfenster für das wissenschaftliche Arbeiten waren damals auch sehr knapp. Ich hatte kaum Zeit, Abstand von den Erfahrungen mit euch zu gewinnen. Sobald ich euch in die Schule oder zur Kindergruppe gebracht hatte, musste ich mich an den Schreibtisch setzen. Pausen konnte ich mir gar nicht leisten, auch wenn mein Kopf und mein Herz eigentlich noch voll waren von den Erlebnissen mit euch Kindern. Oder auch von ganz konkreten Dingen, die für das Familienleben organisiert werden mussten. Zum Beispiel: Wie feiern wir den nächsten Kindergeburtstag? Oder: War es jetzt gut, dass ich dich mit Schnupfen zur Schule geschickt habe? Diese Fragen waren noch in meinem Kopf, wenn ich mich an den Schreibtisch gesetzt habe. Ich habe das immer als eine ganz besondere Herausforderung erlebt, unter diesen Bedingungen wissenschaftlich zu arbeiten. Ich habe mir vorgestellt, dass es leichter gewesen wäre, in einem Beruf, in dem die Anforderungen an meine Arbeit eher von außen kommen. Zum Beispiel als Lehrerin, wenn da zwanzig Kinder vor mir stehen, die etwas von mir wollen, wäre mir das vermutlich leichter gefallen, als in meiner Situation als Wissenschaftlerin, in der – zumindest phasenweise – nur die Bücher zu mir sprachen. Trotzdem habe ich es geschafft, meine Forschung zu Papier zu bringen. Obwohl ich in den ersten anderthalb Jahren des Forschungsprojekts sicher nicht mehr als die fünfzig Prozent, mit denen ich in dem Projekt angestellt war, gearbeitet habe. Eher weniger. Meine damalige Chefin war sehr verständnisvoll. Sie hatte selbst eine Tochter in deinem Alter und hat mir nie Druck gemacht. Wir hatten natürlich Druck durch die Deadlines, es war ein DFG-Projekt. Aber meine Chefin hat mich oft ermutigt. Das war wirklich sehr gut. Am Ende des Projekts habe ich etwas mehr gearbeitet, auch am Wochenende oder abends. Aber ich habe euch meist abgeholt von Kindergruppe und Schule, und oft auch hingebracht. In diesem Punkt war die Arbeitsteilung mit meinem Mann, eurem Vater, ziemlich traditionell. Er konnte euch aufgrund seiner Arbeitszeit manchmal zur Schule bringen, selten abholen. Ansonsten hat er aber einiges mehr übernommen als viele Väter zu der Zeit.

JH: Ja, diese knappen Zeitfenster kenne ich auch. Vor allem aus der Phase, als die Elternzeit meines Partners vorbei war und wir noch keinen Kita-Platz für unser Kind hatten oder aus der Zeit der Eingewöhnung unseres Kindes in der Kita. Das Arbeiten in diesen kurzen Zeitfenstern habe ich oft als frustrierend erlebt. Kaum hatte ich angefangen zu schreiben, musste ich auch schon wieder aufhören. Und was das Arbeiten von zu Hause betrifft, geht es mir ähnlich wie dir. Ich brauche die räumliche Distanz zwischen Zuhause und Arbeitsplatz für meine Metamorphose von der Mutter zur Wissenschaftlerin und wieder zurück. Mir hat in den Phasen, als ich von Zuhause gearbeitet habe, aber noch etwas gefehlt, das ist mir vor allem im Kontrast zu meinem Partner aufgefallen, der in einem Büro zusammen mit anderen Kolleg*innen arbeitet. Mir haben der professionelle Rahmen und die Möglichkeit gefehlt, mich als öffentlicher Mensch zu erleben. Es hat mich gestört, mich als Mutter *und* als

Wissenschaftlerin primär in meinen privaten Räumen zu bewegen. Ich schreibe nun seit längerem wieder in der Bibliothek. Auch wenn ich mit den Wissenschaftler*innen dort kaum spreche, tut mir die Öffentlichkeit und der professionelle Rahmen, den ich meiner Arbeit damit gebe, gut. Ich fühle mich mehr als Wissenschaftlerin.

Was mir noch als Ergänzung zu deinen Erlebnissen einfällt, du hast es eigentlich auch schon gesagt: Es geht ja nicht nur um die faktische Hausarbeit, sondern auch um die gedankliche Arbeit, die mit einer Familie verbunden ist, also um den „mental load". Der Begriff macht darauf aufmerksam, dass es nicht nur um die Frage geht, wer den Müll herunterbringt oder die Milch einkauft, sondern wer daran denkt, dass diese Arbeiten erledigt werden müssen. In deiner Generation noch mehr, aber auch in meiner Generation wird der „mental load" in heterosexuellen Familien maßgeblich von Frauen getragen. Mir war es immer wichtig, nicht nur im Hinblick auf meine wissenschaftliche Arbeit, dass ich keine ‚Familienmanagerin' werde. Es gibt in unserem Familienleben Bereiche, aus denen ich mich seit der Geburt meines Kindes beinahe komplett ausgeklinkt habe. Zum Beispiel bei der Frage der Ernährung. Mein Partner plant so gut wie alle unsere gemeinsamen Mahlzeiten und kauft ein. Wenn ich nach Hause komme, frage ich: „Was gibt es heute zu Essen?" Dann komme ich mir vor wie der Familienvater in traditioneller Rollenverteilung. Es ist mittlerweile sogar so, das mir gar nichts einfällt, wenn ich mal selbst kochen muss. Ich habe diesen Bereich meines Gehirns einfach ausgeschaltet. Im Hinblick auf die wissenschaftliche Arbeit erlebe ich es als hilfreich, mir über bestimmte Bereiche des familiären Zusammenlebens einfach keine Gedanken machen zu müssen. Trotzdem sind meine Zeitfenster für die Forschungsarbeit begrenzter als vorher und die Zeit jenseits der Arbeit bietet weniger Zeit für meine eigene Erholung. Obwohl wir alles gut aufteilen, sind wir in den letzten zwei

Jahren schon mehrfach an unsere Grenze gekommen. Rund um den ersten Geburtstag unserer Tochter war ich sehr erschöpft. In dieser Erschöpfungsphase bin ich im Hinblick auf meine Arbeit permanent über meine Grenze gegangen. Mir hat einfach Schlaf gefehlt und Zeit, in denen ich mich erholen kann. Manchmal war ich so müde, dass ich nicht mehr arbeiten konnte. Das kannte ich vorher nicht.

Apropos Veränderungen: Was war denn für dich der zentrale Unterschied im Hinblick auf dein Erleben der wissenschaftlichen Arbeit mit und ohne Kinder?

DHD: Ein zentraler Unterschied war für mich der Verlust meiner zeitlichen Flexibilität. Als ich promovierte, galt für mich: Wenn ich den Morgen vergeigt habe, habe immer noch den Nachmittag. Mit Kindern war da ein enormer zeitlicher Druck. Andererseits habe ich mich mit Euch Kindern als weniger ehrgeizig in Bezug auf meine Arbeit erlebt. Ich habe die Arbeit sehr ernst genommen, die Inhalte meiner Forschung interessierten mich und ich hatte gute kollegiale Kontakte. Aber ich war nicht ehrgeizig genug, um meine eigene Qualifikation voran zu treiben, beispielsweise in Form einer Habilitation. Bei der wissenschaftlichen Vertretungsstelle später war ich durch Lehrveranstaltungen und Prüfungen so ausgelastet, dass ich gar keine Möglichkeit hatte, während der Arbeitszeit eigene Forschungsprojekte zu machen oder an Veröffentlichungen zu arbeiten. Kolleg*innen fragten manchmal, woran ich gerade schreiben würde. Ich habe immer gesagt, dass ich komplett ausgelastet bin mit meiner Lehr- und Prüfungstätigkeit. Die guckten mich dann oft etwas schief an. Aber ich wollte mir nicht ständig Abende und Wochenenden von der gemeinsamen Familienzeit abknapsen für meine wissenschaftliche Qualifikation. Das hatte ich schon gemacht, in der Zeit als ich in Bielefeld gearbeitet hatte und parallel die Familientherapieausbildung gemacht habe. Da war ich über drei Jahre häufiger an den Wochenenden nicht zu Hause. Das wollte ich nicht zur Regel machen.

Mit euch Kindern habe ich das wissenschaftliche Arbeiten auch insgesamt als schwieriger empfunden. Ich habe mich oft rausgerissen gefühlt aus meinen Gedankengängen. Oder ich habe mich dafür kritisiert, doch nicht genug geschafft zu haben. Das fand ich einen unangenehmen Zustand, auch weil ich nicht jedes Mal mit der dazugehörigen schlechten Laune euch Kindern begegnen wollte. Ja, so war das bei mir. Aber ihr wart ja tatsächlich auch schon älter als deine Tochter jetzt. In meiner Vorstellung erscheint es schwierig, wie du das machst, also deine Promotion schreiben mit einem so kleinen Kind. Diesen Wechsel zwischen zwei völlig unterschiedlichen Fühlmodi, den stelle ich mir mit kleineren Kindern noch schwieriger vor.

JH: Ja, es ist nicht immer einfach. Aber für mich war ganz klar, dass ich einige Monate nach der Geburt wieder anfangen werde zu arbeiten. Am Anfang war es sehr aufregend, mich von meinem Baby zu trennen und mich auf den Weg zur Arbeit zu machen. Ich habe es aber auch genossen, wieder zu arbeiten und einen Raum für mich und ein eigenes Projekt jenseits des Mutterseins zu haben. Ich habe das fast als Privileg empfunden. Das lag sicher daran, dass ich mit dem Stipendium sehr frei war und meine Arbeit selbstbestimmt gestalten konnte. Etwas erschwerend kam hinzu, dass ich mich in der Dissertation mit der Problematik von sexualisierter Gewalt gegen Kinder befasse. Ich habe mich als Mutter plötzlich verletzlicher gefühlt und musste meine Haltung als Forscherin und auch als Mutter noch mal neu ausbalancieren. Das hat mich Zeit und Kraft gekostet.

Die größte Veränderung besteht für mich wohl auch darin, dass ich meine tägliche Arbeitszeit nicht einfach ausdehnen kann. In allen meinen Forschungszusammenhängen war es so, dass sich die tägliche Arbeitszeit immer mehr ausdehnte, je näher eine Deadline rückte. Da bin ich abends oft spät nach Hause gekommen, und habe, je nach Projektphase, auch am Wochenende gearbeitet. Das konnte sich über Wochen hinziehen. Seit ich Mutter bin, geht das für mich nicht mehr. Ich muss den Laptop zuklappen, um mein Kind von der Kita abzuholen – egal, ob ich den Absatz fertig geschrieben habe oder nicht. Am Anfang hat mich dieses neue Zeiterleben in meiner wissenschaftlichen Arbeit frustriert. Mittlerweile habe ich eine andere Disziplin bei der Arbeit entwickelt, und plane meine Projekte anders. Neben dem Druck, den du auch schon beschrieben hast, hat sich für mich daraus auch eine enorme Produktivität entwickelt. Ich bin fokussierter und habe im Moment wirklich oft das Gefühl, richtig gut vorangekommen zu sein. Ich glaube, das geht vielen Müttern so. Trotzdem hält sich die Vorstellung hartnäckig, dass sich Mutterschaft negativ auf die Produktivität von Wissenschaftlerinnen auswirke. Wissenschaftlerinnen werden dabei an den gleichen Maßstäben gemessen wie ihre Kollegen (mit und ohne Kinder), obwohl seit langem bekannt ist, dass Wissenschaftler – anders als Wissenschaftlerinnen – viel häufiger Partnerinnen haben, die ihnen den Rücken freihalten. Mir ist es zugleich aber wichtig, die Frage der Produktivität nicht zum Selbstläufer werden zu lassen. Wissenschaftler*innen sind ja nicht nur Geist(er), sondern leibhafte Menschen, mit Bedürfnissen und Körpern, denen auch Beachtung geschenkt werden muss – nicht nur nach Schwangerschaft oder Geburt. Aber wenn es um Fragen der Produktivität geht, dann müssen auch die Bedingungen in den Blick genommen werden, unter denen wissenschaftliche Produktivität jeweils entsteht und möglich ist. Neben den konkreten Beschäftigungsverhältnissen geht es dabei auch um die Frage der Organisation und Qualität der Betreuung der Kinder, vor allem wenn sie ganz klein sind. Ich hatte zum Beispiel eine sehr produktive Arbeitsphase während der sechsmonatigen Elternzeit meines Partners. Die Zeit war toll. Es hat mich einfach beruhigt, dass unser Baby bei meinem Partner war. Da war gar keine Phase der Vertrauensbildung nötig, wie zum Beispiel bei der Eingewöhnung unserer Tochter in die Kita. Mein Kind ist in der Kita sehr gut aufgehoben und ich finde es gut, dass sie tagsüber mit anderen Kindern zusammen ist. Trotzdem gibt es mehr Unwägbarkeiten und weniger Informationen. Anders als mein Partner erzählen mir die Erzieherinnen ja nicht jeden Tag haarklein, wie es meinem Kind ergangen ist. Man erfährt dadurch viel weniger über das eigene Kind. Vor allem in den ersten Kita-Monaten war ich ganz neidisch auf Männer, deren Frauen drei oder mehr Jahre zu Hause bleiben. Die können total entspannt zur Arbeit gehen, und müssen sich i. d. R. keine Sorgen um ihr Kind machen. Ich glaube, dass dieser Unterschied für das wissenschaftliche Arbeiten nicht unwesentlich ist, weil es natürlich super ist für die geistige Arbeit, wenn ich von den Sorgen um mein Kind weitgehend befreit bin.

Jetzt habe ich viel erzählt. Mich würde noch interessieren, wie es bei dir letztendlich dazu kam, dass du das wissenschaftliche Arbeiten aufgegeben hast? Magst du das erzählen?

DHD: Ja. Ich hatte ja zuletzt eine halbe Stelle als wissenschaftliche Mitarbeiterin, eine Vertretung. Ich sollte vor allem Lehraufgaben übernehmen, zwei bis drei Seminare, die Betreuung von Examens- und Diplomarbeiten, Sprechstunden. Auf der Stelle habe ich mehr gearbeitet als auf den Forschungsstellen, obwohl es keine Qualifikationsstelle war. Dass ich mehr gearbeitet habe, lag vor allem daran, dass ich zum damaligen Zeitpunkt die einzige Frau am Institut war. Sehr viele weibliche Studierende, nicht nur die, die sich für Frauenforschung interessierten, wollten ihre Prüfungen bei mir ablegen und ihre Abschlussarbeiten von mir betreuen lassen. Ich hatte auf der halben Stelle mehr Prüfungsanmeldungen als manche Professoren. Da habe ich irgendwann gestreikt, das wurde viel zu viel. Ich habe das zwar gerne gemacht, aber das überschritt weitaus den zeitlichen Rahmen meiner halben Stelle. Ich habe – nach drei Jahren – gekündigt. Ich wollte es auch deshalb nicht mehr, weil ich angefangen hatte, eine Praxis als selbstständige Familientherapeutin aufzubauen. Ich hätte mir vorstellen können, noch mal wissenschaftlich zu arbeiten. Aber mein Fokus lag nicht nur auf der Wissenschaft, mich hat eher die Verbindung von Praxis und Forschung interessiert. Ich würde sagen, das Ende meines wissenschaftlichen Arbeitens hatte vor allem etwas damit zu tun, dass mich diese Familientherapie total interessiert hat. Außerdem wollte ich gerne noch selbstbestimmter und gleichzeitig kollegialer arbeiten. Das war an der Universität für mich nicht möglich. Die Arbeit auf der letzten Stelle war zwar relativ selbstbestimmt. Aber da waren sehr unangenehme Kollegen, sehr viel Konkurrenz und auch Gleichgültigkeit. Das wollte ich alles nicht. Ich wollte Kolleg*innen haben, mit denen ich gut zusammenarbeiten konnte. Ich hatte ein starkes Bedürfnis, meine Arbeitsverhältnisse selbst mehr zu gestalten, auch wenn das phasenweise mit finanzieller Unsicherheit verbunden war. Es war auch so, dass ich dachte, die Selbstständigkeit ist besser mit Kindern zu vereinbaren. Du und deine Schwester, ihr wart damals zehn und elf Jahre alt. Durch die Selbstständigkeit wurde ich sehr flexibel, und für mich war gut, dass ich außerhalb des Hauses gearbeitet habe. Die halbe Stunde, die ich mit dem Rad zur Praxis fahren konnte, war wichtig, um mich auf dem Hinweg gedanklich von der Familie und auf dem Rückweg gedanklich von meiner Arbeit abnabeln zu können.

JH: Für mich klingt das so, als wäre das weniger eine Entscheidung gegen die Wissenschaft gewesen, als für die Familientherapie. Denn wenn du die Zeiten, die du für die Therapieausbildung aufgebracht hättest, in ein Habilitationsprojekt gesteckt hättest, wäre das vermutlich auch etwas geworden, oder? Mal sehen, wie es bei mir weiter geht nach Abschluss der Doktorarbeit. Meine Pläne in der Wissenschaft sind jedenfalls etwas konkreter als die außerhalb der Wissenschaft. Es war jedenfalls sehr schön, von dir zu hören, wie du das alles gemacht hast. Danke dafür.

DHD: Gern geschehen. Ich danke dir, dass ich mitmachen durfte und du mir auch von deinem Erleben als Wissenschaftlerin und Mutter erzählt hast.

Literatur

Hess J, Rusconi A (2010) Langlebige Rollenmuster. Wissenschaftlerinnen mit kleinen Kindern stehen meist hintan. WZB-Mitteilungen 129:24–26

17
Das Scheitern an der feministischen Realität

Verena Renneke und Jolanda Spirig

Zusammenfassung Die eigenen feministischen Ansprüche sind hoch: Erwerbsarbeit, Weiterbildung, Mutterschaft, Partnerschaft, Ehrenamt, Freizeit und Alltagsverpflichtungen. Jungen Familien und insbesondere Frauen wird vermittelt, alles sei schaffbar, denn es sei nur eine Frage der Organisation. Doch was passiert in diesem Raum zwischen feministischen Ansprüchen und gelebter Realität? Verena Renneke erzählt in ihrem sehr persönlichen Beitrag ihre Geschichte und wie sie gelernt hat, mit den Anforderungen umzugehen. Jolanda Spirig fragt nach.

Ich kann nicht mehr – ich habe mich verrannt. Ich fühle mich belogen ... „Natürlich geht das – Frau, Mutter, Karriere!" Bis vor zwei Jahren

V. Renneke (✉)
Paderborn, Deutschland
E-Mail: Verena_K@gmx.net

J. Spirig
Marbach SG, Schweiz
E-Mail: mail@jolandaspirig.ch

hatte ich noch einen Plan, den ich zielstrebig verfolgte. Studium, Auslandsaufenthalt, Berufserfahrung, Karrierepläne – weil wir Frauen uns das erkämpft haben, weil es ein Privileg ist. Ich wollte nicht nur ein Stück vom Kuchen, ich wollte den ganzen Kuchen!

Jetzt sitze ich hier auf einem estnischen Bauernhof und nehme mir eine Auszeit. Auszeit von den vielen Verpflichtungen. Ich habe einen wunderbaren eineinhalb jährigen Sohn, den besten Mann der Welt, arbeite 75 % an einer Hochschule, engagiere mich ehrenamtlich, halte Kontakt zu meinem sozialen Umfeld, treibe Sport, interessiere mich für die Welt und irgendwo ist da auch noch ein Haushalt, der nach Verpflichtungen ruft. Wo ist denn nur meine Energie hin? Ich habe mir als Arbeiterkind meine universitären Abschlüsse hart erkämpft. Die wissenschaftliche Arbeit fasziniert mich: Feminismus, Postkolonialismus und Friedenspädagogik waren und sind meine Themen. Ich habe mich mit europäischen Identitäten und grönländischem Postkolonialismus beschäftigt – wollte noch mehr forschen, noch mehr lernen, noch mehr Theorien entwickeln.

Ich funktioniere nur mehr – hetze von A nach Y, versuche alles unter einen Hut zu bringen. Und ich scheitere viel öfter, als dass ich alles schaffe. Und ich habe für alles zu wenig Zeit und zu wenig Raum zum Denken. Liegt dieses Ungleichgewicht im Alltag an mir? Übermüdet in der Arbeit, zu wenig Zeit mit der Familie und ein Minimum an Haushalt.

Ich musste raus aus diesem Hamster-Rad und buchte eine Reise nach Estland für Frauen. Mein Mann unterstützte mich in dieser Idee und übernimmt die Betreuung unseres Sohnes während ich unterwegs bin. Ich brauche diese Zeit, um die letzten zwei Jahre zu reflektieren: Wie hat die Mutterschaft mich verändert? Was ist alles passiert in meinem Leben?

Die Reise ist der perfekte Ort dafür. Wir verbringen eine Woche auf einem estnischen Bauernhof – entdecken Natur und Umgebung, kochen gemeinsam, tanzen, machen Yoga und haben wahnsinnig viel Zeit. Das Alter von uns sieben Frauen liegt zwischen 32 und 72 Jahren. Kennengelernt haben wir uns erst in Estland. Es fühlt sich gut an, mit Frauen zu sprechen, die im Leben bereits einen Schritt weiter sind als ich. Frauen, die ihren Erfahrungsschatz mit mir teilen und mir helfen, über das Hier und Jetzt mit seinem ganzen Chaos hinaus zu denken.

17 Das Scheitern an der feministischen Realität

Bei dieser Reise lerne ich Jolanda Spirig kennen. Sie ist Mutter von zwei erwachsenen Söhnen und doppelt so alt wie ich. Jolanda ist Wissenschaffende, Netzwerkerin und Buchautorin. Als Autorin erzählt sie Geschichten, die auf wahren Begebenheiten beruhen. Geschichten von Frauen, die um Anerkennung kämpfen mussten. So porträtierte Jolanda in ihrem Buch „Schürzennäherinnen" die jungen Fabrikarbeiterinnen des Schweizer Prêt-à-porter-Unternehmen Akris in der ersten Hälfte des zwanzigsten Jahrhunderts.

Jolanda erzählt mir, wie sie den Feminismus in der Schweiz wahrnimmt: Wie eine Frauengeneration nach dem Zweiten Weltkrieg ihre Kinder großzog, wie es war, in den 70ern Mutter zu sein und wie ihre Schwiegertochter heute mit der Mutterrolle umgeht. So spannen wir im Gespräch einen feministischen historischen Bogen vom Damals ins Heute. Wir beide sind politisch denkende Frauen und haben den Feminismus in unterschiedlichen Jahren und aus unterschiedlichen Perspektiven kennengelernt. Dennoch ist da so vieles, was uns verbindet. Dann beginnt sie mich zu fragen …

JS: Wolltest du ein Kind?
VR: Kinder kamen in meinem Plan nicht vor. Ich bin eine unabhängige, gut ausgebildete Frau mit einem tollen Job. Ich hatte Pläne, was ich noch erreichen wollte. Und dann kamen die Liebe und die ganz großen Emotionen. Meinen Mann habe ich vor drei Jahren kennengelernt. Es war Liebe auf den ersten Blick. Bei uns ging alles ganz schnell: Ein gemeinsames Kind fühlte sich auf einmal gut und richtig an – die Entscheidung zu diesem Schritt haben wir bewusst gefällt.
JS: Wie hast du dir das Kinderhaben vorgestellt?
VR: Ist es denn möglich, eine Vorstellung zu haben? Viele befreundete Paare hatten bereits ein Kind oder bekamen ein weiteres Kind. Es war schön, sie als Familie zu sehen und wir dachten uns: „Ja, das wollen wir auch!" Zack – und schon war ich im ersten Zyklus schwanger. Das überforderte mich. Ich dachte, ich hätte noch ein bisschen mehr Zeit – mehr Zeit, um in die Familienvorstellung hineinzuwachsen. Meine

Schwangerschaft war dann sehr anstrengend, so dass der Gedanke an die Zeit danach gar nicht mehr aufkam.

JS: Schafften es die Paare, die ihr beobachtet habt, Familie und Beruf unter einen Hut zu bringen?

VR: Es ist schön in einer Zeit zu leben, in der wir wählen können, wie wir als Familie unseren Alltag gestalten möchten. Es gibt in unserem Freundeskreis Paare, die das klassische Modell wählten. Der Mann geht arbeiten, die Frau kümmert sich um den Haushalt und um die Familie.

Manchmal gehen beide arbeiten – der Mann ein bisschen mehr, die Frau ein bisschen weniger. Ich kenne viele starke Frauen, die in Teilzeit eine Führungsposition übernehmen und Familie haben. Ich dachte mir: „Das schaffe ich auch!"

JS: Hast du diese Entscheidung zusammen mit deinem Mann getroffen?

VR: Mein Mann und ich leben in einer gleichberechtigten Beziehung. Uns ist es beiden wichtig, beruflich Erfolg zu haben und als Familie Zeit zu verbringen. Ohne viele Diskussionen war klar, dass wir beide Teilzeit arbeiten.

JS: Was war denn schwierig in deiner Schwangerschaft?

VR: Zunächst war ich überfordert, dass ich so schnell schwanger wurde. Zwischen all dem Glück und der Vorfreude war da ein kleiner Zweifel. Irgendwo im hintersten Winkel war noch immer die Vorstellung der unabhängigen Karrierefrau. Es fiel mir so schwer zu verstehen, dass ich nun nicht mehr unabhängig war.

Wegen meines Mannes waren wir von Österreich nach Deutschland gezogen und ich hatte den erstbesten Bürojob angenommen. Mein Vorgesetzter war schwierig und patriarchalisch. Nach der 12. Schwangerschaftswoche erzählte ich es ihm. Zum Zeitpunkt der Schwangerschaft war ich vier Monate im Unternehmen. Mein Vorgesetzter reagierte mit einem simplen „Aha" auf die Verkündigung. Danach kommunizierte er nicht mehr direkt mit mir und kritisierte meine Arbeit übertrieben stark. Diese Situation belastete mich enorm. Meine Frauenärztin konnte mich nicht berufsunfähig schreiben, da es dem Ungeborenen gut ging. Verschiedene Beratungsstellen rieten mir, die Situation bis zum Mutterschutz auszusitzen. Ich hatte nichts falsch gemacht und dennoch sollte ich einfach ruhig sein. Schließlich ließ ich mich auf Grund von psychischer Belastung krankschreiben und hatte nun Zeit und Raum, um zu denken. Wie kann es sein, dass eine Schwangerschaft meine Identität als erwerbstätige Frau schmälert? Ich bin gut ausgebildet, habe drei universitäre Abschlüsse und Berufserfahrung. Warum werden diese Qualitäten negiert? Warum wird mir geraten, die Situation auszusitzen, obwohl mein Vorgesetzter falsch reagierte? Warum konnte ich mich nicht wehren? Warum gibt es einen Unterschied zwischen erwerbstätiger Frau und erwerbstätiger Mutter?

Mein Mantra war: Ich bin stark, ich bin gut ausgebildet, ich bin klug – und so nahm ich das Ruder wieder selbst in die Hand. Ich kündigte mit den Worten „So wie Sie mit meiner Schwangerschaft umgegangen sind, war es nicht in Ordnung" und verließ erhobenen Hauptes das Büro.

Zu Hause trocknete mein Mann die Tränen und bestärkte mich in meinem Mut. Und so wurde ich als unabhängige Frau finanziell abhängig von meinem Mann.

Ich war zutiefst geschockt von dieser Erfahrung – nie hätte ich das gedacht.

JS: Das war bestimmt sehr verletzend. Konntest du dir vorstellen, dass so etwas in der heutigen Zeit passiert? Dass jemand negativ auf deine Schwangerschaft reagiert?

VR: Nein, diese Vorstellung kam mir nie in den Sinn. Ich weiß, es ist nicht immer leicht für ein Unternehmen, wenn ein Mitarbeiter oder eine Mitarbeiterin ausfällt. Aber diese negative Reaktion auf meine bevorstehende Mutterschaft war einfach nur verletzend und nicht gerechtfertigt.

JS: Hast du während der Schwangerschaft eine neue Stelle gefunden?

VR:	Nein. Mir ging es körperlich sehr schlecht – dem Kind stets gut. Ich habe mich die ganze Schwangerschaft übergeben und war froh, nichts tun zu müssen.
JS:	Hattest du dir das so vorgestellt?
VR:	Nein!
JS:	Aber wie war denn deine Vorstellung von einer Schwangerschaft?
VR:	Ich dachte, ich arbeite weiter, der Bauch wächst und ich finde meine Rolle. Und dann kommt das Kind und es wird alles schon werden.

Aber so war die Schwangerschaft nicht. Zum Zeitpunkt der Schwangerschaft war ich ein halbes Jahr im Ausland. Als Österreicherin in Deutschland werde ich nicht als Ausländerin wahrgenommen – es gibt ja kaum eine Sprachbarriere. Mein Nichtwissen über das für mich fremde Sozialsystem und das fremde Gesundheitssystem wurde negiert.

Was zahlt die Krankenkasse, wo finde ich eine Gynäkologin, welche Rechte habe ich als Mutter und wer ist für welche Belange genau zuständig? Ich brauchte Zeit, um zu verstehen, wie alles funktioniert. Hinzu kamen die bürokratischen Herausforderungen, wenn ein Kind mit zwei Staatsbürgerschaften auf die Welt kommt: Wo und wie stelle ich einen Antrag auf Elterngeld, wird mein Kind ebenfalls in Österreich in das Zentrale Melderegister eingetragen, welche Elternzeitmodelle gibt es?

Mir fehlten meine Freundinnen – ein Frauennetzwerk, welches ich um Rat fragen konnte. Frauen, die mir sagen konnten, an wen ich mich wenden kann. Frauen, die mir emotional Beistand leisteten. Frauen, mit denen ich offen und ehrlich über meine Situation reden konnte. Stattdessen führte ich mit Behörden, zuständigen Personen und der Krankenkasse viele Telefonate. Eine Schwangerschaft im Ausland kann auf eine Art und Weise einsam sein.

Zuvor betrachtete ich Männer und Frauen als gleichwertig. Doch mit wachsendem Bauch verschob sich die Wahrnehmung. Diese Veränderungen des Körpers, die Ängste und das Glücksgefühl kennen wohl nur Frauen. Eine Schwangerschaft bedeutete ebenfalls ganz viel Änderung der Persönlichkeit – die Annahme der Mutterrolle. Mir fehlten meine Freundinnen, die bereits Mütter waren. So ein Netzwerk ist wichtig. Insbesondere, weil es auch den Druck nimmt. Medizinisch gesehen fühlte ich mich wie ein Objekt, welches sehr viele Vorschriften befolgen sollte: „Essen Sie dies nicht", „Tun Sie das nicht", „Das birgt dieses Risiko", „Machen Sie noch eine Untersuchung".

Mein (gesunder) Körper gehörte auf einmal der Medizin. Zusätzlich wetteifern Medien, Magazine und Bekannte um die besten Ratschläge in der Schwangerschaft. Ich weiß, dass vieles sinnvoll und wichtig ist. Und dennoch wünschte ich mir manchmal eine Pause von den vielen Ratschlägen und ein bisschen mehr Selbstbestimmung. Es war mein Körper, der instrumentalisiert wurde und das Label „Mutter" bekam. Eine leichte Verschiebung der Wahrnehmung von außen passierte – von der Unabhängigkeit hin zur werdenden Mutter. Im Nachhinein wünschte ich mir, ich hätte mehr Unterstützung gehabt, dies zu verstehen.

Mein Mann war stets an meiner Seite. Mit ihm konnte ich über all diese Veränderungen reden.

JS: Und dann kam euer Kind. Wie war das?

VR: Es war eine überstürzte Geburt von 90 Minuten. Und es war wunderschön. Danach kam das Wochenbett. So viele Tränen. So viel Überforderung. Das Stillen funktionierte nicht, ich bekam eine Mastitis und saß alle zwei Stunden an der elektrischen Milchpumpe. Dies tat mir nicht gut und es belastete mich psychisch. Wir stiegen schließlich auf Fläschchen um. Körperlich ging es mir nicht gut. Mein Beckenboden war kaputt – ich konnte nicht stehen, konnte das Kind weder tragen noch versorgen. All dies musste mein Mann übernehmen. Aber irgendwann war das Wochenbett vorbei und es wurde besser. Langsam fanden wir uns als Familie zusammen. Als unser Sohn ein halbes Jahr alt war, unternahmen

	wir einen mehrwöchigen Roadtrip in den Süden Europas. Auf uns allein gestellt hatten wir Zeit zu reden und zu wachsen.
JS:	Und dann war alles gut?
VR:	Ich haderte lange mit meinem Körper. Zuvor war ich sportlich und danach machte mein Beckenboden schlapp. Zwei Wochen nach der Geburt konnte ich nur 10 Minuten am Stück gehen. Ich pinkelte mich beim Niesen, beim Laufen, beim Tanzen, beim Wandern … bei allem ein. Ich machte Rückbildung, Physiotherapie und einen speziellen Beckenboden-Kurs. Jetzt, eineinhalb Jahre nach der Geburt, wird alles langsam wieder – aber es belastete mich lange psychisch.

Auch tat ich mir sehr schwer, meine Rolle als Mutter anzunehmen. Ich liebte mein Kind stets, doch ich war schnell überfordert. Immer war da dieses Gefühl „Ich schaffe das nicht. Ich kann das nicht."

Als unser Kind neun Monate alt war, fing ich eine neue Arbeitsstelle an. Dies half mir wahrzunehmen, dass ich nicht nur Mutter bin, sondern auch immer noch ich. Von da an konnte ich eine bessere Bindung zu meinem Kind aufbauen. Heute bin ich eine wahnsinnig stolze und glückliche Mutter.

Ich wollte unbedingt arbeiten. Es quälte mich, dass unsere gesamte Familie mithelfen musste, damit das funktionierte. „Nur" damit ich arbeiten gehen konnte, mussten alle und alles einem strikten Zeitplan folgen. Mein Mann, die Schwiegereltern, eine Tagespflege und ich versorgen das Kind. Während der Schwangerschaft sind wir zu den Eltern meines Mannes gezogen. Für uns gilt die Prämisse: Um ein Kind zu erziehen, braucht es ein Dorf. Meine Schwiegermutter besänftigte mein schlechtes Gewissen mit den Worten „Wenn ich heute in deiner Lage wäre, würde ich auch arbeiten gehen!" Unser Kind war 6 Monate alt, als ich mit den Bewerbungen begann.

JS:	Wie war das, sich mit einem Säugling zu bewerben?

VR: Für mich stellte sich die Frage, ob ich die Mutterschaft auf meinem Lebenslauf erwähne. Die Frage beantwortete ich mit ja, da ich stolz auf meine Familie bin. Meine Bewerbungsschreiben begann ich mit den Worten „Nach abgeschlossener Familienplanung." Warum kann ich heute nicht mehr sagen. Es ist ein schmaler Grat auf dem ich balanciere – Mutter und Karriere.

In meinen Vorstellungsgesprächen durfte ich zuerst meinen beruflichen Werdegang darlegen und erzählen, wie ich es schaffte, Vollzeit zu arbeiten und zwei Master-Abschlüsse zu erwerben. Gleichzeitig musste ich mich rechtfertigen, wie die Betreuungssituation für unseren Sohn aussieht und wie flexibel ich innerhalb meiner Arbeitszeit sein kann.

Mir war während des Bewerbungsprozesses bewusst, dass Frauen öfter in Teilzeit arbeiten, ein geringeres Einkommen haben und häufiger von Altersarmut betroffen sind. Eine 50 %-Stelle bedeutet, dass Entscheidungsprozesse häufig ohne einen getroffen werden, und dass es schwierig ist, sich ein berufliches Netzwerk aufzubauen.

Mir ist es wichtig, sich beruflich zu etablieren und unabhängig zu bleiben. Daher arbeite ich 75 %. Meinem Mann ist es wichtig, sein Kind aufwachsen zu sehen und aktive Erziehungsarbeit zu leisten – daher arbeitet er auch 75 %.

JS: Wie ist es für deinen Mann, in Teilzeit zu arbeiten?

VR: Für uns war es die beste Entscheidung. Wir arbeiten beide vier Tage und haben jeweils einen Tag mit unserem Kind. Als mein Mann seinen Antrag für die Elternzeit einreichte, freute sich sein Vorgesetzter über die bevorstehende Vaterschaft, wies jedoch auch auf seine beruflichen Pflichten hin.

Meinen Mann störten zu Beginn die Kommentare wie „Dass dein Mann so etwas macht!" oder „Also mein Mann kann das gar nicht". Von Bekannten und Freundinnen wurde sein Engagement übersteigert gelobt. Es war schwer für meinen Mann zu verstehen, dass es nicht *State-of-the-Art* ist, dass der Vater zu Hause bleibt bzw. in Teilzeit arbeitet.

	Mit unserem Halbe-halbe-Modell sind wir die Ausnahme in unserem Freundeskreis.
JS:	Hast du dir die Mutterschaft so vorgestellt?
VR:	Nein.
JS:	Du hast gedacht: Ich bin gut ausgebildet. Das kriegen alle hin. Das krieg ich auch hin …
VR:	Ja.
JS:	Und dann hast du gemerkt, es braucht als Mutter ganz andere Qualitäten als in der Arbeit.
VR:	Ja. Ich bin Feministin, habe mich mit vielen Theorien auseinandergesetzt, für Gleichberechtigung eingesetzt. Stets darauf geachtet, im beruflichen Umfeld mit Männern auf Augenhöhe zu kommunizieren. Aber auf das Muttersein war ich nicht vorbereitet.
JS:	So ging es mir auch. Nun bist du als wissenschaftliche Mitarbeiterin tätig. Wirst du deine Dissertation schreiben?
VR:	Noch vor ein paar Monaten hätte ich diese Frage mit Ja beantwortet. Ich hatte ein Thema und eine Betreuerin. Die Universität gilt als familienfreundliche Arbeitgeberin. Auf unserem Campus gibt es Kinderbetreuungseinrichtungen, familienfreundliche Gleitzeit und gleichberechtigte Bezahlung.

Dennoch gibt es einen fahlen Beigeschmack. Als wissenschaftliche Mitarbeiterin habe ich einen befristeten Vertrag. Als Familie mit einem langfristigen Einkommen zu planen, ist somit nicht möglich.

Meine Stelle ist eine sogenannte Qualifizierungsstelle – 20 % meiner Arbeitszeit stehen mir zur Weiterbildung frei. Diese 20 % kann ich nicht frei nehmen, sondern muss diese mit meinen Pflichten und Aufgaben abstimmen. Zusätzlich ist unser Betreuungssystem (ein Tag mein Mann, drei Tage Tagespflege, ein Tag ich) strikt getaktet. Es scheint, als wäre ich als Mutter stets in Zeit- und Organisationsnot.

Die Wissenschaft macht mir Spaß und das Forschen ist für mich eine Bereicherung. Doch der Erwartungsdruck an der Universität war mir zu hoch. Als Doktorandin sollte ich |

an Forschungsseminaren teilnehmen, mir ein wissenschaftliches Netzwerk aufbauen und Tagungen besuchen – doch wann? Mein Zeitbudget ist bereits ohne Doktorat überlastet – Familie, Erwerbstätigkeit, Haushalt, Sport, Ehrenamt, usw. Es gibt Tage, an denen das Kind krank ist, nicht durchschläft oder einfach nur quer ist. Die Organisation meines Alltags ist ein fragiles Kartenhaus – und die Dissertation hätte es zum Einsturz gebracht. Mir wurde schmerzhaft bewusst, dass eine Dissertation nach meinen Vorstellungen nicht funktionieren wird.

JS: Was ist jetzt dein Fazit zwischen deinen feministischen Ansprüchen früher und der gelebten Realität heute?
VR: Ich habe das Gefühl, dass der Feminismus mich betrogen hat.
JS: Wurde dir nie gesagt, dass es so schwierig wird?
VR: Vielleicht – aber ich habe es nicht ernst genommen.
JS: Oder wolltest du es nicht hören?!
VR: Mir war stets klar, dass die Rechte der Frauen ein Privileg sind. Wenn ich mir nur vorstelle, dass meine Oma in der Erwerbstätigkeit als Näherin stets nur einen kleinen Verdienst hatte. Erst vor 40 Jahren wurde im österreichischen Bundesgesetz über die Gleichbehandlung eine Gleichstellung von Frauen und Männern in der Arbeitswelt festgehalten. Als meine Mutter heiratete (1985) war die Vergewaltigung in der Ehe keine Straftat! Erst 1989 wurde Vergewaltigung in der Ehe ein Tatbestand im Strafrecht.

Daher setze ich mich für die Rechte der Frauen und Gleichbehandlung ein.

Allerdings habe ich so verdammt wenig Kraft, seitdem mein Kind auf der Welt ist.

Und so wenig Zeit. Ich fühle mich verloren zwischen den jungen, hippen Feministinnen, die den ganzen Kuchen wollen, und einer älteren Generation, die Forderungen von früher wiederholt und halbe-halbe fordert. Beides hat seine Legitimation und ist wichtig.

Gefühlt habe ich alles richtig gemacht: Ich habe mir ein Studium und Erwerbstätigkeit erkämpft, wir führen eine gleichberechtigte Beziehung nach dem Halbe-halbe-Modell, ich bin Mutter geworden. Und trotzdem passt es nicht zusammen.

Die Erwerbstätigkeit ist auf Vollzeit ausgelegt (egal ob für Frau oder Mann) und die Elternschaft ist ebenfalls ein Vollzeitjob (egal ob für Frau oder Mann).

Ich wünschte mir, es gäbe Mutter-Kind-Treffen, um nicht nur mit den Kindern zu spielen, sondern um ganz offen über alles zu reden. „Wie geht es dir als Mutter? Was macht die familiäre Situation? Wie können wir uns gegenseitig stärken? Wie können wir uns beruflich etablieren?"

JS: Vielleicht hören es die jungen Frauen nicht raus, dass es so schwer ist, alles zu schaffen?! Weil man euch sagte: „Frauen können es schaffen! Schaut nur hin. Auch Mütter können berufstätig sein mit der richtigen Organisation!" Wir wollten, dass es so ist. Und so gaben wir es weiter – und eine junge Generation denkt, es wäre einfach. Aber einfach gibt es nicht. Und vielleicht will eine junge Generation nicht hören, dass es so schwierig ist. Vielleicht denkt sie: „Studium und Ausbildung haben wir doch auch geschafft, dann bekommen wir das auch mit der Familie hin. Eine ältere Generation mit weniger guten Bedingungen hat es auch geschafft."

Wir wurden als Frauen damals klein gehalten und runter gedrückt. Das fing bereits in der Schule an. Bei euch war das anders. Ihr habt diese Erfahrung während der Schule, des Studiums und zum Beginn eurer Erwerbstätigkeit nicht gemacht. Euch wurde nicht vermittelt, dass ihr zweitrangig seid, dass ihr weniger vom ganzen Kuchen haben könnt. Ihr geht da ziemlich unvorbereitet in die Doppelbelastung.

VR: Das stimmt. Hinzu kommt, dass wir es so sehr schaffen wollen, dass wir es nicht ansprechen, wenn wir überfordert sind. Wir tun weiter so, als könnten wir alles schaffen. Wir erzählen stolz von unseren Errungenschaften und was wir alles gleichzeitig können. Ganz selten erzählen Mütter davon, dass sie nach einem langen Tag einfach überlastet, müde und

17 Das Scheitern an der feministischen Realität 275

	genervt um 20:00 Uhr ins Bett fallen. Nein, wir sind stets pädagogisch wertvoll, gehen gut gelaunt zur Arbeit, haben keinen Zeitdruck und weil es so schön ist, backen wir noch spät in der Nacht 20 Muffins für den Kindergeburtstag.
JS:	Das war in den 70ern auch so. Die oberste Maxime war „Du bist eine zufriedene Mutter. Du bist eine zufriedene Frau. Wehe, du bist unzufrieden!" Du musstest den Eindruck erwecken, das Leben sei in Ordnung und alles ist gut mit den Kindern.
	Dieser Druck ist heute sicher noch stärker. In den sozialen Netzwerken und Medien wird ein perfektes Bild gezeichnet – von einer glücklichen Welt, einer schönen Figur, alles ist toll. Diese Zwänge haben sich vergrößert. Versuche, einen Weg zu finden. Gründe eine Frauengruppe, welche die Realität anspricht. Aber auch das braucht Ressourcen …
VR:	Und was soll ich jetzt tun?
JS:	Es ist ein Suchen und Finden der Prioritäten. Und außerdem muss nicht alles perfekt sein.

Teil VI

Mutterschaft als Retraditionalisierungsbewegung, Armutsrisiko und Ausschlusskriterium aus der Wissenschaft

18

Ambivalente Suchbewegungen – Feminismus, Wissenschaftsalltag und Muttersein

Anne-Dorothee Warmuth

Zusammenfassung Der Beitrag befasst sich aus einer feministischen Perspektive mit Fragen der (Un-)Vereinbarkeit von Mutterschaft und Wissenschaft. Dies zum einen im Hinblick auf Anforderungen an eine wissenschaftliche Laufbahn in Widerspruch zu in Phasen der Familiengründung erhöhten Betreuungserfordernissen und -wünschen, zum anderen in Bezug auf den Gegenstand der wissenschaftlichen Forschung selbst: Was bedeutet es, als Feministin und Geschlechterforscherin Mutter zu werden – sowohl in Bezug auf die partnerschaftliche Aufgabenteilung und Betreuungsentscheidungen, als auch für die Wahrnehmung des eigenen wissenschaftlichen Gegenstandsbereichs? Innerhalb der Ausführungen wird dabei eine kritische Perspektive auf das Wissenschaftssystem eingenommen und danach gefragt, inwiefern dieses traditionelle partnerschaftliche Arrangement im Zuge von Elternschaft trotz Gleichstellungsinstrumenten strukturell begünstigen kann, und damit Geschlechterungleichheiten verstärkt. Zugleich werden aber auch Vorteile des teilweise

A.-D. Warmuth (✉)
ehemals Universität Paderborn, Bielefeld, Deutschland
E-Mail: annewarmuth@gmx.de

flexiblen Einsatzes der eigenen Arbeitskraft in Bezug auf Arbeitszeiten und -orte benannt. An zeitsoziologische Überlegungen anknüpfend wird diskutiert, welche Folgen entsprechende ‚Entgrenzungsprozesse' für Geschlechterverhältnisse haben, wobei eine Auseinandersetzung mit (aktuellen) Leitbildern von Mütterlichkeit und Weiblichkeit erfolgt. Die wissenschaftlichen Ausführungen werden in Beziehung gesetzt zu eigenen Erfahrungen der Autorin als Mutter, Wissenschaftlerin und Feministin, die kritisch hinterfragt werden.

18.1 Einführung

Der Call zum Thema „Mutterschaft und Wissenschaft. Die (Un-)Vereinbarkeit von Mutterbild und wissenschaftlicher Tätigkeit" erreichte mich in einer Lebensphase, in der mich die darin skizzierten Fragestellungen in besonderem Maße beschäftigten und zu einem beständigen Befragen meiner Lebensumstände veranlassten – und dies in zweierlei Hinsicht:

Das erste Spannungsfeld betrifft die Vereinbarkeit von Mutterschaft und Wissenschaft: Wie lassen sich die hohen Anforderungen aus beiden Lebensbereichen,[1] das heißt aus dem Wissenschaftssystem sowie dem Reproduktionsbereich – mitsamt der Ebene der sich in gesellschaftlichen Strukturen niederschlagenden symbolischen Geschlechterordnung im Sinne von Vorstellungen ‚idealer' Mütterlichkeit und Weiblichkeit = ‚gelingend' miteinander vereinbaren? Ist es mir möglich, die damit verbundenen Widersprüche auszuhalten oder sie gar produktiv zu nutzen? Aus wessen Perspektive, von welchem Standpunkt aus kann von einem ‚Gelingen' gesprochen werden: Geht es dabei um meine eigene Zufriedenheit oder vielmehr um ein Erfüllen der Ansprüche und Leitbilder, die mit den beiden Lebensbereichen verbunden sind? Und lassen sich diese Ansprüche überhaupt eindeutig identifizieren?

---

[1] Wenn ich in Bezug auf Privatheit und Öffentlichkeit von zwei „Lebensbereichen" spreche, bedeutet das nicht, dass ich diese im Sinne der bürgerlichen Geschlechterordnung als ausschließlich voneinander getrennt wahrnehme, insbesondere in räumlicher, teils aber auch zeitlicher Hinsicht. Dennoch vertrete ich die Position, dass beide Bereiche teils konträren Anspruchslogiken folgen, die eine Vereinbarkeit erschweren können.

Das zweite Spannungsfeld betrifft den Gegenstandsbereich meiner wissenschaftlichen Tätigkeit selbst: Das ist zum einen meine Position als Feministin und Geschlechterforscherin im Wissenschaftssystem mit den darin enthaltenen Leitbildern (1) sowie zum anderen mein Dasein als Mutter und Partnerin (2). In Bezug auf den ersten Punkt bin ich immer wieder mit der Frage konfrontiert, bis zu welchem Grad ich bereit bin, die immanenten ‚Spielregeln' des Wissenschaftssystems trotz kritischer Reflexion – insbesondere im Hinblick auf Fragen der Vereinbarkeit und Chancengleichheit – zu erfüllen, respektive diese vielmehr erfüllen muss, um mein Vorankommen nicht zu gefährden. Zugleich befrage ich mein Tun auch in der Hinsicht kritisch, ob ich das, was ich als Feministin vertrete und womit ich mich vorrangig befasse, überhaupt lebe, und was die in meinem Fall durchaus traditionell praktizierte partnerschaftliche Arbeitsteilung für mich als Wissenschaftlerin und Feministin bedeutet. Wird dadurch meine Glaubwürdigkeit als Wissenschaftlerin – wenn auch nur in meiner eigenen Wahrnehmung – infrage gestellt und meine feministische Verortung womöglich unterminiert? Beeinflusst mein Muttersein (unbewusst) die Auseinandersetzung mit meinen Forschungsthemen und wenn ja, inwiefern ist dies der Fall?

Im Rahmen des vorliegenden Beitrags verfolge ich weniger das Vorhaben, die gestellten Fragen zu beantworten. Vielmehr nähere ich mich den aufgezeigten Spannungs- und Problemfeldern sowie Widersprüchen aus einer in weiten Teilen wissenschaftlichen Perspektive kritisch und versuche, die Ausführungen zu meiner eigenen Alltagspraxis in Bezug zu setzen.

Im ersten Schritt befasse ich mich aufbauend auf dem ersten Spannungsfeld differenziert mit dem Wissenschaftssystem vor dem Hintergrund von Vereinbarkeits- und insbesondere Geschlechterfragen. Im zweiten Schritt folgt eine Auseinandersetzung mit meiner eigenen Identitätsposition als Wissenschaftlerin und Mutter. Fragen der geschlechtlichen Arbeitsteilung zum einen im Hinblick auf Weiblichkeits- und Mütterlichkeitsanforderungen, zum anderen unter Berücksichtigung der Fragestellung, welche Folge Entgrenzungserscheinungen für partnerschaftliche Arrangements sowie den Familienalltag haben, bilden dabei den Analysehintergrund meiner Überlegungen.

Die von mir vertretene These lautet, dass eine Tätigkeit in der Wissenschaft in Bezug auf eine Verbindung zu Mutterschaft an vielen Stellen widersprüchlich, das heißt (wie im Call benannt) eben gerade „(un-)vereinbar" ist: Einerseits bietet sie besondere Möglichkeiten, beiden Lebensbereichen – unter oftmals hohem Maß an Selbstausbeutung – zu entsprechen, andererseits erschweren die Bedingungen das Verfolgen einer wissenschaftlichen Laufbahn und können abhängig vom jeweiligen Partnerschaftskontext und beruflichem Status in der Wissenschaft sogar eine Traditionalisierung der Arbeitsteilung im Privaten unterstützen. Dabei gehe ich davon aus, dass die beschriebene Konstellation insbesondere dann Konfliktpotenzial birgt, wenn man – wie in meinem Fall – überdies Feministin und disziplinär in der Geschlechterforschung verortet ist, das heißt sich immer schon intensiv mit der Geschlechterordnung und den daraus resultierenden Ungleichheiten befasst, die nun in gesteigertem Maße auftreten können. Hier ergeben sich zwangsläufig Überlappungen zwischen privater Lebensführung und wissenschaftlichem Gegenstand, die einerseits zwiespältig sein können, andererseits aber auch produktive, irritierende Momente eröffnen können.

18.2 (Un-)Vereinbar? Wissenschaft und Mutterschaft aus geschlechterkritischer Perspektive

18.2.1 Wissenschaft und Mutterschaft

Auch wenn Familiengerechtigkeit und das Erreichen von Gleichstellungsstandards im Zuge der Chancengleichheit von Wissenschaftlern und Wissenschaftlerinnen[2] für Hochschulen mittlerweile als Qualitätsmerkmale gelten und etwa bei der Deutschen Forschungsgemeinschaft als Instrumente im Rahmen der Mittelvergabe dienen, ist das Ideal ein anderes: Wissenschaft gilt für viele als „Berufung, der man sich mit seiner ganzen Person, sieben Tage die Woche, 24 Stunden am Tag ,hingeben' muss. Für

---

[2] Sofern es wie in diesem Fall explizit um die Gleichstellung von Männern und Frauen geht und eine Positionierung bzw. Markierung als Frau oder Mann erforderlich beziehungsweise vorhanden ist, verwende ich das weibliche und männliche Genus. In allen anderen Fällen gebrauche ich das Gender-Sternchen *.

ein Privatleben gibt es unter diesen Bedingungen keinen Raum, für ein Familienleben schlicht keine Zeit." (Bernstein-Derichs et al. 2017, S. 6) Obschon dieses ‚Ideal' weder den Beweggründen vieler Wissenschaftler*innen für eine entsprechende Laufbahn noch ihrem tatsächlichen Lebensalltag entspricht, tritt er ihnen als Anrufung entgegen. Dies spiegelt sich, wie Binner und Weber in einer Studie zum deutschen und österreichischen Wissenschaftssystem zeigen, in einer steigenden Leistungsorientierung und „Exzellenzkriterien", nach denen Positionen und Mittel zunehmend vergeben werden (Binner und Weber 2019, S. 31 ff.). Bei gleichzeitiger Prekarisierung durch meist über lange Zeit befristete und an das Erreichen von Qualifizierungsnachweisen gebundene Arbeitsverträge mit teils kurzen Laufzeiten (insbesondere in kulturwissenschaftlichen Fächern mit hohem Frauenanteil) und Arbeitszeiten (ebd., S. 33), die vertragliche Vereinbarungen nicht selten überschreiten, wird der wissenschaftliche Erfolg neben dem hohen Qualifizierungsdruck im Zuge von Promotion und Habilitation an Publikations- und Zitationsquoten, der Anzahl an Beiträgen mit Peer-Review, eingeworbenen Drittmitteln und Auslandsaufenthalten gemessen. Räumliche Flexibilität im Sinne eines mehrmaligen Wechsels von Hochschulstandorten[3] kommt dabei als weitere Anforderung hinzu, obschon in Bezug auf die genannten Aspekte durchaus Variationen zwischen den Disziplinen bestehen.

Auch wenn Vertragslaufzeiten aufgrund von Elternzeit und Kinderbetreuung mittlerweile begrenzt verlängert werden können, stehen die genannten Leistungs- und Flexibilitätsanforderungen, die Arbeitszeiten ebenso wie Arbeitsorte betreffen, insbesondere den Bedürfnissen von Eltern oftmals entgegen. Nicht nur weisen Kinder gerade in früher Kindheit einen erheblichen Betreuungsaufwand auf, der durch institutionelle Betreuungsarrangements nur bedingt abgefangen werden kann und ein soziales Umfeld erfordert, das insbesondere bei ständiger räumlicher Flexibilität aller Familienmitglieder nicht gegeben ist. Zugleich ist es spätestens ab dem Schuleintritt der Kinder erschwert, als Eltern mit Kindern umzuziehen. Dies bedeutet in vielen Fällen regelmäßige Abwesenheitszeiten

---

[3] Wenn ich vom Wissenschaftssystem spreche, meine ich damit den Alltag an Hochschulen und eine klassische wissenschaftliche Laufbahn, die zumindest eine Promotion mit anschließender Post-Doc-Phase einschließt.

von Eltern, woraus meist hoher Koordinierungsaufwand resultiert. Auch ergibt sich Familie nicht allein aus sich selbst heraus, sondern stellt im Zuge räumlicher wie zeitlicher Entgrenzungserscheinungen immer mehr eine „Herstellungsleistung" (Jurczyk 2014, S. 51) dar.

Vor dem Hintergrund inkorporierter Männlichkeits- und Weiblichkeitsanforderungen ist dabei anzunehmen, dass sich Nachteile aus den genannten Strukturen besonders für Wissenschaftler*innen* mit Kindern ergeben. So offenbart sich immer wieder ein erheblicher Gender-Gap: Zwar wird eine Familiengründung von Wissenschaftler*innen grundsätzlich häufiger aufgeschoben, es wird entgegen eigener Bedürfnisse gänzlich darauf oder auf weitere Kinder verzichtet, dennoch betrifft dies insbesondere Frauen (Althaber et al. 2011, S. 92 f.; Findeisen 2011, S. 147). Findeisen stellt zudem unterschiedliche Zeitpunkte für die Geburt von Kindern fest: Bei Frauen betrifft dies eher den Zeitraum nach der Promotion oder die Post-Doc-Phase, Männer bekommen häufig früher Kinder (Findeisen 2011, S. 148 f.). Althaber et al. identifizieren überdies einen Zusammenhang zwischen Geburtszeitpunkt, Anzahl an Kindern und wissenschaftlichem Erfolg bei Müttern – so erweisen sich der Zeitpunkt nach der Promotion und eine geringe Kinderanzahl als günstiger für die eigene Karriere (Althaber et al. 2011, S. 92). Dies spiegelt sich in einem gering(er)en Anteil an Professorinnen mit Kindern im Vergleich zu Professoren (ebd., S. 90). Dabei zeigen sich auch insgesamt negative Folgen im Hinblick auf die wissenschaftliche Karriere eher für Mütter denn für Väter (ebd., S. 105 ff.; Findeisen 2011, S. 157 f.; Schreyögg 2013, S. 151),[4] so etwa in Bezug auf Publikationsquoten (Findeisen 2011, S. 157).

Neben der damit verbundenen Frage nach geschlechtsspezifischen Ungleichheiten in Bezug auf die Verteilung von Positionen mit unterschiedlicher Reputation sowie entsprechenden Weiterentwicklungsmöglichkeiten (s. auch ebd., S. 158) besteht eine besondere, für die Wissenschaft und andere vergleichbare Berufsfelder konstitutive Herausforderung gerade in der benannten Flexibilitätsanforderung. So ist die für andere

---

[4] Da der Fokus in diesem Beitrag ein anderer ist, gehe ich an dieser Stelle nicht auf Unterschiede zwischen Disziplinen sowie Dual-Career-Paaren in der Wissenschaft und anderen Beziehungskonstellationen ein.

berufliche Kontexte erst seit einiger Zeit diskutierte Entgrenzung im Zuge der Auflösung des Normalarbeitsverhältnisses sowie durch Digitalisierungsprozesse im Sinne nicht eindeutig benannter und Arbeitszeiten und -orte immer schon Kennzeichen des Wissenschaftsbetriebs,[5] wenn auch gegenwärtig in gesteigertem Maße:

„Das Arbeitsfeld Wissenschaft kann – je nach Disziplin unterschiedlich stark ausgeprägt – als Paradebeispiel einer entgrenzten Profession gelten, die ein hohes Maß an Selbstorganisation ermöglicht wie auch erfordert. ‚Entgrenztes' Arbeiten zeichnet sich durch kaum oder geringe räumliche soziale und/oder zeitliche Vorgaben bezüglich der Ausübung der Arbeitstätigkeiten aus." (Binner und Weber 2019, S. 35)

Diesbezüglich stellt sich die Frage, inwiefern die skizzierte Form der Entgrenzung Nach-, aber womöglich auch Vorteile mit sich bringt, die Mütter und Väter offenbar in unterschiedlichem Maße betreffen. Eine Tätigkeit in der Wissenschaft kann selbst auf befristeten Qualifizierungsstellen aufgrund der vorhandenen Flexibilität phasenweise bessere Möglichkeiten der Vereinbarkeit von Familie und Beruf bieten als in anderen Berufsfeldern. Zugleich konfligieren Tagungen und weitere Veranstaltungen, die für das Aufbauen von Netzwerken immens wichtig sind, häufig mit Familienzeiten oder infrastrukturellen Gegebenheiten zur Kinderbetreuung. Auch insgesamt betrachtet ist der für die eigene wissenschaftliche Qualifizierung erforderliche Einsatz meist derart hoch, dass – variierend je nach Karrierephase, Stellenumfang und beruflicher Position[6] – Randzeiten keineswegs ausreichen, um die vorhandenen Anforderungen dauerhaft zu erfüllen.

Berücksichtigt man, dass der Leistungsstandard, an dem der wissenschaftliche Erfolg gemessen wird, abgesehen von verlängerten Vertragslaufzeiten für Eltern und Nicht-Eltern, derselbe und – trotz Gleichstellungs-

---

[5] Hierbei gibt es jedoch durchaus Unterschiede zwischen den in der Regel mehr Flexibilität ermöglichenden Geisteswissenschaften auf der einen und Natur- sowie Ingenieurwissenschaften auf der anderen Seite.
[6] Dabei macht es einen deutlichen Unterschied, ob man in der Lehre oder in Forschungsprojekten beschäftigt ist beziehungsweise eine reguläre Strukturstelle innehat.

maßnahmen und von Ausnahmen abgesehen – geschlechtsunabhängig ist, erweisen sich die Spielräume für Vereinbarkeiten jedoch letztlich als begrenzt.

Binner und Weber zeigen anhand empirischer Erhebungen mit Nachwuchswissenschaftler*innen, dass Mütter und Väter die vorhandene zeitliche und räumliche Flexibilität trotz gleichermaßen hohen Anforderungen unterschiedlich einsetzen: Während Väter die Gestaltungsspielräume eher im Sinne von Selbstsorge für private Bedürfnisse nutzen und Elternzeiten – dies deckt sich mit meinen persönlichen Erfahrungen[7] – für wissenschaftliche Zwecke nutzen, stehen bei Frauen familiale Verpflichtungen im Vordergrund (Binner und Weber 2019, S. 38 f., 42). Dass dieses Handeln Folgen für den Karriereverlauf hat, ist offensichtlich. In diesem Kontext ist es mir wichtig, nicht von ‚Entscheidungen' der Wissenschaftlerinnen und Mütter für die beschriebene Art der Zeitnutzung zu sprechen, die ich nicht kritisieren will. So impliziert der Terminus der ‚Entscheidung' in meinen Augen die freie Wahl, was in Anbetracht einer fehlenden Passung von beruflichen Anforderungen, Infrastrukturen der Kindesbetreuung und kulturellen Leitbildern in Bezug auf die Geschlechterordnung nicht bloß schlichtweg falsch wäre, sondern zugleich entsprechende Problemlagen im Sinne moderner Selbsttechnologien subjektiviert und individualisiert.

> Weil Geschwindigkeit als die dominante soziale Norm moderner Gesellschaften nahezu vollständig ‚naturalisiert' wird – Zeitnormen und -strukturen erscheinen stets als schlechthin gegeben, niemals aber als sozial konstruiert und politisch verhandelbar –, dient sie dazu, die Verteilung von Anerkennung und Mißachtung zu legitimieren: Der Schnellere gewinnt und profitiert, der Langsamere verliert und fällt zurück […]. (Rosa 2014, S. 83)

Weiter stellt Rosa mit Bezug auf Überlegungen von Axel Honneth fest, dass es dem „Wettbewerbsprinzip" inhärent ist, dass die Akteur*innen

---

[7] Auch habe ich es durchaus schon erlebt, das Forschungsfreisemester von Professoren zum Zeitpunkt eigentlich erforderlicher Elternzeiten genommen wurden, um in dieser Zeit Forschung und Kindesbetreuung zugleich sicherzustellen. Signal nach außen war in diesen Fällen aber dennoch, dass eben geforscht, d. h. ‚gearbeitet' wird. In meinen Augen wäre es durchaus interessant, diesen Zusammenhang weiter empirisch zu untersuchen.

die Ursachen für das Scheitern an diesen Anforderungen in der Regel bei sich selbst anstatt in gesellschaftlichen Strukturen und Leitbildern suchen (ebd., S. 83 f.). Dennoch drängt sich an dieser Stelle die Frage auf, *warum* Frauen, die Mütter und Wissenschaftlerinnen sind, eine entsprechend andere und weniger karriereförderliche Zeitnutzung praktizieren als ihre männlichen Kollegen, sollten die Betreuungspflichten doch grundsätzlich vergleichbar sein. Nach einem kurzen kritischen Einblick in meine eigenen Erfahrungen als Wissenschaftlerin und Mutter in Bezug auf das von mir und meinem Partner gelebte Familienmodell werde ich die Ausführungen abschließend daher zu Leitbildern von Weiblichkeit und Mütterlichkeit in Bezug setzen. So lassen sich Persistenzen in der geschlechtlichen Arbeitsteilung anhand derer differenziert erklären. In diesem Kontext greife ich nochmals die Frage nach Folgen von Entgrenzungsprozessen für eine partnerschaftliche Arbeitsteilung auf.

18.2.2 Weiblichkeitsanrufungen im Spiegel feministischer Wissenschaft

Als Mutter einer bald dreijährigen Tochter, Mitglied des akademischen Mittelbaus und Promovendin gelten die skizzierten Bedingungen des wissenschaftlichen Feldes auch für mich. Meine Tochter habe ich vier Jahre nach Studienabschluss bekommen, das heißt zu einem Zeitpunkt, an dem ich die verfügbare Zeit aus wissenschaftlicher Sicht primär hätte meiner Promotion widmen sollen. Begünstigende Rahmenbedingungen für diesen Entschluss waren neben einem (in einem traditionell männlich konnotierten Berufsfeld) außerhalb der Wissenschaft unbefristet beschäftigten Partner jedoch ein Arbeitsvertrag, der nach langer Zeit weniger ‚optimalen' Vertragsbedingungen einen Zeitraum über drei Jahre umfasste, das heißt überhaupt erstmalig eine Elternphase mit der nötigen finanziellen Sicherheit ermöglichte. Hinzu kam, dass in meinem Arbeitsumfeld ausschließlich Frauen mit jeweils eigenen Kindern beschäftigt waren, die als Feministinnen und Geschlechterforscherinnen Verständnis für diese Entscheidung und ein Bewusstsein für die damit verbundenen Herausforderungen hatten. Für mich konfligierten die Anforderungen des wissenschaftlichen Systems und mein eigentliches Bestreben, die

Promotion in nicht allzu ferner Zukunft abzuschließen sowie mein berufliches Fortkommen nicht zu gefährden, also durchaus mit dem Wunsch – auch im sozialen Vergleich – Mutter zu werden. Die Sorge, dass dieser Wunsch sich ja keineswegs immer (unmittelbar) realisieren lässt, trug letztlich neben den weiteren genannten Faktoren zur Entscheidung für diesen – beruflich betrachtet eher ungünstigen – Zeitpunkt bei.

In Bezug auf die Frage des Wiedereinstiegs nach der Elternzeit und die Vereinbarkeit von Mutterschaft und Erwerbsarbeit lassen sich – wie in der Eingangsthese formuliert – dabei durchaus Vorteile benennen. Ein Wiedereinstieg nach einer im Vergleich mit anderen Berufsfeldern kurzen Elternzeit von acht Monaten – der Durchschnitt lag für Frauen 2018 bei 14,2 Monaten (vgl. Statista 2019) – wäre bei geringerer Flexibilität nicht möglich gewesen. So war ich diejenige, die bedingt durch einen geringeren Beschäftigungsumfang den Großteil der Betreuungspflichten samt weiterer Reproduktionsarbeiten übernahm; vertragliche Arbeitszeiten überschreitende Qualifizierungserfordernisse ausgenommen. Aus meiner Sicht interessant war, dass ich zwar durchaus das Bedürfnis hatte, nach diesem Zeitraum *auch* wieder beruflich tätig zu sein. Gleichzeitig wurde ich aber beeinflusst von einem Artikel über das Verhältnis der Länge der beanspruchten Elternzeit durch Wissenschaftlerinnen, abhängig von der jeweiligen Statuspassage, und ihrem beruflichen Erfolg. So beeinflusste der wissenschaftliche Diskurs durchaus meinen Reflexionsprozess über das Verhältnis von privater und beruflicher Lebensgestaltung insofern, als ich es als problematisch wahrgenommen hätte, länger in Elternzeit zu gehen.

An die eingangs formulierte These anknüpfend können prekäre Positionen, wie sie für die Wissenschaft kennzeichnend sind, eine traditionelle Arbeitsteilung somit, abhängig vom Beziehungskontext, dabei dennoch begünstigen: Ohne Befristung und mit einem höheren Stellenumfang hätten wir uns entsprechend unserer eigenen Bedürfnisse voraussichtlich bemüht, Erwerbszeiten und Betreuungspflichten anders zu verteilen, auch wenn Männlichkeitsideale dem auf Seiten des Berufsfeldes meines Mannes durchaus entgegenstehen.

Unterstützend für die sich daraus ergebende überwiegend traditionelle Arbeitsteilung war zudem die Entscheidung, unsere Tochter erst mit 21 Lebensmonaten in der Kindertagesstätte betreuen zu lassen, was für meine Qualifizierung allerdings keineswegs von Vorteil war. Als Folge stimmte ich meine Abwesenheitszeiten mit beiden Großmüttern und einer Freundin ab. Zugleich arbeitete ich, mit allen Einschränkungen zum Beispiel durch Kinderkrankheiten, an Abendstunden und Wochenenden. Entsprechend delegieren auch wir Sorgetätigkeiten der bürgerlichen Geschlechterordnung gemäß an andere Frauen – geschlechterpolitisch betrachtet durchaus problematisch – und suchen nach privaten Betreuungslösungen für strukturell unzureichende Bedingungen.

An sich wenig überraschend, für mich aber im gegebenen Ausmaß durchaus erschreckend, führten diese Entscheidungen bezüglich der Aufteilung von Erwerbs- und Reproduktionsarbeit zu einer sukzessiven (Re-)Traditionalisierung der partnerschaftlichen Arbeitsteilung. Entgegen meiner feministischen Positionen und meiner zuvor bestehenden Idee, doch zumindest außerhalb der Beschäftigungszeiten meines Mannes eine egalitäre Arbeitsteilung zu praktizieren, zeigte sich schnell, dass die im Alltag gebildeten Gewohnheiten auch Abendstunden und Wochenenden prägen – von beiden Seiten trotz beständig wiederkehrender Konflikte über diese Arbeitsteilung unterstützt und obwohl ich zu diesen (Rand-)Zeiten häufig arbeitete. Zwar wünscht auch mein Partner sich – wie viele Männer (Wimbauer 2012, S. 322) – eine stärkere Präsenz zuhause, allerdings betrifft dies primär den Umgang mit unserer Tochter, weniger jedoch weitere Reproduktionsarbeiten. Folglich findet sich auch in meinem Alltag die durch viele Studien bestätigte Diskrepanz zwischen partnerschaftlichen Idealen auf der einen sowie gelebter Praxis auf der anderen Seite (stellvertretend Koppetsch und Burkart 1999; Koppetsch und Speck 2015); und dies trotz fortwährender kritischer feministischer Befragung.

Wie Kaufmann eindrücklich am Beispiel der „Schmutzigen Wäsche" zeigen konnte, geht die Geschlechterordnung samt aller darin enthaltener Weiblichkeits- wie Männlichkeitsanforderungen durch wiederkehrende alltägliche Praxen in Gesten über, welche die „Körperbewegungen" schließlich unbewusst lenken (Kaufmann 1994, S. 28). Auf diese Weise werden patriarchale Strukturen – unterstützt durch die Beteiligten selbst und dabei oftmals unbewusst sowie entgegen zuvor getroffener Entscheidungen – fortlaufend perpetuiert. Das bedeutet, dass bestimmte Handlungen wie etwa das Wegräumen der Wäsche derart verinnerlicht werden, dass diese durch Reflexion nicht mehr zugänglich und veränderbar sind.

Der Begriff der Falle verweist vielmehr auf jenen internen Funktionsmechanismus, der darin besteht, daß die Frau selbst ein System von Praktiken verstärkt, welches sie im übrigen kritisiert, daß sie mit einem Teil ihrer Person das Gegenteil von dem tut, was der andere Teil denkt, und daß das Leben aufgrund dieser inneren Inkohärenz schwer erträglich wird. (ebd., S. 258)

Entgegen der sich in Untersuchungen häufig findenden Tendenz, entsprechende Muster der Arbeitsteilung weniger als Folge von gesellschaftlichen Strukturen zu deuten denn als eigene Entscheidungen auszugeben (Koppetsch 2015, S. 17) und sich daraus ergebende Problemlagen und Konflikte besonders für Frauen im Sinne von modernen Selbsttechnologien zu individualisieren (auch Koppetsch und Speck 2015, S. 128), zeigt sich bei Kaufmann, aber auch in Bourdieus Untersuchungen zur männlichen Herrschaft (Bourdieu 2005), wie sehr die Geschlechterordnung durch die Akteur*innen inkorporiert wird und in Gesten sowie den Habitus übergeht. Und dies obwohl – wie im Zitat von Kaufmann formuliert – das unerträglich sein kann. Entsprechend beschreibt Bourdieu diesen Prozess der Mitwirkung von Frauen an Ungleichheitsstrukturen auch als ‚Liebe zum eigenen Schicksal' („amor fati") und spricht von einer „self-fullfilling prophecy" (Bourdieu 1997, S. 162).

Eine wesentliche Ursache für letzteren Prozess ist, dass auch ich mich nicht allein mit typischen Anforderungen an eine wissenschaftliche Laufbahn konfrontiert sehe, sondern zugleich mit weiteren, weniger eindeutig identifizierbaren Anrufungen als Frau und Mutter. Diese betreffen meine sozialen Beziehungen zu anderen Menschen, die Betreuung und den Umgang mit meiner Tochter, den Zustand des Haushaltes, mein Äußeres, meinen Bildungsstand sowie weitere Faktoren. Das heißt, dass hier Leitbilder virulent sind, denen sich der und die Einzelne nur bedingt entziehen kann. In Bezug auf die Frage von Mütterlichkeit zeigt sich in Anbetracht der genannten Faktoren, dass Vorstellungen von einer ‚guten Mutter' und Mutterliebe trotz erweiterten Weiblichkeitsanforderungen nach wie vor hochaktuell sind. Denn während „aber die Familie der Frau/Mutter zugeordnet ist, der öffentliche Bereich aber dem Mann, so ist ein Mann auf eine nebenrangige, privat-verschwiegene Weise Vater, während das Bild der Frau […] auf seine Ergänzung durch die ‚Hauptsache' der

Mutterschaft hin ausgestaltet ist." (Rendtorff 2004, S. 87) Entsprechend spiegelt sich auch in einer Studie von Seehaus mit heterosexuellen Paaren eine fortlaufende Naturalisierung von Mütterlichkeit: Zur Legitimierung einer geschlechtsspezifischen Aufgabenteilung rekurrieren Eltern auch heute noch gehäuft auf Naturbezüge (z. B. in Stilldiskursen) (Seehaus 2014, S. 61, 69 ff.). Im Zuge von Prozessen, die sich als „Intensivierung von Elternschaft" (Sieben 2017, S. 63) beschreiben lassen und sowohl die intensive Bindung (ebd., S. 64), aber auch erhöhte Bildungsansprüche und die ‚Qualität' der mit den Kindern verbrachten Zeit betreffen, werden entsprechend traditionelle Anrufungen an die ‚gute Mutter' gegenwärtig zusätzlich eher lauter denn leiser, und dies trotz der gleichzeitigen Forderung, beruflich erfolgreich zu sein und sich *auch* von den Kindern zu lösen. So weist auch Sieben auf die Tendenz der Re-Traditionalisierung von Elternschaft durch „intensive parenting" (ebd., S. 64) hin. Insofern scheint es wenig überraschend, wenn Wissenschaftlerinnen als Mütter die Flexibilität im Rahmen ihrer Erwerbstätigkeiten eher für die Übernahme von Betreuungspflichten nutzen, da sie es sind, die letztlich mit den genannten Anrufungen konfrontiert sind und in deren Körpergedächtnisse sie – wie in meinem Fall trotz allem Widerstand – übergegangen sind. So entschied auch ich mich, trotz meiner Identifizierung als Feministin und dem Wissen über die Auswirkungen des Zeitpunkts der Kindesgeburt, der Bezugsdauer der Elternzeit, des Ausmaßes der Kindesbetreuung durch andere Personen und die tendenziell negativen Konsequenzen für den wissenschaftlichen Erfolg, für eine entsprechend traditionelle Arbeitsteilung, gegen die anzuarbeiten – einmal in die Gewohnheiten übergegangen – schwierig ist.

Da die gleichzeitige Anforderung, *auch* beruflich erfolgreich und flexibel zu sein, insbesondere Frauen betrifft, werden die gegebenen Herausforderungen von ihnen vielfach als „(Optimierungs-)Dilemma" (King et al. 2018, S. 239) erlebt. So fühle auch ich mich von verschiedenen Seiten, sowohl institutionell als auch privat, mit Anforderungen an mich als ‚gute Mutter' konfrontiert, die eher traditioneller Art sind und zugleich im Widerspruch zu modernisierten Weiblichkeitsanforderungen stehen. Obwohl ich diese Prozesse kritisch reflektiere, ertappe ich mich dennoch regelmäßig dabei, dass ich das ‚Scheitern' an diesen Anforderungen mir selbst zuschreibe und infolgedessen versuche, mich zu optimieren. Damit einher geht die Scham, den eigenen Ansprüchen als Feministin nicht zu entsprechen.

Dass dies besonders in der „rush-hour of life" (Jurczyk 2018, S. 160) zu oftmals fehlender Selbstfürsorge führt, ist evident (Jurczyk 2010, S. 67 f.). Dies wird durch die skizzierten Entgrenzungsprozesse bei aller positiver Flexibilität eher unterstützt, da Grenzziehungen eigenständig übernommen werden müssen. Verfügt die eine Person wie in meinem Fall über die entsprechende (scheinbare) berufliche Flexibilität, während die andere an relativ feste Orte und Zeiten gebunden ist, verstärkt sich eine Traditionalisierung dabei zusätzlich, da man sich selbst die eigene Arbeitslast doch eben frei einteilen, bei Kinderkrankheiten zuhause bleiben und auch weiteren Verpflichtungen ‚mal eben gerade' nachkommen kann. Ist, wie Rosa im Zuge zeitdiagnostischer Überlegungen betont, das „Wettbewerbsprinzip [...] vorherrschende Allokationsmethode in so gut wie allen Sphären des gesellschaftlichen Lebens" (Rosa 2014, S. 36), dann sind es – in Bezug auf den dargestellten Themenbereich[8] – letztlich überwiegend Frauen und Personen mit Betreuungspflichten, die Leidtragende dieser Strukturen sind.

18.3 Ausblick

Abschließen möchte ich mit einer Überlegung aus einem Beitrag Rendtorffs, in dem sie eine pessimistische Haltung in Bezug auf die Frage einnimmt, ob der vielerorts diagnostizierte Wandel der Geschlechterverhältnisse auch die tieferliegende Ebene der symbolischen Geschlechterordnung betrifft, deren Veränderung Grundvoraussetzung für eine tiefgreifende Auflösung der Geschlechterverhältnisse wäre. Als grundlegend hierfür benennt Rendtorff die Verteidigung einer „Sphäre [...], die den Subjektiven (allen Gesellschaftsmitgliedern) andere Beziehungs-, Kooperations-

---

[8] Selbstverständlich bestehen intersektional betrachtet Unterschiede zwischen Frauen sowie weitere strukturelle Ungleichheiten.

und Ausdrucksformen ermöglicht als die Logik der Erwerbssphäre sie erfordert" sowie „eine andere politische Perspektive auf das Verhältnis von öffentlich und privat" zu entwickeln (Rendtorff 2019, S. 114) Letztere würde einschließen, Sorgebedürfnissen und -leistungen einen ebenso wichtigen Stellenwert zuzuschreiben wie der Erwerbssphäre und erstere durch gesellschaftliche Umverteilung finanzieller Mittel auch entsprechend zu honorieren: Zum einen, um es Personen überhaupt finanziell zu ermöglichen, Sorgeerfordernissen nachzukommen, zum anderen, um diese als einen Wert zu deklarieren, der in auf dem Leistungsprinzip basierenden kapitalistischen Gesellschaften eben bedauerlicherweise monetärer Art ist.

Entsprechenden Herausforderungen, mit denen Frauen auch im Wissenschaftssystem gesteigert konfrontiert sind, zu begegnen, erfordert insofern mehr als rein strukturelle Maßnahmen, auch wenn diese durchaus relevant und auszubauen sind. Vielmehr geht es um ein verändertes Verständnis dessen, wie die alle Gesellschaftsmitglieder betreffenden und in bestimmten Lebensphasen besonders laut werdenden Bedürfnisse aus *allen* Lebensbereichen im Sinne eine ‚guten Lebens' berücksichtigt werden können. Die Vorstellung von zwei trotz Entgrenzungsprozessen getrennten Lebensbereichen, die miteinander in eine ‚Work-Life-Balance' gebracht werden müssen, erweist sich dabei in meinen Augen eher als kontraproduktiv. Und auch in Bezug auf die Wissenschaft geht es meines Erachtens vielmehr darum, Leitbilder und Mythen zu dekonstruieren sowie Exzellenzstandards kritisch zu befragen, als diese durch beständige Leistungssteigerung zu bekräftigen. Dies würde meines Erachtens einschließen, dass zum einen Kriterien für die Zuweisung von Positionen und Mitteln stärker kontextabhängig als bisher gesehen werden und dass es zum anderen etwa Möglichkeiten der Entlastung an Hochschulen insofern gibt, als Personen mit Sorgeerfordernissen von bestimmten Verpflichtungen temporär freigestellt werden, um sich stärker der eigenen Forschung zu widmen. Voraussetzung wäre hierfür eine verbesserte personelle Ausstattung insbesondere der weniger finanzstarken, vor allem geisteswissenschaftlichen Fachbereiche.

Literatur

Althaber A, Hess J, Pfahl L (2011) Karriere mit Kind in der Wissenschaft – Egalitärer Anspruch und tradierte Wirklichkeit der familiären Betreuungsarrangements von erfolgreichen Frauen und ihren Partnern. In: Rusconi A, Solga H (Hrsg) Gemeinsam Karriere machen. Die Verflechtung von Berufskarrieren und Familie in Akademikerpartnerschaften. Barbara Budrich, Opladen, S 83–116

Bernstein-Derichs S, Frey M, Krüger A, Schütz A, unter Verwendung von Texten der GEW Berlin (Hansel R, Jähne M, Neie T, Würmann C) (2017) Vereinbarkeit von Familie und wissenschaftlicher Qualifizierung. Ein Rechtsratgeber. Gewerkschaft Erziehung und Wissenschaft, Frankfurt am Main

Binner K, Weber L (2019) Zwischen ‚Exzellenz' und Existenz. Wissenschaftskarriere, Arbeits- und Geschlechterarrangements in Deutschland und Österreich. Gend Z Geschlecht Kult Ges 11:31–46

Bourdieu P (1997) Die männliche Herrschaft. In: Dölling I, Krais B (Hrsg) Ein alltägliches Spiel. Geschlechterkonstruktion in der sozialen Praxis. Suhrkamp, Frankfurt am Main, S 153–217

Bourdieu P (2005) Die männliche Herrschaft [orig. *La domination masculine* 1998]. Aus dem Französischen übersetzt von Jürgen Bolder. Suhrkamp, Frankfurt am Main

Findeisen I (2011) Hürdenlauf zur Exzellenz. Karrierestufen junger Wissenschaftlerinnen und Wissenschaftler. VS Verlag für Sozialwissenschaften/Springer Fachmedien, Wiesbaden

Jurczyk K (2010) Care in der Krise? Neue Fragen zu familialer Arbeit. In: Apitzsch U, Schmidbaur M (Hrsg) Care und Migration. Die Ent-Sorgung menschlicher Reproduktionsarbeit entlang von Geschlechter- und Armutsgrenzen. Barbara Budrich, Opladen/Farmington Hills, S 59–76

Jurczyk K (2014) Familie als Herstellungsleistung. Hintergründe und Konturen einer neuen Perspektive auf Familie. In: Jurczyk K, Lange A, Thiessen B (Hrsg) Doing Family. Warum Familienleben heute nicht mehr selbstverständlich ist. Beltz Juventa, Weinheim/Basel, S 50–70

Jurczyk K (2018) Familie als Herstellungsleistung. Elternschaft als Überforderung? In: Jergus K, Krüger JO, Roch A (Hrsg) Elternschaft zwischen Projekt und Projektion. Aktuelle Perspektiven der Elternforschung. Springer VS, Wiesbaden, S 143–163

Kaufmann JC (1994) Schmutzige Wäsche. Zur ehelichen Konstruktion von Alltag. Aus dem Französischen übersetzt von Gipper A und Rahner M. Universitätsverlag Konstanz, Konstanz

King V, Gerisch B, Rosa H, Schreiber J, Salfeld B (2018) Überforderung als neue Normalität. Widersprüche optimierender Lebensführung und ihre Folgen. In: Fuchs T, Iwer L, Micali S (Hrsg) Das überforderte Subjekt. Zeitdiagnosen einer beschleunigten Gesellschaft. Suhrkamp, Berlin, S 227–257

Koppetsch C, Burkart G (1999) Die Illusion der Emanzipation. Zur Wirksamkeit latenter Geschlechtsnormen im Milieuvergleich. Universitätsverlag, Konstanz

Koppetsch C, Speck S (2015) Wenn der Mann kein Ernährer mehr ist. Geschlechterkonflikte in Krisenzeiten. Suhrkamp, Berlin

Koppetsch C (2015) Gefühlte Gleichheit? Gerechtigkeit in Paarbeziehungen. In: Mau S, Schöneck N (Hrsg) (Un-)Gerechte (Un-)Gleichheiten. Berlin: Suhrkamp, Berlin, S 125–133

Rendtorff B (2004) Geben und Lehren – Mütterlichkeit und Väterlichkeit im pädagogischen Kontext. In: Klika D, Schubert V (Hrsg) Bildung und Gefühl. Schneider Verlag Hohengehren, Baltmannsweiler, S 78–93

Rendtorff B (2019) Geschlechtervertrag und symbolische (Geschlechter)Ordnung. In: Rendtorff B, Riegraf B, Mahs C (Hrsg) Struktur und Dynamik – Un/Gleichzeitigkeiten im Geschlechterverhältnis. Springer VS, Wiesbaden, S 105–117

Rosa H (2014) Beschleunigung und Entfremdung. Entwurf einer Kritischen Theorie spätmoderner Zeitlichkeit, 4. Aufl. Suhrkamp, Berlin

Schreyögg A (2013) Familie trotz Doppelkarriere. Vom Dual Career zum Dual Care Couple. Springer VS, Wiesbaden

Seehaus R (2014) Die Sorge um das Kind. Eine Studie zu Elternverantwortung und Geschlecht. Barbara Budrich, Opaden/Berlin/Toronto

Sieben A (2017) „Mein Gott, der ist noch so klein, den soll ich jetzt abgeben" – Elterliche Vorstellungen und Erfahrungen ihrer Beziehung zum Kind im Kontext der Kleinkindbetreuung. Gender Z Geschlecht Kult Ges 2:62–77

Statista (2019) Durchschnittliche (voraussichtliche) Bezugsdauer von Elterngeld im Jahr 2018 in Deutschland nach Geschlecht (in Monaten). https://de.statista.com/statistik/daten/studie/310248/umfrage/elterngeld-bezugsdauer-nach-geschlecht-der-eltern-und-erwerbsstatus-vor-der-geburt/. Zugegriffen am 16.08.2019

Wimbauer C (2012) Wenn Arbeit Liebe ersetzt. Doppelkarriere-Paare zwischen Anerkennung und Ungleichheit. Campus, Frankfurt/New York

19

Geschichten einer Studentin mit Kind aus dem Epizentrum von *Blümchenthemen* und *Gedöns*

Louisa Kamrath

Zusammenfassung Den eigenen Werten treu zu bleiben, bedeutet in einer Welt, die diese permanent mit den Füßen tritt, ständiges Scheitern. Dieser Text handelt von eigenen Versuchen, dem Scheitern mit Humor zu begegnen, also vielleicht ein kleines bisschen schöner zu scheitern. Und sich nicht unterkriegen zu lassen. Als Person, die die ständige Beschäftigung mit dem Theoretischen braucht, ebenso sehr wie als Mensch, der die Bindung zu seinen Kindern niemals missen wollte. Und beides irgendwie zusammenorganisiert zu bekommen.

Vor gut 20 Jahren bezeichnete der damalige Bundeskanzler Gerhard Schröder das Ministerium, welches unter anderem für Familienangelegenheiten zuständig ist, bekanntermaßen und sehr weltmännisch als *Gedöns*. Im gleichen Geiste scheint der momentane Gesundheitsminister

L. Kamrath (✉)
Berlin, Deutschland
E-Mail: louka@posteo.de

© Springer Fachmedien Wiesbaden GmbH, ein Teil von Springer Nature 2020
S. Czerney et al. (Hrsg.), *Mutterschaft und Wissenschaft*,
https://doi.org/10.1007/978-3-658-30932-9_19

der Herzen – Jens Spahn (schöne Grüße § 218) – zu wandeln, wenn er Minderheitenrechte als *Blümchenthemen* bezeichnet (Eigentor übrigens).

Wir sehen also: Ein Paradigmenwechsel im politischen Sprech ist nicht zu verzeichnen. Retraditionalisierungstendenzen in Bezug auf Familien- und Mutter*bilder[1] und der Rechtsruck leisten dazu vermutlich ihren Beitrag. So stehen Themen mit Familienbezug nach wie vor nicht sehr weit oben auf der politischen Prioritätenliste. Der Umgang mit Pflege, Geburtshilfe, Gleichstellung und Vereinbarkeit spricht dabei für sich.[2] Als Mutter und Studentin in einer (queer-)feministischen Kinder-Wohn- und Lebensgemeinschaft sind *Gedöns* und *Blümchenthemen* zufällig genau mein Thema. Gezwungenermaßen.

Patriarchat und Kapitalismus haben mit dem Beginn der Industrialisierung im globalen Norden die Kleinfamilie zu *der* familiären Ordnungsform schlechthin erhoben. Diese Ordnung geht mit enormer Belastung für die beteiligten Erwachsenen und damit auch der Kinder einher. Dabei sind es gerade die Frauen*körper, arme, migrantisierte, Schwarze Körper und Körper of Color, auf deren Rücken sich die bestehenden Machtstrukturen festigen und reproduzieren. So sehr die feministischen Errungenschaften des letzten Jahrhunderts auch zu begrüßen sind, die Befreiung der Einen wird durch die Organisationsstruktur Kleinfamilie nicht selten zur Unterdrückung der Anderen. Die Suche nach Alternativen zur Kleinfamilie ist damit auch der Versuch, Integrität einer feministischen Perspektive auf das Leben, für mich selbst und genauso auch anderen Frauen* gegenüber zu wahren. Und nicht bloß die bestehende Unterdrückung auf die nächst schwächeren Schultern zu verlagern.

Als Spross einer Patchworkfamilie im späten Geist der 68er ist es deshalb nicht die Reaktanz gegen eine autoritäre Herkunftsfamilie à la Kommune 1 (Abb. 19.1), die mich antreibt. Ich würde auch nicht so weit

---

[1] Ich verwende in diesem Text die Bezeichnung Mutter* und Frauen*. Ein Sternchen macht nicht direkt transinklusiv, so viel ist klar. Da es sich hierbei aber um Erfahrungen, die ich oder Personen in meinem direkten Umfeld gemacht haben, handelt, bietet sich die Bezeichnung an. Denn eine Vielzahl der Erfahrungen mit struktureller Ungleichheit sind dem Umstand geschuldet eben als Frauen* oder Mütter* gelesen und dementsprechend mit ganz bestimmten Rollenerwartungen konfrontiert zu sein.

[2] By the way: Ich habe spaßeshalber noch mal die Wahlprogramme der großen Parteien für den Wahlkampf von 2017 auf das Stichwort Hebammen hin durchsucht. Zwar droppen alle Parteien den Begriff, das Problem der exorbitanten Haftpflichtsummen, das ja der Dreh- und Angelpunkt dieses Dramas bildet, benennt neben der Linken nur die AfD. Autsch.

gehen und adornoesk die Kleinfamilie zur Keimzelle des Faschismus erklären. Es ist vor allem die Überzeugung, dass die Kleinfamilie als Organisationsform unter neoliberalen Anforderungen immer mit Unterdrückung einhergeht. Und dass sie damit nicht in der Lage ist, den Bedürfnissen der in ihr lebenden Haushaltsmitglieder gerecht zu werden. Die Partner*innen und Elternpersonen sollen dabei ja nicht nur innerhalb der Kleinfamilie als Lebensgefährt*in, Freund*in und guter Elternteil herhalten, sie müssen zudem für finanzielle Sicherheit, gute Laune und pädagogische Expertise sorgen. Dabei ist die Verteilung, geboren aus ökonomischen (und ich behaupte mal ansozialisierten) Zwängen in der Regel ja immer noch eine solche, in der ein Elternteil (in Heterobeziehungen meist der Mann) außerhalb der Familie arbeitet, und der andere Elternteil (in der Regel die Frau) die heimische Sorgearbeit leistet. Keines von beidem erscheint mir und dem Vater meiner Kinder ausschließlich und auf Dauer erträglich. Wir wollen beide am Leben unserer Kinder teilhaben und beide unseren jeweiligen Professionen folgen. Die Erfahrung zeigt, dass die für uns heute selbstverständliche (und ja auch fundamental wichtige) Errungenschaft, als Frau* und Mutter* arbeiten zu können, oft mit einer Verlagerung der Haupt- und oft Doppelbelastungen auf ihre* Schultern einhergeht. Alleinerziehende sind an dieser Stelle die ganz großen Verlierer*innen im System (das sind zu über 80 % Frauen).[3] In diesem Sinne *Credits* an alle, für die die Kleinfamilie funktioniert, aber ich wage mal zu behaupten, dass Scheidungsraten da für sich sprechen.

Wir (der Vater meiner Kinder und ich) haben uns deshalb für ein Modell des Zusammenlebens entschieden, in welchem wir zwar bestimmte Alltagsrituale teilen, aber nicht in der gleichen Wohnung leben. Die häusliche Arbeit von Familie und Paarbeziehung zu entkoppeln, soll dabei eine paritätische Aufgabenteilung und uns jeweils Zeit und Raum zum Durchatmen und ohne familiäre Verpflichtungen ermöglichen. Daher leben wir in zwei Wohngemeinschaften im gleichen Haus. Dies hat in unserem Verständnis auch eine Schutzfunktion für die jeweiligen Teilfamilien und die Kinder, die darin aufwachsen. Weil wir uns durch den ständigen Austausch mit anderen schwerer in ungünstigen Mustern fest-

---

[3] Vgl.: http://www.sozialpolitik-aktuell.de/tl_files/sozialpolitik-aktuell/_Politikfelder/Familienpolitik/Datensammlung/PDF-Dateien/abbVII20.pdf. Zugegriffen am 06.08.2019.

Abb. 19.1 Berliner Wohnen

fahren und die Kinder mehr als eine oder zwei Bezugspersonen haben. Aber wie jedes Zusammenleben bedeutet auch unseres Arbeit, damit die Hierarchien klein bleiben und niemand unter den Tisch fällt.

Meine Wohngemeinschaft besteht aus vier Personen (cis-Frauen und non-binaries) und drei (bald vier) Kindern. Wir sind (zum Teil alleinerziehende) Studentinnen und haben uns mehr oder weniger geplant in den mittleren Zwanzigern für ein Leben mit Kindern entschieden. Wir teilen uns vier geräumige Zimmer. Dennoch ist es eng. Wir haben die grundlegende Versorgung kollektiviert, leben hauptsächlich von Foodsharing und Großbestellungen. Im deutschen Vergleich bezeichnet man unsere ökonomischen Ressourcen und den Platz, den wir teilen, vermutlich als Armut. Alle, die wir hier leben, verfügen über großes kulturelles Kapital, haben mehrere Jahre in Ländern des globalen Südens verbracht, sind zum Teil dort geboren und aufgewachsen. Dies ist hier sicher kein Loblied auf die politische Ignoranz gegenüber *Blümchenthemen* und *Gedöns* in Deutschland und ich will auch keine Kalenderweisheiten à la „Es braucht ein Dorf …" loslassen. Aber sicherlich ist unser Empfinden von dem, welcher Lebensstandard *normal* ist, was Kinder *brauchen* und damit, was unsere Prioritäten sind, stark von diesen Erfahrungen geprägt.

Für uns ist dieses Leben ein Kompromiss, sich trotz Elternschaft nicht von einer feministischen Grundüberzeugung abbringen zu lassen. Auch, wenn wir einiges gerne anders hätten. Aber Wohnraum ist in Berlin ein rares Gut, erst recht für Zusammenleben außerhalb der Kleinfamilie. Auch ist selbstbestimmtes Leben als Student*innen mit Kindern und ohne vermögendes Elternhaus finanziell kaum zu stemmen. Es ist strukturell einfach nicht vorgesehen. Trotzdem stehen wir weitestgehend dahinter. Auch trotz der Ängste vor einem Arbeitsmarkt, der (vor allem alleinerziehende) Eltern diskriminiert.

Als Sozial- und Geisteswissenschaftlerin wird mir seit der ersten Schwangerschaft unter die Nase gerieben, dass der Wissenschaftsbetrieb nicht sehr familienfreundlich ist. Aber wie soll sich die Hochschule als „letzte feudale Institution" (Zitat einer Habilitandin mit Kind) verändern, wenn alle klugen Nachwuchswissenschaftler*innen mit Kindern aufgeben? Anhand meiner spätkapitalistischen Lieblingsbegriffe (Leistung, Geld, Arbeit, Prioritäten, Entscheidungen) habe ich hier einige meiner Erfahrungen mit *Blümchenthemen* und *Gedöns* im Hochschulkontext gesammelt.

19.1 Geld: BAföG ist ein Arschloch

Ich werde im ersten Mastersemester schwanger. Meinen BAföG-Antrag habe ich sehr frühzeitig eingereicht. Ich kenne die Querelen ja noch aus dem Bachelor. Leider bin ich mit einem Vater gesegnet, der entweder jahrelang auf Weltreise verschwindet und nicht erreichbar ist oder schlichtweg seine Steuererklärung nicht macht. Ganz ungünstige Bedingungen fürs BAföG-Amt. Ich warte also, trotz vieler schriftlicher Erklärungen, monatelang auf die Zahlungen. Die Ersparnisse sind bald aufgebraucht. Mein Blutzucker unterliegt in dieser Zeit schwangerschaftsbedingt enormen Schwankungen. Gleichzeitig weiß ich nicht, wovon ich mich versorgen soll. Als ich dann in der Bahn sitze, plötzlich in Unterzucker rutsche und kein Geld habe, mir schnell etwas zu essen zu kaufen, wird das ziemlich bedrohlich. Rückblickend denke ich, dass es vermutlich Glück war, dass ich gesund durch diese Monate gekommen bin. Was mich in der zweiten Schwangerschaft vom BAföG-Amt erwartet, toppt das Ganze aber noch.

Ein halbes Jahr vor Ende des Masters erwarte ich mein zweites Kind. Ich leide, wie beim ersten, in den ersten Monaten an heftiger Schwangerschaftsübelkeit. Mein Antrag auf ein (!) Semester BAföG-Verlängerung nach § 15 (3) BAföG wegen Schwangerschaft in der sechsten Schwangerschaftswoche wird mit der Begründung abgelehnt, für eine weitere Verlängerung sei ich nicht schwanger genug. Kein Scherz. Ich rufe an und bekomme die Auskunft, die Schwangerschaft könne nicht *ursächlich* für die Verzögerung des Studiums sein.

Das Telefonat beende ich dann nach dem Kommentar der Sachbearbeiterin „der Sozialstaat hat auch Grenzen". Wieder leider kein Scherz. Ich sitze also schwanger, attestiert richtig krank, mit der Sorgeverantwortung für ein zweijähriges Kind zuhause, habe meine Masterarbeit im Nacken und bekomme die finanzielle Lebensgrundlage für mich und meine Tochter entzogen. Dieser Spruch ist in dem Moment nicht mehr nur Schikane, sondern grenzt qua des Stresses, in den er mich versetzt, an

Körperverletzung. Der einzige Grund, in so einem Moment nicht völlig den Boden unter den Füßen zu verlieren, ist das soziale Netz, auf das ich mich verlassen kann. Was für ein Privileg, darauf zurückgreifen zu können – denke ich mir nicht zum ersten Mal.

Eine andere Sachbearbeiterin prüft meinen Fall, ich bekomme eine Verlängerung um drei Monate. Das reicht natürlich nicht. Ich bewerbe mich auf ein Stipendium wegen wirtschaftlicher Notlage in der Studienabschlussphase und werde abgelehnt. Ich hoffe sehr, dass alle Mittel dieser Stiftung an Menschen geflossen sind, die keinen Zugang zum deutschen Sozialsystem haben. Denn bei Licht betrachtet, kann man wohl kaum in einer größeren Notlage stecken als ich in diesem Moment.

Ich lebe vorerst wieder von Ersparnissen. Sie reichen für zwei Monate. Als ich mittlerweile hochschwanger bin und meine Masterarbeit so gut wie fertig ist, bin ich pleite und muss Hartz IV beantragen. Bis dahin hatte ich wirklich alles versucht, um darum herum zu kommen. Aber *so what*. Der Antrag auf Hartz wird dann mit der Begründung abgelehnt, dass ich dem Grunde nach BAföG-berechtigt bin. Kein Scherz. Ich würde nur dann Hartz bekommen, wenn ich mich exmatrikuliere. Kann ich natürlich nicht, weil meine Masterarbeit korrigiert und verteidigt werden muss. Mich jetzt zu exmatrikulieren, käme einem Studienabbruch gleich. Ich laufe also zu Beratungsstellen, bin eigentlich schon im Mutterschutz und lande schlussendlich mit einer Eilklage vor dem Sozialgericht. Ende noch offen.

Mehr als einmal frage ich mich, wann um alles in der Welt der Zug diese Richtung genommen hat und ich das nicht mitbekommen habe. Hab ich etwas falsch gemacht? War die Entscheidung für Kinder so verwerflich? Nein, das ist einfach der Zustand einer Gesellschaft, die gerne Rentensicherheit für die Alten hätte, aber nicht bereit ist, Familien mit kleinen Kindern angemessen zu unterstützen. Zumindest nicht die Familien, deren Arbeitsleistung volkswirtschaftlich als (noch) nicht verwertbar gilt. Elterngeld Olé. Aber das ist ein anderes Thema.

19.2 Arbeit: Expertin für Windelfragen

Frühsommer, es ist einige Wochen vor der Geburt meines ersten Kindes und ich sitze hochschwanger in einem Kurs über jüdischen Widerstand. Wir sprechen über mögliche Arbeitsthemen. Mein Schwerpunkt liegt im Bereich Politischer Theorie. Die Professorin schaut auf meinen Bauch und meint, ich solle doch über jüdische Repräsentation in Kinderbüchern schreiben. Kinderbücher interessieren mich zu diesem Zeitpunkt allerdings überhaupt nicht. Ich merke, dass mich ihr Kommentar irgendwie ärgert, kann aber nicht so recht benennen, wieso. Einige Jahre später, nachdem ich gelernt habe, dass solche Situationen System haben, weiß ich es.

Die Professorin geht, qua meiner offensichtlichen Fähigkeit, ein Kind auszutragen, davon aus, dass ich mich wissenschaftlich mit Kinderbüchern beschäftigen möchte. Repräsentation in Kinderbüchern ist ein wichtiges Thema. Aber eben nicht meines. Mit ihrem Kommentar bedient sie ein sehr altes Klischee, nämlich dieses, das die unterschiedlichen Anteile von Identitäten, also Mutterschaft, Körper und Interessen in eins wirft und daraus einen Menschen formt, der mit mir in diesem Moment überhaupt nichts zu tun hat. Möglicherweise wollte sie nur nett sein und auf meinen körperlichen Zustand eingehen. Möglicherweise ist es aber auch genau der gleiche Mechanismus, der Menschen – in der Regel Frauen* – sobald sie Eltern sind, zu Expert*innen rund um Windelfragen macht und ihnen andere Tätigkeiten – in der Regel die (gut) bezahlten – nicht mehr zutraut.

Ich würde wirklich gerne weiterforschen, aber gegen Ende meines Studiums wird mir immer klarer, dass es hier mit guten Noten nicht getan ist. Und, dass ich keine Ahnung habe, wie genau ich das in Angriff nehmen soll. Habitus und so. In meiner Herkunftsfamilie waren Dissertationsprojekte nicht unbedingt das *Number one topic* beim Abendessen. Bei Familienbesuchen werde ich vor allem gefragt, wann ich denn endlich mal anfange zu arbeiten. Oder am Telefon, egal zu welcher Uhrzeit, ob sie mich geweckt haben. Das ist zwar irgendwie lustig, aber ich behaupte mal, dass das, was ich zwischen sieben Uhr morgens und acht Uhr abends mache, durchaus den Begriff Arbeit verdient. Nur, dass ein Großteil dieser Arbeit unsichtbar ist, weil Wäsche waschen, Kind in die Kita bringen und Masterarbeit schreiben innerhalb der neoliberalen Verwertungslogik nicht als Arbeit zählt. Und sich als Mutter und Studentin in Abhängigkeit von BAföG zu befinden, bedeutet leider definitiv nicht, sich einen Lenz zu machen (Erklärung siehe oben). Zumal allein die Korrespondenz mit dem BAföG-Amt und dem Jobcenter schon einen Minijob füllen könnte.

Was bedeutet es also, wenn ich mich in den entscheidenden Jahren meiner Karriereplanung vor allem wegen meiner Entscheidung für Kinder vornehmlich mit Fragen der absoluten Grundsicherung herumschlagen muss? Richtig, Suggestivfrage. Es verpasst mir einen ultimativen Nachteil. Weil sich dieser Aufwand neben der Kinderbetreuung natürlich auf die Qualität meiner Studienleistungen niederschlägt. Ganz einfach, weil der Tag nur 24 Stunden hat. So sehr ich auch hinter der Entscheidung für die Kinder stehe, *forever* Expertin für Windelfragen war jetzt nicht mein Karriereziel.

Es zeigt sich also, die Frage nach einem weiteren wissenschaftlichen Weg ist damit vor allem eine der Herkunftsklasse. Vor dem Hintergrund der Prekarisierung wissenschaftlichen Arbeitens, zumal mit Kindern, stellt sich weniger die Frage nach Kompetenz, als die nach ökonomischer Sicherheit im Rücken. Ein Wunder, dass die Durchlässigkeit in Sachen Klasse im Hochschulsystem im Prinzip nicht gegeben ist und sich die akademische Elite vor allem innerhalb der eigenen Klasse reproduziert.

19.3 Leistung oder Gesundheit: Kompetenz kommt von kompetent!

Im Herbst 2016 ist das Kind gerade vier Monate alt, als wir, der Kindsvater und ich, wieder zur Uni gehen. Wegen des BAföGs muss ich zusehen, dass ich meine Kurse abschließe. Meine Fürsorgearbeit ist ja leider wegen des Studierendenstatus nur 300 Euro Elterngeld wert. Elternzeit auf Hartz will ich nicht. Außerdem brauche ich was für den Kopf. Ausschließlich Sorgearbeit macht mich dösig.

Das Kind, das voll gestillt wird, ist also beim Vater, während ich an die Uni fahre. Zwischen Berlin, wo ich wohne, und Frankfurt (Oder), wo ich studiere, liegen von Tür zu Tür zwei Stunden Weg. Bei zwei Stunden Kurs macht das sechs Stunden, die ich nicht verfügbar bin. Damit ich weder einen Milchstau bekomme noch die Milch zurückgeht, versuchen wir, nur einen Stillzyklus zu verpassen. Abpumpen funktioniert in der romantischen Atmosphäre eines Uniklos mit Neonbeleuchtung leider überhaupt nicht. Ich muss mich also sputen. Bisher zum Glück kein Ersatzverkehr.

Eines grauen Novembernachmittags sitze ich nichts ahnend im Seminar und frage nach der Lektüre für die Sitzung in zwei Wochen. Ich muss mich schließlich vorbereiten und die Zeiten sind knapp. Bei stündlichen nächtlichen Unterbrechungen ist Foucault oft auch einfach nicht drin. Die Professorin an einem Lehrstuhl mit Genderbezug schlägt vor, ich solle doch, wenn ich schon frage, gleich das entsprechende Referat halten. Ich sage, dass ich das so kurzfristig nicht schaffe. Ich komme ja kaum mit der Lektüre hinterher. Mein letztes Referat sei ja so prima gewesen, da kriege ich das schon auch noch hin, erwidert sie. Ich sage, es täte mir leid, aber ich hätte wirklich keine Kapazitäten. Darauf erwidert sie, gut, das würde sich dann aber wohl auf meine Note niederschlagen.

Ich bin sprachlos und denke mir – erst mal sacken lassen. Abends setze ich mich dann hin und beschreibe ihr noch mal explizit meine Situation, die Doppelbelastung und Erschöpfung mit einem Säugling. Hat sie sicher nicht auf dem Schirm, denke ich. Falsch gedacht. Was folgt, ist ein sehr unappetitlicher Emailwechsel, den ich – als die, die am kürzeren Hebel sitzt, – damit beende, dass ich nachts das Referat vorbereite. Ende des Semesters schleppe ich mich mit einem Hexenschuss aus dem Zug und verbringe drei Tage mit Schmerzmitteln in Stufenlagerung.

Es ist nicht die letzte Situation, in die ich gerate und von der vermutlich die meisten Eltern im Vereinbarkeitskampf ein Lied singen können: Leistung oder Gesundheit.

19.4 Entscheidungen: Man überlasse Smalltalk denen, die ihn beherrschen

Spätsommer. Die Mutter meiner besten Freundin und ich stehen ordentlich in Schale geschmissen auf einer äußerst dekadenten Schickimicki-Veranstaltung. Besagte Freundin hatte sich „den Porsche aller Stipendien" (Selbstbeschreibung besagter Stiftung) an Land gezogen und wir wollten dies bei Freidrinks und Häppchen feiern. In der angeheiterten Atmosphäre und nach diversen Jazzeinlagen stehe ich also zufällig mit einer der Vorstandsdamen jener Stiftung an einem Stehtisch und picke meine Garnele in Cocktailsoße mit einem Holzstäbchen vom Teller. Im Gespräch frage ich ganz unbefangen, ob es denn theoretisch möglich sei, sich auch mit Kind auf das Stipendium zu bewerben. Sie sagt, dass sie die Bewerbung natürlich annehmen müssten, es gäbe da ja diesen Antidiskriminierungspassus. Dann zählt sie mir aber lang und breit auf, weshalb das eine ganz schlechte Idee sei. Vertraulich fügt sie noch hinzu: Eine der Stipendiatinnen hätte doch wahrhaft die Frechheit besessen, in diesem geförderten Jahr schwanger zu werden. Ich frage, ob sie denn der Meinung sei, dass mein Leben nun mit 28 auf Grund der Mutterschaft vorbei sei. Ihre Antwort darauf: „Das mit dem Kinderkriegen hätten Sie sich halt vorher überlegen müssen". Ha Deutschland, denke ich, erste Sahne in Sachen Gleichstellung. Ich drehe mich um und gehe.

19.5 Prioritäten: Nach Hause kommen

Drei lausige Punkte fehlen mir, um scheinfrei zu sein und ich finde mich in einem weitestgehend fachfremden Kolloquium wieder. Die Professorin bittet mich in ihre Sprechstunde, bietet mir dann aber ein Gespräch nach der Sitzung an. Ich freue mich, dass sie so flexibel ist und beginne, ihr mein Masterarbeitsvorhaben darzulegen. Aus mir absolut unerfindlichen Gründen eskaliert das einstündige Gespräch und nimmt eine sehr überraschende Wendung. Bis heute ist mir nicht klar, wie genau Bourdieus Klassenbegriff derart emotional gelesen werden kann. Jedenfalls schlägt mir eine passiv aggressive Stimmung entgegen, die ich entweder komplett missdeute oder die damit zu erklären ist, dass mein Gegenüber den schlechtesten Tag des Jahres hat. In den zwei Stunden Weg zurück nach Berlin bin ich immer noch überrumpelt und zermartere mir das Hirn, was ich falsch gemacht habe.

Dann steige ich aus dem Zug, laufe nach Hause und schließe die Tür auf. Mein Kind und die Kinder meiner Mitbewohnerinnen kommen mir lärmend entgegen. Es riecht nach Essen und ich werde mit Fragen bestürmt. Wir essen zusammen, queere Freund*innen sind zu Besuch. Der Umgang ist wertschätzend, es fühlt sich an wie Zuhause. Voller Stolz sehe ich, dass unser Zusammenleben die Inkarnation des neokonservativen Albtraums ist.

Dann bringe ich mein Kind ins Bett. Das Gespräch vom Nachmittag habe ich zu dem Zeitpunkt schon längst vergessen. Vor der Geburt meiner Tochter hätte es mich wochenlang beschäftigt. Irgendwie scheinen sich die Prioritäten verschoben zu haben. In solchen Momenten fühlt es sich an, als war die Entscheidung für Kinder, trotz *Blümchenthemen und Gedöns*, genau die Richtige.

20

Die Uni, vier Kinder und ein Abschied

Eva-Maria Obermann

Zusammenfassung Die Arbeit an der Universität bietet viel Raum für Familienfreundlichkeit. Leider wird dieser nicht genutzt. Die wissenschaftliche Leistung verschwindet hinter dem Marker „Mutter", egal wie oft bewiesen wird, dass beides möglich ist. Statt neuer Wege werden angestaubte Konzepte im Innern weitergetragen. Mütter im Vorlesungssaal? Aber gerne! Mütter in der Professur? Lieber nicht …

„Frau Obermann ist nicht nur Wissenschaftlerin und schreibt Primärliteratur, sie ist auch produktiv als Mutter", sagte mein Professor gerne. Am Anfang fand ich es ganz amüsant. Immerhin gehen viele die Beschreibung meiner Person von der anderen Seite her an. Dann heißt es, ich bin vierfache Mutter und auch noch Wissenschaftlerin und Autorin. Als wäre es ein reines Wunder, dass ich mit vier Kindern noch etwas anderes bin außer Mutter. Doch mit der Zeit merkte ich, wie viel Betonung auch an

E.-M. Obermann (✉)
Schifferstadt, Deutschland
E-Mail: Eva-Maria.Obermann@gmx.de

der Uni auf meine Mutterrolle fiel, bis sie meiner wissenschaftlichen und schriftstellerischen Leistung uneinholbar davongeeilt war. Scheinbar verliert der ein oder andere Universitätsmitarbeiter angesichts meiner Kinder den Überblick, so wurde es mir jedenfalls gesagt. Vier Kinder zu haben, die mich alle an die Uni begleitet haben, so dass ich mein ganzes Studium der Literaturwissenschaft hindurch auch immer als Mutter aufgetreten bin, hat den Schwerpunkt verlagert. Ich bin nicht die Studentin, Absolventin, Doktorandin, die auch Mutter ist, sondern die Mutter, die auch an der Uni ist.

In einer Studie,[1] die drei Jahre lang Daten zu Wissenschaftler*innen und Elternschaft gesammelt hat, zeigt sich, wie drastisch an den Universitäten Kinder die Karriere beeinflussen. War im Schnitt aller Befragten der Anteil von kinderlosen Teilnehmer*innen nur unwesentlich höher, zeigt sich beim Geschlechtervergleich ein anderes Bild. Demnach hatten Wissenschaftler zum Ende der Studie 2010 doppelt so häufig und mehr Nachwuchs als Wissenschaftlerinnen. Je höher der Posten, umso deutlicher der Unterschied. „59 % der Professoren gegenüber 16 % der Professorinnen haben Kinder" (Lind und Samjeske 2010, S. 16). Ruft man sich dabei die zahlenmäßige Überlegung von Professoren im Vergleich zu Professorinnen in Erinnerung, fällt die reale Zahl an Frauen, die gleichzeitig eine Professur innehaben und Mutter sind, verschwindend gering aus. Eine Statistik, die ich aus meiner Erfahrung nur bestätigen kann. In den Geisteswissenschaften wird sie gerne durch die Absurdität verstärkt, dass das gesamte Studium hindurch, ja noch unter den Promovierenden mehr Frauen zu finden sind.

Die Uni und meine Kinder gehören für mich zusammen. Meine Tochter hat im Seminarsaal krabbeln gelernt, ich habe mit einem Arm das Kind zum Stillen gehalten und mich mit dem anderen gemeldet. Wie gut das für mich funktioniert hat, habe ich unter anderem auf meinem Blog geschrieben (Obermann 2018). Meine mündliche Masterprüfung hat meinen dritten Mutterschutz eingeläutet. Bachelor wie Master habe ich mit Auszeichnung bestanden, wurde in die Studienstiftung des deutschen

---

[1] Die Studie lief unter dem Projekt „Balancierung von Wissenschaft und Elternschaft" von 2007 bis 2010. Die Ergebnisse sind hier einzusehen: https://nbn-resolving.org/urn:nbn:de:0168-ssoar-441382.

Volkes aufgenommen und werde aktuell bei meiner Dissertation durch die Friedrich-Ebert-Stiftung unterstützt. Dass ich wissenschaftliches Arbeiten und Muttersein unter einen Hut bringe, stelle ich seit zehn Jahren unter Beweis. Wenn es darum geht, wann ich Seminare halte, darf ich oft auswählen, so dass ich die Betreuung vorab besprechen kann. Dass ich nach meiner Promotion kaum noch an der Uni arbeiten kann, weiß ich schon jetzt. So flexibel Studium und Promotion auch sind, so eingefahren ist der Wissenschaftsbetrieb, wenn es darum geht, familienfreundlich zu sein.

Die 21. Sozialerhebung des Deutschen Studentenwerks zeigt, dass nur 6 % aller Student*innen mindestens ein Kind habe, im Schnitt sind sie elf Jahre älter als ihre Kommiliton*innen. Mehr als die Hälfte von ihnen haben ein Kind und nur 12 % mehr als zwei. Dabei sind viele Studiengänge noch immer wesentlich flexibler als Ausbildungen. Viel Heimarbeit und entgegenkommende Regelungen für Kurse, Hausarbeiten und im Falle von Kinderkrankheiten machen Studieren mit Kind zu einer gelungenen Alternative. Im Promotionsstudiengang mit vier Kindern zwischen einem und elf Jahren und meinem eigenen Alter von 32 Jahren gehöre ich damit zu einer echten Rarität (vgl. Deutsches Studentenwerk 2017). Die Familienfreundlichkeit verschiebt sich, wenn Student*innen zu Mitarbeiter*innen werden. Dann setzt jenes Phänomen ein, das auch viele andere Frauen beklagen. Während es bei Männern kaum eine Rolle spielt, ob sie Väter sind, werden Mütter und weibliche gelesene Personen im gebärfähigen Alter argwöhnisch beäugt und müssen mit Hindernissen rechnen.

Dabei ist gerade die Promotionsphase in vielen Fällen so flexibel zu gestalten, dass sie sich gut mit dem Elternwerden vereinbaren lässt. Auf PromovierenmitKind.de schreibt Janine Funke über ihren Alltag als Doktorandin mit zwei Kindern. Auch ihr Mann kommt hier zu Wort. Außerdem sammeln die beiden viele Erfahrungsberichte anderer Eltern, die promoviert haben. Immer wieder fällt auf, wie nahtlos Kinder und Promotion unter einen Hut zu bringen sind, besonders wenn die Finanzierung durch ein Stipendium oder eine*n Partner*in gesichert ist. Bei der Ausbildung keine Einbußen hinnehmen zu müssen und in den Arbeitsalltag bereits mit Kindern im Betreuungsalter zu starten, klingt nach einer gelungenen Variante. Doch auch hier zeigt sich, dass die Wissenschaft auf Eltern, besonders auf Mütter, keinen Wert legt.

„Als ‚Doktorand mit Kind' sieht man kinderlose Promovenden an sich vorbeiziehen. Da tickt dann eben nicht die berühmt-berüchtigte ‚biologische Uhr', sondern die ‚biografische Uhr' der eigenen wissenschaftlichen Karriere. Wir sind recht sicher, dass im Großen und Ganzen Kinder nicht nur in der ‚freien Wirtschaft', sondern auch im öffentlichen Wissenschaftsbetrieb ein klares Karrierehemmnis sind. Die wenigen vorhandenen und erfolgreichen Wissenschaftlerpaare mit Kindern sind leider die große Ausnahme – ob nun aufgrund individueller Brillanz oder einfach nur durch viel Glück." (Funke 2018, o. S.)

Es war nicht erst der frustrierte Kommentar meiner Kollegin, einer habilitierten Wissenschaftlerin, dass sie bei Bewerbungen die Tatsache, dass sie dreifache Mutter sei nicht mehr erwähne. Auch nicht das Gemunkel nachdem eine der Doktorandinnen kurz nach ihrem Abschluss geheiratet habe und deren Vertrag nicht verlängert wurde, sie würde jetzt ja sicher bald Mutter werden. Genauso wenig das Gerede, als eine andere Doktorandin tatsächlich Mutter wurde, sie würde ihre Dissertation so bestimmt nicht mehr fertig schreiben. Es waren alle diese Momente zusammen, die sich einreihten in die Erfahrungen, die ich selbst während meines Studiums hindurch gemacht hatte. Die gläserne Decke zwischen Mittelbau und Professoren ist schwer zu überwinden. Das ist kein Geheimnis.

Mein Mann malte es sich immer so schön aus. Irgendwann wäre ich Professorin und er würde beruflich zurücktreten, zu Hause bleiben, während ich forschte und lehrte. Ich hätte da gerne mitgemacht, denn Forschung und Lehre ist genau mein Ding. Ich stehe gerne vor den Student*innen und suche die Begeisterung für das Fach, freue mich, wenn ich sie zum Selbsterkennen und darüber hinaus Denken angeregt habe. Ich zeige gerne die Probleme auf, die zukünftige Wissenschaftler*innen angehen müssen. Dass meine Stundet*innen es beispielsweise nicht schaffen, fünf deutschsprachige Autorinnen aufzuzählen, die auch während des Germanistikstudiums relevant sind. Aber auch, dass manche Fachbereiche sich der Digitalisierung verweigern, statt sie sinnvoll zu nutzen. Die Evaluationen zeigen, dass meine Botschaften ankommen, dass ich gut bin, in dem, was ich tue. Forschung und Lehre, das könnte ich für den Rest meines Lebens machen, wenn es nach mir ginge.

„Wollen Sie wirklich schon wieder einen Kurs übernehmen?" „Bleiben Sie mal lieber noch ein Semester bei ihrem Kind." Vor allem aber das ungläubige „Wie schaffen Sie das eigentlich?" Jeder meiner Schritte erzeugt Zweifel und Argwohn. Mit scheinbarem Wohlwollen werde ich hinausgedrängt. Was ich tatsächlich leisten kann, wird nicht daran gemessen, was ich bereits geschafft habe, sondern an den Vorstellungen anderer. Vier Kinder, wie kann ich da noch angemessen anderen Dingen nachgehen. Man würde ja den Überblick verlieren, wurde mir bereits gesagt. „Wie schaffen Sie das eigentlich?" heißt in Wirklichkeit „Sie können das gar nicht schaffen, lassen Sie es lieber."

Ich habe nie im Ausland studiert, sondern Bachelor, Master und bald auch die Promotion an der gleichen Universität absolviert. Die räumliche Verwurzelung war es, die mir am deutlichsten klargemacht hat, dass mein Traum von einer beruflichen Aussicht an der Universität spätestens mit meiner Dissertation platzen wird. Wir haben ein Haus gekauft, mein Mann ist beruflich an den Ort gebunden, die Kinder sind hier „zu Hause". Vor allem aber haben wir ein soziales Netzwerk, das uns auffängt, wenn Stau und Zugstreiks uns Eltern lahmlegen, wenn wir krank werden oder ein Notfall eintritt. Es gibt wenige Universitäten in Reichweite, noch weniger, deren Studienangebot für eine Habilitation in Frage kommt. Zumal es an der Uni ohnehin nur wenige Vollzeitstellen gibt. Auch hier gilt, dass Männer eher ankommen. „[F]ast jede zweite Frau, aber nur knapp jeder zehnte Mann ist nicht voll beschäftigt" (Braczko 2018, o. S.) zeigt eine aktuelle Studie des Instituts Arbeit und Qualifikation (IAQ) der Universität Duisburg-Essen (UDE). Je mehr Kinder, desto weniger Stunden arbeiten die Mütter. „Wie auch aus früheren Studien bekannt, sind die Arbeitszeiten von Frauen sehr viel stärker als die der Männer auch von der Anzahl der Kinder im Haushalt abhängig" (Kümmerling et al. 2017, S. 27). Im Bereich der Hochqualifizierten zeigt sich dabei, dass Mütter mit mehr als zwei Kindern heute weniger tatsächliche Arbeitszeiten haben, als noch 2005 (Kümmerling et al. 2017, S. 63).

Noch problematischer ist die ständige Befristung. Semesterweise werden Verträge ausgestellt, die es unmöglich machen, auf lange Sicht zu planen. Auch Forschungsprojekte laufen meist nur kurz. Weiterbeschäftigung kann vom Verbleib eines Professors oder dem Wohlwollen des Lehrstuhls abhängig sein. Vor ein paar Jahren hatte sich ein Professor verkalkuliert, während des Semesters mussten meine Stunden um mehr als die Hälfte gekürzt werden und wurden schließlich komplett gestrichen. Ohne mein Stipendium hätte ich die Dissertation aufgeben müssen. Von dem schleichenden hinaus gedrängt Werden abgesehen, sind die Nachteile, weiterhin Semesterweise angestellt zu sein, zu groß geworden. All die Freiheiten, die Selbstständigkeit, die Möglichkeit, Arbeiten zu Hause zu erledigen und die große Erfüllung, die mir die Arbeit an der Uni immer wieder gibt, reichen nicht mehr, das aufzufangen. Habilitieren und noch einmal Jahre nutzen, um eine Arbeit zu schreiben und auf dem äußerst dürftigen Arbeitsmarkt für Habilitierte an einer der wenigen Universitäten im Umkreis eine Professur zu ergattern, liegt irgendwo zwischen Glücksspiel und Wunder[2] (vgl. Piltz 2015).

Eine interne Studie der Universität Bochum (vgl. Mohn und Döblitz 1998) von 1998 zeigte, dass im Wissenschaftsbetrieb an Frauen und besonders an Mütter schlicht nicht gedacht wurde. Obgleich mehr als zwanzig Jahre vergangen sind, ist die Situation nur scheinbar verbessert wurden. Kindertagesstätten und Eltern-Kind-Büros bieten Entlastung, doch Argumente wie die stetige Befristung von Stellen und der permanente Leistungsdruck sind heute so stark wie damals. Noch dazu kommt, dass viele wissenschaftliche Mitarbeiter*innen unvergütete Arbeit leisten, weil die eben auch noch erledigt werden muss und zur eigenen Arbeit und Forschung nötig ist. Wer lehrt, bekommt die Seminarstunden bezahlt, die Vor- und Nachbereitung, Sprechstunden und die unzähligen Mails der Student*innen werden dabei nicht festgehalten. Überstunden werden nicht erfasst, sind aber alltäglich. Manche Professor*innen erwarten eine Rund-um-die-Uhr-Erreichbarkeit und dass ihre Aufträge umgehend erledigt werden. Das übersteigt dann auch gerne fachliche Fragen und dreht sich stattdessen um Kopieren, Probleme mit dem Smartphone oder das Formatieren von Aufsätzen.

Die Flexibilität der Arbeit an der Universität wird also auch von anderer Seite her gerne ausgenutzt. Wer sich nicht fügt, wird nicht verlängert. Ein permanenter Druck entsteht, der mit den Kernthemen Lehre und Forschung nur noch wenig zu tun hat. Gleichzeitig stagniert die Ent-

---

[2] Hier wird über Eric Linhart berichtet und wie groß das Problem mit befristeten Verträgen an den Universitäten ist.

wicklung. Die Professoren geben an den Lehrstühlen den Ton an, führen Kleinkriege und lassen neue Ideen selten zu. Mich frustriert, wenn neue Entwicklungen verdrängt werden, digitale Medien außer Acht gelassen und stattdessen Überholtes wieder aufgewärmt wird. Vielleicht bin ich mit meiner Arbeit an der Dissertation auch vom Forschungsgedanken her zu selbstständig geworden, um mich weiterhin in das starre Konstrukt zwängen zu lassen. Gleichzeitig weiß ich, dass es auch auf dem sonstigen Arbeitsmarkt keinesfalls leicht wird.

„Meine kinderlosen Kommilitoninnen haben nach dem Studium sofort gute Jobs gefunden. Sie waren wohlgemerkt drei Jahre früher als ich mit der Uni fertig, die meisten haben dann noch einen Post-Graduate im Ausland drangehängt" (Littardi 2012, o. S.) schreibt Julia Littardi auf Zeit Online. Sie hat während des Studiums zwei Kinder bekommen und suchte lange vergeblich nach einer Anstellung. Der direkte Vergleich zu ihren Kommilitoninnen, die keine Kinder haben, zeigt, wie schwer Mütter es auf dem Arbeitsmarkt ohnehin haben. Meine Regelstudienzeit habe ich eingehalten und weiß, dass mir selbst mit Doktortitel Vorurteile entgegengebracht werden, die sich auf meine Mutterschaft beziehen. Eine Kommilitonin konnte nicht glauben, dass ich wirklich mit 1,0 den Bachelor bestanden habe, und oft genug wird behauptet, meine Stipendien hätte ich ja nur wegen der Kinder. Auf allen Ebenen wird meine Leistung herabgesetzt.

Schon im Alltag wird angenommen, ich sei Hausfrau. Dass ich promoviere, lehre und Autorin bin, ruft immer wieder Erstaunen hervor. Wenn ich meine Dissertation nächstes Jahr beende, steht mir die große Frage gegenüber, wie es weitergeht. Ein weiterer Versuch auf dem unsicheren Feld der Universität, um zu lehren und zu forschen, ein stetiges Hadern, ob ein neuer Vertrag kommt, ein neuer Lehrauftrag. Jede Änderung der Prüfungsordnung kann das Aus bedeuten, weil ich nicht mehr gebraucht werde. Eine Unsicherheit, mit der sich nicht planen lässt. Selbst ohne Kinder ist damit keine Zukunft zu gestalten, aber mit Kindern werden die Nachteile des Festhaltens am universitären Traum zu schier unüberwindbaren Schluchten.

Literatur

Braczko C (2018) Mütter arbeiten länger und flexibler. IAQ untersucht Arbeitszeiten von Frauen und Männer. https://www.uni-due.de/2018-01-22-muetter-arbeiten-laenger. Zugegriffen am 12.11.2019

Deutsches Studentenwerk Berlin (2017) Studieren Heute. Die wirtschaftliche und soziale Lage der Studierende. Das Wichtigste aus der 21. Sozialerhebung des Deutschen Studentenwerks. Berlin. https://www.studentenwerke.de/sites/default/files/21._sozielerhebung-broschuere_low_res.pdf. Zugegriffen am 12.11.2019

Funke J (2018) Kinder sind ein Hemmnis auf dem Weg zur Wissenschaftlichen Karriere – Interview mit einem Elternpaar, geführt von Janine Funke am 26.04.2018. https://promovierenmitkind.de/2018/04/26/kinder-sind-ein-hemmnis-auf-dem-weg-zur-wissenschaftlichen-karriere/. Zugegriffen am 12.11.2019

Kümmerling A, Postels D, Slomka C (2017) Zufriedenheit mit der Arbeitszeit – wie kann sie gelingen? Eine Analyse der Arbeitszeiten nach Geschlecht und Statusgrubben. Working Paper Forschungsförderung. Hans-Böckler-Stiftung, Düsseldorf

Lind I, Samjeske K (2010) Schlussbericht zum Projekt „Balancierung von Wissenschaft und Elternschaft" (Bawie). GESIS – Leibniz-Institut für Sozialwissenschaften Kompetenzzentrum Frauen in Wissenschaft und Forschung (CEWS), Bonn

Littardi J (2012) Keine Anstellung mit Kind. Zeit Online. https://www.zeit.de/karriere/bewerbung/2012-10/leserartikel-uniabsolventin-kinder. Zugegriffen am 12.11.2019

Mohn K, Döblitz S (1998) Mit Kindern an die Uni?! Zur Situation von Studierenden, Wissenschaftlerinnen und beschäftigten Frauen in Medizin, Technik und Verwaltung mit Kindern an der Ruhr-Universität Bochum. Frauenbüro der der Ruhr-Universität, Bochum

Obermann, E-M (2018): Kinder an der Uni. 24.02.2018 https://buchblog.schreibtrieb.com/kinder-an-der-uni. Zugegriffen am 12.11.2019

Piltz C (2015) Nach zwölf Jahren kommt das Nichts. Spiegel Online. https://www.spiegel.de/lebenundlernen/job/wissenschaftlicher-mitarbeiter-erst-ausbeutung-dann-arbeitslosigkeit-a-1042945.html. Zugegriffen am 12.11.2019

21

Mutter werden (können)
Über die Marginalisierung von Frauen und Müttern in der Architektur (insbesondere in der Architekturlehre)

Matthäa Ritter-Wurnig

Zusammenfassung Dieser Beitrag beschäftigt sich mit der Frage, inwiefern die Vereinbarkeit von Familie und Beruf das Berufsfeld Architektur beeinflusst. Es werden die Schwierigkeiten erläutert, auf die Frauen stoßen, wenn sie in diesem Bereich tätig sind und gleichzeitig Mutter sein wollen. Denn alleine die Frage „Will ich Kinder oder nicht?" ist, speziell für Frauen, die im Berufsfeld Architektur tätig sind, lebensverändernd.

Unter dem Begriff Mutter bzw. Mütter sind daher in diesem Text auch werdende Mütter und Frauen mit Kinderwunsch mitgemeint. Denn die mütterliche Care-Arbeit beginnt in der Regel schon lange vor der Geburt und wirkt sich damit auf den Alltag von Frauen aus.

Der Text beschreibt darüber hinaus, wie die Schwierigkeiten der Vereinbarkeit zu einer Marginalisierung der Frauen aus dem Architekturberuf führen. Mit den Müttern, den Personen, die der Care-Arbeit nachgehen – sich also kümmern –, verschwindet auch die Haltung, die die

M. Ritter-Wurnig (✉)
TU Berlin, Berlin, Deutschland
E-Mail: matthaea.ritter@gmail.com

Care-Arbeit trägt. Insofern wird auch die Tätigkeit des Kümmerns selbst in den Fokus genommen. Damit sollen die Werte, die hinter der Care-Arbeit liegen, für die Architektur sichtbar gemacht werden.

Care is „a species activity that includes everything that we do to maintain, continue and repair our ‚world' so that we can live in it as well as possible. That would include our bodies, our selves, and our environment, all of which we seek to interweave in a complex, life-sustaining web."
(Fisher und Tronto 1990, S. 40)

Kind oder kein Kind?
„Architektur ist eine Szene, eine Branche, einer der stärksten Teile der Kreativwirtschaft, eine Kunstform, eine Lebenshaltung und Erwerbsarbeit," (Schürer und Gollner 2014, S. 7) schreibt Oliver Schürer über Architekturaktivist*innen. Bezeichnend ist, dass in seiner Aufzählung die Erwerbsarbeit, also die Architektur als Job, zuletzt genannt wird. Schürer beschreibt die enge Verbindung von Praxis und Wissenschaft und zeigt auf, dass „die Menschen der Architekturszene als Architekturschaffende oder als Architekturinvolvierte tätig sind, wobei selbstredend viele in beiden Segmenten aktiv sind. Um nur ein Beispiel zu nennen, kombinieren etwa Einige die Arbeit in einem Architekturbüro mit der Lehre an der Universität" (ebd., S. 7). Es gibt also die Architektur und eine inszenierte Lebenswelt rund um die Architektur. Zu dem Selbstverständnis dieser Szene passen Themen wie Schwangerschaft, Geburt, Elternschaft und selbst die Abhängigkeit vom weiblichen Zyklus nicht. Ob in der Architekturpraxis oder der Architektur-Wissenschaft, die Berufskultur vereinnahmt das Private in einem Maße, das wenig Platz für Anderes lässt. Denn der Architektur-Beruf ist allumfassend. Das schließt all jene Menschen aus, die so nicht leben wollen oder können. In der Regel sind es überwiegend Frauen, die neben dem Erwerbsleben die größere Last an Care-Arbeit schultern und deren Bedürfnisse in der Arbeitswelt der Architektur kaum Platz finden.

Ich gehe von folgender Prämisse aus: Ob Frauen Kinder haben oder kinderlos bleiben, hat in jedem Beruf spezifische Konsequenzen. Die charakteristische Situation in der Architektur ergibt sich aus dem traditionellen Bild des Architekten (an dieser Stelle wird bewusst statt der neutralen

Form die männliche Form gewählt) als weißem, geltungsbewusstem und egozentrischem Mittelklasse-Mann, der die Berufswelt und die ihr innewohnenden Werte nach wie vor sehr stark prägt. Dies beeinflusst folglich das Arbeitsethos. Architektur muss gelebt werden – so verlangt es das traditionelle Selbstverständnis der Branche, welches weiterhin hochgehalten wird. Diese Situation fasst eine Umfrage unter Alumni der ETH Zürich so zusammen: „Kinder üben den größten Einfluss auf die Berufssituation von Frauen aus. Generell verfolgen Männer ihre Berufslaufbahn unabhängig von Familie und Partnerschaft" (Jurjovec und Gyger 2001, S. 3).

Das Wissen um diese Umstände beeinflusste auch meinen eigenen Karriereweg. Persönlich verspürte ich schon früh den Wunsch, Mutter zu werden. Jedoch wollte ich nie *ausschließlich* Mutter sein, sondern *auch* Mutter sein. Meine Arbeit und meine berufliche Entfaltung waren mir immer schon wichtig. In einer Phase, als unsicher war, ob ich jemals Mutter werden könnte, mein Wunsch aber schon ausgeprägt war, habe ich analysiert, welche Bedingungen und Strukturen die Themen Familie, Mutterschaft, Partnerschaft, Selbstliebe und -arbeit formen. Vor allem erkannte ich, wie meine Berufswahl meine Lebensplanung formiert und determiniert. Denn die Architektur zieht alle Aufmerksamkeit auf sich. Warum das so ist, werde ich im folgenden Abschnitt näher erläutern.

Freilich halten diese Widrigkeiten Architektinnen nicht davon ab, Kinder zu bekommen. Auch wenn Beruf und Familie – insbesondere der Architekturberuf und Familie – in unserer Gesellschaft nur schwer vereinbar ist, ist die Konsequenz ja oftmals nicht die Kinderlosigkeit, sondern der Versuch beides so gut wie möglich zu vereinbaren. Das Scheitern bzw. das Ankämpfen gegen Widerstände bietet einen großen Gewinn: Wenn ein Thema oder eine Sache einem Grenzen aufzeigt bzw. wenn äußere Umstände einem persönliche Schritte erschweren, zeigt sich die Beschaffenheit einer Thematik und welche Folgen strukturelle Probleme hervorrufen können. Etwa, dass Beruf und Privatleben in der Architektur verschwimmen und so die eigene Biografie formen. Aber auch, dass das Hochschulsystem, die Berufswelt und die Welt, wie sie sich in Bauwerken und öffentlichen Räumen manifestieren, eng miteinander korrespondieren. Dazu später mehr.

Erst in der Überlagerung verschiedener Mechanismen entstehen für Architektinnen Karriere-Barrieren, die oft zwangsweise zu einem Rückzug aus der Architektur führen. Für Frauen entsteht so ein Konflikt – falls nicht gar eine Tragödie – wenn die Entscheidung gefordert ist: Mutter oder Architektin sein?

So werden Mütter nicht nur aus dem Berufsfeld Architektur ausgeschlossen, sondern auch aus Teilen eines öffentlichen Lebens und Raums gedrängt. Denn wie Oliver Schürer schreibt, „ist die Architekturszene von prägender Bedeutung für die gebaute Umwelt. Es handelt sich um ein Feld, in dem viele Schichten von gesellschaftlichen sowie kulturellen Bedeutungen und Bezügen verknüpft und überlagert sind" (Schürer und Gollner 2014, S. 7). Wenn jedoch eine große gesellschaftliche Gruppe (die Mütter) aus strukturellen Gründen ausgeschlossen wird oder ihnen die Berufsausübung zumindest erschwert wird, wie können sich dann deren Bezüge und Bedeutungen in der gebauten Umwelt abbilden? Als Folge spiegeln Wohnungen, Gebäude, Plätze, ganze Stadtviertel, nur die Wahrnehmung und Gestaltungskraft männlicher Werte wider. Es ist grundverkehrt, dass sich so in der gebauten Umwelt Umstände abbilden, die unserer heterogenen Lebenswelt nicht gerecht werden. Wenn die Bedürfnisse von Frauen nicht durch Frauen in der Architekturpraxis repräsentiert werden, können sie sich dann im öffentlichen Raum und somit im öffentlichen Leben abbilden? Und weiter: Verschwinden mit Müttern auch die Kinder aus dem öffentlichen Raum? Denn wenn jene Personen, die ihre Zeit mit Care-Arbeit verbringen, keine Architektur schaffen können und ihre Bedürfnisse nicht mehr in die Planung einfließen, wer ergreift dann das Wort für die Kinder?[1] So entsteht eine baukulturelle Lü-

---

[1] Selbstredend ist es per se für kinderlose Menschen und Väter nicht unmöglich, die baukulturellen Bedürfnisse von Kindern zu erfüllen. Doch gerade in den ersten Lebensjahren entscheiden die Care-Arbeiter für die Kinder, wie die gebaute Umwelt genutzt wird, und treten somit als Sprecher ihrer Bedürfnisse auf. Trotz Frauenbewegung ist in der westlichen Realität Care-Arbeit weiterhin überwiegend die Sache der Frauen bzw. Mütter.

Außerdem sei zu erwähnen, dass auch ältere Personen sowie Menschen mit Behinderungen mehr Beachtung in der Planung unserer Gebäude und öffentlichen Räume verdienen. Oft sind es auch hier Frauen, die die Pflege und Care-Arbeit dieser Personen übernehmen. An vielen Stellen lässt sich der Begriff der Care-Arbeit daher auch ausdehnen und kann für ähnliche Lebenssituationen angewandt werden. An anderen Stellen ist die Beschreibung der Lebensumstände und -verläufe von Müttern sehr spezifisch. Ich habe den Fokus in diesem Beitrag auf Mütter und dementsprechend auch deren Kinder gelegt und möchte daher vorrangig über ihre Bedürfnisse diskutieren.

cke. Auf den folgenden Seiten werde ich diese näher beschreiben und darlegen. Abschließend möchte ich in einem assoziativen Fragen- und Ideenkatalog mögliche Auswege und Änderungsvorschläge beschreiben.

21.1 Drei Thesen zum Ausschluss von Frauen

Die Architektur ist ein konservatives Fach. Das spiegelt sich in der Praxis, aber auch in der Ausbildung und Wissenschaft wider. Prägend dafür ist auch der architektonische Alltag: Projekte dauern Jahre, Gebäude stehen für Jahrzehnte, Architekturstile bleiben für Jahrhunderte.

Dieses konservative Berufsbild macht es Frauen schon zu Studienbeginn schwerer, indem sie kaum Identifikationsfiguren haben und nicht ermutigt werden, ihre eigenen Werkzeuge und Methoden zu entwickeln. Dies hat Christina Schumacher in ihrer Studie „Zur Untervertretung von Frauen im Architekturberuf" analysiert. (vgl. Schumacher 2004, S. 14 ff.) Sie hat drei Punkte erarbeitet, die im Hochschulbereich zu Ausschlussmechanismen von Frauen führen: mangelnde Rollenvorbilder, geschlechtstypische Studienmotive, sowie die Hochschule als Gegenwelt. Diese drei Punkte möchte ich als Leitlinien heranziehen, um meine Beobachtungen zu analysieren:

Das Meister-Schüler-Prinzip
Die erste These setzt bei der Ausbildung an. Obwohl gleichviele Frauen wie Männer das Architekturstudium abschließen, spiegelt sich dieses paritätische Verhältnis weder unter den Stars der Architekturszene noch in der Professor*innenschaft wider. Die fehlenden Vorbilder erschweren zukünftigen Architektinnen die Integration in die berufliche Szene. Der geringe Anteil an Frauen unter den Hochschullehrer*innen korrespondiert mit der Zahl an Frauen unter den Architekturstars, da die akademischen Eliten aus den Berufseliten berufen werden. Im Gegensatz zu anderen Disziplinen spielen in der akademischen Architektur Auswahlkriterien wie die Forschung (wissenschaftliche Qualifikationen wie Dissertation, Habilitation, Publikationen, Einwerbung von öffentlichen und privaten Drittmitteln), aber auch die Lehre (pädagogische und didaktische Fähigkeiten) in der Besetzung neuer Professuren eine untergeordnete Rolle.

Entscheidend für die Berufung ist das gebaute architektonische Werk. Dies führt wiederum dazu, dass sich die Vermittlung des Praxiswissens auch in der Lehre durchsetzt und somit das Theoriewissen verdrängt. Praxiswissen entsteht durch Erfahrungen und ist somit an Personen, deren Biografie und insbesondere deren Alter gebunden. So rekrutieren sich Architekturprofessor*innen aus Architekt*innen, die am Markt erfolgreich sind. Dass also die Lehrenden hauptsächlich einer bestimmten Gruppe angehören, bleibt nicht ohne Konsequenzen für die Studierenden. Das Lern-Setting an Architekturhochschulen basiert meist nach wie vor auf einem klassisch patriarchalen Meister-Schüler-Verhältnis (hier bezieht sich die männliche Form auf die – sehr veraltete – Art der Pädagogik), in dem Professor*innen den Studierenden die eigenen ethischen und ästhetischen Leitbilder vermitteln. So wird durch Nachahmung gelernt und weniger durch kritisches Fragen oder durch Anregung zur Reflexion. In der Lehrpraxis führt das immer wieder zu der absurden Situation, dass Studierende mit besseren Noten belohnt werden, die gefällig im Stil des Lehrstuhlinhabers Architekturentwürfe zeichnen.

Kern des Architekturstudiums sind die Entwurf-Module. Darin simulieren Studierende ein architektonisches Projekt und eigenen sich so Methoden, Werkzeuge und Medien des entwurfsbasierten Planens an. Das Semester teilt sich in folgende didaktische Einheiten: in die sogenannten Tischkorrekturen, in welchen die Student*innen eins zu eins mit den Lehrenden ihre Projekte besprechen. Andererseits in Präsentationen, bei denen die Studierenden vor einer „Jury" (neben den wissenschaftlichen Mitarbeiter*innen, die oftmals die tatsächlich Lehrenden sind, auch der*die Lehrstuhlinhaber*in sowie eingeladene Gastkritiker*innen) den Zwischen- oder Letztstand ihres Entwurfsprojekts vorstellen. Gastkritiker*innen und Lehrpersonal geben mehr oder weniger präzise Arbeitsanweisungen. Oftmals sind diese aber auch launenhafte, lapidare und destruktive Kommentare. An vielen Hochschulen gehört es nach wie vor zum guten Ton, Studierende auch mal zum Weinen zu bringen. Im Sinne der „schwarzen Pädagogik" wird dabei eher auf die Studierenden Druck ausgeübt, anstatt sie zu fördern.

Wie schon erwähnt lebt diese Vermittlung durch Nachahmung. Oft ist die Aufgabenstellung so formuliert, dass sie die individuellen ethischen und ästhetischen Leitbilder der Professor*innen widerspiegeln.

Aber auch in der Bewertung der Projekte zeigen sich individuelle Kriterien, die oft nicht intersubjektiv nachvollziehbar sind, geschweige denn auf objektiven wissenschaftlichen Kriterien fußen. So sind beispielsweise die Materialwahl oder die Form des entworfenen Gebäudes entscheidend für die Benotung. Aber auch in der Beurteilung der Raumnutzung und des Raumprogramms bilden sich die Vorlieben der Professoren ab. Was dabei auf der Strecke bleibt: Wie man sich selbst als Akteur in einem Planungsprozess wahrnehmen und eigene Haltungen sowie Werte definieren kann.

Die Übung des Präsentierens formt auch das Auftreten der Studierenden. Das führt zu einer subtilen Vermittlung der berufstypischen äußerlichen Charakteristika, die eindeutig männlich konnotiert sind. Studentinnen lernen so früh, dass sie nicht dem Archetypus der Architekten entsprechen. Denn weibliche Vorbilder gibt es wie schon erwähnt kaum. Christina Schumacher schreibt dazu, dass Frauen schon in der Ausbildung „mit weniger Selbstvertrauen ausgestattet werden; einem Selbstvertrauen, das für junge Männer aus dem Gefühl erwächst, als Mann in diesem Beruf an einem passenden Ort zu sein" (ebd., S. 15). Folglich fehlen vor allem die Werte und Haltungen, die sich aus den Erfahrungen derer bilden, die abgedrängt werden. Das sind hauptsächlich jene, die Care-Arbeit leisten. Also Personen, die in ihrem Alltag weniger Platz haben für Selbstinszenierung und sich dafür mehr in Pragmatik üben müssen, weniger selbstbestimmt handeln können, aber die Kunst erlernt haben, Kompromisse auszuhandeln. Eigene und äußere Grenzen kennenzulernen, eröffnet einen neuen Erfahrungsschatz. Dabei bildet sich oft ein (Verantwortungs-)Bewusstsein und ein Verständnis der Abhängigkeiten zwischen einem selbst und der (Um)Welt. Dieses Wissen ist gerade in der heutigen Zeit ein wichtiges Werkzeug für die Architekturproduktion. Denn der neoliberale Kapitalismus kennt die Ethik der gegenseitigen Abhängigkeiten nicht und treibt genau so den Klimawandel voran.

Die obige Analyse eröffnet eine weitere Problemstellung, die aber den Rahmen des vorliegenden Beitrags sprengen würde: Es besteht die Gefahr, dass zukünftige Architekt*innen ohne einer ausgeprägten eigenen ethisch-ästhetische Haltung immer mehr zum Spielball der herrschenden Meinungen in der Politik und Wirtschaft werden. Somit könnten sich patriarchale und kapitalistische Strukturen in der Baukultur auch in Zukunft fortschreiben. Fraglich ist, in wie weit die heutige Lehre zur Verstärkung dieses gefährlichen Trends beiträgt und wie diese Spirale unterbrochen werden kann.

Innere und äußere Motive
Die zweite These beschreibt, dass Frauen und Männer sich aus unterschiedlichen Gründen für das Architekturstudium und somit den Architekturberuf entscheiden. Insbesondere, da für einige nicht das Erlernen des Architekturhandwerks entscheidend ist, sondern eine persönliche Begründung als Motiv überwiegt. So stellen Männer ihre Entscheidung oft als Konsequenz einer persönlichen Berufung dar. Talent und Leidenschaft zur Architektur sind persönliche Charaktereigenschaften, die „von Natur aus"[2] gegeben seien. Durch diese Darstellung werden unbewusst das Bild und die Selbstinszenierung des männlichen Architekten gefestigt.

Keine der befragten Frauen begründete in Schuhmachers Umfrage ihre Entscheidung für das Studium mit einer ihr zugeschriebenen Begabung. „Sie basiert vielmehr auf der Faszination für ein mit der Architektur assoziiertes Milieu und dem Begehren in dieser Welt Platz zu finden" (ebd., S. 17). Somit ist der Wunsch (und nicht das Selbstverständnis) nach Teilhabe schon Motiv. In der Realität zeigt sich dann aber oft, dass sich die Wunschvorstellungen vom Berufsalltag nicht mit der Wirklichkeit decken. Die bereits geschilderte konservative, patriarchale Praxis der Architektur führt dazu, dass Frauen ihren Platz in diesem begehrten Milieu nicht finden können und stets außen bleiben. Die Motivation männlicher Studierender fungiert hingegen wie eine Art self-fulfilling-prophecy: Ich habe das Talent, deshalb will ich Architekt werden. Dass ich Architekt geworden bin, zeigt, dass ich das Talent besitze.

Hochschulkarriere nur über das eigene Büro[3]
In der dritten These wird beschrieben, warum sich für Frauen die Hochschule als Sackgasse entpuppt. Während der Frauenanteil unter den Professor*innen erschreckend gering ist, ist das Geschlechterverhältnis im Mittel-

---
[2] Wie in den Gender Studies üblich, hinterfrage auch ich Zuschreibungen, die „natürlich" gegeben sind, denn die Grenze zwischen Natur und Kultur ist nie eindeutig.
[3] Büro ist Architekturjargon für ein Architekturunternehmen.

bau der Universitäten hingegen relativ ausgeglichen. Durch meine Tätigkeit als Frauenbeauftragte an der Fakultät 6 Planen Bauen Umwelt der Technischen Universität Berlin bin ich regelmäßig in Bewerbungsgespräche verschiedener Fachrichtungen involviert. Dabei lässt sich beobachten, dass männliche Bewerber in der Architektur häufig ihre Bewerbung (insbesondere bei 50 %-Stellen) folgendermaßen begründen: Die Stelle biete ein finanzielles Polster, um sich die berufliche Selbstständigkeit leisten zu können, die mit den übrigen 50 % des Arbeitsvolumens aufgebaut werden soll. So sieht die idealtypische Karriere an der Hochschule in der Architektur vor, nur über einen begrenzten Zeitraum im Mittelbau tätig zu sein. Wer Professor oder Professorin werden will, bewirbt sich erst wieder mit den Referenzen einer erfolgreichen, selbstständigen Bautätigkeit im Rahmen des eigenen „Büros", die als Promotionsäquivalenz gewertet wird. So wird im Idealfall beides parallel vorangetrieben und betrieben: Praxis und Hochschule, die in erster Linie Lehrtätigkeit bedeutet. Die Forschung wird meist an die Praxis angelegt (Praxisorientiertes Forschen). Die Arbeit im Mittelbau an der Hochschule schafft Freiheiten, die durch den beruflichen Handlungs- und Leistungsdruck in der freien Wirtschaft nicht möglich sind. Das macht diese Arbeit für beide Geschlechter attraktiv.

Während Männer die Tätigkeit oft als Standbein nutzen, um so mit ihrem eigenen Büro voranzukommen, übersehen Frauen oftmals, dass eine alleinige Tätigkeit an einer architektonischen Fakultät karrieretechnisch eine Sackgasse ist.[4]

Tendenziell habe ich in Bewerbungsgesprächen öfter von Frauen den Wunsch nach einer Dissertation wahrgenommen. Leider ist der architektonische Karriereweg an der Hochschule mit der Praxis gekoppelt. So haben die potenziellen „Doktorväter" oftmals selbst keine Dissertation verfasst und können dabei auch nicht unterstützend wirken.

Selbst wenn es Frauen schaffen, ihre Dissertationen abzuschließen, wird diese Leistung in Berufungskommissionen für Professuren oft geringer bewertet als das künstlerische Werk eines ausführenden Architekten/ einer Architektin. Nachwuchs- und Frauenförderungskompetenzen werden in den Bewerbungsverfahren an den Hochschulen meist überhaupt

---

[4] In dem folgenden Abschnitt wird die Situation der Frauen in der Architekturpraxis genauer erklärt.

nicht abgefragt werden und so auch nicht als Auswahlkriterien herangezogen. Daher gibt es an der Spitze der akademischen Architektur eine strukturelle Inkompetenz in Bereichen, die im heutigen Wissenschaftsbetrieb unerlässlich sind: Einwerbung von Drittmitteln, Durchführung und Betreuung von Forschungsvorhaben und eine Führungskompetenz, die sich vor allem in einer Nachwuchsförderung, aber auch in einer Frauen- oder Diversity-Förderung widerspiegelt.

21.2 Der oder die Architektur?

Architektur ist ein Berufsfeld, in dem sich die konservative Geschlechterordnung dem gesellschaftlichen Wandel in Richtung Chancengleichheit besonders hartnäckig widersetzt. Das gilt nicht nur an der Hochschule, sondern auch in der Praxis der Architekturtätigkeit und dort für Architektinnen, die in Büros angestellt sind ebenso wie für Frauen, die sich in der (oftmals prekären) Selbstständigkeit versuchen.

Im Jahr 2016 führten die Architektenkammern der deutschen Bundesländer unter Federführung der Bundesarchitektenkammer eine Onlinebefragung ihrer selbstständig tätigen Mitglieder zu deren Bürostruktur und somit zur Personal- und Auftragslage, sowie zu ihren Gewinnen im Jahr 2015 durch. (vgl. Bundesarchitektenkammer e.V. 2016) Die Daten wurden geschlechtsspezifisch erhoben. Das Bild ist gleichermaßen erschreckend wie offensichtlich: Ungefähr ein Drittel aller arbeitenden Architekt*innen sind Frauen. Davon ist der Großteil in einer nicht leitenden Funktion angestellt. 24 Prozent aller Architekturbüros werden von Frauen (mit-)geführt. Mehr als die Hälfte dieser Architektinnen arbeiten halbtags, meist in Einfrauenbüros. Nur zehn Prozent aller größeren Büros (mehr als 10 Angestellte) werden von Chefinnen (co-)geführt. Davon wiederum wird nur ein Bruchteil aller Architektinnen in Publikationen erwähnt, mit Preisen ausgezeichnet und durch Ausstellungen gewürdigt.[5] All diese Zahlen belegen: Noch immer sind in Architekturbüros, besonders in der Führungsebene, Frauen unterrepräsentiert.

---

[5] Mehr zu diesen Zahlen wurde auch im Architektinnensymposium „Yes, we plan!" im Rahmen der Ausstellung „Frau Architekt", die bis Anfang 2018 im Deutschen Architekturmuseum in Frankfurt

Dass Frauen andere Voraussetzung haben, sich mit einem eigenen Büro zu verwirklichen, beschreibt auch Barbara Wiskemann in ihrem Artikel „Architektin mit Kind ohne Arbeit". (vgl. Wiskemann 2007, S. 32 f.) Sie erklärt, dass die ungleiche Verteilung branchenspezifisch ist. In der Schweiz beispielsweise arbeiten in Rechts- und Medizinberufen – bei ähnlichem Frauenanteil im Studium – in der Praxis annähernd doppelt so viele Frauen.

Es gibt drei Hauptgründe für die stabil ungleichen und ungerechten Geschlechterverhältnisse im Architekturberuf. Dabei orientiere ich mich an den beiden Studien „Vereinbarkeit von Architekturberuf und Familie" (Isopp et al. 2014, S. 68 ff.) und „Zur Untervertretung von Frauen im Architekturberuf" (vgl. Schumacher 2004, S. 20 ff.): die *kreativitätsbasierte Berufsideologie* mit ihrer Kultur der langen Arbeitszeiten, die *männlich inszenierte Professionalität* und die *Kultur der Informalität*, welche durch eine Dominanz homosozialer Netzwerke unterstützt wird. Durch die enge Verknüpfung der Hochschule mit der Praxis finden sich alle drei Kriterien in der Hochschulkultur wieder. Oft bedingen sie sich. So wird zum Beispiel der zeitintensive Leistungsdruck schon an der Hochschule eingeübt.

Kreativitätsbasierte Berufsideologie
Die eigenen kreativen Fähigkeiten und Fertigkeiten einzusetzen, ist oft nicht nur Hauptmotivation für Studium und Berufswahl, sondern gehört auch zum beruflichen Selbstverständnis von Architekt*innen. Vorherrschend ist noch immer der Mythos des Architekten als kreativer Handwerker (an dieser Stelle wurde wieder bewusst die männliche Form verwendet) und „Repräsentant eines sich autonom definierenden liberalen Bürgertums" (Reinprecht 2014, S. 69). Architektur ist nicht ein Beruf, sondern eine Berufung, die durch und durch gelebt werden muss. Gleichzeitig ist die konkrete Berufspraxis anders als diese Wertvorstellung. Je mehr sich Selbstverwirklichung, Autonomie und Künstlertum von der sozialen Realität entfernen, umso mehr geraten sie zur Rechtfer-

---

gezeigt wurde, präsentiert; dazu gibt es auch den gleichnamigen Beitrag von Silja Tillner, in: der Plan, die Zeitschrift der Kammer der Architekten und Ingenieurkonsulenten für Wien, Niederösterreich und Burgenland, Ausgabe 44, S. 6.

tigungsvorstellung. Auch Oliver Schürer kommt in seiner Studie „Berufsfeld Architektur 2.0" zu einer ähnlichen Conclusio. (vgl. Schürer und Gollner 2014, S. 57 ff.)[6] Die Zufriedenheit der Architekt*innen ist primär auf die kreative Selbstverwirklichung ausgelegt, wobei ein gutes Einkommen den Entfall von Kreativität ausgleichen kann. Kreativität als Wert ist stark mit der Vorstellung von Macht und Autonomie verknüpft. Nur die totale Hingabe an das architektonische (sprich künstlerische) Werk verspricht, anspruchsvolle Architektur zu produzieren. Die Architektur ist der Lebensmittelpunkt, und andere Aspekte der Lebensplanung sollen sich dem unterordnen. Diese Haltung wird bereits in der Ausbildung erlernt. Schon während des Studiums gehören unzählige Nachtschichten zum üblichen Ritual.

Seit den 1990ern hat sich die Situation unter Architekt*innen weiter zugespitzt. Zu dem steigenden Konkurrenzkampf kommt hinzu, dass Einkommenschancen sinken. Gleichzeitig wird der Leistungsdruck höher, weil sich die Anforderungen ändern. Die Verwaltung eines Architekturbüros ist durch Arbeitsorganisation, Management, Marketing und Finanzorganisation komplexer geworden. Die Digitalisierung, neue Materialien und der steigende Fokus auf Ökologie machen ein fortwährendes Lernen unerlässlich. Zuletzt sind die baurechtlichen Rahmenbedingungen komplexer als noch vor 30 Jahren. Diese Veränderungen und der gesellschaftliche Wandel haben in der Architektur einen paradoxen Effekt: Während die prekären Arbeitsverhältnisse steigen, verfestigen sich zugleich die Werte- und Rechtfertigungsideologien. Normen wie hohe individuelle berufliche Einsatzbereitschaft, zeitliche Flexibilität und hohe Verantwortung bei der Aufgabenbewältigung gehören zum Berufsalltag. Zeitlich gibt es wenig Raum für ein Privatleben parallel zum Beruf. „Der Mythos vom vereinnahmenden Kunstberuf" (Schumacher 2004, S. 20) ist für berufstätige Eltern und für die in der Mehrzahl hauptverantwortlichen Mütter nicht lebbar.

Die Entscheidung für ein Kind setzt daher einen Mechanismus der typischen Gender-Rollen in Bewegung: Frauen, die hauptsächlich die Care-Arbeit übernehmen, drängen in Teilzeitstellen und Männer langfristig in die besser dotierten Positionen, um die Ernährerrolle erfüllen zu können.

---

[6] Insbesondere auch die Grafiken auf den S. 50–54.

Auch in der Selbstständigkeit stellt der erwartete Arbeitseinsatz eine Herausforderung für (werdende) Mütter dar. Die meisten Architekturunternehmen sind klein, ohne Angestellte und verlangen dauerhaft eine hohe Risikobereitschaft und finanzielle Unsicherheit.

Das Image des kreativen Künstlers lässt aber auch in der Lebensführung wenig Platz für Kinder. Denn das Berufsbild prägt auch die Inszenierung des Alltags, wie zum Beispiel die Mode, aber auch den Stil der Wohnung und die Freizeitgestaltung. Es gehört zum guten Ton, regelmäßig Vernissagen, Ausstellungen, Diskussionen zu besuchen, über neue Architektur zu lesen und solche Gebäude selbst zu besichtigen – teilweise auch im Ausland im Rahmen von Urlaubsreisen. Selbst die Partnerwahl unterliegt einem berufskulturellen Trend: Die meisten Architekten sind mit Architektinnen zusammen. (vgl. Jurjovec und Gyger 2001) Schwangerschaft, Geburt und Elternschaft passen nicht zu diesem Lebensstil als „Mann von Welt".

Männlich inszenierte Professionalität

Frauen befinden sich in einem Konflikt mit ihrer Geschlechtsidentität, wenn sie in der Architektur als männerdominiertem Beruf erfolgreich sein wollen. Hinzu kommt, dass auch auf einer kulturellen Ebene diskriminierende Geschlechtsnormen herrschen. „So wird Frauen die Fähigkeit zu Kreativität und künstlerischen Entwürfen zugeschrieben (was sie in ihrer Rolle als Künstlerinnen idealisiert), gleichzeitig aber die technische Expertise, eine Domäne des männlichen Habitus, abgesprochen (was sie von bestimmten Positionen ausschließt)" (Reinprecht 2014, S. 73). Das zeigt sich nicht nur in berufsinternen Verhältnissen, sondern auch in Beziehungen nach außen, wie zum Beispiel im Kontakt mit Kund*innen. Auch das äußere Erscheinungsbild schließt Frauen aus: Das klassische modische Bild des Architekten entspricht einem Klischee – schwarze Hornbrillen, kurz getragene Haare, dunkle Designerkleidung, dabei Stilbruch durch weiße Turnschuhe. Gestik und ästhetische Erscheinung werden bereits in der Universität vermittelt. Männer können diese Codes leichter als Frauen übernehmen und somit ihre Zugehörigkeit ausdrücken. Christina Schumacher schreibt diesbezüglich: „Solange sie [gemeint sind die Architektinnen] in einem Beruf tätig sind, in dem ihr Geschlecht grundsätzlich das falsche ist, ist es ihnen gar nicht möglich, die Darstellung von Beruflichkeit und Geschlechtlichkeit in einer zufriedenstellenden Weise zu verbinden" (Schumacher 2004, S. 26).

Kultur der Informalität

Wenig formalisierte Karriereverläufe und unklare Qualitätskriterien in akademischen Auswahlverfahren erschweren die Vereinbarkeit von Karriere- und Familienplanung. Durch die fehlende Nachvollziehbarkeit von Auswahlkriterien, können leicht partikulare Kriterien wie das Geschlecht in Einstellungsentscheide einfließen.

Universitäre Karrieren lassen sich in der Architektur kaum durch institutionell vorgegebene Verfahrensvorlagen regulieren. Es gibt keine direkte Abfolge der üblichen Reihenfolge in den Positionen (Prä-Doc Stellen, Post-Doc Stellen, Gastprofessur, Juniorprofessur, Professur). Sie bedingen einander nicht. Zudem ist, wie bereits oben erwähnt, das Qualifikationskriterium der Berufspraxis höher gewichtet als übliche universitäre Kriterien wie Lehrkompetenz oder Forschungstätigkeit.

In den Ausschreibungstexten wird als wichtigstes Auswahlkriterium für Hochschulstellen oft die „hervorragende Qualität der eigenen Entwurfsleistung" genannt. Über die Kriterien, wie ein hervorragender Entwurf bewertet wird, herrscht kein Konsens, weil Entwurfsmethoden nicht standardisiert und allgemeingültig sind. Die Entscheidung darüber, was eine gute oder schlechte Entwurfsleistung bzw. Architektur ist, hängt von spezifischen Kontexten und oft auch von einzelnen Personen ab. Um diese Kriterien intersubjektiv einordnen zu können, fehlen oftmals Aushandlungsprozesse. Das öffnet potenziell die Türen für Protektion und Vetternwirtschaft.

Auch in der ausführenden Architektur ist für die Erreichung beruflicher Positionen ein professionelles Netzwerk entscheidend. Dass diese Netzwerke nach wie vor hauptsächlich männerdominiert sind, ist traurige Realität. Gleichzeitig wird unbewusst auch die professionelle Kompetenz von Männern höher eingeschätzt.

Es beißt sich die Katze also selbst in den Schwanz: Traditionell sind hauptsächlich Männer in der Architektur tätig, prägen so das Image des „weißen karriereorientierten Mittelklasse-Künstlers", sind dadurch glaubhafter in der Verkörperung dieses Bildes und verfestigen es. Somit arbeiten noch immer hauptsächlich Männer in der Architektur.

21.3 Frauenkarrieren lassen sich nicht planen

Natürlich kann sich jede Frau in ihrem Privatleben mehr oder weniger für bzw. gegen konservative Rollenbilder entscheiden. In der Architektur – und vor allem in der Architekturwissenschaft – herrschen immer noch kulturelle und strukturelle Mechanismen, die diese privaten Entscheidungen erschweren.

Die Vereinbarkeit von Familie und Beruf ist in der Architektur von vornherein schwierig. Das erschwert Frauen das Planen ihrer Karrieren. Aber auch Schwangerschaft, Geburt und Kinder lassen sich nicht planen und steuern.

Nie ist menschliches Leben empfindlicher, geheimnisvoller und unmittelbarer als in der Zeit von Schwangerschaft und Geburt. Die Annahme, dass ein Kinderwunsch selbstverständlich zu Schwangerschaft und Geburt führt, ist weit verbreitet. Unfruchtbarkeit sowie Fehl-, Tot-, oder Frühgeburten sind nach wie vor gesellschaftliche Tabuthemen. Es wird kaum darüber gesprochen, wie oft Mütter die Hilfe der Reproduktionsmedizin in Anspruch nehmen müssen, da sie auf „normalem" Weg keine Kinder bekommen können. All diese Themen sind „Frauensachen", und die damit einhergehende emotionale Belastung ist auch Tabu. Die gesellschaftlichen und kulturellen Rahmenbedingungen vergrößern das Dilemma für Frauen, noch bevor überhaupt Kinder da sind. Karrierepausen oder längere Arbeitsunterbrechungen betreffen Frauen aus oben genannten Gründen im überwiegenden Ausmaß und führen so zu Brüchen in ihren Lebensläufen.

Institutionelle Unterstützungen und familiengerechte Maßnahmen funktionieren für Männer eher als für Frauen. Als Beispiel gibt es – laut WissZeitVG – die sogenannte familienpolitische Komponente, die Nachteile bei der Erreichung von Qualifizierungszielen durch die Kinderbetreuung ausgleichen soll. Es sollen dabei die befristeten Wissenschaftszeitverträge verlängert werden können. Diese Maßnahme wird eher von Vätern in Anspruch genommen und genehmigt. An dieser Stelle will ich nicht falsch verstanden werden: Ich bin absolut dafür, dass Väter unterstützt werden, um Zeit mit ihren Familien verbringen zu können. Zum einen, weil es eine wertvolle Erfahrung ist, aber auch, weil dadurch die Frauen entlastet werden. Bestimmt gehen auch Männer, die auf eine Balance zwischen Architektur/Wissenschaft und Familie Wert legen, ein Risiko ein, ausgegrenzt zu werden. Nur muss uns bewusst sein, dass Frauen oft nicht die gleiche Wahlmöglichkeit haben wie Männer. Care-Arbeit wird in unserer Gesellschaft noch immer hauptsächlich als Arbeit von Frauen bzw. Müttern gesehen. Daher haben Väter immer die Option in Elternzeit zu gehen oder nicht, während sich für viele Frauen diese Frage erst gar nicht stellt. Dass eine werdende Mutter in Elternzeit geht, wird von der Gesellschaft vorausgesetzt. Solange Aussagen wie „Ich kann die Arbeit leider nicht liegen lassen!" von Männern als Begründung für Überstunden verwendet werden, wird es immer auch eine Frau geben, die im Hintergrund die „weniger wichtigen" Aufgaben erledigen muss.

Sarah Diehl beschreibt in ihrem Buch „Die Uhr, die nicht tickt" den gesellschaftlichen Konformitätsdruck, der auf der Kinderlosigkeit und Elternschaft lastet. (Diehl 2014, S. 135 ff.) In ihren Augen versinnbildlichen die Erwartungen, denen vor allem Frauen ausgesetzt sind, wie sehr wir in unserer Leistungsgesellschaft vor Anforderungen stehen, denen kaum jemand gerecht werden kann. Diehl hat Frauen interviewt, die sich dazu entschlossen haben, kinderlos zu bleiben. Die meisten schildern wie sie auch ohne Kinder dem Druck ausgesetzt waren, bestimmte Bilder, die kulturell vorgegeben sind, zu erfüllen. Es ist das Bild der Kleinfamilie, das gesellschaftlich normiert und festgeschrieben ist. Innerhalb dieses Bildes übt die Mutterrolle gesellschaftliche Kontrolle aus. Spätestens ab Mitte 30 ist fast jede Frau mit der Frage konfrontiert, ob sie diesem Bild entspricht bzw. entsprechen will. Wenn sie zu diesem Zeitpunkt (noch) kinderlos ist, wird sie durch ihr Umfeld mit Unverständnis und unsensiblen Fragen konfrontiert. Das Thema begleitet Frauen besonders in der Phase, in der sie auch ihre Karriere aufbauen. Sarah Diehl erklärt, „dass die Versprechen von Politik und Gesellschaft für sie [Anm.: gemeint sind Frauen, die sich im Vorfeld der Familienplanung mit der Mehrfachbelastung beschäftigen] nicht weit genug gehen" und weiter: „Frauen, die einen Kinderwunsch haben und sich dennoch dagegen entscheiden, gehen in der Mehrzahl nicht davon aus, dass eine Vereinbarkeit von Familie, Beruf und Autonomie möglich ist" (ebd., S. 147 f.).

21.4 Wie eine Veränderung möglich ist

Die oben beschriebenen Wirkmechanismen sind einzeln betrachtet nicht derart wirkmächtig, dass sie Mütter von der Ausübung ihres Berufs abhalten könnten. Erst in ihrer Summe und im Zusammenspiel entfalten sie enorme Wirkmacht. Genauso dienen Empfehlungen im Einzelnen vielleicht nur dazu, kleine Veränderungen zu erzeugen, können aber in der Summe einiges erreichen.

Ich möchte im letzten Teil meines Beitrags einige Anregungen vorstellen, die einen Wandel einleiten könnten. Ich möchte diese Vorschläge als Ideenkatalog begreifen. Sie sollen zum Handeln anregen und ein Anstoß für Veränderungen sein, nicht jedoch ins Gegenteil umschlagen und bevormunden. Daher stelle ich Fragen, die zu Antworten und eigenen Schlussfolgerungen führen und beschreibe keine konkreten Maßnahmen.

Die Veränderungsanregungen können in zwei Kategorien eingeteilt werden – solche mit strukturellem Charakter und solche mit kulturellem Charakter. Wobei sich beide bedingen und einander durchdringen.

Erhöhung des Frauenanteils an den Hochschulen
Eine Erhöhung des Frauenanteils unter den Professorinnen erzeugt sofort Veränderungen, weil vermehrt weibliche Rollenvorbilder zur Verfügung stehen. Das bedeutet aber auch, dass Frauen im Mittelbau gezielt gefördert werden sollten. Denn vor allem ab der ersten Qualifizierungsphase, vor Abschluss der Dissertation, fängt in der Architekturwissenschaft die „leaky pipeline"[7] an. Aufnahmekriterien und ihre Gewichtung sollten hierfür diskutiert und hinterfragt werden. Wie soll die praktische Arbeit in Relation zur Forschung und Lehre bewertet werden? Wie lassen sich pädagogische und didaktische Fähigkeiten nachweisen? An der Technischen Universität Berlin haben wir (als Team der Frauenbeauftragten) seit Kurzem auch Nachwuchs- und Frauenförderung sowie Gender- und Diversity-Kompetenz als Auswahlkriterien für angehende Professor*innen definiert. Jene Bewerber*innen, die für

---
[7] „Leaky Pipeline" ist eine Metapher für den absinkenden Frauenanteil auf den verschiedenen Karrierestufen. Die Metapher wird oft verwendet, um zu argumentieren, dass Frauen schon zu sehr frühen Qualifizierungsphasen aus der Karrierepyramide fallen. Mit jeder Karrierestufe gehen im Vergleich zu Männern unproportional viele Frauen verloren, sodass am Ende nur mehr einige wenige Frauen übrig bleiben.

Professuren-Hearings eingeladen werden, müssen neben einem Lehrkonzept auch ein Nachwuchs- und Frauenförderungskonzept sowie ein Gender- und Diversitykonzept vorlegen. Folgende Fragen spielen daher seitdem in Bewerbungsgesprächen eine Rolle: Welcher Aufbau bzw. welche Methodik soll bei den Lehrveranstaltungen verfolgt werden? Wie sollen die beschriebenen Methoden angewendet werden? Wie sieht die eigene Aufgabe in der Lehre aus, und was sollen Studierende mitnehmen können? Neben der Lehrerfahrung sollten auch Forschungsinhalte einen höheren Stellenwert haben. Lässt sich herauslesen, welche Forschungsmission die Kandidat*innen haben? Wird ein Engagement in der eigenen Firma als Nebentätigkeit weitergeführt? Wo soll das Fachgebiet in fünf Jahren stehen? Auch die Vorstellungen zu Unterstützung und Betreuung des wissenschaftlichen Nachwuchs kann im Bewerbungsprozess nun thematisiert werden: Wie ist die Meinung zu angewandten Forschungsthemen, die später den Absolvent*innen im Berufsleben helfen? Wie ist die Erfahrung in der Betreuung von Dissertationen? Bereits die Betreuung von Dissertationen als Qualitätsmerkmal anzuerkennen, kann die momentane Situation verbessern.

Gerade Professor*innen, die in der Universitätshierarchie sehr weit oben stehen, sollten ihre eigenen Handlungen immer wieder hinterfragen. Außerdem können sie als Facilitator beispielsweise Frauen beim Aufbau von Netzwerken helfen. Als Gastkritiker*innen bei Präsentationen, eine Tätigkeit die unbezahlt ist, werden noch immer eher Männer eingeladen. Oft sind diese Männer dann die zukünftigen Anwärter für Stellen als wissenschaftliche*r Mitarbeiter*in. Welcher Beitrag könnte Frauen zusätzlich helfen populär zu werden? Dabei soll der Blick gerade auch auf jene Frauen gerichtet werden, die nicht im Rampenlicht stehen. Es muss nicht unbedingt in der klassischen Architekturszene gesucht werden: auch Aktivistinnen, Künstlerinnen, Politikerinnen und Planerinnen arbeiten mit Architektinnen zusammen. Was lässt sich von Architektinnen (und Wissenschaftlerinnen, Aktivistinnen, usw.) lernen? Gibt es Kooperationsprojekte mit Frauen? Dabei ist es auch wichtig, gut dotierte Jobs an Frauen zu vergeben, anstatt sie nur um Mitarbeit zu bitten, wenn Projekte kein Geld und Prestige abwerfen.

Diese Anregungen gelten auch für Frauen in der Architekturpraxis. Denn durch eine gezielte Förderung in der Wirtschaft, lassen sich junge Frauen auch an den Hochschulen fördern. Hierbei könnten gerade verstaubte Berufsfelder wie die Architektur und Wissenschaft von den erfrischenden Ideen aus dem bottom-up-Aktivismus lernen. Eine Sammlung von Ideen lässt sich beispielsweise in den sozialen Medien unter dem Hashtag *#GiveYourMoneyToWomen* finden. Im ersten Moment liest sich der Hashtag wie die berechtigte Forderung, Geld an Frauen zu geben, um geschlechtsspezifische Einkommensunterschiede auszugleichen. Aber die Idee hinter dem Hashtag geht noch weiter: Frauen schlossen sich in den sozialen Medien zusammen, um die Bezahlung für all die emotionale Arbeit zu fordern, die sie zwar leisten und die gleichzeitig unbezahlt bleibt. Solche Initiativen machen Differenzen offen und sichtbar.

Transparenz bei Auswahlkriterien schaffen
Durch Transparenz können auch Karriereverläufe in der Architektur-Wissenschaft formalisiert werden. So könnten klare Karrierestrukturen gefordert werden. Dafür müssten schon im Vorfeld Kriterien definiert und benannt werden, anhand derer transparent ein Ausschluss und eine Rangfolge der Bewerbungen nachvollzogen werden kann. Diese Kriterien sollten erlauben, die Anforderungen und Passgenauigkeit der Bewerbung auf eine Stelle prüfen zu können. Sämtliche Kriterien sollen das ganze Verfahren konsequent für Dritte nachvollziehbar machen. Dadurch wären Kriterien, wie zum Beispiel „hervorragende Entwurfskenntnisse" zu wenig objektiv und eindeutig. Ansprechpartner*innen könnten zum Beispiel in der Hochschulverwaltung (in Verbindung mit Kontrollwerkzeugen wie der Gleichstellungs- und Frauenbeauftragten) liegen. Aber auch in der Praxis könnte mit den lokalen Berufsverbänden ein Dialog hergestellt werden.

An dieser Stelle möchte ich auch noch erwähnen, dass die Leistungskriterien bei der Stellenvergabe radikal überdacht werden müssen. Könnten nicht auch Entwicklungspotenziale von Personen als Auswahlkriterien gelten? Würde dann der Umgang mit Brüchen und Lücken, die sich im Lebenslauf abbilden, positiv gewertet werden?

So schlägt die Rektorin der Wirtschaftsuniversität Wien Edeltraud Hanappi-Egger eine umfassendere Art von Leistungsbeurteilung in der Wissenschaft vor: „Nicht nur Forschungsergebnisse, sondern auch die Leistung in der Lehre und der gesellschaftliche Beitrag sollten Grundlagen für den Karrierefortschritt sein. Weniger Gewicht sollte dabei auch auf eine ‚Normalbiografie' gelegt werden und stattdessen das ‚akademische Alter' zählen, das Karrierepausen – etwa wegen Kinderbetreuung oder Pflegediensten – berücksichtigt. Nur dann könne das ‚gläserne Sieb', das Männer bevorzugt, durchlässiger werden" (Hanappi-Egger 2015). Biografische Angaben könnten mit Faktoren versehen werden, um das richtige „akademische Alter" herauszufinden. Vor allem sollte darüber reflektiert werden, welche Qualitäten ein*e Bewerber*in mitbringt, anstatt subjektiv zu bewerten.

Verbündete, die ihre Privilegien erkennen
Aber erst eine generelle Sensibilisierung zu Gender- und Diversitythemen trägt dazu bei, Ungleichheit abzubauen. Als Maßstab für die Gleichberechtigung wird oft nur die Förderung von Frauen zur Teilhabe an sogenannten Männerbereichen betrachtet. Für wirkliche Gleichberechtigung darf allerdings die Teilhabe der Männer an sogenannten Frauenthemen nicht ausgeblendet werden. Dafür müssten individuelle Handlungsspielräume dahingehend überprüft werden, inwiefern sie für Freiräume anderer bedeutsam sind. Denn wie Männer nur so weit kommen können, wie ihnen Frauen „den Rücken freihalten", können auch Frauen nur so weit kommen, wie sie Unterstützung von außen erhalten. Dafür müssten privat, aber auch berufspolitisch neue Modelle zur Arbeitsteilung diskutiert werden. Das erfordert auch von jenen, die mehr Rechte und Freiheiten haben, ihre Komfortzone zu verlassen und die Bereitschaft eigene privilegierte Entfaltungsspielräume einzuschränken.

Im privaten Kontext können folgende Fragen helfen, einen Denkprozess anzuregen: Wie wirken sich männliche Privilegien und Patriarchat auf die private Rolle als Partner*in bzw. Elternteil aus? Wie können gleichberechtigte Beziehungen zur Mutter meines Kindes oder zu meinem Kind geführt werden? Wie kann als Vater kritisches Denken gefördert werden? Wie und wo kann über Unterdrückung gesprochen werden?

Auch beruflich sollte die eigene Rolle (z. B. als Kolleg*in) hinterfragt werden, um möglichst gleichberechtigte Beziehungen im Arbeitsumfeld zu ermöglichen. Das ist insbesondere in der Architekturbranche von Bedeutung, weil hier die Zusammenarbeit heterogener Gruppen bei Projekten immer wichtiger wird. Somit muss die singuläre Autorenschaft eines Projektes heute stärker hinterfragt werden. Die Wirtschaft spiegelt auch hier wider, was an der Universität zu einer fragwürdigen Praxis wurde: Oft setzen Professor*innen ihren Namen unter Projekte, die eigentlich von den wissenschaftlichen Mitarbeiter*innen und Studierenden umgesetzt wurden. Diese werden leider oft selbst nicht mit ihrem Namen als Projektbeteiligte genannt. Immer wieder werden diese Projekte nicht nur auf der Universitätshomepage präsentiert, sondern auch auf der Webseite des eigenen Büros. Die Situation ist nicht nur urheberrechtlich fragwürdig, es entsteht außerdem das überkommene Bild des Genies, der mehr leisten kann als einer Einzelperson eigentlich möglich ist. Gerade Personen in Führungspositionen sollten sich daher immer wieder fragen: Wie setze ich meine Entscheidungsmacht ein? Wie können alle Personen in meinem Arbeitsumfeld gleichbehandelt werden? Wie vermeide ich Doppelmoral? Wo kann ich selbst aktiv werden und Fürsprecher oder sogar Verbündeter von Gleichstellung werden? Wie kann eine öffentliche Gesprächskultur über Diskriminierung hergestellt werden? Wie kann repressives Verhalten auf eine sanfte Art herausgefordert werden? Vor allem aber: Wie kann Zeit bereitgestellt werden, um kritische Fragen zu stellen – und um sich selbst gegenüber kritisch und zugleich achtsam zu sein?

Eine andere Zeitkultur entwickeln
Um aus einem Gegeneinander ein Miteinander zu machen, sollten auch Politik und Wirtschaft handeln und die Definition von Vollzeitarbeit – aber auch Vertragsbefristungen – überdenken. „Die Arbeitsbedingungen im globalen neoliberalen Kapitalismus regen nicht gerade dazu an, sich niederzulassen und verantwortungsvolle Bindungen einzugehen" (Diehl 2014, S. 153). Wir leben in einer Gesellschaft, in der soziales, aber auch politisches Engagement neben der Arbeit kaum zu leisten ist. Wie beschrieben, trifft dies speziell auf die Architektur und die Wissenschaft zu. Halbtagsstellen und befristete Arbeitsverhältnisse erschweren das Enga-

gement in Gremien und Arbeitsgruppen. So bleibt keine Zeit, um für sich selbst einzutreten und die eigenen Interessen zu vertreten.

Karriere zu machen, ist jedoch nicht für alle erstrebenswert. Das trifft auf Frauen genauso wie Männer zu. Können wir Architektur oder Wissenschaft auch einfach nur als Job sehen? Wie viele Menschen sind tatsächlich in der privilegierten Situation keine Überlebenssorgen zu haben? Wie oft müssen Architekten zwei oder drei Jobs zeitgleich ausüben, egal ob als verkappte Künstler mit Kleinprojekten oder Wissenschaftler in befristeten Lehraufträgen? Mit prekären Jobs lassen sich schwer Familien planen. Die Leistungsanforderungen, die an uns gestellt werden und die wir auch bereit sind zu erfüllen, dienen oft nicht unserer Lebensqualität. Die Ressourcen Zeit und Geld sind knapp – in jedem Lebensbereich, insbesondere für Kinder.

Bei der Frage um Vereinbarkeit geht es also weniger um Zeit für „die Karriere", die mit der Zeit für die Familie verhandelt werden muss. Wenn es um Vereinbarkeit geht, verhandeln wir prinzipiell, wie wir unsere Zeit verbringen wollen, welche Arbeitskultur wir leben wollen. Eine bekannte Utopie dazu ist die „Vier-in-einem-Perspektive" von Frigga Haug (vgl. 2009. S. 42 ff.). In ihrer Utopie schlägt Frigga Haug vor, „Zeit" zum vorrangigen politischen Thema zu machen und die Verfügung über die Zeit nochmals zu überdenken. Dabei meint sie, dass die uns zur Verfügung stehende Zeit für alle zu gleichen Teilen in Erwerbsarbeit, Sorgearbeit, Arbeit an sich selbst und politische Arbeit fließen soll. Jeder dieser Bereiche für sich genommen ist langfristig reaktionär. Sie gehören zusammen und es müssen alle zugleich angegangen werden. Wenn wir lediglich die Kampagne der Verkürzung der Erwerbsarbeitszeit angehen, wenn wir nur die Missstände in Zusammenhang mit der Care-Arbeit regeln, wenn wir nicht die Frage der Selbstentwicklung in die Frage der Zeit nehmen, beschleunigen wir die Bildung von Eliten. Wenn wir die Politik nicht mitdenken, haben wir den gleichen Zustand wie jetzt: Krise folgt auf Krise. Alle vier Punkte sollen Bestand haben. Ihre Vision zielt auf „eine Lebensgestaltung ab, die zu leben umfassend wäre: lebendig, sinnvoll, eingreifend und lustvoll genießend. Dies ist kein Nahziel, nicht heute und hier durchsetzbar, doch kann es als Kompass dienen für die Bestimmung von Nahzielen in der Politik, als Maßstab für unsere Forderungen, als Basis unserer Kritik, als Hoffnung, als konkrete Utopie, die alle Menschen einbezieht und in der endlich die Entwicklung jedes einzelnen zur Voraussetzung für die Entwicklung aller werden kann" (ebd., S. 13).

Einen kleinen zynischen Gedanken möchte ich noch anfügen: Gegenwärtig sind an der Hochschule sowohl im Mittelbau als auch unter den Professoren viele Architekt*innen tätig, die gleichzeitig auch ein Büro führen können. Also selbst die Leitung eines großen Büros ist offensichtlich in Teilzeitarbeit möglich, wenn zusätzlich auch noch eine Professur erlangt werden kann. Das zeigt, dass die Vereinbarkeit von Teilzeitarbeit und Karriere möglich ist und es sich hierbei somit nicht um ein strukturelles Problem handelt. Auch der Glaube, gute Architektur kann nur durch überdurchschnittlich lange Arbeitszeit entstehen, dürfte somit einen kulturellen Ursprung haben. Frigga Haug stellt also unseren kulturellen Glaubenssätzen die Frage gegenüber, wie wir eigentlich unsere Zeit verbringen wollen. Das Bild, welches sie uns liefert, fokussiert nicht die Personen (wie die vorangegangen Vorschläge zur Veränderung), sondern deren Tätigkeiten.

Auch Berenice Fisher und Joan Tronto beleuchten in ihrem Text „Toward a Feminist Theory of Caring" die Tätigkeit und den Prozess des sich Kümmerns und der Fürsorge (vgl. Fisher und Tronto 1990, S. 35 ff.). Sie geben der Handlung selbst eine neue Bedeutung ohne die Aspekte der Unterdrückung bestimmter Personen auszublenden. So beschreiben sie was es bedeuten könnte, einen so integrierten, fürsorglichen Ansatz für die Architekturproduktion zu haben. Ihre Theorien sind damit auch für die Architekturlehre interessant.

Geschlechterfragen auch in der Lehre berücksichtigen und Selbstermächtigung fördern

Um langfristig auch Benachteiligungen, die Frauen qua Geschlecht betreffen, abzuschaffen, müssen Geschlechterfragen auch in die Ausbildung einfließen. Dabei kann gerade in der Architekturausbildung und -vermittlung die Handlung selbst zum Lehrinhalt werden. Denn durch das Hinterfragen der eigenen Handlungen entwickelt sich leichter eine Haltung. Das kann gerade in der Architekturlehre wichtig werden, wo doch hier die Räume unserer Zukunft entwickelt werden.

Dazu stellt sich Leander Scholz in einem Interview in der Zeitschrift *Der Freitag* die Frage: Warum ist die gesamte Infrastruktur und öffentliche Sphäre wenig auf Kinder ausgelegt? „Das Wissen über Kinder geht offensichtlich nicht in die öffentliche Sphäre über. Generationen von Architekten, die vermutlich selbst Eltern waren, scheinen nicht an so etwas gedacht zu haben. Da gibt es eine Grenze, die Erfahrungen der Elternschaft nicht in den öffentlichen oder politischen Bereich zu übertragen" (Scholz 2018).

Joan Tronto beschreibt das Problem so: „The point is not that contemporary architects and planners are all uncaring; the point is that they are caring wrongly. They are caring about *things*, and, often, about the wrong things" (Tronto 2019, S. 27). Und weiter erklärt sie, dass Gebäude Menschen vor Unwetter schützen können, aber dadurch nicht „fürsorglich" (caring) sind. Erst der Kontext – die Personen, die in dem Gebäude wohnen, und die Umgebung, in die das Gebäude eingebettet ist – beschreibt die Art der Care-Arbeit, die ein Gebäude leisten kann. Im Gegensatz zu diesem Gedanken, steht der Leitsatz, der viele Architekten der Moderne begleitet haben dürfte: „Mies understood that the geometry of his building would be perfect until people got involved" (ebd., S. 28). Es geht Tronto also nicht nur darum, Gebäude als Objekte zu denken, sondern auch deren Beziehungen mit sich verändernden Umgebungen und Menschen.

Wie das Zitat von Fisher und Tronto eingangs beschreibt, beinhaltet Fürsorge alles was wir tun, um unsere Welt zu erhalten, fortzusetzen und zu reparieren, um so gut wie möglich darin leben zu können.

Diese Haltung sollte auch zukünftigen Architekten vermittelt werden. Denn wie Tronto weiter schreibt: „Going beyond the ideas of what the client wants, even beyond green or sustainable architecture, beyond the ideal of building a beautiful object, we now need an architecture that fulfills the basic tasks of sharing responsibilities for caring for our world …" (ebd., S. 28).

In der Entwurfslehre könnten folgende Fragen Entscheidungshilfen für Studierende darstellen: Welche Dringlichkeit liegt eurem Eingriff zu Grunde? Welche Akteure, Gebäude, Materialien sind von eurem Eingriff betroffen? Was passiert mit ihnen in eurem Entwurf? Wer wird den Ort in Zukunft besetzen? Wie werden Materialien in dem Entwurf eingesetzt? Woher kommen sie und wie fügen sie sich zusammen? Welche Lebensdauer hat das Gebäude/die Straße/der Platz? Wer kümmert sich um den Erhalt?

Außerdem sollten wir in der Architekturlehre mit einem weiteren feministischen Ansatz arbeiten: nämlich der Frage nach der eigenen Bewusstheit und Selbstermächtigung. Vor allem Architektinnen selbst sollten frauenspezifische Themen auf allen Ebenen thematisieren. Durch ein Sichtbarmachen und Nachaußentragen bekommen auch frauenspezifische Themen eine andere Bedeutung. Daher sollten gerade Frauen von ihren Erfahrungen und Entscheidungen berichten, um auch zukünftigen Architektinnen Entscheidungswerkzeuge in die Hand zu legen. Denn oft liegen ihren Biografien keine persönlichen Einzelschicksale zu Grunde, sondern strukturelle oder kulturelle Widerstände. Auch die Architektin Denise Scott Brown warnt: „I say to young women today, don't cast out your feminist awareness: when the glass ceiling hits you, you will think it is your fault, unless you know a bit about feminism, and it will destroy you" (Chalcraft 2013). Es ist bestimmt nicht nur für Frauen, sondern auch für Männer interessant zu wissen, worauf sie sich einlassen. Diese Form der Vermittlung wäre insbesondere in der Architekturausbildung entscheidend, da hier der Nachahmung eine so entscheidende Rolle zukommt.

Care-Arbeit selbst könnte dann durch diese Erzählungen einen ganz anderen Stellenwert in der Architektur erfahren. Vor allem aber sollten wir Frauen uns von unseren Brüchen und Konflikten erzählen. Denn wie Fisher und Tronto in ihrer Schlussfolgerung schreiben: „Even at its best ... conflict will always be part of caring" (Fisher und Tronto 1990, S. 56).

Hintergrund

In meinem Leben hat der anstrengende Weg des Mutterwerdens letztlich zu einer positiven Identifikation mit Mutterschaft und somit auch zur Selbstermächtigung geführt – gerade deshalb, weil dieser Weg so schwierig war. Dieser Text entstand also als Erfahrungsbericht. Vieles ist daher zugespitzt und vielleicht auch polemisch beschrieben. Der Text beschreibt jedoch nicht nur meine privaten Lebensumstände, sondern zeichnet ein Bild, welches ich auch bei vielen meiner Kolleginnen beobachte. Durch meine Position als Gleichstellungsbeauftragte durfte ich Andere in ihren Prozessen begleiten – beispielsweise beim Kampf gegen Diskriminierung, der Ohnmacht gegen sexuelle Grenzüberschreitung oder beim Umgang mit Mobbing. Ich habe viel gelernt – über die beschriebenen Umstände, aber auch über mich. Diese Prozesse waren nie einfach. Sie gingen einher mit Verletzungen, Unsicherheit und Scheitern. Ich bin im Nachhinein allen dankbar, denn nur so konnte ich so viel (kennen)lernen. Es steckt ein geheimes, aber großes Wissen in all diesen Biografien. Jede einzelne Entscheidung, die wir treffen, hat zu den Lebenskonzepten geführt, die wir leben. Es ist eine Bereicherung, zuhören zu können, zu lernen, anzuwenden und andere darin zu unterstützen.

Danke auch an meine Kollegin Daniela Müller: Vieles, das hier beschrieben ist, haben wir uns in einem gemeinsamen Diskurs erarbeitet. Als Frauenbeauftragte und Mütter versuchen wir, es auch umzusetzen. Danke an Julia Ess und Dominik Ritter-Wurnig, die diesen Text redigiert haben und somit einen wichtigen Beitrag für dessen Veröffentlichung geliefert haben. Danke auch jenen Freundinnen, die mich in meinem Prozess des Mutterwerdens begleitet haben.

Danke, Dominik: Ich habe das Glück, in dir einen Partner zu haben, mit dem ich gemeinsam Freiräume verhandeln kann. Danke auch an Leander, der mich zur Mutter gemacht hat.

Literatur

Bundesarchitektenkammer e. V. (2016) Analyse der Büros selbstständig tätiger Mitglieder der Architektenkammern der Länder, Ergebnisse einer Repräsentativbefragung 2016 für das Berichtsjahr 2015. Berlin. https://www.aknw.de/fileadmin/user_upload/Publikationen-Broschueren/BAK_Analyse_der_Bueros_selbststaendig_taetiger_Mitglieder_der_AK_der_Laender_17-01-11.pdf. Zugegriffen am 26.09.2020

Chalcraft E (2013) Denise Scott Brown demands Pritzker recognition. In: Dezeen. https://www.dezeen.com/2013/03/27/denise-scott-brown-demands-pritzker-recognition/. Zugegriffen am 17.02.2019

Diehl S (2014) Die Uhr die nicht tickt – Kinderlos glücklich, Eine Streitschrift. Arche, Zürich/Hamburg

Fisher B, Tronto J (1990) Toward a feminist theory of caring. In: Abel E, Nelson M (Hrsg) Circles of care, work and identity in women's lives. State University of New York Press, Albany, S 35–62

Hanappi-Egger E (2015) im Interview Lukas Wieselberg auf science.ORF.at. https://sciencev2.orf.at/stories/1763364/index.html. Zugegriffen am 01.06.2019

Haug F (2009) Die Vier-in-einem-Perspektive. Politik von Frauen für eine neue Linke. Argument, Hamburg

Isopp A, Forlati S, Riss S (2014) Vereinbarkeit von Architekturberuf und Familie, Strategien, Modelle und Erfahrungen. Wien. https://v-a-i.at/ausstellungen/architektinnen/vereinbarkeit-studie_web.pdf. Zugegriffen am 26.09.2020

Jurjovec M, Gyger A (2001) Karriereplanung und Laufbahnen von ETH Architektinnen und Architekten. Diplomwahlfacharbeit im Fach „Frauen in der Geschichte des Bauens". Anja Maissen, Architekturabteilung ETH Zürich, Dozentin

Reinprecht C (2014) Das Berufsfeld Architektur im Strukturwandel von Arbeit und Familie. In: Isopp A, Forlati S, Riss S (Hrsg) Vereinbarkeit von Architekturberuf und Familie, Strategien, Modelle und Erfahrungen. Wien, S 64–73

Scholz L (2018) im Interview mit Katharina Schmitz, in derFreitag: https://www.freitag.de/autoren/katharina-schmitz/andere-welt. Zugegriffen am 15.08.2019

Schumacher C (2004) Zur Untervertretung von Frauen im Architekturberuf. Schweizerischer Nationalfonds, Bern

Schürer O, Gollner H (2014) Berufsfeld Architektur 2.0., Lebenswelt, Wissen und Vernetzung. LIT, Wien

Tronto J (2019) Caring architecture. In: Fitz A, Krasny E, Architekturzentrum Wien (Hrsg) Critical care, architecture and urbanism for a broken planet. The MIT Press, Wien, S 26–32

Wiskemann B (2007) Teilzeit Tabu: Architektinnen mit Kind, ohne Arbeit. Hochparterre Z Archit Des. https://doi.org/10.5169/seals-123234

„Alle" Gründe für und gegen das Mutterdasein als Wissenschaftler*in

gesammelt und zusammengestellt von Lena Eckert

Kontra	Pro
Es sind Monsterlieblinge!	Es sind Lieblingsmonster!
Auf einen abgefahrenen Zug (da der fortwährende Wissenschaftsbetrieb mit Publikationen, neuen Forschungsprojekten, Tagungen etc. immer weiterfährt) nach der Elternzeit wieder aufzuspringen kann/wird sich als schwierig gestalten.	Elterngeld in der Elternzeit ist bei vorheriger voller Stelle angenehm hoch. Flexible Arbeitszeiten (hopefully).
Zur Elternschaft gehört mehr als die reine Wissenschaft.	Life happens; manchmal entstehen Kinder ungeplant und sind dann trotzdem sehr erwünscht. Das passiert sogar Wissenschaftler*innen.
	Forscherdrang und kindliche Neugier passen hervorragend zusammen.
	Es gibt sowieso nie einen perfekten Zeitpunkt oder perfekte Rahmenbedingungen. Das Leben ist immer die Suche nach dem Kompromiss und mit dem Suchen kennen sich Wissenschaftler*innen ja bestens aus.

„Alle" Gründe für und gegen das Mutterdasein als Wissenschaftler*in

Kontra	Pro
Die Norm, dass Wissenschaft nur als (Mehr-als-)Vollzeitjob möglich ist, ist ein Grund, warum kluge Wissenschaftlerinnen ihren Beruf (und ggfs. auch ihre Berufung) aufgeben, wenn sie Kinder bekommen.	Die (phasenweise) Einsamkeit des wissenschaftlichen Arbeitens ist der perfekte Ausgleich zur Beziehungsintensität mit einem Kleinkind (und umgekehrt).
Mütter müssen nicht nur wissenschaftlich arbeiten, sie müssen zusätzlich allen Kolleg*innen ohne Kinder beweisen, dass sie wissenschaftlich arbeiten können.	Das ganze „Dada" und „Lala" klingt umso schöner in meinen Ohren, wenn ich später noch einen wissenschaftlichen Text durcharbeiten kann. Und umgekehrt: wenn mir der Kopf brummt, weil ich mir mal wieder nicht sicher bin, ob ich diesen Adorno richtig verstanden habe, klingen alle Aneinanderreihungen von „Dada" und „Lala" wie die schönste Satzkonstruktion, die es je gegeben hat.
Die Flexibilität der Arbeitszeiten ist für viele Mütter entgrenzend und erschwert die Vereinbarung von Beruf und Familie.	Die Flexibilität der Arbeitszeiten ist für viele Mütter attraktiv und erleichtert die Vereinbarkeit von Beruf und Familie.
Machen wir uns nichts vor: Der Tag hat nur 24 h. Wer davon 14 h der Wissenschaft widmen möchte, hat weder Zeit noch Kraft für Kinder. Es sei denn, der Co-Elter übernimmt die Sorgearbeit allein.	Der Mensch ist in der Regel nicht ausschließlich ein wandelnder Geist. Kinder verschaffen ultimative Bodenhaftung und sinnvolle Aufgaben außerhalb der akademischen Bubble.
It's all about money: Wissenschaft ist prekär, Elternsein ein riesiger Armutsfaktor. Beides zusammen: Altersarmut here we come!	Wenn mich jemand am Ende meines Lebens fragt, worauf ich stolz bin, werde ich hoffentlich antworten können, dass meine Kinder zu achtsamen und zufriedenen großen Menschen herangewachsen sind. Vermutlich werde ich nicht sagen, die Leistung meines Lebens besteht darin im Jahr 20XY n. Chr. Paper 17353729 zum Thema „Universalismus und Partikularität und die Frage der Durchlässigkeit des Klassenbegriffes bei Bourdieu und Eribon" veröffentlicht zu haben. Auch wenn ich das äußerst relevant finde.

„Alle" Gründe für und gegen das Mutterdasein als Wissenschaftler*in

Kontra	Pro
Verweigerung Contra anzugeben	Eigentlich gibt es nur Gründe für das Muttersein als Wissenschaftler*in. Im Falle eines häufigen Wohnortswechsel kann auch das Kind profitieren – vor allem da an den meisten Hochschulen Kinder- und Stillräume vorhanden sind und kostenlose Kinderbetreuungsplätze zur Verfügung gestellt werden. Oftmals sind diese Räume großartig ausgestattet: nicht nur Spielsachen für alle Altersgruppen, sondern auch ausleihbare Milchpumpen und Kühlboxen sind vorhanden. Meistens bekommen auch die Partner*innen hoch qualifizierte Jobs an den Hochschulen angeboten, manchmal werden sie auch für ein Jahr (oder die Projektdauer) mitfinanziert. Ich habe es auch schon oft erlebt, dass der Umzug von den Institutionen organisiert wird. So habe ich bei meinem letzten Vertrag mit einer Hochschule auch eine günstige Wohnung angeboten bekommen und die Bezahlung der anfallenden Umzugskosten aushandeln können. Gegen das Mutterdasein als Wissenschaftlerin spricht nur, dass wir im Fall einer Krankheit unserer Kinder und dem Ausfall der Campusbabysitter manchmal nicht Termine wahrnehmen können; aber da es oft auch möglich ist Kinder, in die Vorlesungen oder zu Kongressen mitzunehmen, ist dieser Punkt auch vernachlässigbar.
Rabenmutter sein, weil der Begriff negativ assoziiert wird. Aber das ist nicht schlimm, weil wissende Rabenmütter wissen, dass Raben hervorragende Eltern sind.	Rabenmutter sein. Raben sind hervorragende Eltern, die ihren Kindern früh Selbstständigkeit beibringen und sie so davor bewahren, sofort Opfer von Fressfeinden zu werden.

"Alle" Gründe für und gegen das Mutterdasein als Wissenschaftler*in

Kontra	Pro
Immer dann die besten Gedanken zu haben und Sätze anzufangen, wenn Kindergarten/Schule aus ist und sie daher nicht zu Ende denken bzw. schreiben können.	Immer am Höhepunkt des vorigen Tages ansetzen können, in den Gedanken und Sätzen, die wegen Betreuungspflichten nicht zu Ende gedacht bzw. geschrieben werden konnten.
Die Entsolidarisierung, durch die Mehrfachbelastung zu lindern wäre, auf mehreren Ebenen spüren.	Gefühlt nie altern, weil immer über die neuesten Trends auf TicToc und YouTube informiert wird.
Barfuß in der Wohnung auf Sand, Krümel und Legosteine treten.	Abends mit dem Kind kuscheln können.
Du wirst häufiger nach deinen Kindern als nach deiner Forschung gefragt.	Beim Bafög gibt's 140 € Kinderbetreuungszuschlag sowie eine längere Finanzierung.
Siehe Pro.	Nur in dieser Kombination vergeht die Zeit nicht linear, sondern bildet ein dickes Geflecht von schnellen und langsamsten Gleichzeitigkeiten.
Schlechtes Gewissen als drittes Standbein.	Relevanz wird relevanter.
	Man muss nicht eines davon aufgeben, schon gar nicht das Mutter-Sein, wäre ja noch schöner.
1.) Schlaf	1.) Ich habe es ausgesprochen genossen, Gespräche außerhalb der Themenbereiche Körperflüssigkeiten, Verdauungsvorgänge und unüberwindbare Wäscheberge zu führen.
2.) Freizeit	
3.) Schlaf	
	2.) Es hat mir mein Diplomarbeitsthema geliefert und mir ermöglicht, Mutterschaft von einer wissenschaftlichen Perspektive zu betrachten.
	3.) Man kann den Mutter-Freundeskreis mit geistreichen Anekdoten und Statistiken versorgen.
	4.) Für mich war es eine enorm wichtige Möglichkeit meine eigene Identität wieder zu finden und nicht nur noch „die Mutter von Paul" zu sein.
Schlafmangel wirkt sich auf die kognitiven Fähigkeiten aus.	**Mamas haben geheime Superkräfte!**

Kontra	Pro
Warum eigene Kinder, wo es doch die Student*innen gibt, die einen nerven können.	Um die Student*innen von morgen zu gebären. Nichts ist schöner, als quer über die Seminarunterlagen mit dickem roten Filzstift Überraschungsbilder der Kleinen zu entdecken.
Vor dem Hintergrund der Zahlen zum Frauenanteil auf den unterschiedlichen Statusebenen in der akademischen Welt und dem deutlichen Wegbrechens der Post-Doktorandinnen aus dem System einerseits, bei gleichzeitig hohem finanziellen Risiko, das Nachwuchswissenschaftlerinnen tragen, andererseits, stellt sich die Frage, ob sich der Kampf um Vereinbarkeit überhaupt lohnt. Rein statistisch ist es nämlich sehr unwahrscheinlich, dass sich Wissenschaft mit Mutterschaft vereinbaren lässt.	Wer gar nicht erst kämpft, hat schon verloren. Darum sollte frau zumindest versuchen Wissenschaft und Mutterschaft zu vereinbaren!
Weil Wissenschaft niemals Feierabend hat und Kinder oft als Störfaktor verstanden werden können.	Weil frau mit einer unbefristeten Stelle an der Hochschule einen sehr hohen Grad an Freiheit und flexible Arbeitszeiten genießt.
Begleitet von diesem Gefühl, nie genug zu sein. Ständig mindestens eine Facette meines Lebens zu vernachlässigen.	Siehe Kontra
Wissenschaft und Mutterschaft stehen in einem grundlegenden Konflikt miteinander, da beide Lebensbereiche meist eine dauerhafte 24 Stunden-Verfügbarkeit und fortlaufend hohen Arbeitseinsatz verlangen, um den Anforderungen des Systems zu entsprechen.	Eine Tätigkeit in der Wissenschaft bietet insofern besondere Optionen der Vereinbarkeit mit Mutterschaft, als häufig flexible Arbeitszeiten bestehen und eine entsprechende Tätigkeit nicht zwangsläufig dauerhaft an feste Orte gebunden ist. Eine wissenschaftliche Tätigkeit lässt sich mit Mutterschaft auf inspirierende Weise vereinbaren, als im Rahmen der eigenen Beschäftigung (bezahlter) Reflexionsraum über entsprechende Fragen der Vereinbarkeit besteht. (Kommentar: Das ist selbstverständlich ironisch gemeint.)

„Alle" Gründe für und gegen das Mutterdasein als Wissenschaftler*in

Kontra	Pro
Es tut weh. Der Körper ist ruiniert. Man wird von einem Quälgeist um den Schlaf gebracht. Von dem ganzen Geld, das man in ein Kind steckt, könnte man auch luxuriös verreisen, Designer-Möbel und -Kleidung kaufen, teuer essen gehen und sehr viel rauchen.	Cis-Männer können es nicht. Menschen mit Schwangerschaftserfahrung und Sorgeverantwortung für andere Menschen fügen der Wissensproduktion eine Perspektive hinzu, die traditionell ausgeschlossen war/ist. Ihre Situiertheit macht die Wissenschaft besser.
Persönlich-psychologisch: Unmögliche Vereinbarkeit von Karriere und Pflegearbeit in den aktuellen Strukturen (Zeit, Hingabe, Nerven).	Persönlich-psychologisch: ‚Zurechtrücken' der Prioritäten weg von der Erwerbsarbeit hin zu menschlichen Beziehungen.
Strukturell-politisch: Männliches Anreizsystem. Fehlen von echten Strukturen der Anerkennung von Pflegearbeit bei der Berufung von Professor*innen.	Strukturell-politisch: Mehr Mütter bringen mehr Realitätssinn in Bezug auf Körperlichkeit in die Akademie (je mehr Frauen, desto höher die Möglichkeit zur Anerkennung von gebrochenen Lebensläufen und zum Zerbrechen des Mythos' des Körpers als unzerstörbare Leistungsmaschine,
Freundschaftlich-kollegial: Man grenzt sich aus/wird ausgegrenzt, da man als Mutter nicht mehr ‚dabei' sein kann.	Freundschaftlich-kollegial: Neue, ungeahnte und fachübergreifende Frauennetzwerke könnten entstehen: Mütter sind solidarisch mit anderen Müttern.
Kinder kosten Geld und Unijobs sind außerordentlich prekär unterhalb von Professuren.	Um den eigenen Kindern, vor allem den Töchtern, Vorbild zu sein; und um allen Studierenden, insbesondere Frauen, Vorbild zu sein, nicht nur als Frau, sondern auch als Mutter.
Als Mutter hat man den Status eines Paradiesvogels (Wow, die hat Kinder), der bemitleidet wird (das kann die ja nicht alles schaffen).	Um jung zu bleiben, da man immer die neuste Jugendsprache und die coolsten Serien bei Netflix kennt.
	Weil die Verantwortung, einen jungen Menschen ins Leben zu begleiten, wundervoll (aufreibend) ist.
	Weil der Job so flexibel ist – thematisch, zeitlich und örtlich.
	Weil der Alltag mit Kindern durch mentale Höhenflüge herrlich bereichert wird und umgekehrt man durch Kinder wieder auf den Boden geholt wird.

„Alle" Gründe für und gegen das Mutterdasein als Wissenschaftler*in

Kontra	Pro
Die Nächte, die ich früher mit Schreiben verbracht habe, habe ich, als die Kinder klein waren, mit Stillen verbracht. Das Aufstehen hat sich im ersten Fall als entspannt und im zweiten Fall als besorgniserregend herausgestellt. Die Breite des Körpers auf meinem Schoß, der verhindert, dass ich zweihändig schreiben kann. Dass ich gerade ungern zu Konferenzen auf anderen Kontinenten fahre.	Das Bett, das im ersten Fall extrem leer war und im zweiten Fall ziemlich bevölkert. Die Wärme des Körpers auf meinem Schoß, der ermöglicht, dass ich die Deadline nicht als solche wahrnehme. Dass ich es trotzdem mache und nicht nur schräge, sondern auch anerkennende Blicke dafür bekomme.
Der Schlafmangel, der Schlafmangel und der Schlafmangel. Der tötet Hirnzellen und verurteilt mich auf ein Leben auf Sparflamme. Ich hasse diese Sparflammenversion meiner selbst.	Wissenschaft und Mutterschaft sind jeweils füreinander gute Gegengewichte: ich bin eine bessere Mutter, wenn ich nicht immer nur stillender, tröstender, tragender Körper bin, und andersherum eine bessere Wissenschaftlerin wenn das nicht mein einziger Lebensinhalt ist. Die Kinder lassen mich zeitlich und inhaltlich noch effektiver arbeiten. Die Ehrlichkeit, Fröhlichkeit und Direktheit meiner Kinder lassen mich außerdem hinterfragen, welche Gedanken wirklich wichtig sind. Der x-te theoretische turn ist es vielleicht nicht.
	Der ständige Bereitschaftsdienst als Mutter lässt mich erkennen, welches Privileg es ist, in Ruhe und ungestört nachdenken, lesen und schreiben zu können. Dadurch habe ich mehr Spaß an der wissenschaftlichen Arbeit als ohne Kinder.
	Meine Kinder zeigen mir, dass der unabhängige, selbstbestimmte Geist ein (männlich geprägter?) Mythos ist. Wir sind alle auch Körper, die auf andere Menschen angewiesen sind. Dieser Gedanke kann die Wissenschaft vielleicht zu einem besseren Ort machen – langsamer, solidarischer, unterstützender.
	Ich empfinde tiefer, seit ich Kinder habe. Dadurch haben sich Prioritäten verschoben. Ich habe keine Lust mehr auf endlose selbstreferenzielle Theorie-Diskussionen. Ich will Forschung, die etwas mit dem Leben zu tun hat.

GPSR Compliance
The European Union's (EU) General Product Safety Regulation (GPSR) is a set of rules that requires consumer products to be safe and our obligations to ensure this.

If you have any concerns about our products, you can contact us on

ProductSafety@springernature.com

In case Publisher is established outside the EU, the EU authorized representative is:

Springer Nature Customer Service Center GmbH
Europaplatz 3
69115 Heidelberg, Germany

www.ingramcontent.com/pod-product-compliance
Lightning Source LLC
LaVergne TN
LVHW040731250326
834688LV00031B/248